思想与文化 第二十八辑
Thought & Culture No.28

杨国荣　主编

伦理与中外思想
LUNLI YU ZHONGWAI SIXIANG

华东师范大学中国现代思想文化研究所　主办

华东师范大学出版社
·上海·

图书在版编目(CIP)数据

思想与文化. 第二十八辑,伦理与中外思想/杨国荣主编. —上海:华东师范大学出版社,2021
 ISBN 978-7-5760-2357-2

Ⅰ.①思… Ⅱ.①杨… Ⅲ.①社会科学-文集 Ⅳ.①C53

中国版本图书馆 CIP 数据核字(2021)第 254203 号

伦理与中外思想
思想与文化(第二十八辑)

主　　编	杨国荣
执行主编	陈乔见
责任编辑	吕振宇
审读编辑	唐　铭
责任校对	宋红广　时东明
装帧设计	刘怡霖

出版发行　华东师范大学出版社
社　　址　上海市中山北路 3663 号　邮编 200062
网　　址　www.ecnupress.com.cn
电　　话　021-60821666　行政传真 021-62572105
客服电话　021-62865537　门市(邮购)电话 021-62869887
地　　址　上海市中山北路 3663 号华东师范大学校内先锋路口
网　　店　http://hdsdcbs.tmall.com

印刷者　上海昌鑫龙印务有限公司
开　本　787×1092　16 开
印　张　27.75
字　数　437 千字
版　次　2021 年 6 月第 1 版
印　次　2021 年 6 月第 1 次
书　号　ISBN 978-7-5760-2357-2
定　价　88.00 元

出版人　王　焰

(如发现本版图书有印订质量问题,请寄回本社客服中心调换或电话 021-62865537 联系)

华东师范大学中国现代思想文化研究所　主办

主　　编：杨国荣
副 主 编：陈卫平　王家范
执行主编：陈乔见

学术委员会（以姓氏拼音为序）
　　　　　陈思和　葛兆光　黄　勇
　　　茅海建　王论跃　王中江

目录

伦理学专题：功利与德性
斯蒂芬·达沃尔：休谟与功利主义的发明 / 3
陈乔见：冯契"智慧说"与德性伦理学 / 32
陈丹丹：美德、行动与为政之道
　　　　——中国早期思想中的"耻" / 51

中国哲学
傅锡洪：王阳明中晚年工夫论的转折与连续 / 71
张鹏伟：疏解与融会：戴震的人性"一本"说及其得失 / 93
宋丽艳：王国维与道家思想 / 111
杨　洋：自外归内，以内摄外
　　　　——日本禅僧中岩圆月对儒家"传道谱系"
　　　　的论说 / 130

西方哲学
杨顺利：阿多诺论哥白尼革命与虚无主义 / 151
荣新茹、牛文君：黑格尔的市民社会理论与现代生活的
　　　　重塑 / 167
张美宏：黑格尔《小逻辑》的"本质"阐释及其批判
　　　　意义 / 184
周发财：鲍曼与马克思：现代性批判的两个向度 / 199
张小红：卢森堡对十月革命评价的再认识
　　　　——基于总体性方法的视角 / 211

礼与法
李旭东："法律面前人人平等"的法学含义及其法治
　　　　意蕴 / 225
朱燕玲："母以子显，德以功高"
　　　　——《野叟曝言》与理学道统观 / 239

伊　涛：孔子故里的纠纷解决与权利的儒学容纳 / 257
曾海龙：新差序格局中的君子之道及其界限 / 274

经学研究
盛邦和：太宰春台经学思想探析 / 291
陈斯怀：《毛传》《郑笺》以"古者"为辞解《诗》与儒家
　　　　文明典范的建构 / 304
王虹霞、林桂榛：《乐记》"礼乐之说"章"设一说"
　　　　辨讹 / 323
张　浩、孙劲松：论张睿《周易音训句读》释例及其
　　　　易学 / 332

审美之境
杨　森：海峡两岸新时期女性乡土书写新貌 / 345
李　忠、陈喜红：傅聪以中国精神论西方音乐家 / 359
汪　莹、钟　锦：诗歌翻译中的译者中心论 / 371

青年学者论坛
王瀛昉：一套《荀子》式的恶的理论：以礼义及"群居和一"
　　　　为基础 / 385
董起帆：从严复《周易》批校本看严复与乾嘉学派的
　　　　关系 / 401

书评
李欢友：彝伦攸斁与彝伦攸叙
　　　　——评唐文明教授《彝伦攸斁——中西古今
　　　　张力中的儒家思想》 / 415

Contents

Stephen Darwall, Hume and the Invention of Utilitarianism / 31

Chen Qiaojian, Feng Qi'Theory of Wisdom and Virtue Ethics / 49

Chen Dandan, Virtue, Action, and the Way of *Zheng*: "*Chi*" (Shame) in Early Chinese Thought / 67

Fu Xihong, The Transition and Continuity of Wang Yangming's Efforts Theory from His Mid-life to Late-life / 92

Zhang Pengwei, Interpretation and Integration: Dai Zhen's Theory of Unified Source of Human Nature and Its Gain and Loss / 110

Song Liyan, Wang Guowei and Taoism / 129

Yang Yang, Bringing Confucianism to Buddhism: Chugan Engetsu's Statement of the Genealogy of Confucian Way / 146

Yang Shunli, Adorno on Copernican Revolution and Nihilism / 166

Rong Xinru, Niu Wenjun, Hegel's Theory of Civil Society and the Rebuilding of Modern Life / 183

Zhang Meihong, The Elucidation of Essence in Hegel's *Encyclopedia Logic* and Its Critical Significance / 198

Zhou Facai, Bauman and Marx: Two Dimensions of the Critique of Modernity / 210

Zhang Xiaohong, Recognition of Rosa Luxemburg's Evaluation on the Russian Revolution: Based on the Perspective of Totality / 221

Li Xudong, The Meaning of "Equality Before the Law" and Its Significance to Rule of Law / 238

Zhu Yanling, Theory of Confucian Orthodoxy in *Yesou puyan* / 255

Yi Tao, Settlement of Disputes in the Hometown of Confucius and Confucian Acceptance of Rights / 272

Zeng Hailong, Doctrines of the Nobleman and Its Boundary in New Differential Pattern / 287

Sheng Banghe, Study on Dazai Shundai's Thoughts on Confucian Classics / 302

Chen Sihuai, The Use of "Gu Zhe" in *Mao Zhuan* and *Zheng Jian* as a Term to Explain *The Book of Songs* and the Construction of a Model of Confucian Civilization / 322

Wang Hongxia, Lin Guizhen, Discussion on "shè"(设) and "shuō"(说) in the Chapter "礼乐之说" of *Yue Ji* / 330

Zhang Hao, Sun Jingsong, On the Style of *Zhouyi Yinxun Judou* by Zhang Jian and His Speculation on the Ever-changing / 341

Yang Sen, Female Vernacular Writing in the New Era: A Glance at Both Sides of the Taiwan Strait / 358

Li Zhong, Chen Xihong, Fou Ts'ong's Use of Chinese Traditional Cultrual Terms in Discussing Western Musicians / 369

Wang Ying, Zhong Jin, Translator-centeredness in Poetry Translation / 382

Wang Yingfang, A Xunzian Theory of the Concept of Evil: Based on Ritual, Righteousness and "Community Life and Harmonious Unity" / 398

Dong Qifan, On the Relation Between Yan Fu and Qian-Jia School: Based on Yan Fu's Commentaries on *The Book of Changes* / 410

Li Huanyou, A Review of Prof. Tang Wenmin's Monograph, *Corruption of Ethical Order: Confucian Thoughts under the Tension Between Ancient and Modern, China and West* (Yilun Youdu 彝伦攸斁)/ 435

伦理学专题：功利与德性

休谟与功利主义的发明[*]

斯蒂芬·达沃尔 著　卢俊豪 译^{**}

[摘　要]　在边沁之前,功利主义最核心的种种思想并没有呈现出它们为人熟知的形态。边沁发明了哲学功利主义,他是最先基于道德本质的哲学概念而推进一种功利主义规范伦理学的人,他认为那些关于人们(非道德)善好的事实,为一种规范伦理学观点提供了唯一的准则。而通过考察休谟情感主义伦理学与哈奇森道德感理论的异同,我们将看到休谟在功利主义的发展过程中是一个至关重要的过渡人物。休

---

* 本译文系广东省社科规划青年项目(GD21YZX01)、中国博士后科学基金面上资助项目(2021M693693)、广州市社科规划课题(2020GZGJ04)的阶段性成果,并受广东社科联 2020 年"扶持省社科类基础学科学术性社团发展"项目资助。

译者按:本文原文信息如下:Stephen Darwall, "Hume and the Invention of Utilitarianism," in M. A. Stewart and J. P. Wright (eds.), *Hume and Hume's Connexions*, University Park: Pennsylvania State University Press, 1994, pp. 58 - 82。摘要与关键词为译者所撰。除了特别标明的"译者注"外,本文注释内容皆为原作者的注释;在翻译注释时,除了正文中提及的人和书名,其余将保留英文形式而不做翻译。感谢作者授权译者翻译并刊于本期《思想与文化》。

** 斯蒂芬·达沃尔(Stephen Darwall, 1946—),耶鲁大学哲学系"安德鲁·唐尼·奥里克哲学教授"(Andrew Downey Orrick Professor of Philosophy),密歇根大学"杜威荣休教授"(John Dewey Distinguished University Professor Emeritus),当代著名道德哲学家。

卢俊豪(1992—),男,广东海丰人,哲学博士,中山大学哲学系博士后研究员,主要研究英美伦理学。

谟具有独创性的道德情感心理学以及他对哈奇森独特道德价值的拒绝,为哲学功利主义开辟了空间。

[关键词] 哲学功利主义;效用原则;自然之善;道德之善;休谟

当某一行动在有关的特定事例中恰好引发了一些我们所赞许的效果时,尤其是当同一动机往往会在那些我们恰巧看到的其他一些事例中引发类似的效果时,我们便会倾向于将我们的赞许对象转移到那些动机本身,并且假定,这一动机产生行动的条件,是我们赞许该行动的恰当基础。

——边沁①

显而易见,当我们称赞任何行动时,我们就是把那些动机当作是产生这些称赞的缘由,并且认为那些行动只是心灵和性情中某些特定原则的标志和表现。外在的表现是没有价值的。我们必须向内心观察,以发现道德的品质……同样,当我们要求某些行为,或者责备某人没有作出这些行为时,我们总是认为,一个人在那种情况下,应当被那一行为的恰当动机所影响,并且我们认为,如果他无视该动机,那就是一种恶。

——休谟②

我们所认为的功利主义最核心的种种思想,在边沁之前并没有呈现出它们为人熟知的形态。然而,边沁并不是伦理学史上第一个将最大幸福原则(the greatest-happiness principle)提升为一种规范性学说的人。哈奇森就曾写道:

---

① Jeremy Bentham, "Introduction to the Principles of Morals and Legislation," in *The Works of Jeremy Bentham* Vol. 1, John Bowing (ed.), Edinburgh: William Tait, 1838, p. 11. 后续的引用沿用该全集版本。

② David Hume, *A Treatise of Human Nature*, L. A. Selby-Bigge (ed.), Oxford: The Clarendon Press, 1978, p. 477, 亦参见, p. 575. (译者注:本文对该文本之引文的翻译,部分地参考了现有中译本,参见休谟:《人性论》,关文运译,郑之骧校,北京:商务印书馆,2016年。原作者将该文本简写为"T"。)

"能为最多数人带来最大幸福的那种行动,便是最好的行动。"①而在其他方面,坎伯兰(Richard Cumberland)也曾在自然法的框架内,提出一种广义的功利主义学说。② 但是,借用斯坎伦(T. Scanlon)那一有益的说法,③是边沁发明了**哲学功利主义(philosophical utilitarianism)**。他是最先基于道德本质的哲学概念去推进一种功利主义规范伦理学的人,进而形成了独特的功利主义传统。他是第一位这样主张的人,认为那些关于人们(非道德)善好的事实,为一种规范伦理学观点提供了唯一的准则(或者如他所称的,"外部基础"[extrinsic ground]),并以此为基础为功利主义辩护。④

对比一下哈奇森。哈奇森《我们关于美德或道德善好的观念起源研究》(*Inquiry Concerning the Original of Our Ideas of Virtue or Moral Good*)的

---

① Francis Hutcheson, *An Inquiry into the Original of Our Ideas of Beauty and Virtue*, 1725, p. 164.(译者注:本文对该文本之引文的翻译,部分地参考了现有中译本,参见哈奇森:《论美与德性观念的根源》,高乐田、黄文红、杨海军译,杭州:浙江大学出版社,2009 年。原作者该文本简写为"*Inquiry*"。)
An Inquiry into the Original of Our Ideas of Beauty and Virtue 这本书的第一版的大部分重印在 *British Moralists*, 2 vols, L. A. Selby-Bigge(ed.), Oxford: Clarendon Press, 1897;第四版(1738 年)则被重印在 *British Moralists*, 1650-1800, 2 vols, D. D. Raphael (ed.), Oxford: Oxford University Press, 1969。我的这篇文章在引用时,除非特别注明,否则都将使用哈奇森该书的第三版(1729 年)。引用时将注明章节数,并且,如果可能的话,还将以简写的方式注明在上述重印版本的卷数与页码,写作 Selby-Bigge (SB)以及 Raphael (R),后一简写也将用于其他特定的引用。边沁有时候被认为最早是在贝卡利亚(Cesare Beccaria)的《论犯罪与刑法》(Dei delitti e dellepene, 1764 年,拉丁文)中看到最大幸福原则的,"la massima felicita divisa nel maggior numero(最大多数人的最大幸福)"。参见 H. Paolucci, *On Crimes and Punishments*, Indianapolis: Bobbs-Merrill, 1963, p. 8n.(引文页码中所带的"n"表示"note",即注释,如此处所引页码表示的是第 8 页中的注释内容——译者注。)
② 坎伯兰说:"理性要求每个人把自己的幸福与他人的幸福结合起来(Reason dictates to everyone as the end his own happiness joined with the happiness of others)。"坎伯兰的《论自然法》(De legibus nature, 1672)在近现代自然法传统中是一部重要著作,尽管如今它很少被关注。该书由 John Maxwell 翻译为英文(*A Treatise of the Laws of Nature*)并于 1727 年出版。本引句转引自 R, vol. I, p. 100。
③ T. M. Scanlon, "Contractarianism and Utilitarianism," in *Utilitarianism and Beyond*, A. Sen and B. Williams (eds.), Cambridge: Cambridge University Press, 1982, p. 108.
④ 参见 Jeremy Bentham, "Introduction to the Principles of Morals and Legislation," in *The Works of Jeremy Bentham*, Vol. 1, p. 8.(本文对该文本引文的翻译,部分地参考了现有中译本,参见边沁:《道德与立法原理导论》,时殷弘译,北京:商务印书馆,2000 年。原作者将该文本简写为"*Principles*"——译者注。)关于道德善与非道德善的区分,参见 W. K. Frankena, *Ethics*, Englewood-Cliffs, N. J.: Prentice-Hall, 1963, pp. 47-48。

主要目标之一,就是要展现,任何道德命题都包含着不可还原的(irreducible)、具有独特道德意涵的(distinctively moral)观念(相应地,他把这些观念称为"赞许"[approbation]和"谴责"[condemnation])。他认为,每当我们考虑到道德能动者的行为和情感,自然就会产生这些观念。"道德善好所表示的是我们**在行动中所理解的关于某些品质(Quality)的观念(Idea),这一观念会引起赞许,并伴随着对能动者之幸福的欲望(Desire of the Agents Happiness)**。"(*Inquiry*, intro.; R I, 261)而这里的行动,哈奇森所指的并不是休谟所说的"外在表现"(external performance),而是某种"情感"或动机的行为实现。他相信,在某种意义上,真正**产生**幸福的行为在道德上是好的,也就是说,该行为作为一种道德与否的选项是不受其动机影响的。但是这种道德意义是派生的。这样的行为值得成为道德选择的原因在于,它们实现了那些好的道德动机所指向的目标。对于哈奇森来说,关于个人福祉的事实并不能独立提供某种原理,这一原理能够支持某一行动是值得的道德选择,因为这样的事实只是涉及他所说的"自然"之善,而我们可以把这称作非道德之善。某个行动由于实现了幸福,因而是在道德上值得选择的,任何支持这种命题的依据,都必定会把这一行动与道德的特定观念关联在一起。而这些观念首先会与动机或者品格有关,其次,只是派生地与行动有关。

这一点开启了边沁的思想,尽管这种说法似乎并不主流。边沁认为,最为基础的赞同,所指向的是快乐存在以及痛苦消失的**状态**,并且,我们把这种赞同转移到了那些我们认为实现了这些状态的行为和动机上。有时候,由于我们把我们的赞许从其通常的效果转移到了动机本身,我们"假定,这一动机产生行动的条件,是我们赞许该行动的恰当基础"①。但这是一种错误。在最终意义上,评价行动和动机的根本原因都是他们所导致的幸福或不幸福。

众所周知,休谟继承了哈奇森的道德感理论,发展出了一些情感主义元伦理学(sentimentalist meta-ethic)的主要思路,尽管如我将要呈现的那样,这一继承的重要细节还没有得到很好的认识。和哈奇森一样,休谟认为道德赞许首先只涉及动机和品格。的确,休谟某程度上在这个方向走得更远。因为哈奇森认为,行为能够在不受动机影响的情况下,获得某种道德价值与值得选择性。

---

① *Principles*, p. 11.

而休谟的主张是,"外在的表现并不包含价值";对行为的赞许只是某种"心灵和性情中某些特定原则的标志和表现","当我们要求某些行为,或者责备某人没有作出这些行为时",我们所要求的并不仅是某一行动**本身**,而是要求这个人被恰当地驱动。"我们总是认为,一个人在那种情况下,应当被那一行为的恰当动机所影响,并且我们认为,如果他无视该动机,那就是一种恶。"(T 477)①一个行动**可以**"出于某种特定的义务感"(a certain sense of duty)而被执行,但是,这只会发生在这种情况,即一个"感到心中缺乏"美德原则的人,"为了通过实践而满足那个道德原则,或至少,尽可能地将自己掩饰成具有对该原则的欲求"(T 479),而做了某些符合该美德原则特征的事情。该行动本身并没有任何价值,甚至也没有派生的价值。

这种观点,比起哈奇森的观点,似乎与边沁的观点相差得更远,但是这只是该理论图景的一部分。接下来我将致力于呈现休谟道德哲学的种种要素,这些要素构成了休谟对哈奇森的一种彻底背离,并且这种背离朝向了一种像哲学功利主义那样的主张,即,试图在非道德之善的命题中,寻找一种支持规范性道德主张的基础。众所周知,休谟认为"对于行动倾向的反思具有最大的影响,并决

---

① 这或许有助于解释休谟在 1749 年 9 月 17 日写给哈奇森的信中一处别样的令人困惑的段落,这一段落回应了哈奇森对《人性论》第三卷手稿的一些批评。休谟提到了西塞罗的一个论证,以表明"每一种具有美德的行动都必须具有某种区别于该美德的动机或者强有力的激情,并且美德不可能单单成为任何行动的动机。你并不同意这种说法;尽管我认为没有任何命题比这更为确定或重要"(HL I, 35)。参见 J. Y. T. Greig (ed.), *The Letters of David Hume*, Vol. I, Oxford: Clarendon Press, 1932, p. 35。(作者以"HL I 页码"形式所标注的内容均引自该书——译者注。)
由于休谟在这里所提及的命题,哈奇森在其著作中都有明确的辩护,所以很难重现这里的分歧到底是什么。哈奇森曾主张,每一种(非派生的)道德上好的行动之所以好,是因为实现了某种形式的仁爱(而他把仁爱视为一种自然的动机),并且对于道德之善的感知本身不可能是某种动机。哈奇森在《论激情和感情的本质与表现》中主张,欲望只会被快乐的预期引起,要么是能动者的快乐,要么是另外某些人的快乐,因此,一个人基于仁爱的动机而行动时,他将可能实现的那种沉思性的快乐会变得活泼起来,道德感官只能通过这样的方式被激活。参见 *An Essay on the Nature and Conduct of the Passions and Affections*, 3rd edn., Glasgow: R. & A. Foulis, 1742, p. 62, p. 305。(本文对该文本引文的翻译,部分地参考了现有中译本,参见哈奇森:《论激情与感情的本性与表现,以及对道德感官的阐明》,戴茂堂、李家莲、赵红梅译,杭州:浙江大学出版社,2009 年。原作者将该文本简写为"Essay"——译者注。)那么,在该文本中或许已经提及了关于这一问题的分歧。

定了我们义务的一切重大方向"(T590)。① 但是评论者们通常也会注意到,他把这些与"直接令人愉快的"美德进行了对比。但是,即便在这里,仍可以看到休谟所要主张的是,对于品性的赞许派生于那些该品性所实现或导致的关于自然(非道德)之善的想法。边沁没有忽视休谟的所有这些思考。他写到,当他读《人性论》时,他"顿时感觉眼睛被擦亮了",他"学到了**效用**是衡量和验证一切美德的标准"。②

第二,休谟认为那"通常在所有伦理体系中……关于**自然能力**和**道德美德**的"区分,即哈奇森作为其道德哲学的根本基础的区分,只是"言辞上的争论"(T 606)。③ 哈奇森可能会主张,那些关于行为之幸福倾向的想法,并无法为行为和动机的道德评价提供独立的原则,因为他相信,这样的想法仍未涉及那些根本的、具有独特道德意涵的观念。但是休谟所质疑的正是哈奇森的这种根本分类。而一旦这样做,就为这样的观点扫清了障碍,即,如果某种外部基础可以证成对于某一品性的赞同,它也可以用来证成对某一行为的赞同。对行为进行道德排序的某种非道德原则不再被这样的想法所阻碍,即,一个人在道德上应如何做,任何关于这一问题的答案都只能基于那些包含根本道德概念的命题,而首先,这些道德概念只能与动机和品格有关。

因此,休谟在功利主义的发展过程中成为了一个至关重要的过渡人物。事实上,如我将表明的,正是休谟在《人性论》中对其思想的呈现表明了这一点。大多数评论者都讨论过休谟的伦理学,但他们通常都没有抓住休谟在《人性论》第三卷开头初步介绍其道德情感理论时继承哈奇森理论的细节之处,以及其中的矛盾:该理论越是哈奇森主义,就越是把休谟带往边沁的方向。④ 因此,他们

---

① 休谟在这里关于行动倾向而非关于动机或品性的论述,不应当被视为他背离了上述观点的证据。在他所设想的那些情况中,动机的好结果主要来自于它们所驱动的行动的好结果。

② *Principles*, pp. 268 - 269n. (这一语句来自《政府片论》[*A Fragment on Government*]中的脚注,此处页码前虽标注了"*Principles*",但实际是英文版边沁全集第一卷的页码——译者注。)

③ 尽管他继续认为只有"心灵品质"才是值得赞许的并因此才是具有价值的对象。关于这点可以参见第三节的最后几个段落。

④ 评论者们通常都能领会休谟对哈奇森之继承的总体本质,尤其是因为这已涉及休谟对克拉克式理性主义的批评。关于后者,可参见 Barry Stroud, *Hume*, London: Routledge & Kegan Paul, 1977, pp. 10, 251, 263 - 264。

必定无法抓住休谟所发挥的过渡作用的本质。①

我的目标则在于指出这一点。我将在第一节概括哈奇森道德哲学的主要轮廓，并且在第二节表明，它与休谟那肯定性元伦理学(positive meta-ethics)的最初呈现之间有着不可思议的相似之处。第三节将描述休谟关于道德情感的心理学，而第四节将表明，这一心理学如何连同休谟对哈奇森独特道德价值的拒绝，一起为哲学功利主义开辟空间。

我应当说清楚的是，我并没有通过本文而主张休谟自身是任何一种类型的功利主义者。哈奇森曾控诉《人性论》"想要在美德的起因中找到某种特定的暖意"，休谟对此回应说，他的主要计划是描述性和分析性的：是要提供一种关于人类心灵的"解剖学"(Anatomy)(HL I, 32-33)。哲学功利主义者所关切的是推进一种能支持规范伦理学说的原理或基础，而休谟的计划主要是，如人类心灵中真实发生的那样，描述我们的规范性观点的复杂样式。他的主要主张是，道德情感的心理学**事实上**就是这样的心理学：在审视品性时会产生快乐和痛苦的想法，这些想法会产生赞许与责备。和边沁不同，他并不认为这些就是赞同种种品性，或更确切地说，赞同种种行为的唯一哲学基础。可以肯定的是，部分地出于这个原因，休谟完全没被最大化的功利主义规范性学说所吸引。

---

① 因此，N. K. 斯密斯(Norman Kemp Smith)，其关于哈奇森对休谟之影响的前沿工作是学界的重要收获，他列举了他们之间的"主要区别"，"除了休谟那关于道德更不'温暖'的写作方法，以及他对于'自然'之物的观点没有那么直接依赖于最终目的之外"，这些区别是："(1)他把自然能力视为美德的观点，(2)他那认为美德不可能成为任何行动的单独'动机'的论点[参见上面的 n. 7]……以及(3)他拒绝接受那些尤其基于人类本性的道德区别来考虑神学方面的因素。"参见 *Philosophy of Hume*, London: Macmillan & Co., 1941, p.42n。(应为 *The Philosophy of David Hume*——译者注)
学者有时候会呈现出一种倾向而把边沁的观点归因于休谟，即我们会把一个经常具有好结果的品性判断为道德上好的，因为我们能感受到对于一般的善好的赞许之情。但是这并不是休谟的观点。和哈奇森一样，他将"赞许"界定为一种沉思到动机和品格时所感受到的情感，而从未用它来指代沉思到一般善好时所感受到的快乐。因此，N. K. 斯密斯对休谟提出质疑："为何……公共善好会变成在道德上被赞同的呢?"(p. 148，也参见 196)。B. Stoud 也犯了同样的错误："特定人士的福祉以及社会和人类的繁荣，通常而言，必定是本身就给予了我愉快的赞许之情。"(*Hume*, p. 196)
有一些已经研究了哈奇森和休谟伦理学的学者都没有完全辨别出我这里所描述的张力。比如，D. D. Raphael, *The Moral Sense* (London 1947)；以及 V. M. Hope, *Virtue by Consensus* (Oxford 1989)。F. C. Whelan 注意到了休谟在哈奇森的道德感理论与边沁的功利主义之间的过渡作用，但是并没有领会这当中的张力，因此也没有领会休谟文本本身的张力。参见 *Order and Artifice in Hume's political philosophy* (Princeton 1985), p. 215。

一、哈奇森与独特的道德观念①

哈奇森最为著名的就是道德感理论。由于他接受了洛克的格言,即每个简单的观念都需要某种感官去接收它,这对他而言可以直接遵从他的一个论点,即,道德概念都包含了不可还原的、具有独特道德意涵的观念。在《起源研究》的整个导论和第一节中,哈奇森给了一个又一个例子,以致力于使那些懂得"请教自己心灵"的读者确信,我们将一种独特的道德之善区别于"自然"之善。对于快乐的感知,连同某些事物能够"直接或间接地"提升快乐的想法,就足以给予我们"自然之善"的概念。但是,没有任何在这一观念中的解释能够给予我们道德之善的概念;这要求一种不同的、不可还原的观念,这种观念是我们因道德感官才具有的。当考虑到"理性能动者的友善感情"时,我们会不由自主地(通过道德感官)而具有某种善的观念,这一观念不可被还原为这种感情——不管是对作为旁观者的我们,还是对这种友善的受益者——实际产生自然之善的倾向。②

通过道德感官而接收到的种种观念,形成了判断某种特定道德类型的善与恶的基础,这一主题从哈奇森《起源研究》的第一版开始就十分显著。但是,一直到1729年出版的第三版,这一主题的全部力量和理论作用才变得清晰。在早期的版本中,哈奇森在《起源研究》的开头通过下列的叙述,对"道德之善"与"道德之恶"进行定义:

> 道德之善这个词,指的是我们对**行动中为人所理解的某种品质的观念,这些品质会使行动者获得那些并没有因该行动而获得好处之人的赞许和爱**。 道德之恶则是指我们对**一种相反品质的观念,即便是那些对该品质的自然倾向毫不关心的人,该品质也会引起他们对行动**

---

① 这里所谓独特的道德观念,并不是指一种区分于一般道德观念的特定道德观念,而是指区分于其他不具有道德意涵的非道德观念,而"具有独特道德意涵"的观念——译者注。
② 一般而言,哈奇森主要关切的是表明道德赞同是无关乎利益的,也就是,与先前的主张无关。但是他也认为,"只要任何行动让我们看到呈现出**爱、人道、感恩、同情、一种对于他人之善的探究**以及以一种指向他们的幸福的最终欲求……我们……都会赞赏这可爱的行动"。(*Inquiry*, I. ii; R I, 265. 也参见 I. iv; SB I, 77-78。)

者的反感和厌恶。(*Inquiry*, 1st edn., intro.; SB I, 69)

但是在第三版的开头,这些定义被替换为:

> 道德之善这个词,在本文中,指的是我们**对行动中为人所理解的某种品质的观念,这些品质会带来伴有对能动者幸福之欲望的赞许。道德之恶则是指我们对一种相反品质的观念,该品质会引起谴责或厌恶**。赞许和谴责很可能是不能被进一步解释的简单观念。(*Inquiry*, 3rd edn., intro.; SB I, 261)

而他在早期版本中把道德感官描述为"我们心灵的一种规定:当观察到种种行动时,先于这些行动有利于或有害于我们自身的任何观念,而接受行动的可爱或可恶观念",这种说法自第三版开始就被替换为"我们心灵的一种规定:在被观察到的行动中接受赞许或谴责的简单观念"(I. viii; R I, 269)。

因此,哈奇森本来在描述那种通过道德感官而感觉到的情感时,用的是相对模糊的词,这些词可能指的是,对道德能动者的行动和动机外的许多其他事物进行沉思时而产生的反应,而后他转而使用那些显然是用来精准描述这些情感的词。① "赞许"仍旧出现,但现在他所指的显然是一种特定类型的赞许,也就是说,这是一种与快乐相区分的简单观念,不同于哈奇森后来所说的,一个具有"公共感"(publick sense)的人,为他人的幸福或者任何导致他人幸福之事而感受到的那种快乐。② 而"谴责",带有其浓厚的审判意蕴,替代了那更为通常的"反感"(aversion)。③ 因此,哈奇森经过深思熟虑而主张,道德之善、恶与可能

---

① 应该留意的是,尽管如此,哈奇森并没有说赞许和谴责的**对象**是能动者的感情和行动。他只是说这些观念是通过理解行动或者感情的性质而被"引起的"。实际上,即便是在这里,他也是在说,品质本身就会引起赞许和谴责,尽管他的意思很明显是指通过对它们的沉思。
② 哈奇森写到,因别人的幸福而感到的快乐必定不同于道德赞许,"因为很多人会强烈地受到他人命运的感染,而这些人很少会将自身或他人的**德**或**恶**作为对象而进行反思"。参见 *Essay*, pp. 5-6。
③ 值得注意的是,在这一时期有一种激进的传统把良心的内在审判描述为"自我谴责"。因此,比如说,克拉克(Samuel Clarke)就认为:"任何违背这一感觉而行动的人,他自己心中的良心就会被自我谴责。"(R I, 202)还有剑桥柏拉图主义者本杰明·维奇科特(Benjamin Whichcote)也认为:"我认为自我谴责就是地狱的生活。"(*Select Sermons*[1698], p. 62)

因其而导致的自然之善、恶是有区别的,这是因为,沉思前者自然而然就会导致具有独特道德意涵的简单观念,相应地就是赞许和谴责,而沉思后者只会产生其他不同类型的观念。

那么,如果根本的道德概念是具有这样一种价值,这种价值只有在"理性能动者的感情"中被内在地考量后才能被实现(I. I; SB I, 73; R I, 264),一个人可能会十分困惑,哈奇森是如何到达一种行动功利主义(act-utilitarian)的规范伦理学的。哈奇森伦理学的一切,都和通过道德感官获得的基本道德观念(fundamental moral ideas)有关,主要的关联在于他的这一论点,每种道德上为善的感情都是仁爱情感(benevolence)的一种实例,而道德上最好的动机就是普遍的仁爱。① 并且,他认为幸福和自然之善的人际间量化评估是没有问题的,而普遍仁爱的目标便是总体上的最大幸福。他认为,一个人在某一情境下所真正产生的总体善好的程度,就是这个人的美德(比如,仁爱)程度及其"能力"(ability)的一种函数,在该函数中,他清楚地把这个人关于行善机会的知识包含在内。因此,在《起源研究》的早期版本中,他写道:"$M = B \times A$。"在这里的 M 是指"**公共善好的数量**"(Quantity of Publick Good),B 是指仁爱的程度,而 A 是指该能动者行善的能力(III. Xi; SB I, 110)。在这里我们应注意到两点。第一,能动者的美德程度只是指其仁爱的程度,与其动机所真正导致或倾向于导致的善好无关。行善能力的缺陷并不会削弱道德之善。第二,如果我们保持能力不变,一个能动者的道德之善随着其实际产生的"善的要素"(Moment of Good)而变化。总体上,道德上最好的能动者是以产生最大幸福为目标的。

这就是为什么哈奇森说,"在比较不同行动的**道德品质**时,为了规范我们对各种不同行动的选择过程……我们会受**我们的道德感官**引导",而认为"能为**最**

---

① "仁爱是一个总体而言足够恰当的词,用以表示美德的内在源泉……但是要要清晰地认识到这点,就很有必要去考察,这个名称包含了灵魂中非常不同的种种性情倾向。有时候它指的是一种**冷静的、广泛的**感情,或对于所有能够感到快乐或忧伤的存在的善意;有时,2.是灵魂中的一种平静从容的感情,其所指向的是更小范围的特定组织或者个人的幸福;比如爱国精神,或者对某个国家的爱,友谊,父母之爱……现在,尽管所有这些不同的性情倾向都可归属到一般的仁爱品格之下,然而它们在本质上是不同的,因此它们有不同程度的道德之美。而第一类仁爱则是最为可爱和杰出的。"(Inquiry, 4th edn., III. Vi; R I, 282)

多数人带来**最大幸福**的那种行动,便是**最好的行动**"(III. viii;R I, 283 - 284)。① **道德方面的值得选择性**(moral choiceworthiness),即行动的"道德品质",该品质与一个正考虑"各种不同行动**选择**"的能动者有关。这种品质不同于道德之善,道德之善在于由仁爱所激发的活动"获得赞许"的能力。道德感官会直接赞同普遍仁爱。而倾向于产生最大总体自然之善的行动,它的值得选择性来自于这一事实:该行动成功实现了道德之善的目的。

类似的说法也适用于哈奇森的权利理论,即一种精妙程度可与密尔的理论相匹敌的功利主义解释。哈奇森将其讨论权利的章节命名为"对某些复杂道德观念的推理,即,根据这种道德感官而论义务以及绝对的、非绝对的、外在的、可让渡的和不可让渡的权利"。在该章节开篇,他提醒读者们:"**道德观念的真正来源,就是对仁爱的每一种呈现和迹象之卓越的这一种道德感官。**"(VII. I;R I, 292)然后他写道:

> 通过这种感官,我们也可以推导出我们关于权利的观念……只要在我们看来,在特定情形下**普遍为人所允许的施行某种行为以及要求或占据某物的能力**,**在整体上倾向于总体的善**,我们就会说,在这样的情形下有一种**施行某种行为以及要求或占据某物的权利**。根据**公共善好倾向的强或弱**,该权利就会有大有小。(VII. Vi;R I, 297)

就如同他关于道德资格的观点一样,哈奇森关于权利的解释是功利主义的,但是并没有基于哲学功利主义。相反,由于权利的观念是一个复杂的道德观念,任何支持某种权利主张的原则都必须依靠种种根本的道德观念。"施行某种行为以及要求或占据"事物的特定惯例将实现最大的善,这只有基于道德上最好品格以最大善为目标这一前提,才能够成为一种支持某种权利主张的原则。

总而言之,对于哈奇森来说,对行动和动机的道德赞许,并不能从它们的效果中推导出来,而这则是后来边沁所主张的。事实上,在哈奇森用以指称道德感官所获得的基本道德观念的特殊意义上,除了沉思动机或者包含这些动机的

---

① 他也说,"人的**尊严**或者**道德重要性**,可以抵消人数的不足",但是由于任何品格的道德重要性都是同等于"由它所产生的**公共善好的数量**",这并不是一种单独的标准。(*Inquiry*, III. viii and xi;R I, 283,285)

行动之外,"**赞许**"是不可能被感觉到的。恰当地说,这是因为当我们考虑仁爱而感觉到赞许时,我们派生地赞同那些能够践行仁爱目标的行为和制度,而不是因为,我们赞同这一状态本身而去赞同能够达到该状态的行动和品格。

认为某种目标是有道德价值的,同时又认为这种想法与任何目标对象的道德价值的想法无关,这似乎是很奇怪的。① 当然,仁爱可以用幸福本身并不可以的方式而被认为是值得道德赞赏的,这并没有问题。看起来令人困惑的是,在总体幸福本身就是在道德上有价值的且值得选择的这一前提下,对于仁爱的道德赞赏会变得毫无根据。哈奇森坚持认为,所有道德上善的动机(事实上,所有合理的动机)都默认了行动(和动机)并不仅仅具有产生自然之善的**工具性**价值,事实上他由此解开了上述困惑。② 即便如此,在哈奇森的框架中,我们对于他人的幸福所感受到的积极尊重也只是一种"公共感"的反应,而不是道德感的反应。道德感官所赞同的是仁爱,而不是仁爱的对象。

二、休谟的哈奇森主义

毫无疑问,这一立场与休谟在《人性论》和《道德原则研究》中所设想的观点不同。最为明显的区别在于,它要求在具有独特道德意涵的评价与那些并不具有独特道德意涵的评价之间存在一种实质性的界限,而即便是在《人性论》中,休谟也主张这种区分只是纯粹言语上的(T 606)。并且,在《道德原则研究》中,休谟说他的计划是要"分析心灵品质的复杂性,这一复杂性在日常生活中形成了我们称为**个人价值**(Personal Merit)的东西",他明确地避免使用"道德之善"和"美德"这些词汇。③

然而,当休谟在《人性论》中最初呈现其元伦理学时,在他那深思熟虑的

---

① 我很感谢 Holly Smith 让我意识到这一点。
② 关于这一点,参见 *Essay*。
③ David Hume, *Enquiries Concerning the Human Understanding and Concerning the Principles of Morals*, L. A. Selby-Bigge (ed.), Oxford: The Clarendon Press, 1963, p.173.(本文对该文本引文的翻译,部分地参考了现有中译本,参见休谟:《道德原则研究》,曾晓平译,北京:商务印书馆,2001年。原作者将该文本简写为"E"——译者注。)参阅附录Ⅳ"论某些言辞争论":"在一切可能出现丝毫迟疑的场合",即,我们把那些恰当地作为敬重和赞美对象的品质称为"道德上好的","我都将避免使用**德与恶**这样的词",因为这些品质只是自然能力。

观点中,这一方面并没有在任何地方找到证据,而他和哈奇森的道德情感主义之间的相似之处着实是惊人的。在第三卷的第一章"德与恶的总论"中,休谟便致力于寻找"道德区分"的来源。而即便在这一章的第一节中,休谟应该只是设想了一种"通常存在于所有伦理学体系中"的区分,以表明该区分不能基于某种理性主义的基础而被得出;但是他在第二节中,似乎在呈现其自身观点时做出了**同样的**假定,在那里他主张"道德区分来自于一种道德感官"①。他在那里的意图,并不是要说明某些可以被情感所奠基的总体价值分类,而是想主张"涉及道德公正与堕落的选择"和"道德之善与恶"可以被情感所奠基。

事实上,休谟在《人性论》第三卷第一章中用以描述种种评价类型的词汇,与其后面在《研究》中所使用的词汇之间,存在着一种显著的差异。在人性论中,休谟经常使用一些消极的道德词汇,比如"罪恶的"(criminal)、"错误的"(wrong),"愧疚"(guilt),"道德畸形"(moral deformity),"不公正"(iniquity),以及最为经常的,"道德之恶"(moral evil)——这些词汇和哈奇森的"谴责"具有一样的审判意蕴,即"有过失"和"缺乏恰当理由"。但是,在后面的章节中,尤其是在《研究》中,这类词汇的出现减少了许多。休谟在那里使用了被他视为表示赞许与不赞许的总体性词汇——"功绩"(merit)和"过失"(demerit),"德"(virtue)与"恶"(vice)——就如我们所看到的,用以主张我们只能在言语方面区别出一种特定的道德不赞同。②

在《人性论》第三卷第一章中,还有另外一处更为明确的与哈奇森的相似之

---

① 当然,这是哈奇森最喜欢的对其观点的表达公式。休谟的读者应该可以理解这句引文。
② "缺点、过失、恶行、罪恶;这些表达似乎意味着不同程度的斥责和不赞同;但是,所有这些词根本上全都几乎是同样的种类或类别。"(E 322)但是,即便在这里,休谟也不能让他自己声称,"斥责和不赞同"的种种类别**是**一样的。这一来自《原则》结尾的段落,承载了一种与《人性论》结尾一个相似段落的有趣关联。在那里,休谟注意到,在其同情生成赞同的理论表面,必定存在着某种令人困惑之处;也就是说,一座实用的房子和具有美德的品格,尽管都倾向于产生效用,并且都会因为沉思它们倾向于产生的效用而赞同它们,但依然"不会引起同样的赞许感受"(T 617)。他补充说:"我们感觉的这种不同有些非常难以解释的地方;但是,这就是我们依据我们的一切激情和情感所能经验到的东西。"我将在接下来进一步讨论这一点。
另一个值得一提的地方在于,当休谟频繁地在《人性论》和《原则》中使用"责备"(blame)和"斥责"(censure)这两个词,这些词都带有了一种令人不快的批评意涵,但这种意涵并不意味着罪过(guilt),而他只是在这一意义上使用这些词。

处。"如果德和恶是由快乐和痛苦所决定的",那么"非理性的"或者"无生命的"对象便"可以在道德上成为善的或恶的"(T 471)。在考虑到这一反驳时,休谟作出了两点回应,且都是典型哈奇森主义的回应。① 他说,首先,并不是"每一种产生于品格和行动的快乐和痛苦的情感,都是那种**特定**的使得我们赞许或谴责的类型"(T 472)。哈奇森认为,当道德之善、恶被考虑时,就会产生赞许与谴责的基本而具有独特道德意涵的快乐和痛苦,休谟的主张与这一论点的相似性并非巧合。②

休谟的第二个回应更为复杂,因而必须要花点篇幅来引用:

> 第二,我们可以回忆一下前面的激情体系,以便看到我们各种痛苦和快乐之间的一种更加重大的差异。当一个事物呈现于我们之前,而且那个事物既跟这些激情的对象有一种关系,又产生了一种与这些激情的感觉相关的单独的感觉,这时骄傲和谦卑、爱与恨就被刺激起来。德和恶就伴有这些条件。德与恶必然在于我们自身或在他人身上,并且必然引起快乐或不快;因此,它们必然引起这四种情感之一;这就使它们清楚地区别于那些往往产生自与我们没有关系的无生命对象的快乐与痛苦。(T 473)

---

① 如休谟所指出的,这一反驳就像他自己在《人性论》第466页至467页对这样一种观点提出的控诉,即认为道德区分是以观念之间的联系为基础的。

② 的确,休谟还在下一句中说:"只有当一种品格被进行一般考量而不参照我们的特定利益时,该品格才会引起那样一种感觉或情感,而使得该品格被称为道德上好的或坏的。"这可以被认为是在表明,休谟相信,一种情感在无关乎利益的对品性进行考量的过程中而被感受到,这足以说明该情感是一种道德情感,或至少足以说明那是一种能够确立价值的情感。而那便是休谟经过深思熟虑的观点,他在这里只是说那是一种必要条件。同样毋庸置疑的是,休谟已经在之前一页写过:"由于那种使得道德之善与恶得以区分的有所区别的印象就是**特定**的痛苦或者快乐;这意味着,在所有涉及这些道德区分的研究中,要向我们说明为何该品格是值得赞赏的或值得责备的,表明这些原则就已足够了,依据这些原则我们会在对品格的考察中感受到某种快乐或不悦。"但是这本身,与"那一**特定**种类的使得我们有所赞赏或谴责的……快乐或者痛苦"的哈奇森主义解读并不矛盾。如果这样的话,就如哈奇森所相信的,当我们不关乎利益地沉思动机和行动时所感受到的快乐和痛苦是基本的、具有独特道德意涵的观念,那么这两个段落就具有一致的哈奇森主义解读。因此在《起源研究》的第一节中,哈奇森显然认为,其道德感理论的主要竞争对手是这一论点,即,我们只能基于自爱(self-love)而在对行动的沉思中感受到快乐或痛苦。

显然，休谟认为德与恶分别跟爱与骄傲、恨与谦卑有所关联，这种关联方式使得他能够回应上述的反驳，但要确切看清这种关联到底是什么，还要进一步说明。首先要注意的是，休谟区分了"单独的感觉"和"这些激情的感觉"，前者是指通过对德和恶的沉思而在美德中令人愉快的、在恶行中令人痛苦的感觉，后者是指这些快乐和痛苦所引起的感觉——即爱或骄傲、恨或谦卑的情感。当然，休谟这里所指的"前面的激情体系"(preceding system of the passions)便是他关于间接激情的双重关系理论。依据这一理论，比如说，在沉思另一个人的美德时，所感受到的令人愉快的感觉会引起我们对那个人的爱意。之所以会这样，是因为在相关的观念和印象中，我们会获得一种双重关系。第一重关系是爱意对象的观念及其成因（我们所沉思的他人的品质）之间的关系；第二重是，因沉思他的美德品质而产生的"单独"快乐感觉的印象，与爱意本身的快乐感觉之间的关系。

但这到底是如何回应该反驳的呢？在休谟关于道德区分的解释中，并不是任何能够"引起快乐或不快"的无生命对象的品质，都能够成为道德上好的或坏的，该解释又是如何表明这一点的呢？我们也许会认同休谟的主张而认为，由于爱的对象是"另外的某些人"，无生命对象的品质并不会产生爱或恨。但是问题仍未解决，为何只要考虑到休谟的解释，这些品质就不能是道德上好的或坏的？

休谟一定是在思考这一事实，即，只有前一类快乐和痛苦才会**引起**爱或恨，只有这一事实才能得出关于德与恶的前一种标准。但是再一次，对美德的沉思能够产生快乐，甚至是一种特定类型的快乐，这种说法中并没有任何东西可以使得那进一步的考量变得［与该反驳］相关。① 对于一种品质的沉思能够引起快乐或痛苦，甚至是一种特定类型的快乐或痛苦，这并不足以说明该品质是一种美德或者恶行，还必须加上，对该品质的沉思能够相应地引起爱或恨，只有这样才可以［使进一步的考量与该反驳］相关。也就是说，只有当休谟打算接受哈奇森道德之善定义中的共同条件时，即，"某些行动中为人所理解的、引起对行

---

① 当然，除非这种特定类型的快乐只是一种导致（或伴随着）爱的快乐，但这样的话，这最终就会导致，接受当前所讨论的哈奇森道德之善的定义。

动者的赞许**和爱的品质**"(*Inquiry*, intro.；SB I, 69)①,它才会变得相关。

因此,休谟的两个回应都是哈奇森主义的,第一个是显性的,第二个是隐性的。无生命对象在道德上不可能是善的或恶的,第一,因为沉思它们的品质时并不会导致特定的"使得我们赞赏或谴责"的快乐;并且第二,因为它并不会像沉思道德善的品性时那样导致爱。② 因此,休谟不仅通过接受哈奇森关于自然与道德之善的区分,在一种哈奇森主义的框架内提出他最初的元伦理学,以及通过使用哈奇森的术语"道德感官",指称了道德之善的观念来源。而且,休谟**看起来**也接受了哈奇森对于道德善恶与情感之间关系的主张,具体而言,这就呈现于休谟在第一章中所提出的主张,即,他关于道德区别的基础的论述,并不容易受到他自己对理性主义者提出的那种反对。

三、去道德化的赞许

休谟令其自身满意地回应了该反驳后并没有停止,他转向了另一个计划,这个计划直接把他引向了和哈奇森完全不同的路线,也导致他最终走向了本文开篇段落中的那种与边沁更为接近的立场。休谟写道:"可以**在总体上**追问,痛苦和快乐,尤其是那些能够区分道德善恶的,它们是**基于什么原则而产生的呢,又是由什么根源而产生于人类心灵的呢?**"(T 473)休谟直接拒绝了哈奇森的答案,不认为这种苦乐感来自于某种作为"**原始**品质"和我们"**主要构造**"部分的感官(也参见 II. i. 7；T 296)。他从两个方面来得出这一结论。其一,哈奇森主

---

① 参见"并非开始于任何恒定原则的行动本身,对爱或恨,骄傲或谦卑并不会有任何影响;因而最终并不会在道德学中被加以考虑",并且,[道德学要做的是]"发现道德以及产生于心灵品质的爱或恨的真正来源"(这些都来自 T 575)。休谟依据他的双重关系理论,而把这些段落连同刚才选自第二章的段落,结合起来讨论,对个人品质那令人愉快的沉思是如何产生爱意的。此外,如更早前段落所呈现的,这只能表明,只要"在道德学中被加以考虑"的行动才被视为开始于一种恒定的原则,并且会假定,相应地导致爱或恨的是美德或恶的本质,那么对这些行动的沉思就能够产生爱或恨。在《人性论》的第 614 页,休谟把"赞许或责备"称为一种"较为微弱且较不易察觉的爱和恨"。

② 实际上,这两个回应结合了哈奇森从《起源研究》第一版到第二版的表达公式以及从第三版到后面版本的表达公式。正是在后一版本的修正中,赞许和谴责的简单观念被明确提及,但是这些版本把"对能动者的幸福的欲望"替换为"对行为者的爱意"。并且,休谟也区分了爱意和对被爱之人的幸福的欲望。见《人性论》第 367 页。

张,每一种我们在反思中所赞同的动机和品性都是某种仁爱的形式,休谟完全不同意这一点。休谟认为这必定是错误的,而最为有力的理由是,我们会赞同正义,而正义并不能化为仁爱,就如同他在第二章中所表明的。① 但是事实上,正义只是一个特殊的案例。休谟认为,通过对那些值得赞赏的品质的仔细考察,会得出一个令人气馁的清单,在这个清单上仁爱的形式只有很少。如果道德情感要被一种"本原的"感觉所解释,那么这种感觉必定在一开始就对清单上的每一种美德(与恶行)具有敏感性。而第二,即使这是可能的,休谟也必然会以其《人性论》的主要目的,即应用"实验哲学到道德的对象上"(T xvi),而提出更简单的解释。不这样的话,"就会与那些指导自然的通常原理不相符,在自然中,只需少数几条原则就可以产生我们在宇宙中所观察到的所有多样性"(T 473)。因此,"找到我们的所有道德概念所依据的一些更为一般的原则"(T 473)是必要的。

休谟相信他已经给出了一种更简单的解释,即使这种解释在《人性论》和《研究》中所采取的方式多少有些不同。在《人性论》中,这种解释以(在该文本的独特意义上的)同情直接的或遥远的美德好结果的方式而实现。《研究》的解释则有些不同,它以休谟所谓的"人道"(humanity)或仁爱为特点。但是这些解释共享了同样的结构,其展开过程大致如下。当我们沉思某种(具有美德的)品性时,我们会被某种观念间的联系所引导,并考虑到那一品性所引起或产生的令人愉快的状态,这一状态要么来自该能动者自身,要么来自另外一些"他有所往来的人"(T 590)。通过同情或者人道,要么,我们会有类似的快乐感受(《人性论》),要么,我们会因我们所要考察之人的快乐感觉而感到快乐(《研究》),而这种快乐是无关乎利益的。因此,我们在沉思该品性时会感受到道德情感。因此,这一品性就是一种美德。

在进一步展开之前,我应注意到,这并不是休谟提供的唯一解释。在《人性论》中,休谟也写到,当我们发现某些品性是美德或恶行的时候,"我们总是会考虑到激情**自然的**和**通常的**力量"(T 483;也参见 488)。因此,我们将会把为人父母者缺乏通常程度的父母感情视为一种恶,并且,这显然与这一缺乏所导致

---

① 巴特勒已经在 Sermon XII 和"论美德的本质"(R I, 374 - 377, 383 - 386)中就这一点有力地反驳了哈奇森。

的、直接或长期的不良效果的任何想法都无关。因为我的目标在于揭示休谟思想中那些引导着哲学功利主义方向的方面,我将直接忽视这一点和其他使问题复杂化的特点。

在《人性论》中,关于美德为何会因其直接或长期效果而被赞许的解释,主要是在第三卷第三章中被提出,即使这一解释也依赖于第二卷中休谟对同情的解释,以及第三卷第二章中休谟关于正义的道德责任的解释。在第三章的开头,休谟写道:"要发现道德以及产生于心灵品质的爱或恨的真正来源,我们必须相当深入地研究这一问题,并且把我们已经验证和解释过的某些原则加以比较。"(T 575)这些原则中最重要的是同情。正如许多评论者已经指出的,休谟所指的同情(sympathy)是一种把感觉的观念转变为(近似于)感觉本身的心理机制。① 同情的其中一种运作方式是这样的,比如说,当一个人看到痛苦的脸部抽搐时,通过某种观念的联系,这个人会被带入到他所认为引起抽搐的那种痛苦观念中。抽搐者将在某程度上与他自己有关。或许这个人是他的亲人、他的姐妹,或只是一个人类同胞。取决于两者关系的密切程度,"我们自身的印象",即那些"总是熟悉地呈现于我们的"印象,将或多或少地以**它的**力量和活泼性注入(他的)痛苦观念。这使得(他的)痛苦观念转变为某种印象;这种印象便成了"那一激情本身"(T 317)。②

至此休谟相信,他已经可以依据早前在《人性论》中牢牢确立的原则,而解释为何关于动机和品性的想法,将自然地导致它们所倾向于引起的效果的想法。同情原则所提供的是一种解释的方案,以说明为何当这些效果是令人愉快的时候,关于这些效果的观念就会被转化为一种令人愉快的**印象**。休谟的推理是三段论式的,但是它必须以接下来的这种方式来展开。因为,当这样一种动机或品性无关乎利益地被考量时,就存在一种快乐的"单独感觉",由于它是因一个人身上的某种品质而导致的,所以它将(依据双重关系理论)产生爱或骄傲,这说明了为何我们会将这种动机视为具有美德的,或者将这种品性视为美德。

---

① 参见,比如 Barry Stroud, pp. 196 - 198。如 Stroud 所指出,这是不可能的,即对某种牙疼的同情将产生一种牙疼。他认为,可以把休谟理解为是在主张,同情产生的是"与那些我们观察和沉思的对象具有同样情感品质"的感受。
② 《人性论》中关于同情的主要讨论集中在第 316 页至 321 页。

但是,这种直接通过同情而产生的快乐,也就是说,相信某种品性所能带来的那种快乐,与休谟所区分作为对品性之赞赏的那种快乐,这两者到底有何关系呢?休谟在这一点上没有给出清晰的答案。在某些地方,他似乎认为,任何沉思某种品质而感受到的、不关乎利益的快乐,都是道德情感。因此,"在一般观察之下,人类行动中带来痛苦的每样事情都被称为恶,而凡是以同样方式产生快乐的任何事情则被称为德"(T 499)。如果是这样的话,直接由同情产生的快乐可能就**是**道德情感。

但是休谟也提到了其他东西以提议一种不同的模式。他写道:"伴随任何特殊种类的若干对象而发生的一切赞许情感,即使发生于不同的来源,彼此之间仍是很类似的;而在另一方面,那些指向不同对象而发生的情感,即使源自同一来源,感觉起来也是各不相同的。"(T 617)这说明,赞许这种情感不仅是无关乎利益地沉思某种品质时才会被感觉到,而且以某种品性**为对象**。如果是这样,由于直接通过同情某一品性之效果而产生的快乐,并没有把该品性作为对象,因此它们本身并不是赞许。

按照这种思路,休谟就需要解释,通过同情产生的快乐如何能同样**导致**赞许。他并没有在《人性论》中给出这样的解释,但是这并不意味着他不能这样做。事实上,某种双重关系的机制,比如他用来解释间接激情的那种机制,也可以用来解释赞许。① 设想一种被认为具有快乐后果的品性,这一品性导致了一种令人愉快的"单独的感觉",即一种直接通过同情而产生的感觉,并且这种感觉类似于那种赞许的令人愉快的印象。接着,赞许对象的观念,即品性,类似于其缘由的观念(要么是该品性本身,要么是被认为是**这种**品性之效果的效果)。因此,对某种品性那(被认为是)令人愉快效果的反思,便会产生对该品性的赞许,要么是因为通过同情而产生的快乐构成了赞许,要么是因为它们导致了赞许。

赞许可以产生自对某一品性令人愉快之效果的考量,这一主张依据第二章中已经确立的论点,首先是关于人为美德的。在这些例子中,起码而言,"只要反省品格和心灵品质的倾向,就足以使我们产生赞许或谴责的情感"(T 577)。由此休谟进一步考量自然美德。在这里,他似乎对同情将一些品性确立为美德

---

① 我十分感谢 Geoffrey Sayre-McCord 对此提出的建议。

时所发挥的作用进行了限定。因此,他写道:"我们**自然**就会赞同的种种品质,**大多数**确实具有那种倾向,并使得一个人成为社会中的一个合适成员。"(T 578)①休谟之所以如此谨慎,是因为他认为存在着一些品性,它们不仅是"有用的",而且是"直接令人愉快的"。② 因此,"机智以及某种休闲洒脱的行为,对别人来说,是**直接令人愉快的**性质"(T 590)。③ 他谨慎地总结道,因此,道德情感"可能仅仅来自性格和激情的单纯的影响或现象,或是发生于我们反省它们促进人类或某些个人幸福的倾向"(T 589)。

这可用以表明,当那些直接令人愉快的品性其自身被沉思时,就会在一个旁观者那里引发赞许,而无需任何对该品性自身实现或产生的快乐的同情。但是休谟有时候会给人一种印象,让人以为这是他自己的观点,但实际上这并不是。这一点可以从那著名的关于情感修正(correction of sentiment)和一般观点(the general point of view)的系列文章中看到。

休谟具有原创性地提出了交互主体间的一致性问题,并将该问题与通过同情对有用品性的种种判断相联系。由于同情依据一种心理距离原则而运作,即,我们对于越亲近的人就越能同情到他们的感受(他们更密切地与我们自身总带有的印象相关),这就产生了一种比较标准(calibration)的难题,因为道德旁观者与被观察品质所倾向于有益或有损的人之间的距离是不同的。即使我不能"从一个生活在两千年前的**希腊人**的美德那里,感受到我从一个熟悉的朋友或熟人的美德那里所感受到的同样生动的快乐",然而"我并不是说,我会因此更尊敬其中的某一个"(T 581)。

休谟通过一个事实来对此进行解释,即,在我们对德与恶进行判断的习惯当中,我们所依据的并不是沉思这些个人品质时所实际感受到的快乐,而是依据如果"我们处在某种观点时仍具有的"那些感受来进行判断。只有当我们能固定在"我们思想中的一种**稳固**且**一般**的观点,并且无论我们目前的情况如何

---

① 正如上下文所清楚表明的,"那种倾向"是对人类善好的倾向。也就是说:"道德的区分在很大程度上产生于各种品质和品格促进社会利益的倾向,并且……正是我们对于那一利益的关切,使得我们会赞同或不赞同它们。但现在,我们并不会具有这种对社会的广泛关切,除非是基于同情。"(T 579)
② 这一区别在《研究》中甚至更为显著,在那里休谟把所有的美德分成了种种品质,包括(a)"对我们自身有用的";(b)"直接令我们自己感到愉快的";(c)"对其他人有用的";(d)"直接令其他人感到愉快的"。
③ 而另外的品性是直接使得那个具备它的人感到愉快的。接下来将更多地论述到这一点。

都总是在我们的思想中把我们自己放置在这些观点中",我们才能期望我们的判断是彼此一致的,并且在不同时候都是与我们自己相一致的。

事实上,关于哪一种观点才是出于上述意图的最佳观点,休谟给出了一种相当明确的提议,尽管这从未被评论者们所讨论。① "在这样摆脱了我们最初的立场以后,我们就只能通过某种同情那些与我们所考虑之人有所交往的人们的方式,来确定我们自身的观点,任何其他方式都没有这一方式方便。"(T 583)就如休谟在多处地方重申的那样,其建议是,关于善恶之判断是通过同情而确定的,即同情那些能动者所能影响的"那个小圈子"中直接受影响的人,他们所受到的品性之效果。(T 602)。②

现在这一讨论对我们的目的而言的相关性在于,休谟提出了同样的提议来校正那些对于"直接令人愉快的"品性的判断。事实上,在《研究》和《人性论》中都最为显著的休谟美德分类的结构,很清楚地说明了所谓美德是直接令人愉快的。对此,休谟一般所指的,不是**被某个旁观者或者判断者所沉思时**而直接令人愉快的那些品性,而是这样的品性,要么对这个人本身而言是令人愉快的,要么对这个人有所交往的人而言是令人愉快的。这种直接的快乐是一种通过践行某一品性,或者通过与那些践行该品性的人有所交往,而**被那些受到该品性**

---

① 对于这里以及该段落的其余部分,我要感谢 Louis Loeb,他告诉我 Dorothy Coleman 在休谟协会(Hume Society)1988 年的马尔堡会议上的一篇论文讨论到了休谟观点的这一方面。

② 在上一段引文中,这一提议被明确地用来支持休谟称为"善"的品性,并且他将这些品性与"心灵的伟大"进行了对比。(我十分感谢 Annette Baier 指出这一点。)但是,第 583 页上的段落似乎并没有做出类似的限定。无论如何,可参见 A. C. Baier, *A Progress of Sentiments*, Cambridge: Cambridge University Press,1991, p. 213.

狭小圈子的相对性在《研究》中并不明显,尽管在《研究》第 269 页、276 页以及 278 页的文本中有被提及。休谟并没有给出选择这一特定观点的理由,除了指出"在这样熟悉了人性之后,我们就不会在他身上期待任何不可能的事情"(T 602)。无需多言,这对于休谟的德与恶的清单而言有一种实质性的效果。比如,"当我们列举任何人身上的好品质时,我们总是会提到其品格中的那些使他成为可靠的同伴、省心的朋友、和善的大师、称心的丈夫或宽容的父亲的部分。我们会对他连同他在社会上的所有亲友一并加以考量;并且会依据他对任何与他直接来往之人的影响,爱或恨他"(T 606)。

值得注意的是,在该计划最为字面的解释中,它并没有真正解决这一问题,因为不同的人对狭小圈子中的那些人,显然会依据与他们之间的距离,而对他们同情得更多或更少。如果休谟的意思是建议说,当我们将自己放置在狭小圈子中的那些人所处的位置时,这时所感受到的情感才是我们要考虑的,那么这就是不同意思了。但是当他说,要把我们自己放置在"某些**稳固且一般**的观点"中时,他所明确建议的是"对那些与我们所考量之人有所往来的人的同情"(T 581—583)。而在休谟的同情理论中,这是不同的事情。

实际影响的人所经验到的快乐,因此,甚至并不用对这种品性有所沉思。① 当我们因为"另一个人的智慧、礼貌、谦逊、正派,或他所拥有的任何一种令人愉快的品质而赞许他"的时候,"我们会形成这些品质对其身边熟人之效果的观念,这一观念在我们的想象中有一种令人愉快的影响,并使我们产生赞许的情感"(E 267)。休谟在《人性论》中总结道:

> 但是,在特定品质对我们自身或他人造成的直接的快乐或不快看来,无论德与恶的区别是多么的直接,我们仍然容易看到,这种区分在很大程度上仍依赖于一再被强调的**同情**原则。一个人如果具有某些品质,这些品质对那些跟这个人有所往来的其他人而言,是**直接令人愉快的**,尽管我们自身并没有从这些品质那里得到任何快乐,我们仍会赞许这个人。如果一个人所拥有的品质对他自己而言是**直接令人愉快的**,即使他并没有和任何人有所往来,我们也会赞许他。(T 590)②

因此,即便具有"直接令人愉快"的品性,道德情感也只能通过反思这种品性所能带来的快乐才会出现在观察者身上。如果一个品性是直接令别人感到快乐的,那么一个旁观者之所以会赞同它,是因为他同情到那些与这个人有实际交往之人的直接令人愉快的快乐感受。而如果一种品性对于拥有它的人而言是

---

① 因此,某些品质"因为对具有这些品质的人本身是**直接令人愉快的**,因而被称为善的。心灵的每一种激情与运作都会产生某种特定的感觉,这些感觉不是令人愉快的,就是令人不快的。前者便是善的,后者便是恶的"(T 590)。

要注意,休谟认为在某些情况下,意识到某种品性就会被它所吸引。爱所具有的"迷人的亲切"(engaging endearments)对于任何旁观者而言都是直接令人愉快的。但是即便在这里,休谟认为,旁观者的这种直接愉悦感仍是派生于对爱人者自身的愉悦感的同情:"这种情感的温柔和体贴,它那迷人的亲切,温情的表达,无微不至的关怀,以及那些在爱和友谊的热烈依恋方面发挥着作用的相互信赖和尊重的全部流露;我说,人们将承认,这些感受在令他们自己愉快的同时,必然被传达给旁观者,将他们融化在这同一种温情和体贴中。当我们领略到这类热烈的情感时,我们自然就会热泪盈眶。"(E 257)亦参见 E 260;T 604,T 611。

② T 590。产生对直接令人愉快之品性的赞许并不需要"效用的观点或未来有益结果的观点",与此同时,"我们可以观察到,这两种赞许情感都产生于同一种社会性的同情,即对人类幸福或苦难的同胞感"(E 260)。

直接令人愉快的,那么一个旁观者之所以会赞同它,是因为他同情到该品性本身在那个人那里产生的快乐。不论在哪种情况下,一个旁观者(愉悦的)赞许之情并非沉思某种品性时就产生的内在反应,而是通过同情到他相信是由该品性所导致或产生的其他一些愉快状态,由此形成的一种反应。

那么这就意味着,对于每一种休谟式的美德,一个旁观者的赞许都来源于对美德品性所能带来的愉悦状态的反思。① 上述我们所遵循的是《人性论》中的解释,但是也可以说,休谟在《研究》中采取了几乎一样的进路。他以人道(humanity)替代同情(sympathy),这也只是意味着,旁观者的反思性快乐是由同胞感(fellow-feeling)而不是《人性论》中的同情所产生的,其余的任何东西都一样。而这并不意味着休谟和后来的边沁一样,认为自然方面的好结果是赞许的最初**对象**,并且认为这种赞同接着会通过某种观念的联系而转移到行动或动机上。相反,休谟像哈奇森一样,他坚定地认为,我们赞许的是某些诸如爱、对他者自然之善的**欲望**等等那样的品性和动机,而不是赞许那些自然方面的好状态本身。休谟和哈奇森的分歧主要在于,赞许到底是如何发生在这些(或另一些)对象上的。

休谟关于道德情感之来源的理论,无疑是一种对哈奇森的彻底背离。在一封给哈奇森的信中,他写道:

> 我希望你可以考虑一下,一种没有任何关于共同善或者拥有这一品质之人的善的促进倾向而同时是具有美德的品质,是否真的存在。如果没有任何一种美德是不具备这些倾向的话,我们便可以总结说,

---

① 这里再一次忽略了休谟观点中的复杂因素,比如《人性论》第483页中"激情的自然的和通常的力量"之标准。

在一个绝妙的讽刺性转折中,休谟阐述了以下这种明显的例外:"除了所有那些使一个人成为可爱的或有价值的性质外,令人愉快和美好的事物还有某种莫名其妙的性质,也能够产生同样的效果。"在这方面,正如在机智与雄辩方面一样,我们必须求助于某种不经反省并且无需考虑性质和品格的倾向就有所运作的某一特定感觉。有些道德学家用这种感觉来解释一切关于美德的情感。他们的假设似乎是有道理的。"只有严格的探讨,才能使人舍掉这个假设,而选取任何其他的假设。"(T 612)当然,这里的讽刺之处在于,休谟所说的是,一种最理想的"赞同感"是一种明显**非道德**的感觉。这与哈奇森的立场完全相反。还需要注意的是,这并非真的是一种例外,因为它也一样必须受制于集体性的同情,即对狭小圈子中的那些人直接令人愉快的快乐感受的同情。

它们的价值来源于同情。(HL I, 34 - 35)

他可能会补充说,他不仅可以解释,当我们沉思那些我们认为会产生或者实现令人愉快状态的品性时,存在一种单独的、无关乎利益的感觉;他还能解释,为何我们会爱那些具有这些品性的人。但实际上,哈奇森和休谟关于爱的分歧就如同他们关于道德情感本质的分歧一样。哈奇森曾写过,不同于诸如"诚实、忠诚、慷慨、友善"等真正的美德,诸如"房屋、土地、花园、葡萄园、健康、力量、睿智"的自然之善,产生的"根本就不是指向拥有者的爱,但往往是**妒忌**和**恨意**这类相反的感情"(Inquiry, 1st edn., intro.; S I, 70)。① 如休谟的双重关系理论所要求的那样,他并不同意这一点。当"自然之善"属于他人的时候,对它们的沉思会引起爱意(而当它们属于一个人自己的时候,则引起骄傲)。它们并不需要是这个人的品质,它们可以是种种财产,比如"房屋、花园、装备"(T 357)。② 沉思这些东西会通过同情或者人道而产生一种令人愉快的感觉,这种感觉会引起另一种令人愉快的感觉,这另一种感觉将和被爱对象的观念有所共鸣,就如同**他人的**财产或者品质的观念会与被爱对象的观念有所共鸣一样。因此,即使休谟和哈奇森一样,认为美德会引起爱意,但他认为,这并不像哈奇森所设想的那样限制了美德的范围。休谟尤其认为,这并不能支持哈奇森所想做出的那一区分,即一种"在所有伦理学体系中……**自然能力**与**道德美德**"(T 606)的区分。

这实际上给休谟带来了一些问题。一个不错的房子被沉思时会经由同情或人道而产生快乐,并且这种快乐和那些沉思人物品性时产生的快乐似乎没什么区别,甚至这两种沉思都会产生爱意,但即便如此,休谟也不愿意将一幢漂亮的房子当作是一个房屋拥有者的美德之一。③ 他明确地把德和恶、功绩和过失限定为"通过考察和反思"而产生某种"特定苦乐感受"的"心灵品质"(mental qualities)(比如,T 574 - 575)。这种"特定"情感大概就是赞许本身。休谟必定是认为,当我们首先沉思一个人的机智并接着考量他那不错的房子时,前者会

---

① 一项关于哈奇森的出色研究,同时强调了爱的作用,可参见 W. Leidhold, *Ethik un Politik bei Francis Hutcheson*, Freiburg and Munich: Verlag Karl Alber, 1985。
② 这不是照着哈奇森写的吗?
③ David Norton 指出了这一点,参见 *David Hume: Common-sense Moralist and Sceptical Metaphysician*, Princeton N.J.: Princeton University Press, 1982, p. 115。

产生一种特定的指向其机智的赞许情感,而后者并不会产生一种类似的指向其房子的情感,这只是一种关于人类心理的事实。而即使两者产生的快乐是类似的,也能够产生爱,**并且**在其中一种情况中发生的任何印象观念的双重关系,似乎也会在另一种情况中发生,但是两者仍是不同的。①

当然,即使哈奇森能够相信,所有具有美德的品性都具有一种善的倾向,他也绝不会接受,这是**使得**它们在道德上为善的原因,因为这一倾向只是一种关于自然之善的事实。但是,休谟当时并没有真的认为,一种善的倾向就会使得一种品性成为一种美德。和哈奇森一样,休谟坚持认为,唯一能这样做的是对品性的赞许,并且这种赞许要伴随着对能动者的爱。② 但是,哈奇森一定会认为,如果同情,即对一个人的"心灵品质"倾向于实现的自然之善有所同情,已经足以导致休谟式的赞同,那么休谟式的赞同便会因此而无法成为某一品性在道德上为善的判定基础。

四、蹒跚走向(Slouching to)边沁

讽刺的是,使得哈奇森拒绝休谟道德情感解释——即它是完全基于对自然之善的同情——的理由,恰好特别适合边沁的哲学意图。边沁的问题意识与哈奇森几乎完全相反。他认为,在建构道德和政治话语的过程中,参与者会频繁地提出一些观点,这些观点仅仅是基于他们自己的直觉式道德确信和感觉,而没有任何进一步的可靠基础,这是一个**问题**。在《道德与立法原理导论》(*An Introduction to the Principles of Morals and Legislation*)的头两个章节中,边沁主张效用原则就是这个问题的唯一解决方案。

---

① 即存在于沉思房子时所产生的令人愉悦的感觉和对之赞许的令人愉悦的感觉之间,以及存在于该情感对象之观念(房子)及其原因的观念(被沉思的房子)之间的一种双重关系。

② 休谟认为,通过其他心理机制来解释某种印象的存在,这并不会导致该印象变得不那么简单。因此,即使骄傲可以被某种心理机制所解释,并且并不是作为心灵的某种原初性质,它仍是一种简单的印象(T 277)。在更通常的意义上,"观念永远不能互相完全合并起来,而是赋有一种使它们互相排斥的不可入性(impenetrability),并通过它们的结合(而不是通过它们的融合)以形成一种复合物。在另一方面,印象和激情则可以完全合并,并且像各种颜色一样,可以完全混合起来,以致它们可以各自隐而不显,而只是有助于使那个产生自整体的统一印象有所变化。人类心灵的某些最奇特的现象就是由激情的这种特性所产生的"(T 366)。

首先，考虑一下他是如何描述这一效用原则的。"这里所涉及的原则"，他指出，"可以用来指一种心灵活动，一种情感，即赞许的情感。当以此对待某一行动时，会赞同其效用，并把该效用当作行动的这样一种品质：它应当被用来决定对该行动赞同或不赞同的程度"。(*Principle*, p. 1n.)依据边沁的构想，这一效用原则与其说是一种"一阶"(first-order)的道德命题，不如说是一种关于道德思想和话语本身所应当采取形式的论述。它提出了一种被他称为"外部基础"(extrinsic ground)或"外在标准"(external standard)的东西，但这并不是直接用于行动的，而是用于**赞同**行动的。再一次，该原则赞同的是某一行动的效用，即作为"应当据以控制对行动之赞同或不赞同的程度的品质"。边沁把效用原则所施加到道德思想和话语上的标准称为"外部的"或"外在的"，他想表达的是，这一标准完全独立于该标准所建议的对行为的赞许，并因此，即便是那些道德观点截然相反的人也能够毫无争议地使用它。①

边沁写道："各种各样已经形成的关于对错标准的理论体系，它们全都饰以众多牵强附会之辞，来规避诉诸任何外在标准的义务。"(*Principle*, p. 8)这里的"义务"是一种理智上或哲学上的义务。边沁相信，所有先前的伦理学体系都是有问题的，因为它们只是在"诱使读者把作者的情感或观点接受为某种自立的理由"(*Principle*, p. 9)。在一处值得注意的脚注中，他试图阐明，那些英国主要的现代伦理理论——哈奇森的"道德感"(moral sense)，里德的"常识"(common sense)，普莱斯的"权利规则"(rule of right)，克拉克的"事物合宜性"(fitness of things)，以及其他的一些理论——只不过是一些制造某种假象的手段，以让人觉得这些主张理应得到他人的尊重，但却没有任何能够值得理性认同的论证来支撑它们。读者或多或少会被说服或"被诱使"而把作者的情感或观点视为不证自明的。

边沁认为，道德和政治论辩中的参与者们具有某种"义务"，要求他们诉诸一种外在标准来证成其道德立场，我们在这里并不需要太在意他这样想的原因。我认为其中一个可以被论证的原因是，他把这样一种义务视为**自由的**公共

---

① 当然，即使哪个行为将把效用最大化在道德上是没有争议的，但是这是否应当指明甚至影响我们对行为的赞许，比如，我们关于一个人在道德上应当如何做的观点，这并不是没有争议的。效用在一个哲学论证中是在第一种意义上无可争议的，边沁的希望便是借用这一事实来解决第二种意义上的争议。关于这一点，参见接下来的三个段落。

道德辩论(liberal public moral debate)的必要条件。他指出,如果人们对其他人做出某种道德要求,但同时,不愿提供这样做的理由,即其他人无需预先持有同样道德观点也可以接受的理由,那么这实际上就是胁迫性的。因此关于早前的理论,他写道:

> 所有这些思考和论辩方法(事实上,如我们已看到的那样,它们不过是同一种方法,只是潜藏在不同的词语形式之下),其共同危害在于,它们掩饰、伪装和助长专制,即使不是一种实践中的专制,无论如何也是一种意向的专制:一旦有了足够的借口和权力时,这种专制极易在实践中显现。①

他设想了一个反对者会这样追问:"但是,是否除了效用原则外,就没有任何其他的考量可以让我们推导出我们的对错概念呢?"他回应道:

> 我不知道,也不在意。除了一种效用的观点外,一种道德情感是否可以起源于任何其他的来源,这是一个问题;通过检验和反思这种观点,事实上,这种观点能否真的基于其他基础,而通过一个人的自我反思被坚持或论证,这是另一个问题;至于在权利方面,这种观点能否由一个面对社会陈言的人根据其他基础而恰当地论证,这是第三个问题。前两个问题是关于思辨的问题:它们如何被解答相对而言无关紧要。而最后一个问题是关于实践的问题:对这个问题的解答具有头等的重要性。(*Principle*, p.9n)

这些段落表明,边沁自己的哲学功利主义版本,其本身可能就被放置在一个更为宏大的、"自由实用主义的"(liberal pragmatist)道德与政治哲学计划中。比如《原则》一书头两章中的其他段落,它们表明,边沁认为对效用的种种考量尤其适合作为一种非胁迫性公共道德、政治辩论的基础。首先,因为这种考量所

---

① *Principles*, p.9n。而在早前,他论及了某个这样的人,这个人会提出"他自己那毫无根据(unfounded)的情感",比如,未基于某种外部的基础而具有的情感,"要让他抚心自问,他的原则是否专横独断"(p.3)。

关涉的,借用哈奇森的术语来说,是自然之善而非道德之善,它们作为"外在的"或"外部的"基础是合适的;它们为处理道德和政治冲突提供了一种没有道德争议的基础。第二,它们可以为**实践中的**道德争论提供某种基础,因为,不像其他与之竞争的外部基础,它们涉及"两种至高无上的主宰",即,能够驱动所有行动的快乐和痛苦。①

无论他这样做的深层哲学动机是什么,边沁清楚地提出了这样一种观点,即,关于一个人应当做什么的直觉式道德确信,确实需要一种独立的原则,而对效用的考量就特别适合于提供这一原则。这就是为什么我说,哈奇森不能接受休谟关于道德情感解释的理由——即,其解释完全基于对自然之善的考量,而没有涉及任何具有独特道德意涵的观念——恰恰使得休谟的解释适合边沁的意图:它为边沁所认为的某种恰当的、独立的"外在"原则指明了方向。

虽然事实上,我们并没有理由认为,休谟会同意对其主张的这样一种用法。正如休谟对人类心理的理解,赞许的对象从来都不包括任何自然之善的效果,而只有动机和性格特征,以及由此派生出来的、作为动机与性格之标志的行动。最为重要的是,休谟和哈奇森一样,认为我们赞同的是诸如爱、对他人善好的欲望等等这些动机,而非自然之善本身。此外,休谟相信,我们会赞同那些我们认为具有效用的品性,但这对于我们的赞许而言,并不是一种恰当的哲学基础或理由——就好像我们的赞许是依据我们所看到的最好的论证才给出的那样。没有任何一种这样的论证是必要的或可能的。休谟认为,我们之所以会赞同一些有用的和令人愉快的品性,并不是因为我们确信这些是理智上赞同它们的稳固基础,而只是简单地因为,当我们想到这些品性将倾向于实现的东西时,我们就会赞同这些品性并且爱那些具有该品性的人。因此,迫使像边沁那样的哲学功利主义者走向行动功利主义的那一问题——如果构成对品性之赞许的基础是效用,为何它不能直接同样地构成对行动之赞许——并不会困扰休谟。

---

① "就算承认效用原则之外的任何其他原则都是正确的,……也要让他(其支持者)说说看,是否存在像某种**动机**之类的事情,一个人可以具备这一动机遵从它的指示;如果存在的话,让他说明那一动机是什么,以及它如何与那些强制执行效用指令的动机相区别;如果不存在的话,那么最后让他说明这另一种原则到底有何好处?"(*Principles*, p. 4)
Ross Harrison 认为边沁在《原则》头两章对效用原则的论证,是设计来呈现它在"公共的评价语言"中的必要性,但是他并没有提及边沁对避免"专制"的强调,没有这一强调的话,对一种"外在标准"的论证就并没有开始。参见 *Bentham*, London: Routledge & Kegan Paul, 1983, pp. 183–194。

然而,即使休谟并没有被哲学功利主义所吸引,他在这一观点的形成过程中发挥了重要作用。从边沁开始,功利主义传统通常都会采取这样的立场,即认为,关于正当和关于道德之善的道德主张都要求某种原理,并且在哲学上唯一值得追求的原理主要存在于行动和动机所实现或产生的(非道德)价值。对动机的道德之善的确信,本身就立足于这些动机所能带来的快乐状态的想法,通过论证这一点,休谟给出了一个直接的论证以反驳哈奇森的观点,即,对动机和品格的道德赞同在心理上是最基本的。而对于那些带有不同哲学计划的人而言,休谟的论证可以被这样解读,即认为休谟是在主张,在心理学上更为基本的事物,在论证秩序中也更为根本。因此,休谟确实为哲学功利主义开辟了空间,即便他自己并不持有这种立场。[①]

Hume and the Invention of Utilitarianism

Stephen Darwall

Abstract: The ideas we have come to think most central to utilitarianism did not assume their familiar shape before Bentham. Bentham invented philosophical utilitarianism. He was the first to advance a utilitarian normative ethic on the basis of the philosophical conception of morality's nature. He argues that facts concerning the (non-moral) good of persons provide the only rationale for a normative ethical view. By considering the difference and similarity of Hume's sentimentalist ethics and Hutcheson's moral sense theory, we will see that Hume emerges as a crucial transitional figure in the development of utilitarianism. Hume's unique psychology of moral sentiment, together with his rejection of Hutcheson's distinctively moral value, clears the space for philosophical utilitarianism to occupy.

Keywords: philosophical utilitarianism, principle of utility, natural goodness, moral goodness, Hume

---

① 作为本文基础的研究工作受到了美国国家人文基金会(the National Endowment for Humanities)的经费支持。

冯契"智慧说"与德性伦理学

陈乔见

[摘　要]　冯契"智慧说"与德性伦理学都把理想人格或德性的培养视为自己理论的主题。在德性伦理学那里,幸福、德性与实践智慧形成了一组三元概念结构。类似地,在冯契那里,自由、德性和智慧亦形成了一组三元概念结构。冯契"智慧说"体系以自由代替幸福作为人的目的,体现了实践唯物主义对西方传统幸福论的超越;他所谓"平民化自由人格"则是对中国传统圣贤人格的超越和转化;他对真诚这一美德的重视和给予的权重与当代德性伦理学家伯纳德·威廉斯晚年的思考遥相呼应。冯契基于"整个的人"的视域,关注德性的本体论意义,提出"化理论为德性"、"德性自证"、"凝道成德"等理论创见,对当代德性伦理学的发展理由有所助益。

[关键词]　冯契;智慧说;德性;自由;真诚

---

* 基金项目:"通过—超过:古今中西之争视域下的冯契哲学研究"(16JJD720005)、江苏省"公民道德与社会风尚"协同创新中心。

** 陈乔见(1979—　),男,云南陆良人,哲学博士,中山大学哲学系教授,主要研究领域为中国古代哲学与伦理学。

冯契与当代"德性伦理学"(virtue ethics)①并无交集,然而,他的"智慧说"却实质性地展示出了诸多德性伦理学的内容与特征。从广义认识论之"理想人格如何培养"到"智慧说"之"人的自由与真善美"的全面发展,从"化理论为德性"到"德性自证",从对中国传统儒、道、释的理想人格的批判性考察,到"平民化自由人格"的提出,在此诸多理论创获或哲理格言中,我们看到,"德性"或"人格"概念与冯契"智慧说"如影随形,构成其"智慧说"的重要内容。有鉴于此,本文尝试对冯契的"智慧说"与德性伦理学做一交互诠释、互相发明的工作,亦可为当代德性伦理学的复兴与发展提供中国智慧。本文将首先勾勒冯契"智慧说"与德性伦理学的基本结构及其相关性,然后集中讨论冯契"智慧说"体系中的德性论。

一、"广义认识论"与"整个的人"

当冯契晚年时(上世纪九十年代),西方当代德性伦理学复兴已渐成气候,晚年的他对此应该没有太多的信息,但是,其"智慧说"与德性伦理学却有着实质性交集和共同的关怀。为了说明这一点,我们有必要对德性伦理学与冯契的"智慧说"及其相关性略作说明。

我们先看德性伦理学。学界公认,牛津大学哲学教授安斯康姆(Elizabeth Anscombe)1958年发表的《当代道德哲学》一文,对以康德式伦理学(义务论)和功利主义(后果论)为主流的西方当代伦理学发起了猛烈的抨击,为当代德性伦理学在西方的复兴指明了方向,设定了议程,即把伦理学研究重心从"义务"概念转移到"与人类幸福相关的美德"上来。②经过半个世纪多的发展,时至今日,尤其是在盎格鲁—撒克逊哲学圈,德性伦理学已与西方近现代一直占据主导地位的两种规则伦理学即康德式伦理学(义务论)和功利主义(后果论)渐成

---

① 关于 virtue ethics 的译法,之前大陆学界多译作"德性伦理学",近几年多译作"美德伦理学",台湾学界多译作"德行伦理学"。本文采用"德性伦理学"的译法是基于以下考虑,一是因为古希腊词 arête(virtue 是其对应的拉丁词)的含义不限于伦理美德,一是冯契也十分强调"德性"的本体论意义。
② 参见徐向东编:《美德伦理与道德要求》,南京:江苏人民出版社,2008年,导论。

鼎足而三之势。①

不过,义务论、后果论、德性论三分法并没有得到学界普遍认可,德性伦理学的理论定性问题仍然悬而未决。李明辉便对此三分法提出质疑,他认为义务论和目的论是"既穷尽又排斥"的关系,其中没有德性伦理学的独立地位,德性伦理学要么从属于义务论,要么从属于目的论,他从康德伦理学的立场,很自然地把德性伦理学划归为目的论伦理学的一种形式。②然而,牛津大学伦理学家罗杰·克里斯普(Roger Crisp)却表达了与李明辉不同的看法。克里斯普认为,如果把伦理学理解为意在说明何谓对错行为的理论,我们就无法认同所谓义务论、后果论、德性论的三分格局,事实上只有义务论和后果论的两分,德性论只是义务论的一种形式,即与"以原则为基础的义务论"相对的"不以原则为基础的义务论";但是,如果我们把伦理学理解为说明德性的道德价值的理论,把焦点集中在德性的价值问题,而不是关注正确行为的概念,那么,德性伦理学作为一种每个人都应该成为的某种人的理论便有了属于自己的理论空间。③就关注行为对错而言,德性伦理学究竟属于目的论还是义务论,这或许还可讨论,这里我们把关注焦点放在克里斯普对伦理学的两种理解上。一般认为,关注行为的对错,这是近现代西方对伦理学的理解;关注德性的价值或成为某种人,这是古代人(中西方都有此传统)对伦理学的理解。当代德性伦理学的复兴,在很大程度上便是要回到传统伦理学的概念,把"我应该成为什么样的人"或"我应该过什么样的生活"作为伦理学的中心议题,特别关注德性的价值。诚如克里斯普所言,在此理解下,德性伦理学自有其理论空间和意义。后文我们将看到,这也是冯契"智慧说"颇为关注的主题。

接下来,让我们看看德性伦理学区别于两种规则伦理学(义务论和后果论)的基本结构与特征是什么。根据当代著名德性伦理学家赫斯特豪斯(Rosalind Hursthouse)的概括,德性伦理学被描述为如下特征:(1)一种"以行为者中心"而不是"以行为为中心"的伦理学;(2)它更关心"是什么",而不是"做什么";(3)它着手处理的是"我应当成为怎样的人",而不是"我应当采取怎样的行动";

---

① 参见罗莎琳德·赫斯特豪斯:《美德伦理学》,李义天译,南京:译林出版社,2016年,导论;黄勇:《当代美德伦理学——古代儒家的贡献》,北京:东方出版中心,2019年,导论,第3页。
② 李明辉:《儒家、康德与德行伦理学》,《哲学研究》,2012年第10期。
③ R.克里斯普:《伦理学有第三种方法吗?》,王腾译,《世界哲学》,2017年第2期。

(4)它以特定的德性论概念(善好、优秀、美德),而不是以义务论概念(正确、义务、责任)为基础;(5)它拒接承认伦理学可以凭借那些能够提供具体行为指南的规则或原则的形式而法典化。① 除了(5)之外,赫斯特豪斯基本认同此种通常概括,她本人力图证明德性伦理学也有自己关于正确行为的理论,也可提供行动指南。这说明,至少前四者是德性伦理学的典型特征。

我们再来看冯契的"智慧说"。冯契晚年回忆自己的哲学之路时谈到,学生时代阅读金岳霖著作时,便形成了自己的哲学问题:"和金先生讨论时,我感到碰到了一个真正的哲学问题。金先生在《论道·绪论》中区分了知识论的态度和元学的态度。他认为,知识论的裁判者是理智,而元学的裁判者是整个的人。研究知识论,我可以暂时忘记我是人,用客观的、冷静的态度去研究。但研究元学就不一样了,我不能忘记'天地与我并生,万物与我为一',我不仅在研究对象上要求理智的了解,而且在研究结果上,要求得到情感的满足。这是金岳霖先生区别知识论的态度和元学的态度的论点。"② 冯契当时就认为这种区分是有问题的,他说:"理智并非'干燥的光',认识论也不能离开'整个的人',我以为应该用 Epistemology 来代替 Theory of knowledge。广义的认识论不应限于知识的理论,而且应该研究智慧的学说,要讨论'元学如何可能'、'理想人格如何培养'的问题。"③ 冯契对这一哲学问题思考的初步成果便是于1944年发表的《智慧》一文。此后,智慧的问题便伴随他一生的哲学探索。在经历了四五十年的探索之后,冯契晚年形成了自己的"智慧说"哲学体系,其文字载体便是他自己命名的《智慧说三篇》(《认识世界和认识自己》、《逻辑思维的辩证法》和《人的自由和真善美》)。

在《〈智慧说三篇〉导论》中,冯契把他的"广义认识论"(亦可说"智慧说")概括为以下四个问题:(1)感觉能否给予客观实在? (2)理论思维能否把握普遍有效的规律性知识? (3)逻辑思维能否把握具体真理(首先是世界统一原理和发展原理)? (4)理想人格或自由人格如何培养?④ 冯契首先提出这四问题,是在他的《中国古代哲学的逻辑发展·绪论》中,他认为从辩证唯物主义认识论的

---

① 罗莎琳德·赫斯特豪斯:《美德伦理学》,第27页。
② 冯契:《〈智慧说三篇〉导论》,《冯契文集(增订版)》第一卷,华东师范大学出版社,2016年,第6页。
③ 冯契:《〈智慧说三篇〉导论》,《冯契文集(增订版)》第一卷,第6页。
④ 冯契:《〈智慧说三篇〉导论》,《冯契文集(增订版)》第一卷,第37页。

高度来回顾哲学史,这四个问题是中西哲学史上反复讨论的问题;而且,在那里,他把这四个问题与康德哲学联系起来,认为前三个问题分别对应康德的感性、知性(关乎纯数学和纯自然科学何以可能)、理性(关乎"形而上学"作为科学何以可能,用冯先生自己常说的话便是关于"性与天道"的智慧),最后一个问题关乎"自由",因为冯契所谓"理想人格"主要是指"自由人格"。当然,这里的"自由"是比较宽泛的意义(详后文),不限于今人所热衷讨论的政治自由或"消极自由"。如果我们不从"广义认识论"而是从一般的哲学体系来看的话,前两个是狭义的认识论问题,第三个是元学形而上学或形上智慧何以可能的问题,最后一个是伦理学问题。一般知识论关注由无知到知识,而广义认识论则在此基础上,更进一层,要求"转识成智"(冯契在此借用佛家语,但不必用其原意),由知识飞跃到智慧。知识(无论是理论知识还是元学智慧)要转化为真正的智慧,离不开具体的人格,因为知识必须实有诸己、落实在个体上才是"具体的智慧"。理想人格或自由人格的培养在"智慧说"中的地位由此可见一斑。

  职是之故,冯契更为重视知识的获得而不是表达,也更为偏好具体的智慧而非抽象的知识。冯契在谈到自己与金岳霖的差别时说:"首先要问如何能'得'?即如何能'转识成智',实现由意见、知识到智慧的转化、飞跃;其次要问如何能'达'?即如何能把'超名言之域'的智慧,用语言文字表达出来;亦即说不得的东西如何能说,如何去说。金先生当时着重探讨了后一个问题。……而我当时有一个与他不同的想法。我认为虽然智慧的获得与表达不可分割,但首先应该问如何能'得',其次才是如何能'达'。所以,我想着重考察前者。"①确实,就广义认识论的"转识成智"来说,智慧(包含德性或理想人格)的获得远比表达更为重要,因为只有表达容易流于谈玄而未必实有诸己,此即孔子所谓"有德者必有言,有言者不必有德"(《论语·宪问》)。可见,冯契关注"得"而非"达"是与他设定的研究主题即理想人格的培养有关,按照中国传统的理解,"德"就是个体对普遍之"道"有所得而实有诸己。冯契又说:"金先生曾说:'大致有两类哲学头脑,一类是 abstract mind,一类是 concrete mind。'他觉得他自己有点

---

① 冯契:《〈智慧说三篇〉导论》,《冯契文集(增订版)》第一卷,第7页。

偏于 abstract,而我这个学生可能比较喜好 concrete。"①冯契显然默认了这一点,并且认为仅凭静态的抽象,无以把握具体的真理。不难发现,冯契与金岳霖的诸多对照性的区别,根源在于他把金岳霖的"知识论"扩展为"广义认识论",亦即他晚年命名的"智慧说",在内容上把元学的智慧和理想人格纳入其中加以关注和研究,这使得他不得不重视知识和智慧的获得而不仅仅是表达,也使得他不能停留于对知识做静态的抽象的分析,而必须沿着实践唯物主义辩证法的路子,基于社会进化和个体发育的自然过程进行考察,以期达到某种人格化形态的具体真理或智慧。

综上所述,冯契"智慧说"特别关注"整个的人"与"理想人格"的培养,在某种意义上,这也是其"智慧说"的目标;这与德性伦理学关注"我们应当成为什么样的人"、"行为者"及其"德性"、"品质"等具有高度的契合性;而且,冯契"智慧说"也确实对德性的培养给予了较多的关注和论证,提出了不少理论创获。

二、"自由—德性—智慧"三元结构

以上是就关注主题方面说明冯契的"智慧说"与德性伦理学的相关性,下面我们就理论结构来继续说明这一点。如所周知,古希腊人持有目的论的世界观,认为万事万物皆有其目的。亚里士多德在《尼各马可伦理学》开篇就说:"每种技艺与研究,同样地,人的每种实践与选择,都以某种善为目的。"②就人而言,幸福就是最高的善,尽管人们对"幸福"的理解不一。③ 所以,赫斯特豪斯在给斯坦福哲学百科撰写的《德性伦理学》(Virtue Ethics)一文中区分了四种主要形式的德性伦理学,首要一种便是幸福论德性伦理学(Eudaimonist Virtue Ethics),它通过幸福来定义和说明德性:"德性是一种有助于幸福或构成幸福的品质。我们应当发展德性,是因为它们对我们的幸福有所助益。"根据赫斯特豪斯,实际上,无论何种形式的德性伦理学都包含三个基本概念要素:(1)德性(arête, excellence or virtue);(2)实践智慧(phronesis, practical or moral wisdom);(3)幸福(eudaimonia,通常译为 happiness/幸福, flourishing/繁荣兴

---

① 冯契:《〈智慧说三篇〉导论》,《冯契文集(增订版)》第一卷,第30页。
② 亚里士多德:《尼各马可伦理学》,廖申白译,北京:商务印书馆,2009年,第3页。
③ 亚里士多德:《尼各马可伦理学》,第9页。

旺，well-being/活得好）。①

　　以德性伦理学的三元基本结构为参照系，我们很容易发现，在冯契"智慧说"体系中，德性和实践智慧（具体的智慧）亦是其核心概念——这从前述广义认识论的四问题便不难知晓。至于幸福，尽管冯契很少在字面上谈论"幸福"，但他实质上不断地谈论幸福，笔者以为他所谓的"自由"便是一种实质的幸福状态。这就牵涉到冯契对"自由"的理解。我们知道，"自由"是近代以来含义最为复杂且歧义颇多的一个概念，同一个术语表达了多种多样的思想观念，冯契所理解的"自由"是辩证唯物主义的自由观。他说："什么是人的自由呢？简单说，自由就是人的理想得到实现。人们在现实中汲取理想，又把理想化为现实，这就是自由的活动。在这样的活动中，人感受到自由，或者说，获得了自由。"②这是总说自由，"自由"在不同领域具有不同的含义："从认识论上说，自由是对必然的认识以及根据这种认识改造世界；从伦理学上说，自由就是自觉自愿地在行为上遵循'当然之则'；从美学上说，自由就如马克思说的在'人化的自然'中直观自身，即直观人的本质力量。"③此外，"自由"还有个体和社会之别，从个体的角度而言，"具有本体论意义的自由的个性，是知、意、情统一。真善美统一的全面发展的人格"④。所以冯契经常把作为目标的"理想人格"等同于"自由人格"；从人类的角度而言，"要求自由是人的本质，是人活动的总目标"，"人类的全部历史就是走向自由的历程"⑤，社会将成为自由人格的联合体。在此，冯契批评目的论的自然观，认为自然界的发展没有目的和意向，但是，人与自然不同，人的发展有其目的和意向，而且，"人的活动以目的因为动力"⑥。不难发现，正如"幸福"在亚里士多德伦理学体系中处于目的的位置一样，"自由"在冯契的"智慧说"中也处于目的的位置；同理，正如德性和实践智慧在亚里士多德那里

---

① Rosalind Hursthouse and Glen Pettigrove, "Virtue Ethics," *The Stanford Encyclopedia of Philosophy* (Winter 2018 Edition), Edward N. Zalta (ed.), URL =〈https://plato.stanford.edu/archives/win2018/entries/ethics-virtue/〉.
② 冯契：《人的自由和真善美》，《冯契文集（增订版）》第三卷，第1页。
③ 冯契：《智慧的探索》，《冯契文集（增订版）》第八卷，第143页；又见《人的自由和真善美》，《冯契文集（增订版）》第三卷，第20页。
④ 冯契：《人的自由和真善美》，《冯契文集（增订版）》第三卷，第258页。
⑤ 冯契：《人的自由和真善美》，《冯契文集（增订版）》第三卷，第260页。
⑥ 冯契：《人的自由和真善美》，《冯契文集（增订版）》第三卷，第260—261页。

有助于或构成了幸福一样,德性和智慧在冯契那里也有助于或构成了自由,诚如他所言,"自由人格就是有自由德性的人格"①,"智慧是与自由内在地联系着的"②。

冯契又有所谓"哲学三项"之说,他认为中西哲学对哲学根本问题的讨论都集中到三项:(1)自然界(客观的物质世界);(2)人的精神;(3)自然界在人的精神、认识中反映的形式(即概念、范畴和规律等)。③ 有时他把三项简称为:物质、精神、观念。④ 哲学三项推演至历史领域和人生领域,涉及人的类的历史发展和个体发育,就成了"现实生活(或人生)"、"理想"、"人格",在此"人格"对应着"精神"。何谓"人格",冯契说:"从现实汲取理想、把理想化为现实的活动主体是'我'或者'自我',每个人、每个群体都有一个'我'——自我意识或群体意识(大我)……'我'既是逻辑思维的主体,又是行动、感觉的主体,也是意志、情感的主体。它是一个统一的人格,表现为行动一贯性及在行动基础上意识的一贯性。"又说:"'人格'这个词通常也只用来指有德性的主体……真正有价值的人格是自由人格。"⑤由是可知,德性是最终获得自由的必要条件。

综上所述,我们很容易在冯契"智慧说"中发现与德性伦理学三元结构相对应的结构,即"自由—德性—智慧"的三元结构。在此理论结构中,自由(或自由人格或理想人格)是目的,德性和智慧是自由的必要条件乃至构成要素。在此框架下,接下来我们重点讨论冯契"智慧说"体系中的德性论。

三、"化理论为德性"与德性的本体论意义

冯契批判性考察了中国传统哲学中的理想人格和人性学说,接续近代社会的变革,结合时代精神的发展,在德性论上提出了诸多颇具创造性转化的理论和观点,其中最有理论与实践意义的要数"化理论为德性"和"德性自证"。此节先论前者,下节讨论后者。

---

① 冯契:《〈智慧说三篇〉导论》,《冯契文集(增订版)》第一卷,第30页。
② 冯契:《认识世界和认识自己》,《冯契文集(增订版)》第一卷,第329页。
③ 冯契:《人的自由和真善美》,《冯契文集(增订版)》第三卷,第1页。
④ 冯契:《〈智慧说三篇〉导论》,《冯契文集(增订版)》第一卷,第41页。
⑤ 冯契:《人的自由和真善美》,《冯契文集(增订版)》第三卷,第4、5页。

早在上世纪50年代,冯契就提出了"化理论为方法,化理论为德性"的"两化论"。冯契认为,哲学理论,一方面要化为思想方法,贯彻于自己的活动、自己的研究领域;另一方面又要通过身体力行,化为自己的德性,具体化为有血有肉的人格。化理论为方法,主要体现在《逻辑思维的辩证法》和他的中国哲学史研究中;化理论为德性,关乎德性如何培养,理想人格如何养成。因此,我们在此只论述与主题相关的"化理论为德性"。

关于理想人格的培养,冯契首先梳理了中国传统哲学中尤其是儒、道、释三家的"成人之道"。《论语·宪问》载:"子路问成人。"子曰:"若臧武仲之知,公绰之不欲。卞庄子之勇,冉求之艺,文之以礼乐,亦可为成人矣。"冯契据此认为,自孔子率先探讨"成人之道",甫一开始就表达了知、意、情和真、善、美全面发展的理想人格的观念。此后孟子所谓"充实之为美"(《孟子·尽心下》)、荀子所谓"不全不粹之不足以为美"(《荀子·劝学》),都表达了类似的理想人格。虽然孟子重先天,荀子重后天,但二者都一致认为,德性的培养需要通过学习、教育和修养。与儒家不同的是,道家对理想人格的理解及其培养途径都迥然有别,道家的理想人格是"天地与我并生"(《庄子·齐物论》)、与自然为一的人格,其途径是超脱人伦关系和"为道日损"(如坐忘、心斋等)。随后冯契对魏晋、汉唐、宋明、明清之际以及近代关于理想人格的不同学说做了精彩的梳理和辨析,认为汉代独尊儒术以后,纲常名教借天命要求人们自觉遵守,而忽视了自愿原则;嵇康"越名教而任自然"把自愿原则与自然原则相结合,却忽视了自觉原则;禅宗"明心见性"、"随处作主"则统一了自觉原则与自愿原则。降至宋明,理学家又忽视了自愿原则;理学家内部关于德性的培养,无论是朱熹的"道问学"还是陆九渊的"尊德性",实质都强调"知"(明觉);反理学的王安石、陈亮、叶适等则突出了"行";到了明代的王阳明则提出"知行合一",认为本体随工夫而展开,进而发展为黄宗羲的"心无本体,工夫所至,即是本体"。明清之际黄宗羲提倡豪杰精神,强调意志的作用,王夫之则批判了"无欲"和"忘情"说,复归到先秦儒家的知、意、情全面发展的思想。①

冯契认为,无论是孔孟所强调的君子、大丈夫人格还是老庄所推崇的至人、真人理想,无论是宋明儒者所在意的圣贤气象还是明清之际学者所倡导的豪杰

---

① 所述参见冯契:《人的自由和真善美》,《冯契文集(增订版)》第三卷,第230—245页。

精神,那都是少数人可以达到的目标,要求过高,不具有普遍性。基于历史的批判性考察,接续近代"新民德"思潮对培养新人的要求,结合时代精神的发展,冯契提出了由古代圣贤或豪杰人格走向"平民化的自由人格"的理念:"自由人格则是一种平民化的、多数人可以达到的人格。这样的自由意识并不是高不可及的,而是一般人在其创造性活动中都能达到、获得的意识。任何一个'我'作为创作者,不论是做工、种田,还是作画、雕塑、从事科学研究,都可以自觉地在自己的创作性劳动中改造自然、培养自己的能力,于是自作主宰,获得自由。就是说,劳动者不仅能自觉地主宰自然,而且能在改造自然的基础上培养自己的才能、德性,自作主宰。他既然主宰外在的自然,也能主宰自己内在的自然(天性)。"①任何行业的普通的劳动者都可以在社会实践中,在改造世界的过程中,培养自己的才能与德性。平民化的自由人格不分行业与贵贱,但无论何种行业,无论从事何种职业,"要求走向自由,要求自由劳动是人的本质。人总是要求走向真、善、美统一的理想境界"②。

如何培养平民化的自由人格,冯契提出三条途径:(1)实践和教育相结合;(2)世界观的培育和智育、德育、美育的统一;(3)集体帮助和个人主观努力相结合。下文分别论之。第一,冯契认为,实践和教育相结合是培养人格的根本途径。在实践中受教育要遵循人道原则与自然原则的统一,所谓人道原则是说,教育是"为了人"(提高人的价值,使人获得自由)和"由于人"(出于人的主动);所谓自然原则是说,价值创造要"出于自然"而"归于自然",出于自然是说要根据现实的可能性和人的需要,归于自然是说最后要达到习惯成自然,使人的才能、智慧和德性仿佛就是人的天性所固有的。可见,这一点实际上是讲在认识世界和改造世界中认识自己和成就自己,使认识和掌握的普遍之"道(理)"通过不断的实践活动而实有诸己,变成我们的每个人的"德(性)"。第二,冯契批评那种把世界观教育狭隘化为德育甚至政治思想教育的错误做法,认为完整的世界观的教育应当是智育、德育、美育的统一。智育也就是理性思维的培养,指向的是"真";德育就是在遵循当然之则的反复操练中习以成性,形成个人的品德,"品德是道德理想在个人身上的实现,一个人的品德如果是真正一贯的、明确

---

① 冯契:《认识世界和认识自己》,《冯契文集(增订版)》第一卷,第324页。
② 冯契:《人的自由和真善美》,《冯契文集(增订版)》第三卷,第245—246页。

的、坚定的,那么它一定是某种世界观和人生观的体现",而"真正具有创造性的智慧一定是个体化的"①,具有美感和艺术的价值,恰如"庖丁解牛"那样"合于桑林之舞"。第三,关于集体帮助,冯契特别重视"爱和信任"的关系(这恰好也是义务论和后果论很少谈论而德性伦理学热衷讨论的话题之一②),认为个性应当受到尊重和信任。就个人主观方面,则应当发挥自己的能动作用,在实践中锻炼自己,培养自己。

冯契说,上述培养自由人格的三个基本途径,归结到最核心的一点,就是要"化理论为德性"。"这里的'理论'指哲学的系统理论,即以求'穷通'(穷究天人之际与会通百家之说)为特征的哲学的智慧,它是关于宇宙人生的总见解,即关于性与天道的认识、以及对这种认识的认识(此即智慧学说)。"③可见,"化理论为德性"中的"理论"主要系指哲学的理论与智慧。其所谓"化理论为德性"就是"把这种具有真理性的世界观和人生观化为德性……这种理论为主体所把握和表达。不仅是'知道之言'而且是'有德之言'。用哲学世界观来培养人格,就是要由'知道'进而'有德'"④。

关于"化理论为德性",冯契又从三个方面做了进一步阐释。第一,自由个性的本体论的意义。冯契认为,平民化自由人格首先要求自由的个性,"他有独特的一贯性、坚定性,这种独特的性质使他和同类的其他分子相区别,在纷繁的社会联系中保持着其独立性","自由的个性通过评价、创作表现其价值,在这里,精神(按,即自由个性、理想人格)为体,价值为用"。⑤ 第二,把理想、信念转化为德性。冯契认为,理论要能指导人生,就必须首先取得理想的形态,不能停留在单纯的概念结构,而且,为了使理论取得理想形态,就要使理智、意志和情感三者统一起来。要进一步使得理想成为信念,就必须将其付诸实践;实践应"乐于从事,习之既久,习惯就可以成为自然,真正形成自己的德性"⑥。这样,理

---

① 冯契:《人的自由和真善美》,《冯契文集(增订版)》第三卷,第249页。
② Rosalind Hursthouse and Glen Pettigrove, "Virtue Ethics", *The Stanford Encyclopedia of Philosophy* (Winter 2018 Edition), Edward N. Zalta (ed.), URL = ⟨https://plato.stanford.edu/archives/win2018/entries/ethics-virtue/⟩.
③ 冯契:《〈智慧说三篇〉导论》,《冯契文集(增订版)》第一卷,第38页。
④ 冯契:《人的自由和真善美》,《冯契文集(增订版)》第三卷,第352—253页。
⑤ 冯契:《人的自由和真善美》,《冯契文集(增订版)》第三卷,第255页。
⑥ 冯契:《人的自由和真善美》,《冯契文集(增订版)》第三卷,第257页。

论转化为理想,理想付诸实践,实践久而久之,便习以成性。理论关乎理智,实践关乎意志,久习则情感自得,所以,冯契再三申说,"具有本体论意义的自由的个性,是知、意、情统一,真、善、美统一的全面发展的人格"①。第三,个性的全面发展。冯契认为,虽然各人因其性情之所近,个性的培养不能整齐划一,但是,不同行业在发展他们的才能时,都要求知、意、情全面发展,"个性如果不是全面发展,那就不是自由发展",自由个性的全面发展不可能一蹴而就,而是"在自在而自为的螺旋式发展过程中展开的"。② 冯契认为,"道"或世界观、人生观是总说之道,各行各业有各自之道(理),每一领域的人们各有其才能、德性,从事某项事业,便需要精通这项业务,掌握其熟练技巧,因此,就专业之道来说,各有其才能与德性,没有全人;但是,就世界观和人生观来说,是每个人都需要的,总体之道有助于每个专业的人们成就各自的德性。

"化理论为德性"的过程同时也意味着"化天性为德性"。冯契从实践唯物主义出发,批判性吸收了儒家传统的"复性说"和"成性说",对天性和德性的关系提出了新的见解。他说:"在实践基础上的认识世界和认识自己的反复,即天与人、性与天道的交互作用,一方面使性表现为情态,自然人化而成为对人有价值的文化;另一方面由造道而成德,使天性发展为德性,而把人自身培养成自由人格。"③又说:"人根据自然的可能性来培养自身,来真正形成人的德性。真正形成德性的时候,那一定是习惯成自然,德性一定与天融为一体了。……人类在实践与意识的交互作用中,其天性发展为德性。"④我们知道,关于德性与自然(或天性)的关系,亚里士多德有一著名说法:"德性在我们身上的养成既不是出于自然,也不是反乎自然的。首先,自然赋予我们接受德性的能力,而这种能力通过习惯而完善。其次,自然馈赠我们的所有能力都是先以潜能形式为我们所获得,然后才表现在我们的活动中。"⑤不难发现,冯契的"化天性为德性"的观念与亚氏的看法非常接近,也是比较符合常识的思想。

上述论述表明,冯契十分重视"德性"的本体论意义,这与英美当代德性伦

---

① 冯契:《人的自由和真善美》,《冯契文集(增订版)》第三卷,第258页。
② 冯契:《人的自由和真善美》,《冯契文集(增订版)》第三卷,第258页。
③ 冯契:《认识世界和认识自己》,《冯契文集(增订版)》第一卷,第328页。
④ 冯契:《认识世界和认识自己》,《冯契文集(增订版)》第一卷,第313页。
⑤ 亚里士多德:《尼各马可伦理学》,第36页。

理学仅仅强调道德德性有所不同,或可补后者之不足,因此,值得略作申说。冯契说:"我这里讲德性,取'德者,道之舍'之义,是从本体论说的。人的德性的培养……都是以自然赋予的素材(天性)作根基,以趋向自由为其目标。"[①]我们知道,古希腊所谓"arête"(德性)亦具有本体论的意味,不限于人的伦理品质,如鸟之"飞"、马之"跑"、植物之"生长"等都可谓之 arête。这一点与中国先秦时期的"德"概念颇为类似,老子所谓"道生之,德畜之"(《老子》第五十一章),其所谓"德"都是通人、物而言,万物皆有其"德",人之"德"也不限于伦理品质。冯契所谓的"德性"更多地受到道家的影响,他经常引用《庄子》中那些普通匠人的纯熟技术来说明自由的德性,也表明他所谓德性不限于伦理品质。笔者以为,这可能是冯契德性说对当代德性伦理学的一个重要贡献所在,因为后者就那些非伦理品质未能很好地给予考量,而这些非伦理德性对于德性伦理学所强调的美好生活无疑起着不可替代的作用,诚如冯契所言:"人类通过化理想为现实的活动来发展科学、道德和艺术,创造有真、善、美价值的文化,改变了现实世界的面貌,同时也发展了自我,培养了以真、善、美统一为理想的自由人格,使理论(智慧)化为德性。"[②]冯契之所以特别强调德性的本体论意义,这与他的"智慧说"把"整个的人"作为研究和关怀对象有关,显然,伦理只是"整个的人"的存在方式之一,人生在世以及人的幸福或自由,也离不开认知(科学)和审美(艺术)等活动,而且,即便单就伦理而言,也需要辅以认知和审美,才能形成真正的自由德性。

四、德性自证与真诚

理论经过理想、信念与实践等环节化为德性,德性最终要落实在个体上,这就需要德性自证。德性自证首先需要肯认"我"(自我)作为德性主体的地位,为此,冯契批评中国传统哲学中老庄、佛学、理学的圣智"无我"说,颇为赞同王夫之"我者德之主"[③]的观点。在对王夫之相关说法的阐释中,冯契提出"凝道成德,显性弘道"的著名理论:

---

① 冯契:《认识世界和认识自己》,《冯契文集(增订版)》第一卷,第357—358页。
② 冯契:《人的自由和真善美》,《冯契文集(增订版)》第三卷,第230页。
③ 王夫之:《诗广传·大雅》,《船山全书》第三卷,长沙:岳麓书社,2011年,第448页。

从"色声味之授我也以道,吾之受之也以性"①来说,我在与自然物的接触中受自然之理,在社会交往中受当然之则,两者都是大公之理,是"不容以我私之"的。但不容私不等于无我。我接受了天道、人道,并使大公之理凝结成为我的德性(或者说我的德性的有机组成部分),这便是凝道而成德。而转过来,"吾授色声味也以性,色声味之受我也各以其道"②,我在与外界的接触、交往中,使德性得以显现为情态,而具有感性性质的事物各以其"道"(不同的途径和规律),使人的个性和本质力量对象化了,成为人化的自然,创造了价值,这便是显性以弘道。凝道而成德与显性以弘道都有个"我"作主体,所以说,"我者德之主"。③

这是说,在人与自然打交道(天人授受)的过程中,人接受并认识了客观的道理,然后凝聚为自己的德性,体之于身,实有诸己;但主体并非只是被动地接受道,又具有积极的能动性,他可以遵循客观的道理,根据人的合理需求,来改造世界,使自己的德性显现为各种情态,使人之"性"对象化,成为人化的自然。凝道成德和显性弘道是一个循环往复、日新不已的过程,主体在这样的过程中最终达到自由。

以上所谓"凝道成德",也即是把客观的普遍的道理在实践过程中凝聚成自家的德性,但究竟如何德性自证呢?这需要主体的自我意识或反省意识。冯契说:"我是意识主体。我不仅有意识和自我意识,而且还能用意识之光来返观自我,自证'我'为德之主。这里用'自证'一词,不同于唯识之说,而是讲主体对自己具有的德性能作反思和验证。如人饮水,冷暖自知。"④冯契借用传统儒学的一些思想资源来进一步阐明德性的自证。我们知道,北宋大儒张载有所谓"德性之知"与"闻见之知"的区分。关于前者,张载说:"德性之知,循理而反其原,廓然于天地万物大始之理,乃吾所得于天而即所得以自喻者也。"⑤冯契借助王

---

① 王夫之:《尚书引义·顾命》,《船山全书》第二卷,第409页。
② 王夫之:《尚书引义·顾命》,《船山全书》第二卷,第409页。
③ 冯契:《认识世界和认识自己》,《冯契文集(增订版)》第一卷,第353页。
④ 冯契:《认识世界和认识自己》,《冯契文集(增订版)》第一卷,第353页。
⑤ 张载:《张载集》,北京:中华书局,1978年,第24页。

夫之对张载的注解对此阐释道:"德性之知亦即'诚明所知',天道在我身上化为血肉,在我心灵中凝为德性,因此我能'即所得以自喻','如暗中自知指其鼻口,不待镜而悉'①,这就是德性的自证。"②犹如黑暗中我们自知鼻口之所在一样,吾人亦自知德性之有无厚薄,不待旁人之褒贬评价,可见,德性自证有德性自知、独知的含义。冯契虽然借助张、王二氏的"自喻"说来描述德性自证,但是,他并不赞同张、王有关德性之知不萌于见闻之知的先验论。他说:"自指其鼻口也还是一种感性活动,德性的自证并不能脱离视听言动,而正是通过感性实践中的表现(情态)来自证的。"③在中国哲学史上,这样一种具有自我意识和反思意识的主体,儒家名之为"良知"或"良心",这两个概念起源于孟子,发皇于王阳明,冯契称之为"觉悟的自我"④。

在冯契看来,德性自证意味着人的知、意、情等本质力量的全面发展和真、善、美的人格统一,同时也就是自由的实现。德性自证首先是精神(或人格)的自明、自主与自得:"自证,意味着理性的自明、意志的自主和情感的自得,所以是知、情、意统一的自由活动。"⑤进而,"理性自明、意志自主和情感自得,三者统一于自我,自我便具有自证其德性的意识,即自由意识。自由的德性是知、意、情的全面发展,已达到真、善、美统一为其目标"⑥。最后,"这样,便有了知、意、情等本质力量的全面发展,在一定程度上达到了真、善、美的统一,这就是自由的德性"⑦。当然,自由德性的获得不是一蹴而就,无论是从人类还是个体来说,都是一个历史发展的过程,也是一个无限趋近的目标。

德性自证是主体的自觉活动,虽然人人有个"我",或如孟子、王阳明所言,人人有良知、良心,但认识自己的真面目并不容易,"人常自欺欺人,掩盖自己的真实面貌"⑧。因此,冯契认为,德性自证首要需要真诚的美德:"真正要认识

---

① 王夫之:《正蒙注·大心篇》,《船山全书》第十二卷,第145页。
② 冯契:《认识世界和认识自己》,《冯契文集(增订版)》第一卷,第327页。
③ 冯契:《认识世界和认识自己》,《冯契文集(增订版)》第一卷,第327页。
④ 冯契:《认识世界和认识自己》,《冯契文集(增订版)》第一卷,第327页。另,关于冯契德性自证的详细考察,参见付长珍:《论德性自证:问题与进路》,《华东师范大学学报(哲学社会科学版)》,2016年第3期。
⑤ 冯契:《认识世界和认识自己》,《冯契文集(增订版)》第一卷,第361—362页。
⑥ 冯契:《认识世界和认识自己》,《冯契文集(增订版)》第一卷,第363页。
⑦ 冯契:《认识世界和认识自己》,《冯契文集(增订版)》第一卷,第357页。
⑧ 冯契:《认识世界和认识自己》,《冯契文集(增订版)》第一卷,第354页。

自己,达到德性的自证,主观上首先要真诚。"在中国哲学史上,儒家讲"诚",道家讲"真","两家说法虽不同,但都以为真正的德性出自真诚,而最后要复归于真诚。所以真诚是德性的锻炼、培养过程中贯彻始终的原则"①。冯契强调,所有真正的德性都须出自真诚,且真诚贯彻始终,这表明真诚是其他诸美德的基础或必要条件,或者说真诚是"德性统一性"(the unity of virtues)的基础。为何冯契会如此重视"真诚"这一美德?我们知道,在儒学传统中,"仁"一直是基础性的美德,是其他美德的基础和必要条件,孔子认为"仁为全德"②和程朱理学所谓"仁包四德"无不表明这一点。然而,深受"五四"精神影响的冯契,一方面批评儒学的独尊和经学的独断,对传统名教的虚伪化保持高度的警惕,如他所言,中国古代的统治者"公开讲的是引经据典,满口仁义道德,实际想的、做的却是见不得人的勾当"③;另一方面,在现代社会,"言行不一、缺乏操守的现象到处可见,鲁迅所痛斥的'做戏的虚无党'仍然很活跃。'做戏的虚无党'除了权力迷信和拜金主义外,什么也不信,却冠冕堂皇地说着另一套,摆出正人君子的面貌"④。有感于此,冯契特别从儒、道传统中拈出"真诚"这一美德作为其他美德的基础和必要条件,没有真诚,一切美德皆为虚妄,甚至转变为令人厌恶的恶德。

如何保持和发展真诚,冯契提出两条建议。第一,警惕异化现象。虽然我们对物的依赖不可避免,但可避免迷信权力和拜金主义,使人成为奴隶,失去了人的尊严,也丧失了真诚。冯契反复谈到鲁迅笔下的"做戏的虚无党"(善于用虚伪的口号、假面具来美化自己)以及历史上和现实中的种种伪君子、假道学,便是异化的典型,对此要十分警惕。第二,解放思想,破除种种蒙蔽。冯契援引了荀子的"解蔽"和戴震的"去私"等传统思想,破除个人种种主观的私意和成见,或片面性和主观盲目性,消除导致异化的认识论根源。对于如何"去私"、"解蔽",戴震说"去私,莫如强恕;解蔽,莫如学。"(《原善》下)一方面,要破除迷信,解除种种蒙蔽,积极提高自己的学识和修养;另一方面,要去掉偏私,在社会

---

① 冯契:《认识世界和认识自己》,《冯契文集(增订版)》第一卷,第354页。
② 参冯友兰:《中国哲学史》上册,上海:华东师范大学出版社,2000年,第62页。
③ 冯契:《〈智慧说三篇〉导论》,《冯契文集(增订版)》第一卷,第233页。
④ 冯契:《〈智慧说三篇〉导论》,《冯契文集(增订版)》第一卷,第24页。

交往中正确处理群己关系,真诚地推己及人,与人为善。①

以上两条涉及真诚的主观面向,真诚也有其客观的面向。冯契说:"主体的德性由自在而自为,是离不开'化自在之物为为我之物'的客观实践活动过程。德性在实践活动中表现为情态,因而对象化、形象化,所以我们讲德性的自证,并非只是主观的活动、主观的体验,而有其客观的表现。心口是否如一、言行是否一致,一个真诚的心灵是能自知、自证的,并且别人也能从其客观表现来加以权衡、作出评价的。"②总之,旁观者或社会可以通过一个人的种种外在言行和表现,来判断他是否真诚。冯契也注意到虽然他人的评价或一时所谓的"公论"难免有错,但吾人仍需不计得失,不较毁誉,坚持特立独行,坚持真诚。

在冯契看来,从事哲学事业的人尤其应该保持真诚。他说:"对从事哲学和追求哲理境界的人来说,从真诚出发,拒斥异化和虚伪,加以解蔽、去私的修养,在心口如一、言行一致的活动中自证其德性的真诚与坚定,这也就是凝道而成德、显性以弘道的过程。"③又说:"理论化为自己内在的德性,成就了自己的人格。当达到这样一种境界的时候,反映在言论、著作中的理论,就文如其人,成了德性的表现,哲学也就是哲学家的人格。这样的哲学,就有了个性化的特色,具有德性自证的品格。"④这对于处在学术产业化时代的当代学者来说,同样具有警醒的意义,诚如冯契在经历磨难后说出的那句名言:"不论处境如何,始终保持心灵自由思考……我认为这也应该是'爱智者'的本色。"⑤

冯契对真理与智慧的追求以及对真诚这一美德的重视,与英国当代著名的哲学家、德性伦理学家 B. 威廉斯(Bernard Williams)的看法遥相呼应。威廉斯一方面致力于对西方启蒙运动以来占支配地位的两种规则伦理学即义务论和功利主义(后果论)的道德思维进行了猛烈的抨击(盖正因为此,他被归入广义的当代德性伦理学阵营),另一方面,在其最后的著作《真理与真诚》(*Truth and Truthfulness*)一书中,他又继承了启蒙运动对客观真理之承诺的遗产,批评西方"后现代主义"的真理否定论。为此,威廉斯从谱系论的视域阐释了作为真理

---

① 冯契:《认识世界和认识自己》,《冯契文集(增订版)》第一卷,第355—356页。
② 冯契:《认识世界和认识自己》,《冯契文集(增订版)》第一卷,第356页。
③ 冯契:《认识世界和认识自己》,《冯契文集(增订版)》第一卷,第356页。
④ 冯契:《〈智慧说三篇〉导论》,《冯契文集(增订版)》第一卷,第17—18页。
⑤ 冯契:《〈智慧说三篇〉导论》,《冯契文集(增订版)》第一卷,第15页。

(truth)的美德真诚(truthfulness)及其展开的两种具体美德——诚实(sincerity或honesty)与准确(accuracy)——对于人类社会的必要性和重要性,认为真诚不仅具有"工具性价值",而且具有"内在价值",它本身就是一种"内在的善","诚实本身就是一件好事情","准确本身也是一件好事"。① 威廉斯所谓"诚实"意指表达或说出真信念的倾向,这便是冯契强调的心口如一、言行一致的真诚;威廉斯所谓"准确"意指获得真信念的倾向,而冯契强调的"解蔽"方法正是为了获得真信念。而且,无独有偶,冯契也谈到了德行的"手段价值"和"内在价值",他说,道德行为不仅是一种"手段的好",而且,"德行本身就是目的……德行本身有内在的价值"。② 进而,同冯契一样,威廉斯也把真诚与自由联系起来,在他看来,真诚的美德在于发现真理和讲真话,这就需要自由的人格。在名为"真诚与自由"的一节中,威廉斯说:"自由并不等于摆脱一切障碍。当你所能具有的那个渴望并不是你可以为了另一个渴望而随意改变的时候,自由才有价值。因此,自由的一种核心形式就是:在向着你发现值得做的事情努力的过程中不受制于另一方的意志。"又说:"自由感就根植于其真诚中。"③这与冯契所谓"不论处境如何,始终保持心灵自由思考,保持独立的德操"④的名言如合符节。

Feng Qi' Theory of Wisdom and Virtue Ethics

Chen Qiaojian

Abstract: Feng Qi's theory of wisdom and virtue ethics both see virtue or ideal personality as their main theme. In virtue ethics, happiness, virtue and practical wisdom constitute a triple structure. Similarly, in Feng Qi's theory of wisdom, freedom, virtue and wisdom also constitute a triple structure. Benefitting to practical materialism, on one hand, Feng Qi surpasses the western traditional theory of happiness by using freedom replacing of happiness; on the other hand, he surpasses the

---

① 伯纳德·威廉斯:《真理与真诚:谱系论》,徐向东译,上海:上海译文出版社,2013年,第118、76页。
② 冯契:《人的自由和真善美》,《冯契文集(增订版)》第三卷,第61页。
③ 伯纳德·威廉斯:《真理与真诚:谱系论》,第186、188页。
④ 冯契:《认识世界和认识自己》,《冯契文集(增订版)》第三卷,第363页。

Chinese traditional idea of saint by advocating civilian freedom personality. With respect to virtue, Feng Qi proposes the theory of transforming theory to virtue and self-witness of virtue, and emphasizes the important of human as a whole and the ontological meaning of virtue, which will definitely contribute to the renaissance and development of mordern virtue ethics.

Keywords: Feng Qi, theory of wisdom, virtue, freedom, sincerity

美德、行动与为政之道
——中国早期思想中的"耻"

陈丹丹*

[摘 要] 虽然长期以来,中国文化被许多学者视为"耻文化",但作为中国哲学传统中的道德/伦理观念,"耻"这一概念本身尚未得到最充分的研究。在本文中,我想把"耻"的观念放置在早期中国的道德和政治结构中加以检视,并探讨其在中国语境中的特殊意义。在古代中国传统中,"耻"不仅是一个道德/伦理概念,也是一个政治的概念,与"政"的关键内容有关。它是连接道德与政治、德行与行动、个人与国家的关键点。

[关键词] 耻;耻文化;政;美德;行动

虽然长期以来,中国文化被许多学者视为"耻文化"(或曰"耻感文化"),但作为中国哲学传统中的道德/伦理观念,"耻"这一概念本身还没有得到最充分的研究。在《孟子的"义"之德》("The Virtue of Righteousness in Mencius")一

---

* 陈丹丹,(1979—),女,江苏南京人,哈佛大学博士,纽约州立大学法明代尔分校副教授,河南大学文学院兼职讲座教授,主要研究领域为中国思想史、中国近现代文学与文化,兼及明清。

文中,万百安(Bryan W. Van Norden)探讨了孟子对"义"之德的理解,并将其与"耻"的观念联系起来。① 不过,尽管他处理的是孟子所谈论的概念,但他对"耻"的讨论更多的是嵌入到一般的伦理和哲学层面,因此,万百安更多的是将"耻"作为一种一般意义上的伦理美德来谈,而非古典中国语境中的"耻"。在本文中,我想把"耻"的观念放置在古代中国的道德和政治结构中加以检视,并探讨其在中国语境中的特殊意义。我想说的是,在古代中国传统中,"耻"不仅是一个道德/伦理概念,也是一个政治的概念,与"政"的关键内容有关。它是连接道德与政治、德行与行动、个人与国家的连接点。对于士人来说,耻感是整个自我修养过程的一部分。孔子认为,耻感是做人的根本。换句话说,耻感是"士"之定义的一个组成部分。对于国家而言,按照《管子》中的说法,"耻"是国之四维之一。在本文中,通过对几部重要的中国早期思想典籍进行细读,我想说明"耻"在中国古代经典中是如何被建构为一个具有生产性的政治与道德/伦理概念。我讨论的主要文本有《论语》、《中庸》、《孟子》和《荀子》。在某种程度上,正是这些经典文本中关于"耻"的思想,构成了中国道德、伦理和哲学传统中对"耻"的普遍理解的基础。

一、中西语境下的"耻"与 Shame

如上所述,在中国早期思想文本中,"有耻"不仅被视为一种美德,而且还被作为一种"治"之手段,及"政"之关键要素。"耻感"既会被认为是君子之定义的组成部分(《论语》),也会被认为是国之一维(《管子》)。这些文本围绕着"耻"确立了两个基本观念:"有耻"既是对士人、官员、民众的伦理要求,也是国之政治生活的一部分,同时具有天下的维度。"耻感"也被认为是个人进入社区与共同体时的基本德性。这些思想奠定了所谓中国之"耻感文化"传统的基础。

尽管"耻感文化"的概念最早是由西方学者发明和讨论的,但在本文中,我想从中国思想传统入手来对此加以检视。在我看来,古代中国思想传统中的"耻"之概念与西方的理解大相径庭。万百安(Bryan W. Van Norden)在《孟子

---

① 参见 Bryan W. Van Norden, "The Virtue of Righteousness in Mencius," in Kwong-loi Shun, David B. Wong(eds.), *Confucian Ethics*, Cambridge: Cambridge University Press, 2004, p.153。

的"义"之德》一文中,曾以"西方对'耻'的讨论"为题对西方传统中的"耻"进行了总结。① 从亚里士多德到罗尔斯和玛莎·努斯鲍姆,大多数西方思想家认为 shame 是一种感觉。在本文中,我认为,中国传统中的"耻"并不等同于西方传统中的 shame。在古代中国思想传统中,"耻"不仅仅是一种感觉,更是一种政治和道德/伦理概念,它渗透到自我、家庭、社区的层面,直至社会、国家、天下的层面。虽然亚里士多德"否认耻感是一种美德"②,但在古代中国经典文本中,"耻"被认为是基本美德之一。

在这方面,已经有一批学者将东方的"耻文化"和西方的"罪文化"进行了对比。在《菊与刀》中,鲁思·本尼迪克特这样说:

> 在人类学对各种文化的研究中,区别以耻为基调的文化和以罪为基调的文化是一项重要工作。提倡建立道德的绝对标准并且依靠它发展人的良心,这种社会可以定义为"罪感文化"。……在以耻为主要强制力的文化中,对那些在我们看来应该是感到犯罪的行为,那里的人们则感到懊恼。
>
> 真正的耻感文化依靠外部的强制力来做善行。真正的罪感文化则依靠罪恶感在内心的反映来做善行。③

在《孤独的人群:变化中的美国性格研究》中,作者讨论了三种类型的性格:"传统导向型"、"内在导向型"和"他人导向型"④。对于传统导向型,作者断言:

> 传统导向的人把文化的影响力看成一个整体,但这种影响力必须通过他日常所接触的少数个人表现出来。这些少数个人并不指望他成为具有某种典型性格的人,而是希望他的行为方式为大家所认同。

---

① Bryan W. Van Norden, "The Virtue of Righteousness in Mencius," in *Confucian Ethics*, pp. 148–182.
② Ibid., p. 155.
③ 鲁思·本尼迪克特:《菊与刀——日本文化的类型》,吕万和、熊达云、王智新译,北京:商务印书馆,1996年,第154页。金耀基在其《"面"、"耻"与中国人行为之分析》一文中对《菊与刀》中对"耻的文化"与"罪的文化"的区分有提及。参见金耀基:《"面"、"耻"与中国人行为之分析》,载杨国枢编:《中国人的心理》,台北:桂冠图书股份有限公司,1988年,第321页。
④ 大卫·理斯曼等:《孤独的人群》,王崑、朱虹译,南京:南京大学出版社,2002年,第3—30页。

结果,认同他的行为的力量是"羞耻感"。①

在《轴心时期的儒家伦理》(Confucian Ethics of the Axial Age)中,罗哲海(Heiner Roetz)指出:

> 东亚社会经常被描写为"耻感文化"(shame-cultures),而与西方的"罪感文化"(guilt-cultures)相对。这种区别涉及他律与自律、传统导向与心灵导向的差异。羞耻感被看做是一种外部制约,具体表现在遭受众人嘲笑之时;而罪孽感则被认为是一种个人的内在情操。[……]
> 其实,这种区别并不适用于中国古代伦理学的重构。在中国人的思维中,既不缺乏罪孽感,而且羞耻感亦非全然受外界影响——当我们使用羞耻感这个概念时,必须先行区隔外塑和内生的羞耻感。②

罗哲海认为许多学者在"谈到儒家所谓羞耻感的问题时",忽略了对"外塑和内生的羞耻感"的区隔③:

> 芬格莱特即认为,羞耻感是"对外关照,而非对内关照",定位于"由传统仪式所限定之社会行为,而非个人的内心,亦即'自我'"。郝大维与安乐哲亦把羞耻感称做"在仪式定位之中,勾勒个人如何被他人认知的一种意识"。此处所谓的羞耻感,直接涉及着违反礼节,以及地位、角色之义务,这些乃是外界对个体的种种期待。④

这种对外在化的"耻"的关注促使学者们研究与面子(mianzi)有关的话题。

---

① 大卫·理斯曼:《孤独的人群》,第23页。
② 此书英文版为 Confucian Ethics of the Axial Age: A Reconstruction under the Aspect of the Breakthrough Toward Postconventional Thinking, Albany: State University of New York Press, 1993。此处引文引自罗哲海:《轴心时期的儒家伦理》,陈咏明、瞿德瑜译,郑州:大象出版社,2009年,第222页。(按:本文中以下引用《轴心时期的儒家伦理》之处,如未特别注明是英文版,皆为中译本。)
③ 罗哲海:《轴心时期的儒家伦理》(中译本),第222—223页。
④ 罗哲海:《轴心时期的儒家伦理》(中译本),第223页。

罗哲海注意到："羞耻感的外塑形式也就是顾全颜面，在社会和文化人类学的研究中，面子问题常被说成是中国的特色。"①在注释中，罗哲海提到胡先缙（Hu Hsien Chin）的文章《中国人的面子观》（"The Chinese Concepts of 'Face'"）。胡文从社会心理学的角度讨论了"丢面子"、"没面子"等问题。②胡氏将"丢脸"与"丢人"联系起来，并将"人"解释为人格。③金耀基在他的《"面"、"耻"与中国人行为之分析》中对同一问题进行了研究，并采取了不同的处理方式。他认为"面子"与"耻"不应该"机械地连在一起"，并批评了西方学者将这二者联系过度并过分强调"耻文化"之"外制"功能而据此认定中国人之道德没有主体性的倾向。④正如学者史华罗（Paolo Santangelo）曾指出的："金耀基并不认为中国普遍是'耻文化'并对中国的'耻—责任'和'面子'观念给予了道德上的解释：它不是一种纯粹形式上的、外在的'内在'制裁。"⑤

朱岑楼在以往围绕"罪感社会"/"耻感社会"、罪感取向人格/耻感取向人格的讨论基础上，将"耻"的问题置于社会、个人、文化的三重结构中，将社会学视角与对古代中国经典的文本分析结合起来。⑥朱氏强调个人的社会化，并认为在个人的"社会化过程之中，日深月久，规范已在人格深层内化"⑦。在此状况下，一旦违背规范，"内心便会产生一种情绪制裁（emotional sanction）"⑧。在朱岑楼看来，"内在的情绪制裁，可以分为两类：一是耻感（sense of shame），一是罪感（sense of guilt）"。通过列出四书中所涉及的"耻"或"耻感"，朱氏探讨了儒家经典中呈现的"耻"，并认为此种"耻感取向"受到中国"儒家思想人文环境"的影响。⑨朱氏的结论是，"中国社会是耻感社会，中国文化是耻感文化，中国人的人格是耻

---

① 罗哲海：《轴心时期的儒家伦理》（中译本），第223页。
② *American Anthropologist*, Vol. 46, No. 1, Part 1, 45-64.
③ Ibid., p. 50.
④ 金耀基：《"面"、"耻"与中国人行为之分析》，载杨国枢编：《中国人的心理》，第323页。
⑤ 感谢史华罗（Paolo Santangelo）教授给我的私人信件（2016年7月8日）。
⑥ 朱岑楼：《从社会、个人与文化的关系论中国人性格的耻感取向》，载李亦园、杨国枢主编：《中国人的性格》，南京：江苏教育出版社，2005年，第72—105页。
⑦ 同上书，第80页。
⑧ 同上。
⑨ 朱岑楼：《从社会、个人与文化的关系论中国人性格的耻感取向》，载李亦园、杨国枢主编：《中国人的性格》，第83—98页。

感取向人格"①。不过,朱氏的处理更多的是对这一现象的总结,而非深究。

大多数关于中国之"耻文化"的学术著作,往往停留在一般性的研究上,而不是深入探究"耻"这个概念。艾伯华(Wolfram Eberhard)在《传统中国的罪感与罪》(Guilt and Sin in Traditional China)一书中首先试图分辨"罪/罪感"(guilt)与"耻/耻感"(shame),并对全球不同地区的"耻感社会"(shame societies)和"罪感社会"(guilt societies)作了简要介绍。他对与"耻"有关的汉语词汇进行了术语分析,尤其是"耻"、"辱"和"羞",这当然很有帮助。② 不过,这种分析是非常简短的;他很快就转向了对中国古代社会中的"耻"、"罪"和"罪感"的更广泛的研究。他的关注点更多的是民间故事等通俗文本,而不是经典思想文本。③ 在《孟子的"义"之德》中,万百安将"义"与"耻"联系起来。他论述了"耻",并认为"耻"与"羞恶"相关。④

在本文中,我不想采用社会学或心理学等外部方法,而是想在中国古典思想的框架内追溯"耻"的内在逻辑。与其他学者也处理其他情绪和感觉不同,我自己的重点是"耻"的概念。我不同意艾伯华的结论,即儒家传统中的耻感与罪感之间没有明显的区别。此外,我还想超越耻感与罪感的二元对立。虽然我不介意用"耻文化"来描述中国古代文化,但我不同意本尼迪克特对"耻文化"之"外在性"的评价。相反,我更喜欢罗哲海在其《轴心时期的儒家伦理》中的看法。在呼吁大家注意如"洗耻"与"雪耻"这样词语所蕴含的"道德现实主义那种生理与心理混同的迹象"后⑤,罗哲海指出,"根据周儒的教义,'耻'是一个'内在取向'的过程"⑥。罗哲海不仅提出要区分"外在的耻"和"内在的耻",而且主张必须区分"内在生成之羞耻感的两种可能形式"⑦:

---

① 朱岑楼:《从社会、个人与文化的关系论中国人性格的耻感取向》,载李亦园、杨国枢主编:《中国人的性格》,第98页。
② 罗哲海对此也有类似的分析。见罗哲海:《轴心时期的儒家伦理》(英文版),第177页。
③ Wolfram Eberhard, *Guilt and Sin in Traditional China*, pp. 1 - 23.
④ Bryan W. Van Norden, "The Virtue of Righteousness in Mencius," in *Confucian Ethics*, p. 152.
⑤ 罗哲海:《轴心时期的儒家伦理》(中译本),第227—228页。
⑥ 罗哲海:《轴心时期的儒家伦理》(英文版),第177页。原文为"In the teaching of the Zhou Confucians, however, shame is an inner-orientated process.",此处为笔者拙译。中译本将此句译为:"'耻'在早期儒家的学说中乃是指一种内部定向的过程。"参见罗哲海《轴心时期的儒家伦理》(中译本),第228页。
⑦ 罗哲海:《轴心时期的儒家伦理》(中译本),第228页。

它可以被经验社群之"内在化"的评判所唤起,也可以被自己或理想化的听众感知。因此,除了"外在的耻",我们还有第二种内化的形式,它的取向不是来自他人实际的评判,而是来自他人的想象性的评判,还有第三种自主的形式,与"自我选择"的理念(而非外在的期望)相关。①

当然,虽然我颇认同罗哲海提出的两种"内在之耻"的建议,但我的重心有所不同。我想强调的是,"耻"是一个人自我修养的关键。我将强调中国古典思想中"耻"之概念背后的道德的"自主性"与"他律性"的互动。② "耻"不仅帮助儒家学者塑造自我形象,还能帮助他们建立对一个更大的共同体(士人的世界、古典道德传统、国与天下)的认同。培养"耻"感的精神力量并不仅仅在于自己的自我反省(道德自主性),还在于"来自他人的想象性的评判"(道德他律性)。既然将"耻"理解为一个具有生产性的政治和道德/伦理概念,我希望借由这个概念,可以从"人情"、"关系"、"面子"等构造出的中国社会的"表层结构"进一步深入,去研究中国古典政治与伦理思想所构造的社会之"深层结构"。③

二、《论语》中的"耻"

在《论语》中,"耻"有三层含义:其一,作为感觉/情绪之"耻",心理层面的耻。④ 在这里,"耻"作为动词,指认为/觉得某事(或做某事)为耻辱,或者因为某

---

① 参见罗哲海:《轴心时期的儒家伦理》(中译本),第177—178页。按:此段为笔者拙译。
② 除罗哲海外,其他学者如杜维明、墨子刻(Tomas Metzger)、余英时等也呼吁关注儒家的道德自主性。正如史华罗(Paolo Santangelo)曾指出的,他们"强调个人在儒家思想中的积极自主作用及其自我完善和改变现实的道德张力",反对韦伯将儒家之道德精神归结为"对世界的纯粹妥协和适应"。见史华罗教授的个人通信(2016年7月8日)。
③ 黄光国(Kwang-Kuo Hwang)在《儒学的深层结构:一种社会心理学的方法》一文中也对"深层结构"有所召唤,不过他所谈到的是"社会心理学"的途径。参见黄光国:《儒学的深层结构:一种社会心理学的路径》("The Deep Structure of Confucianism: A Social Psychological Approach"),《亚洲哲学》(Asian Philosophy),第11卷第3期(2001年),第179—204页。另外,在此也感谢史华罗教授的个人通信(2016年7月8日)。
④ 朱岑楼观察到:"耻从耳生心,我国文字学家解释个人对错误行为发生一种脸红耳赤之情绪反应,而西方的心理学家却倾向于将耻感与视觉相连,而罪感则生自听觉。我国所有与耻有关之字,均未涉及视觉。"朱氏且列出《论语中有关耻感之章数表》。据朱氏在关于此文讨论之答复处所言,"'西方心理学(转下页)

事感到羞耻。比如,"子曰:'士志于道,而耻恶衣恶食者,未足与议也。'"①"子曰:'古者言之不出,耻躬之不逮也。'"②"子曰:'敏而好学,不耻下问,是以谓之文也。'"③"子曰:'巧言、令色、足恭,左丘明耻之,丘亦耻之。匿怨而友其人,左丘明耻之,丘亦耻之。'"④以上的引文之中,孔子借说"耻",对士人之"生活世界"与"精神世界"的各个层面作了期许。尽管并非严格的规定,但已然达到道德与行为准则上的高要求。对孔子而言,士人不只要"有志于道",还需甘于"恶衣恶食"。此处孔子对士人的要求相当高,即在任何情境之下,士人都应做到心无旁骛地"有志于道"。此处颇有对世俗领域的抛弃。士人之"有志于道",也由此进入一个纯然的、心中不应存有杂念的精神性空间。士人的精神世界,也就此被期许为一种摒弃日常/世俗杂念的境界,尽管士人无疑还在人群中生活,在家人、友朋、社群、社会关系中展开自己的生活世界,即在世界中行动着。但此种生活世界的展开又被期许为一种"去世俗化"的展开。"子曰:'古者言之不出,耻躬之不逮也。'""子曰:'敏而好学,不耻下问,是以谓之文也。'"——此二条呈现了孔子如何借"耻"论"士"之"个体性自我",即士人之自我修养。其一是从"言"与"行"的关系上论"士"——要言必行、行必果;其二是从"学"上论"士"——对"道"之追求应当跨越世俗性的羁绊。"子曰:'巧言、令色、足恭,左丘明耻之,丘亦耻之。匿怨而友其人,左丘明耻之,丘亦耻之。'"——此条则展示了孔子如何借"耻"论"士"之"社会性自我"。"巧言、令色、足恭"虽然说的是日常生活之言语、情态、行为,实则指向背后的人品与朋友之道;"匿怨而友其人"亦是关于朋友之道。此条不仅诉说了孔子对士人如何处理社会关系的期许,也涉及如何在社会关系中保持自我与塑造自我:在社会关系的网络中展开"社会性自我"的前提是内心之"真"与"诚",言行一致是孔子所理想的自我与他

(接上页)家倾向于将耻感与视觉相连,而罪感则生自听觉'这段话,是研究中国社会的美国社会学家 W. Eberhard 在 *Guilt and Sin* 一书中所说的⋯⋯"参见朱岑楼:《从社会、个人与文化的关系论中国人性格的耻感取向》,载李亦园、杨国枢主编:《中国人的性格》,第 83—84 页,第 104—105 页。在《轴心时期的儒家伦理》一书中,罗哲海也提到"耻"的繁体字由"心耳"组成,"'耳'可能象征着某人的恶行已传到他人耳中——此乃引申义——故而感到面红耳赤。"参见《轴心时期的儒家伦理》(中译本),第 227 页。

① 《论语注疏》,北京:北京大学出版社,1999 年,第 50 页。
② 同上书,第 53 页。
③ 同上书,第 62 页。
④ 同上书,第 67 页。

人关系的必要条件。

第二个层面的"耻"则是名词,指一种耻辱。比如:"宪问耻。子曰:'邦有道,穀。邦无道,穀,耻也。'"①此处之"耻"如万百安所言,指若行某事或处于某种境地,则不啻为一种无耻。② 据《论语正义》,"此篇论三王二霸之迹、诸侯大夫、为仁知耻,修己安民,皆政之大节也,故以类相聚,次于问政也。"又曰:"此章明耻辱及仁德也。"③对孔子而言,若邦有道,则士人之职责即是为它工作并由此获得俸禄;若邦无道还为它工作并获得俸禄,则为无耻。《论语·泰伯》中有类似的表述:"邦有道,贫且贱焉,耻也。邦无道,富且贵焉,耻也。"④此处"贫且贱"与"富且贵"亦皆以一种"拟想情境"指向"士"之"理所应当"的行动:若邦有道,则士人之责任乃是出而为仕,若放弃这一职责而导致"贫且贱",则对于士人而言,"耻"矣。若邦无道还"富且贵",则也意味着士人背离了自己的原则,亦是一种"耻"。这两处关于"耻"的论述体现出,孔子之论"耻",不仅将其与士人出仕与否联系在一起,也将其指向士人内心之耻感与士人的选择与行动。

第三个层面的"耻"即指向"耻感"。此种"耻感"与作为名词的"耻"及作为动词的"耻"(以……为耻)尽皆关联。只有心中明是非对错,知何事可为何事不可为,何者为耻,行何事为耻,才能引发这种"耻感"。据此,"士"不仅无需回避"耻感",更应有意识地培育与保持"耻感"。也是在此意义上,"耻"乃士人之基本美德之一。

> 子贡问曰:"何如斯可谓之士矣?"子曰:"行己有耻,使于四方,不辱君命,可谓士矣。"(《论语·子路》)⑤

此处孔子借"保有耻感"来定义"士"。此种耻感不只是日常生活意义上的是否以陋衣寒居为耻,而是着落在士人的行动上,所谓"行己"。回到之前所论述的,孔子认为"士"不仅要"有志于道",更要摒弃世俗层面的"耻感"——诸如"耻恶衣恶食",也就是说,士之生活世界要"去世俗化",去除世俗意义上的"耻

---

① 《论语·宪问》,见《论语注疏》,第182页。
② 参见 Bryan W. Van Norde, "The Virtue of Righteousness in Mencius," in *Confucian Ethics*, p. 153。
③ 《论语注疏》,第182页。
④ 《论语注疏》,第105页。
⑤ 《论语注疏》,第178页。

感",但士人之生活世界与精神世界则都要保持精神层面的耻感。是以士人之行动亦是前所述"世界中的行动",不仅关乎士人之生活世界,亦关乎士人之精神世界,包括前所述个人日常生活之行事,言、行、学、求道,对社会关系的处理、对自我与他人关系的处理,对"个体性自我"与"社会性自我"的双重修养;更进一步,士人之"世界中的行动"也拓展到士人之政治生活的范畴,不只是在个人、家庭与社群的维度,更是在国与天下的维度之上:即士人在履行为国家行事之职责时,心中明晰"有所为,有所不为"。也就是说,此处之"耻感",已被置放在"国"与"天下"的维度上。正是有"天下"之维度,才有"使于四方"之使命。联系到其后《中庸》亦有言:"君子素其位而行,不愿乎其外。素富贵,行乎富贵;素贫贱,行乎贫贱;素夷狄,行乎夷狄;素患难,行乎患难。君子无入而不自得焉。"①在任何一个情境下行所当行,当然有赖于心中保有耻感与"义"之理念。有"耻"与"义"之加持,方有"无入而不自得"。"自得"之"自由"的境界与境地,绝非无限制之自由,而是有无形却无时不盈溢的"耻"与"义"充沛于内。

持有"耻感"不仅是士人之美德,亦是民之美德:"子曰:'道之以政,齐之以刑,民免而无耻。道之以德,齐之以礼,有耻且格。'"(《论语·为政》)②在孔子看来,若以法规来引导民众,并试图以惩罚防止他们行为出格,并以此通向某种整齐合一,那么民众只会力求逃避惩罚,心中将毫无耻感。若以德性来引导民众,以"礼"来带领民众获得某种共同性,则民众不仅能够做到心中有耻感,更能真正达到道德上的"好"。从此条可以看出,"耻"作为一种德性,不仅具有一种内在性,也有一种社会性。它不仅来自于士人之自我修身,亦是更广义的"政"的一环。如果说士人可以通过内在的修心与修身获得心中坚定的耻感,那么民众则需要被化育。如何让民众做到心中有耻感,这有赖于国家或上位者以"礼"来引导。这里孔子所设想的,是一种"伦理共同体"而非"法律共同体"的可能性。以"礼"为途径,"共同体"建立于每一个个体乃至群体的德性之上。这里的"德性"亦不是天生而成,而需要在"礼"中涵养培育。这里的"礼"不是冰冷坚硬的制度,而是春风化雨般的养成,是行动,是实践。由此,德性也不是静止的,而也是动态的——要在行动中生成或呈现。德性,是实践中的德性。一方面,诉诸

---

① 朱熹:《四书章句集注》,北京:中华书局,1983年,第24页。
②《论语注疏》,第15页。

于群体的"礼",能够潜移默化地陶冶每一个个体;另一方面,每一个个体之"德性"的实践,也终将汇成群体"礼"之实践。在"德性"的实践之中,如此"礼"的实践之中("礼"亦不是静态的框架),民众得以获得并保有内心深处的耻感,并达到道德意义上的"好"。从孔子对"耻"的定义与延展来看,可以看出孔子试图诠释邦国与士之间的关系,邦国之正义与士人及民众之德性之间的关系,以及"道德性"与"必要性"之间的关系。

士人有责任为一国之邦出仕(必要性,也是士人之道德性),但前提是此邦国是正义的、承载"道"的("邦有道",即邦国之道德性)。这样,若邦国正义且以礼治之,则民众之德性(包括"耻感")可化成。若邦国失却了正义性,民众也会丧失德性,丧失"耻感"。如此,邦国之正义性/道德性同时也是"必要性",士人或民众之道德性亦转为一种必要性:知"耻"并保有"耻感",乃是成为"士"的必要条件之一。① 据此,"耻"的问题就不只是道德性的问题,亦是必要性的问题。

三、《中庸》与《孟子》中的"耻"

如果说孔子借"耻"之言说,对士人之生活世界与精神世界作出期许,并据此勘探个人与邦国、道德与政治之间的关系,那么《中庸》则力图在知识、伦理与行动之间建立联系。固然孔子也依然从"耻"出发谈到士人之"行"与"学",《中庸》则更有明确性地将这三者放置在一起。《中庸》中有三大原则:好学、力行、知耻。这里的每一个原则都代表人生的一个方面。"好学"属于知识/真理的范畴(不只是具体的知识,更指向"道")。"力行"属于行动的范畴,亦与"道"息息相关。"知耻"则属于伦理的范畴。由是,伦理的问题就与"学"与"行"的问题紧密相联。与此同时,"知耻"也被定义为"近乎勇",关键的德性之一。是以《中庸》有言:"知、仁、勇三者,天下之达德也……""子曰:'好学近乎知,力行近乎仁,知耻近乎勇'。知斯三者,则知所以修身,知所以修身,则知所以治人,知所以治人,则知所以治天下国家矣。"② 与"勇"并列为"天下之达德"的,还有"知"与

---

① 关于"耻"与"必要性"/"必然性"的讨论,也可参见 Bernard Williams, *Shame and Necessity*, 2nd edn, Berkeley, CA: University of California Press, 2008。
② 关于"好学近乎知,力行近乎仁,知耻近乎勇"之前的"子曰",朱熹在《四书章句集注》中注曰:"'子曰'二字衍文。"参见朱熹:《四书章句集注》,北京:中华书局,1983年,第28—29页。

"仁"。属于行动的范畴的"力行"每每会配之以"义",这里又与"仁"相联,故此,"仁"也具有了一种行动性,是行动中的"仁"。"知耻"具有某种内向性,有着向内自省的维度;而"勇"则有着某种外向型,有着向外生发的维度;这里称"知耻近乎勇",也使得"勇"具有了某种内向性。"好学"、"力行"、"知耻"被视为自我修身之整个过程的重要环节,而只有懂得了"修身",才能够懂得"治人",也才终能懂得"治天下国家"。据此,"耻"在《中庸》中,也不仅关乎个人,更关乎天下国家。既然"勇"不只是个人之德性,更是"天下之达德","知耻"也由此成为"治天下国家"中的一个环节。

与孔子类似,孟子也将"耻感"视为"人"之基本德性之一:

> 孟子曰:"人不可以无耻;无耻之耻,无耻矣。"(《孟子·尽心》)
> 孟子曰:"耻之于人大矣。为机变之巧者,无所用耻焉。不耻不若人,何若人有?"(《孟子·尽心》)①

据汉代赵岐注,"人不可以无耻"之意乃"人不可以无所羞耻也"。换言之,"人"必须具有"耻感"。"无耻之耻,无耻矣"又如何解释?据朱熹《孟子集注》之引赵注:"赵氏曰:'人能耻己之无所耻,是能改行从善之人,终身无复有耻辱之累矣。'"②也就是说,如果"人"能为自己"无所耻"感到"耻",则是能够从善而改之之人,今后也就不会有"耻辱"。此处"无耻之耻"的第一个"耻"乃是作为名词的"耻感","无耻之耻"的第二个"耻"可作"为……感到羞耻","无耻之耻,无耻矣"的第三个"耻",则与"辱"字相通,可作"耻辱"解。理雅各(James Legge)对此句的翻译大致合于此意。③另一种解释或亦可取,即,人若没有"耻感",则这是真

---

① 《孟子注疏》,北京:北京大学出版社,1999年,第415—416页。
② 参见朱熹:《四书章句集注》,第350页。《孟子正义》引了相同的解释,文字略有不同,见《孟子正义》,第885页。
③ 理雅各的翻译为:"Mencius said, 'A man may not be without shame. When one is ashamed of having been without shame, he will afterwards not have occasion to be ashamed'."此处第一和第二个作为名词的"shame"都可置换为"sense of shame"。理雅各的翻译见 James Legge, *The Works of Mencius* (The Chinese Classics, Vol. 2), Hong Kong: Hong Kong University Press, 1960, p. 451.

正的"无耻"(没有廉耻)。①

孔子之论"耻",乃从"士"拓展到"民",孟子则直指"人"。孟子曰:"耻之于人大矣。为机变之巧者,无所用耻焉。不耻不若人,何若人有?"此段中,孟子对"机变之巧者"的批评,隐含了对"耻"之理解的另一个维度:从"义利之分"理解"耻"。在《孟子》中,有另一个概念会与"耻"并置,即"羞恶之心",而"羞恶之心"亦为"义之端":"无恻隐之心,非人也;无羞恶之心,非人也;无辞让之心,非人也;无是非之心,非人也。恻隐之心,仁之端也;羞恶之心,义之端也;辞让之心,礼之端也;是非之心,智之端也。"(《孟子·公孙丑》)②在孟子那儿,"羞恶之心"也是人之基本所在。此处可联系到朱熹对前引孟子所说"耻之于人大矣"的评述。在朱熹看来,"耻者,吾所固有羞恶之心也。存之则进于圣贤,失之则入于禽兽,故所系为甚大"③。此处之"耻",也应作"耻感"解。若人有"耻感",亦即"羞恶之心",则终有"进于圣贤"的可能性,若人无"耻感",亦即无"羞恶之心",则有可能堕落为"禽兽"。

四、《荀子》中的"耻"与"辱"

在《荀子》中,有另一个概念与"耻"相关,即"辱"。荀子对"荣"与"辱"之间进行了分辨,并将其与"君子""小人"之分辨与"义利之分"联系起来:

> 荣辱之大分,安危利害之常体。"先义而后利者荣,先利而后义者辱;荣者常通,辱者常穷;通者常制人,穷者常制于人",是荣辱之大分也。④

以"义利之分"论荣辱,是将其放在伦理的领域。与此同时,荀子也将"荣辱"放

---

① 万百安对"人不可以无耻;无耻之耻,无耻矣"的翻译即取此意思:"A person may not be without a sense of shame (chi). The shamefulness of being without a sense of shame is shameless indeed."万百安的翻译也见于他的文章,Bryan W. Van Norden, "The Virtue of Righteousness in Mencius," in *Confucian Ethics*, p. 165.
② 参见朱熹:《四书章句集注》,第237—238页。
③ 同上书,第351页。
④ 见王先谦:《荀子集解》(新编诸子集成第一辑),北京:中华书局,1988年,第58页。原版为繁体字,此处改为简体字。

在了"政"的领域。这里的立场,乃从为政者的角度谈,于是涉及了何者通,何者穷,何者制人,何者制于人。

在荀子论述中,耻、义、勇是相互关联的。在《荣辱》一章中,荀子区分了四种"勇":

> 有狗彘之勇者,有贾盗之勇者,有小人之勇者,有士君子之勇者:争饮食,无廉耻,不知是非,不辟死伤,不畏众强,悼悼然唯利饮食之见,是狗彘之勇也。为事利,争货财,无辞让,果敢而振,猛贪而戾,悼悼然唯利之见,是贾盗之勇也。轻死而暴,是小人之勇也。义之所在,不倾于权,不顾其利,举国而与之不为改视,重死持义而不桡,是士君子之勇也。①

在荀子看来,若只知争饮食而无廉耻,不知是非,则不过是"狗彘之勇",可见,"勇"必须要与"有廉耻"相配。如果只为利益,为所谓"货财"而争,而"无辞让",利字当头,心中贪婪而行事争抢则自然有一种暴戾(与"辞让"相对),这就是所谓"贾盗之勇"。荀子既讲"小人之勇",又讲"士君子之勇",正如前所述,乃将"君子""小人"之分辨与"义利之分"联系起来,并在"义利之分"的框架下定义了不同层次的"勇"。有无廉耻也参与了对"勇"的定义。荀子也从"耻"的反面——无耻——定义"耻"。

在《正论》一章中,荀子进一步以"义"与"势"之别区分了荣辱:

> 而圣、王之分,荣辱是也,是有两端矣。有义荣者,有势荣者,有义辱者,有势辱者。志意修,德行厚,知虑明,是荣之由中出者也,夫是之谓义荣。爵列尊,贡禄厚,形势胜,上为天子诸侯,下为卿相士大夫,是荣之从外至者也,夫是之谓势荣。流淫污僈,犯分乱理,骄暴贪利,是辱之由中出者也,夫是之谓义辱。詈侮捽搏,捶笞膑脚,斩断枯磔,籍靡后缚,是辱之由外至者也,夫是之谓势辱。是荣辱之两端也,故君子

---

① 见王先谦:《荀子集解》(新编诸子集成第一辑),北京:中华书局,1988年,第56页。原版为繁体字,此处改为简体字。

可以有势辱而不可以有义辱;小人可以有势荣而不可以有义荣。有势辱无害为尧,有势荣无害为桀。义荣势荣,唯君子然后兼有之;义辱势辱,唯小人然后兼有之。是荣辱之分也。圣王以为法,士大夫以为道,官人以为守,百姓以成俗,万世不能易也。①

荀子此段乃反对宋子(宋钘)之论"侮"与"辱"。荀子且引入了"恶"(憎恶)的概念。宋子尝言:"明见侮之不辱,使人不斗。"即"明白受到欺侮并不是耻辱的道理,人们就不会发生争斗了"②。在荀子看来,"凡人之斗也,必以其恶之为说,非以其辱之为故也"。即"凡是人们之间发生争斗,必定是由于感到憎恶,而不在于感到耻辱"。在此认知之上,荀子作出了"义荣"和"势荣"、"义辱"和"势辱"的区分。所谓"志意修,德行厚,知虑明,是荣之由中出者也,夫是之谓义荣"③,"义荣"乃发自于内,有着道德的规定性。所谓"流淫污僈,犯分乱理,骄暴贪利,是辱之由中出者也,夫是之谓义辱"④,"义辱"也是道德意义上的"辱"。

在对此段的诠释中,万百安指出,荀子对"义辱"与"势辱"的区分合于他对西方传统中"情势中的可耻"(conventionally shameful)⑤与"伦理性的可耻"(ethically shameful)。⑥ 万百安此言颇有启发性。但如前所述,"耻"具有多面向的意义。"伦理性的可耻"只是其中一个面向。不过至少可以说,荀子是通过区分"侮"、"辱"、"恶"而点出"义辱"这个概念,而后者接近于"伦理性的可耻"。

孔子与荀子论耻之区别在于养成民众之耻的方式不同。在孔子这儿,为钱财而工作是无耻的。故此,孔子对耻的阐释包含着对一心逐利的拒绝。但对荀子来说,既然人性本恶,那么人之本能就是逐利。据此,荀子坚持"耻"必须由法律来规训。所以,对孔子而言,要使民众有"耻",邦国必须以德性而非刑罚治之;民众的"耻感"是"德治"的自然结果。但在荀子处,民众之耻感的培育必须经由人为的规训与惩罚。

---

① 《荀子新注》,第301页。
② 《荀子新注》,第301页。
③ 《荀子新注》,第302页。
④ 《荀子新注》,第302—303页。
⑤ conventionally shameful 亦可译作"常规性的可耻"。
⑥ Bryan W. Van Norden, "The Emotion of Shame and the Virtue of Righteousness in Mencius," in *Dao: A Journal of Comparative Philosophy*, Vol. 2, No. 1, (2002): 65.

结论：作为政治与道德/伦理概念的"耻"

在《管子》中，"耻"被视为"国之四维"之一："国有四维，一维绝则倾，二维绝则危，三维绝则覆，四维绝则灭。……何谓四维？一曰礼，二曰义，三曰廉，四曰耻。"①对照之前所论，孔子、孟子、荀子、《中庸》、《管子》都提供了对"耻"的基本观点。其一，"有耻"被视为官员的基本要求，乃"国"之一维。其二，"有耻"被视为士人及民众的基本道德之一。其三，孟子与荀子都将"耻"与"义"相联，并借"义利之分"定义"耻"。其四，在《中庸》与《荀子》中，"耻"与"勇"相联。其五，在《中庸》中，"知耻"被视为自我修身与国家治理的重要一环。统而言之，如我在另一篇文章中所言，

> 先秦树立了关于"耻"的两个基本观念：一，在政治的层面，"耻"既是"政治共同体"（"天下"与"国家"）之不可或缺的要素（"群"的维度），又是对官员的基本要求（个体的维度）；二，在道德的层面，"耻"既是"士人"基本的德性（个体的维度），又是整个"伦理共同体"的重要奠基。此种理解奠定了中国所谓"耻文化"传统的基础，并将"政治共同体"与"伦理共同体"整合到了一起。广义而言，在儒家传统里，"耻"作为道德与伦理的概念，具有双重性：其一，它是个人之自我意识的组成部分；其二，它同时也通向行动。这一概念既具有主观能动性的成分，也同时包裹在社会语境之中。它是主观的，又不绝然主观②，是个人的，也是社会的。如是，这一概念就同时属于私人、自我之内心、公众这三重领域。此种耻感不仅具有自我内观与反视的层面，也通向社会与公众评判系统，而后者也建立在相应的道德标准之上。此种"耻感"所强调的自我评价，既通向某种自我教化、自我救赎与自我实现，也宣告着此类自我成就仍然关乎社会道德。对个人而言，"耻感"代表着内心的警钟长鸣，由此匡扶个人远离歧途，复返正道。与此同时，

---

① 黎翔凤撰，梁运华整理：《管子校注》，北京：中华书局，2004年，第11页。
② 在《孟子的"义"之德》中，万百安认为孟子之论"耻"并不是主观主义的（subjectivistic）。参见 Bryan W. Van Norden, "The Virtue of Righteousness in Mencius," in *Confucian Ethics*, p. 158。

"耻"也是一个政治的概念,在在契合儒家由修身自省到天下国家的推衍路径。①

作为"个人之自我意识的组成部分","耻"具有一种"内向性"②;另一方面,通向行动与具有社会性的"耻"又具有一种"外向性"。在《孟子的"义"之德》中,万百安点出了亚里士多德之强调"羞耻"之社会情境;尽管古代中国语境下的"耻"并不同于亚里士多德所讨论的"羞耻",但它也仍然应该在社会情境中加以理解。③ 在这里,我们看到了在中国古代,道德/伦理与政治是如何交织在一起;"耻"作为儒家传统中的一种德性,参与到了个人与共同体的社会生活与政治生活之中。

Virtue, Action, and the Way of *Zheng*: "*Chi*"(Shame) in Early Chinese Thought

Chen Dandan

Abstract: Although Chinese culture has been regarded as a "shame culture" by many scholars for a long time, the idea of *chi* (shame) itself, as a moral and ethical concept in Chinese philosophical tradition, has not yet been systematically examined. In this paper, I place the idea of *chi* in the moral and political structure of early China and explore its unique meaning in the Chinese context. I argue that the idea of *chi* is not only a moral/ethical concept, but also a political concept that is closely linked to some of the most important elements of *zheng* (politics). It is a key point connecting morality and politics, virtue and action, and individual and the state.

Keywords: *chi*, shame culture, *zheng*, virtue, action

---

① 陈丹丹:《君子耻之:清初遗民学人的道德思辨与文化重建:以顾炎武、李颙、张履祥为例》,该文繁体字版初刊《中国文学学报》,第 8 期(2017 年 12 月),香港:中文大学出版社。简体字版收入陈来主编:《儒学第三期的人文精神:杜维明先生八十寿庆文集》,北京:人民出版社,2019 年。

② 有些学者不仅将"耻"与感官联系起来,也主张一种结构性分析。参见 Jane Geaney, "Guarding Moral Boundaries: Shame in Early Confucianism," in *Philosophy East and West*, Vol. 54, No. 2, (2004): 113—142。

③ Bryan W. Van Norden, "The Virtue of Righteousness in Mencius," in *Confucian Ethics*, p. 156.

中国哲学

中国改革

王阳明中晚年工夫论的转折与连续*

傅锡洪[**]

[摘　要]　在龙场至平藩阶段,阳明工夫论的焦点乃是克服支离,使工夫具有切要性。他认为,格物工夫唯有以诚意为统领来实施,才能避免支离之弊,真正克服私欲对心之本体的遮蔽,从而实现成圣的终极目标。对这一阶段的阳明来说,关注焦点虽不在工夫是否受到本体指引和推动的问题上,但由诚意统领的格物工夫,以及其他指点语所示的工夫,却并非没有本体的指引和推动,亦即并非不是本体工夫。而1520年致良知宗旨的提出,将本体问题凸显出来。本体工夫成为阳明在工夫问题上关注的焦点,由此阳明工夫论推进到一个新的阶段。

[关键词]　诚意;本体;良知;工夫;龙场悟道

如所周知,王阳明心学形成于正德三年(1508)的龙场悟道,而成熟于正德

---

* 基金项目:国家社科基金青年项目"日本德川时代儒学宗教性问题研究"(17CZX035)。
** 傅锡洪(1986—　),男,福建上杭人,哲学博士,中山大学博雅学院副教授,主要研究领域为宋明儒学、东亚儒学和儒学宗教性问题。本文原稿曾宣读于2018年11月在中山大学博雅学院举办的"经典与哲学"工作坊,受与会学者赐教,谨致谢忱!

十五年(1520)左右致良知宗旨的提出。无疑,贬谪贵州、居夷处困,是龙场悟道的契机;而正德十四年(1519)的征讨宁王叛乱和随后遭遇的张许之难,则是其提出致良知宗旨的契机。在从龙场到平藩这段中年期的十余年时间里,表达阳明心学本体观念的主要命题,有"心即理"和"心外无理"等;表达工夫观念的主要命题,则有"知行合一""心外无学""去人欲而存天理"和"立诚"等。在初刻于正德十三年(1518)的《大学古本傍释》序中,阳明开篇即说:"《大学》之要,诚意而已矣。诚意之功,格物而已矣。"①阳明这一阶段对工夫问题的最终看法,可谓于此和盘托出。

陈来先生认为:"阳明对《大学》格物致知的理解有一个发展变化的过程。这个过程,简单说来,就是以'诚意'为本转向以'致知'为本的过程。""江西平藩之前他一直以诚意来统率格物,平藩之后以致知为宗旨,建立哲学体系。"陈先生在论及致良知观念的提出时,指出其背景:"按阳明戊寅(引者注:即1518)前主诚意说,诚意指真实地好善恶恶,但辨别善恶的标准没有确定。所以阳明指出,懂得良知学说,好恶就有了所当依从的标准,因为良知就是每个人内在具有的是非之则。"不过,陈先生也注意到阳明正德十年(1515)《送郑德夫归省序》中提及了作为诚意之根据的是非之心,并进而指出:"阳明的诚意说后来发展为致良知说,也反映了体系内部的要求。"②

诚如陈先生所言,中年时期阳明所说工夫未必没有本体依据。重要的是,既然本体能作为依据从而指引工夫,那么它为什么不能同时也作为工夫的动力来源从而推动工夫呢?换句话说,我们完全还可进一步设想,这一阶段阳明所说的工夫,不仅受到本体的指引从而具有本体依据,而且也受到本体的推动从而拥有本体的动力,甚至在部分情况下还是完全出于本体之动力,因而同时也合于本体之准则的工夫。

在阳明提揭的诚意、格物、知行合一和去欲存理等主要工夫指点语中,我们很难直接看出这些工夫是否受到本体的指引和推动。固然,这一阶段的阳明强调要来心上做工夫,但他如此强调的时候,心与其说指的是本体之心,不如说指的是心所发之意念;与其说是本体依据和动力来源,不如说是做工夫的场所,或

---

① 王阳明:《大学古本原序》,载吴光、钱明、董平、姚延福编校:《王阳明全集》(以下简称《全集》)卷三十二,上海:上海古籍出版社,2014年,第1320页。
② 分别见陈来:《有无之境——王阳明哲学的精神》,北京:人民出版社,1991年,第124、125、163、130页。

说着眼点、下手处。然而,如果说阳明这一阶段论述和指点的工夫不受本体指引和推动的话,那又与其对本体的着力提揭不相协调。这种本体与工夫的脱节、断裂果真出现在阳明思想中的话,那就意味着决定这一阶段阳明思想基本面貌的龙场悟道的成果,终究而言只有本体论意义,而很难说有什么工夫论意义。即便其有工夫论意义,也要直到致良知宗旨的提出,才最终体现出来。亦即阳明在龙场所悟之本体,直到平藩为止都不能贯彻于工夫,不仅不能指引和推动工夫,更不能使工夫成为完全出于本体的工夫。我们仅从阳明学归一的趋向来看,这一点也是难以想象的。

因此,更有可能的情况是,阳明所说的工夫,确实受到本体指引和推动,并且在一部分情况下还是完全出于本体的工夫。只不过,工夫是否受到本体指引和推动,或是否为完全出于本体的工夫的问题,并非他中年时期关注的焦点而已。从他这一时期对诚意的论述可以看出,他关注的焦点是,工夫必须具有切要性,从而有益于身心修养并保证成圣之终极目标的实现。在阳明处,诚意指点出工夫的切要这一点已为董平先生所指出:"'诚意'则是消除'隔断'而确保心体之真实体现的切要工夫。"①

本文即欲沿着上述思路,探讨阳明中年时期工夫论的问题意识,及这些工夫所受本体的指引和推动,并由此探讨这一阶段的工夫论与其后致良知观念之间的内在关联,由此把握致良知宗旨提出前后其工夫论的转折与连续。

一、阳明中年工夫论的焦点:工夫之切要性

就工夫论而言,工夫是否具有切要性的问题,是阳明中年关注的焦点。切要性的反面是支离。阳明对切要性的要求,体现于其对诚意的重视中。诚意可以对治工夫的支离。而为了保证切要性的落实,阳明又强调格物是诚意的具体实施方法。格物能使诚意工夫不至流于空疏。诚意和格物的上述作用,可以从他《大学古本傍释》序中"不本于诚意,而徒以格物者,谓之支;不事于格物,而徒以诚意者,谓之虚"②的主张中看出。支离是阳明视野中朱子学的弊病,空疏是

---

① 董平:《主体性的自我澄明:论王阳明"致良知"说》,《中国哲学史》,2020年第1期。
② 王阳明:《大学古本原序》,载吴光等编校:《王阳明全集》卷三十二,第1321页。

其所谓佛道之学的问题。而他认为当时士人深受这两者,尤其是朱子学的影响。在诚意和格物中,诚意居于主导地位,格物则居于从属地位。阳明认为,唯有以诚意为统领做格物工夫,才能真正克服私欲对心之本体的遮蔽,从而实现成圣的终极目标。而聚焦于克服私欲对心之本体的遮蔽,正是他对圣学或圣人之道的理解。这一理解直接得自其龙场悟道。

《王阳明年谱》载阳明龙场所悟的内容为:"圣人之道,吾性自足,向之求理于事物者误也。"①把工夫理解为"求理于事物",即是支离。与之相反的切要,则是聚焦于克服私欲对心之本体的遮蔽。

陈来先生从本体和工夫两个方面,全面概括了龙场悟道的内容,并进而将这两点归结为"心即理"的本体论命题:"'吾性自足'是论本体(性体),不当'求理于事物'是论工夫。龙场悟道的基本结论实质上就是'心即理',但这一思想的具体表述与展开最早见于《传习录》上徐爱所录。"②如所周知,阳明早年即立志成为圣人,后来曾究心于朱子的格物穷理之学并在著名的"格竹"事件中受到挫折,失去成为圣人的信心,于是泛滥于佛道之学。经过在龙场动心忍性的一番磨难,他重新树立了成为圣人的信心,认为天所赋予人的本性或说心体即可帮助人实现这一目标。其所谓心体,即是工夫的本体依据和动力来源。"求理于事物"即穷尽事事物物之理,体现了朱子学以格物、致知为本的工夫路线。阳明对这一路线把知识、才能当作成圣的根本这一特点有深刻的洞察。他说:"后世不知作圣之本是纯乎天理,却专去知识才能上求圣人。以为圣人无所不知,无所不能,我须是将圣人许多知识才能逐一理会始得。故不务去天理上着工夫,徒弊精竭力,从册子上钻研,名物上考索,形迹上比拟,知识愈广而人欲愈滋,才力愈多而天理愈蔽。"③正因为把知识、才能当作成圣的关键,而对知识、才能的追求无疑是以越多、越广为佳,所以才造成了泛滥无归,以至于未能聚焦于克除私欲的支离之弊。④ 经龙场之悟,阳明彻底抛弃了朱子学的工夫路线,

---

① 《王阳明年谱》一,《王阳明全集》卷三十三,第1354页。
② 陈来:《有无之境——王阳明哲学的精神》,第54页。
③ 王阳明:《传习录》第99条(条目参见吴震解读:《中华传统文化百部经典·传习录》,北京:国家图书馆出版社,2018年,《王阳明全集》卷一,第32页。
④ 牟宗三先生以下对何谓"支离"的论述,有助于我们理解阳明对朱子的批评。其言曰:"一般由支离而说零散琐碎,那是引伸义,而非支离的本义。支离的意思,好比一个骨干不会有支离,旁支才会岔出去,只有支(branches)才会有歧出。所以说支离,不是琐碎不琐碎的问题,而是中肯不中肯,歧出不歧出的 (转下页)

并独立探索出一套求理于心的心学工夫路线。而这一工夫路线,正是以克除私欲作为根本追求,并以此贯穿工夫的整个过程,由此使工夫具备了切要性的特点。

阳明认为"来心上做工夫",是自己的"立言宗旨"。这从他与门人的以下问答可以看出:

> 又问:"心即理之说,程子云'在物为理',如何谓心即理?"先生曰:"在物为理,在字上当添一心字,此心在物则为理。如此心在事父则为孝,在事君则为忠之类。"先生因谓之曰:"诸君要识得我立言宗旨。我如今说个心即理是如何,只为世人分心与理为二,故便有许多病痛。如五伯攘夷狄,尊周室,都是一个私心,便不当理。人却说他做得当理,只心有未纯,往往悦慕其所为,要来外面做得好看,却与心全不相干。分心与理为二,其流至于伯道之伪而不自知。故我说个心即理,要使知心理是一个,便来心上做工夫,不去袭义于外,便是王道之真。此我立言宗旨。"①

"来心上做工夫,不去袭义于外",是指点工夫方向之语。"在物为理"意味着工夫的着眼点、下手处在物理;"此心在物为理"则意味着工夫的着眼点、下手处在心。当然对阳明来说,心与物不是对立的关系,在心上做工夫可统贯穷理,仅谈穷理则"与心全不相干",此点稍后再论。阳明认为主张来心上做工夫就是自己的"立言宗旨"。由此可以看出,他此时关注的焦点在于工夫的着眼点、下手处在心(准确说是心所发之意念的善恶、诚伪)而不在物,至于来心上做工夫是否能得到本体指引和推动的问题,则并非他关注的焦点。尽管这么说并不意味着

(接上页)问题。"见氏著:《中国哲学十九讲》,上海:上海古籍出版社,2005年,第271页。牟先生在另一处进一步说:"'支离'者,歧出而不相干之谓。此是单对相应道德本性而为道德的实践言为支离,并不是寡头泛言博文为支离也。若就客观理解,研究工作言,并无所谓支离也。"见氏著:《从陆象山到刘蕺山》,长春:吉林出版集团有限责任公司,2010年,第54—55页。阳明批评朱子支离时,主要针对的是他从格物致知切入,没有扣紧去欲这一身心修养的要害来展开工夫。至于其批评是否切当,格物致知是否果真支离而无关身心修养,则未必。具体论述可参傅锡洪:《朱陆之辨再论:理论症结、内在关联与话题选择》,《杭州师范大学学报(社会科学版)》,2021年第4期。

① 王阳明:《传习录》第321条,《王阳明全集》卷三,第137—138页。

来心上做工夫是没有本体指引和推动的。只是说,他的关注焦点尚不在此而已。因为此时他的核心关切是扭转由片面追求穷理带来的逐物之学、支离之学和功利之学的为学方向。而克服这些倾向的关键,在于提出来心上做工夫的诚意之学,唯有诚意之学才能克服片面追求穷理带来的弊病。

之所以须"来心上做工夫",是因为唯有如此,才能彻底扭转朱子学之支离和佛道之空疏的方向。来心上做工夫之所以可能,则是因为心外无理,理由心生,心才是发出和调控人的意识与行动的主宰,而在心之外则无事可言、无理可言,当然也就无学可言。阳明说:"德有本而学有要,不于其本而泛焉以从事,高之而虚无,卑之而支离,终亦流荡失宗,劳而无得矣。是故君子之学,惟求得其心。虽至于位天地,育万物,未有出于吾心之外也……心外无事,心外无理,故心外无学。"①

心的主宰作用体现在意识和行动中:"心者身之主宰,目虽视而所以视者心也,耳虽听而所以听者心也,口与四肢虽言动而所以言动者心也。故欲修身在于体当自家心体。"②"所以"即表达出了理的含义。心不仅是视听言动的发出者,更是调控者。理即体现于心对视听言动的调控之中。"修身在体当自家心体",也是指点工夫方向之语,意即修身的关键在体认心体。心不仅是意识和行动的发出者,而且能使意识和行动符合自身固有的准则(此固有准则即是性),故称为心体。须在意识与行动中体会心体,省察意识与行动是否依循了心体的要求。凡是不符合心体要求的念头,都是人欲而应该被克除,而不能自欺此心体。因而,正心工夫具体落实为不自欺的态度。而这种不自欺的态度,就是《大学》所说的诚意工夫。由此,诚意成为中年阳明工夫论的核心。反对格物的首出性,主张以诚意统领格物,是中年阳明工夫论与朱子学工夫论的根本分歧。

所谓诚意统领格物,即是由好善恶恶而为善去恶。从以下说法,可以看出诚意和格物在阳明处的基本含义:"初时若不着实用意去好善恶恶,如何能为善去恶?这着实用意便是诚意。"③原本阳明认为好善恶恶即是诚意。不过,在初学阶段,"着实用意去好善恶恶",才能称得上诚意。因为初学阶段心体受到气质、习心和物欲等遮蔽,尚未充分呈露,所以阳明在好善恶恶之前特别强调"着

---

① 王阳明:《紫阳书院集序·乙亥》,《王阳明全集》卷七,第267页。
② 王阳明:《传习录》第317条,《王阳明全集》卷三,第135页。
③ 王阳明:《传习录》第119条,《王阳明全集》卷一,第39页。

实用意"。因了好善恶恶而能做到的为善去恶,则是阳明所说的格物工夫。在诚意统领下的格物工夫,不再是即物穷理的意思,而主要是指由克除私欲,而做到端正念头以为善。

在阳明看来,唯有以诚意为主导,才能统领为善去恶的工夫;而朱子学以格物穷理为先,则不能统领为善去恶的工夫。他说:"《大学》工夫即是明明德,明明德只是个诚意,诚意的工夫只是格物致知。若以诚意为主,去用格物致知的工夫,即工夫始有下落,即为善去恶无非是诚意的事。如新本先去穷格事物之理,即茫茫荡荡,都无着落处。"①由诚意统领格物,意味着格物的含义由诚意决定,从而使其服务于诚意的目的。具体而言,诚意规定了格物的含义是为善去恶。亦即好善恶恶的诚意必然要求为善去恶的工夫,为善去恶的工夫即由格物一语表达出来。若无诚意统领,格物工夫单纯以穷尽事事物物之理为内容,便会落入"茫茫荡荡,都无着落处"的支离之陷阱,以至于背离好善恶恶的诚意之目标,而诚意也就不能统领为善去恶的工夫了。

当然,反对和防止支离,并不意味着反对探究事物之理,也不意味着工夫内转。因为对阳明来说,心之所发的意与物构成意向关系,处在意向关系中的物非内非外。如果草木鸟兽之理在特定情形下成为诚意所要求的事,并且工夫过程也为诚意所统领,那格之又有何妨。格物与格心无法严格区分。如"意在于事亲,即事亲便是一物"②,从格心的角度来说,端正事亲的念头,不是单有念头之端正即可的。念头的端正必须体现于在事亲的行动上能有温清定省,才叫端正事亲的念头。而温清定省必然涉及何物以及如何才能使父母温清定省的问题。带着使父母温清定省的目的,去了解和探讨相关的事物之理,在阳明看来是诚意的题中应有之义。故阳明说:"念虑之精微即事理之精微也。"③又说:"至善是心之本体,只是'明明德'到'至精至一'处便是。然亦未尝离却事物,本注所谓尽夫天理之极,而无一毫人欲之私'者得之。"④在诚意的统领下,格心便是格物,格物便是格心。因而,格心和格物就不是两件事情。

至于好善恶恶的诚意工夫,何以能统领为善去恶的格物工夫的问题,阳明

---

① 王阳明:《传习录》第129条,《王阳明全集》卷一,第44页。
② 王阳明:《传习录》第6条,《王阳明全集》卷一,第7页。
③ 王阳明:《传习录》第324条,《王阳明全集》卷三,第139页。
④ 王阳明:《传习录》第2条,《王阳明全集》卷一,第2页。

以下决意前往大都的比喻,最能说明问题:"夫不辞险阻艰难,决意向前,此正是诚意之意。审如是,则其所以问道途,具资斧,戒舟车,皆有不容已者。不然,又安在其为决意向前,而亦安所前乎?夫不识大都所在而泛焉欲往,则亦欲往而已,未尝真往也。惟其欲往而未尝真往,是以道途之不问,资斧之不具,舟车之不戒。若决意向前,则真往矣。真往者能如是乎?此最工夫切要者。"①着实用意去好善恶恶的诚意,包含了必然将好善恶恶付之行动的强大动力,正是诚意内含的强大动力,使诚意可以统领为善去恶的格物工夫。至于诚意何以就有如此强大的动力的问题,我们下一节再来讨论。

一旦诚意统领的格物工夫达到极致,那么人的意念就完全成为心体的发用,而不再受到私欲之类因素的干扰。对阳明来说,这种状态就是诚的状态。而圣人不过就是达到了诚的状态的人。他说:"圣,诚而已矣。君子之学以诚身。"②又说:"人但得好善如好好色,恶恶如恶恶臭,便是圣人。"③既然诚意统领格物工夫便能达到圣人的境界,那么诚意工夫就具有统括、涵盖全部工夫的作用,或者说,诚意不仅如前所述赋予了工夫以切要性,使之免于无关身心修养的支离之弊,而且赋予了工夫以整全性,以至于仅凭诚意工夫即可达到成圣的终极目标。简言之,诚意工夫便是全功,此外更无工夫可用。由此,当门人问阳明"立诚尽之矣乎"的问题时,他断然回答:"立诚尽之矣!"④诚意不仅使工夫免于支离,更是全功,这也就无怪阳明在《大学古本傍释》序中会说"《大学》之要,诚意而已矣"了。

强调诚意即是全功的类似说法,在阳明中年的文字和语录中非常多见。如《大学古本傍释》称:"修身唯在于诚意。"又如《传习录》卷上载阳明语:"大抵《中庸》工夫只是诚身,诚身之极便是至诚;《大学》工夫只是诚意,诚意之极便是至善。"⑤再如守衡述阳明语:"《大学》工夫只是诚意,诚意工夫只是格物。修、齐、治、平,只诚意尽矣。"⑥

---

① 王阳明:《答王天宇·二·甲戌》,《王阳明全集》卷四,第184页。
② 王阳明:《书王天宇卷·甲戌》,《王阳明全集》卷八,第302页。
③ 王阳明:《传习录》第229条,《王阳明全集》卷三,第110页。
④ 王阳明:《赠林典卿归省序·乙亥》,《王阳明全集》卷七,第262页。
⑤ 王阳明:《传习录》第129条,《王阳明全集》卷一,第44页。
⑥ 王阳明:《传习录》第119条,《王阳明全集》卷一,第39页。

二、由诚意统领的格物工夫：受本体指引和推动

以上探讨了诚意在阳明中年工夫论中的地位和作用。作为阳明中年工夫论的核心，诚意能赋予工夫以切要性和整全性。切要性意味着工夫可以免于支离，整全性意味着仅诚意工夫即可保证成圣终极目标的实现。若从工夫之依据和动力而言，则对阳明来说，由诚意统领的格物工夫受到本体指引和推动，并在一部分情况下还是完全出于本体的工夫。

在前引《传习录》卷上"如新本先去穷格事物之理，即茫茫荡荡，都无着落处"后，阳明指出，即便朱子学在穷理之外提出"敬"字以求能使工夫收束到身心修养上来，但终究而言，其敬的观念是没有根源的。他说朱子："须用添个敬字方才牵扯得向身心上来。然终是没根源。"①阳明之所以说敬的观念是没有根源的，是因为其含义不过是使意识高度集中、专一而已，并无来自本体的准则和动力以保证其必然是为善去恶的。至于对阳明来说，敬字的提出不合《大学》原意的问题，在此不必赘言。重要的是，阳明自身以诚意为主导的工夫论，虽然做到了紧扣身心修养问题而谈，但却也面临是否具有根源，亦即是否受到本体指引和推动的问题。

事实上，本体的指引和推动，或简言之，本体支撑的问题，本就是内在于诚意工夫，而必须得到解决的问题。且不论诚意之动力来源的问题，仅就准则而言，之所以这么说，是因为诚意工夫必然会遇到一个怎么知道所发的念头是善还是恶的问题。工夫有本体的参与，以本体为据对念头的善恶加以判别，则能解决这一问题。薛侃曾问阳明"正恐这些私意认不真"的问题，阳明在回答中除了强调真切，还点出了人所本有的是非之心："总是志未切。志切，目视耳听皆在此，安有认不真的道理？'是非之心人皆有之'，不假外求。讲求亦只是体当自心所见，不成去心外别有个见。"②以下郑德夫与阳明的问答，也表明阳明所说的诚意工夫是有本体参与的：

---

① 王阳明：《传习录》第129条，《王阳明全集》卷一，第44页。
② 王阳明：《传习录》第96条，《王阳明全集》卷一，第30—31页。

曰："心又何以能定是非乎？"曰："无是非之心，非人也。口之于甘苦也，与易牙同；目之于妍媸也，与离娄同；心之于是非也，与圣人同。其有昧焉者，其心之于道，不能如口之于味、目之于色之诚切也，然后私得而蔽之。子务立其诚而已。子惟虑夫心之于道，不能如口之于味、目之于色之诚切也，而何虑夫甘苦妍媸之无辨也乎？"①

阳明认为"心之于是非也，与圣人同"，即是非之心具有普遍性，是人皆有之的本体。虽然人皆有之，但是人们往往在意识层面遮蔽了这一本体。其因就在于"其心之于道，不能如口之于味、目之于色之诚切也"，诚切即前述"着实用意"。不诚切，则诚意工夫无从谈起，是非之心自然也就无从落实。因而，阳明最后将重点放在如好好色般的诚意工夫上。在陆澄所记录的问答中，阳明也将致知才能诚意的问题归结于真切做诚意工夫：

问："知至然后可以言诚意。今天理人欲，知之未尽，如何用得克己工夫？"先生曰："人若真实切己用功不已，则于此心天理之精微日见一日，私欲之细微亦日见一日。若不用克己工夫，终日只是说话而已，天理终不自见，私欲亦终不自见。"②

阳明中年还说过"诚是心之本体"③、"至善是心之本体"④、"知是心之本体"⑤和"此独知处便是诚的萌芽"⑥等。诚意工夫对阳明来说，始终是在诚、知、至善心体或者独知的驱动和监督下进行的。

仅以诚为例来说，按照阳明"'诚'字有以工夫说者。诚是心之本体，求复其本体，便是思诚的工夫"⑦的说法，诚自身就可以是诚意工夫的依据和动力来源，即以诚之本体为导向，让意念达到和诚之本体一致的工夫，就是思诚，亦即

---

① 王阳明：《赠郑德夫归省序·乙亥》，《王阳明全集》卷七，第266页。
② 王阳明：《传习录》第65条，《王阳明全集》卷一，第23页。
③ 王阳明：《传习录》第121条，《王阳明全集》卷一，第40页。
④ 王阳明：《传习录》第2条，《王阳明全集》卷一，第2页。
⑤ 王阳明：《传习录》第8条，《王阳明全集》卷一，第7页。
⑥ 王阳明：《传习录》第120条，《王阳明全集》卷一，第39页。
⑦ 王阳明：《传习录》第120条，《王阳明全集》卷一，第40页。

诚意的工夫。诚意统领格物,即是使诚之本体充实于意念之中,并由这一意念引导为善工夫最终得以完成。

基于上述讨论,我们便可回答上一节遗留的问题,即诚意何以具有如此强大的动力。其原因在于,着意之外的好善恶恶之念,乃是出于心体之念,亦即是本体之念。而心体不仅提供了何为善恶的准则(善恶),从而成为行动的指引,而且也提供了按照准则行动的动力(好恶),从而成为行动的动力来源。所谓由诚意统领的格物工夫,就是在意识层面体认到心体的指引和推动,由此排除气质、习心和物欲等对意念的影响,从而使得意念成为出于本体之念。而对本体的体认越深,本体就越充分呈露,本体之念就越强烈,由此引发的工夫也就越果决。这种果决的状态达到完全不受私欲之类因素干扰时,工夫就成了完全出于本体之动力,因而同时也符合本体之准则的工夫。

由此我们便可完全明白工夫受到本体指引和推动,以及工夫完全出于本体这两者的含义。前引"初时若不着实用意去好善恶恶"一段的完整内容是:"为学工夫有浅深。初时若不着实用意去好善恶恶,如何能为善去恶?这着实用意便是诚意。然不知心之本体原无一物,一向着意去好善恶恶,便又多了这分意思,便不是廓然大公。《书》所谓'无有作好作恶',方是本体。所以说'有所忿懥好乐则不得其正'。正心只是诚意工夫里面体当自家心体,常要鉴空衡平,这便是未发之中。"①前已论及,阳明说"着实用意便是诚意",不过是"着实用意去好善恶恶便是诚意"的省略形式而已。在此要进一步指出的是,既然"着实用意去好善恶恶"并不足以概括诚意的意思,那么尚有不必着实用意,而能好善恶恶的情形。就诚意的含义而言,只要是好善恶恶,就是诚意,而不管是否着意或说刻意为之。至于其中不必刻意为之的情形,称为正心。正心是诚意工夫的一种特殊形式,这种形式的独特之处在于,它不是刻意为之的,而是基于对本体的充分体认,从而完全借助了本体自身的力量。对心之本体而言,本就是好善恶恶的,而不必刻意为之。这种作为诚意特殊形式的正心工夫,便是完全出于本体的工夫,是上根人或达到较高阶段的普通人才能做到的。而着实用意地好善恶恶,虽然也受到了本体的指引和推动,但毕竟包含了刻意为之的成分,所以只可说是部分出于本体的工夫,而不能称为完全出于本体的工夫。当然,因为有所刻

---

① 王阳明:《传习录》第119条,《王阳明全集》卷一,第39页。

意的好善恶恶毕竟受到本体的指引和推动,所以我们可以将其视为广义的本体工夫,亦即部分出于本体的工夫。而完全出于本体的好善恶恶,则是狭义的亦即严格意义上的本体工夫。正是基于以上理由,我们才说对阳明而言,由诚意统领的格物工夫受到本体指引和推动,并在一部分情况下还是完全出于本体的工夫。

三、本体指引和推动作为中年工夫论的普遍特征

以上,我们直接就阳明中年有关诚意与格物的论述,确认了他所说的由诚意统领的格物工夫获得了本体指引和推动。不过,他中年指点工夫的用语不仅限于诚意与格物,上述结论对中年时期的阳明来说是否具有普遍意义?以下,我们就阳明经常提及的"去人欲而存天理"话头,讨论本体的作用怎样在这一话头指点下具体落实的问题。这一话头承袭自朱子学,非阳明独创。如果以朱子学固有语言所表达的工夫论,都体现出工夫所受本体的指引和推动,那么,我们就有理由得出结论,阳明论述的工夫是获得了本体指引和推动的这一点,适用于他中年所有有关工夫的论述。

我们首先来看徐爱与阳明的如下问答:

> 爱问:"至善只求诸心,恐于天下事理有不能尽。"先生曰:"心即理也。天下又有心外之事,心外之理乎?"爱曰:"如事父之孝,事君之忠,交友之信,治民之仁,其间有许多理在,恐亦不可不察。"先生叹曰:"此说之蔽久矣,岂一语所能悟?今姑就所问者言之:且如事父,不成去父上求个孝的理?事君,不成去君上求个忠的理?交友治民,不成去友上、民上求个信与仁的理?都只在此心。心即理也。此心无私欲之蔽,即是天理,不须外面添一分。以此纯乎天理之心,发之事父便是孝,发之事君便是忠,发之交友治民便是信与仁。只在此心去人欲、存天理上用功便是。"[①]

---

① 王阳明:《传习录》第3条,《王阳明全集》卷一,第2—3页。

"只在此心去人欲、存天理上用功",而后"以此纯乎天理之心"事亲、从兄、事君,便有事亲之孝,从兄之悌,事君之忠。问题的关键在于,去人欲与存天理之间的关系究竟如何?在朱子学中,存天理应当是涵养的工夫,去人欲则是慎独察识的工夫,两者分属未发和已发的不同阶段,是互不统属,但互相促进的关系。在阳明,以其归一之学的取向而言,这两个工夫不仅不是互不统属的关系,甚至也不是有主有次、一统一属的关系,就其实质而言,两者只是一个工夫。陈立胜先生从省察和涵养关系的角度指出在阳明处,省察工夫并不是脱离涵养而存在,而是内含着涵养工夫的。他说:"在'发处''发时'用功,绝不是在经验层面上打转,亦不仅仅是提防性、防御性地审查意念初发时之真伪性质,而是由此'发时''发处'体证、体认、涵养、默识良知之本体、心之本体,悟得良知真头面。"①就本文的观点来说,阳明所说的克除私欲的省察工夫,是有心之本体作为依据和动力来源才得以施行的。

从"如心无私欲之蔽,即是天理"、"只此心去人欲、存天理上用功便是"等说法,可见工夫的目标是纯乎天理之心,而下手的关键则在于去人欲。阳明在他处强调,仅仅去人欲工夫便已足够,此外更无存天理的工夫。他说:"既去恶念,便是善念,便复心之本体矣。譬如日光,被云来遮蔽,云去,光已复矣。若恶念既去,又要存个善念,即是日光之中添燃一灯。"②人欲去得一分,天理便存得一分。去了人欲之心,则心自可以发出孝悌忠信仁义等善行。从心的这个功能,也可看出此心是心体,而不仅仅具有知觉的意义。

进一步说,去人欲的工夫,是否有本体指引和推动,便成为问题的关键。这要从怎样做去人欲的工夫说起。要点就在于由"心即理"的本体命题,必然引出的"至善只求诸心"这一工夫命题。"至善只求诸心"不仅是指点本体何所在的命题,也是指点工夫以何为据、如何下手的命题。求诸心而可直接获得至善或天理的引导,明白是非对错,是非对错只在一念之间,并是其所是,非其所非,将是非对错的认识付诸行动,如此则可谓做到了去人欲。而如前所述,去人欲便已是存天理了。

至善或天理成为做工夫的依据和动力来源。相比于其他常用方法,如单纯

---

① 陈立胜:《王阳明思想中的"独知"概念——兼论王阳明与朱子工夫论之异同》,《中山大学学报(社会科学版)》,2016年第5期。
② 王阳明:《传习录》第237条,《王阳明全集》卷三,第112—113页。

使意识宁静下来,这一方法具有保证工夫正确方向的根本作用。正如以下对话所示:

> 问:"宁静存心时,可为未发之中否?"先生曰:"今人存心,只定得气。当其宁静时,亦只是气宁静,不可以为未发之中。"曰:"未便是中,莫亦是求中功夫?"曰:"只要去人欲、存天理,方是功夫。静时念念去人欲、存天理,动时念念去人欲、存天理,不管宁静不宁静。若靠那宁静,不惟渐有喜静厌动之弊,中间许多病痛只是潜伏在,终不能绝去,遇事依旧滋长。以循理为主,何尝不宁静;以宁静为主,未必能循理。"①

"以循理为主"中的理,即是做工夫的本体依据和动力来源。另外,阳明还有"好恶一循于理"②等说法,表示好恶之意需要完全依理而行,理构成好恶的本体依据和动力来源。重要的是,理非由外向的求索而得,而是心所本具。因此,理作为本体依据和动力来源,终究而言,乃是心作为本体依据和动力来源。

在此须指出的是,对阳明而言,心作为本体必能有所表现,其有所表现即源自"天机不息"。虽受私欲遮蔽,但无论如何,本体都不会彻底受蔽而中断,因而可以始终对工夫发挥推动与引导作用。从正德十四年阳明答陈九川语可以看出本体活泼,生生不息:

> 九川问:"近年因厌泛滥之学,每要静坐,求屏息念虑,非惟不能,愈觉扰扰,如何?"先生曰:"念如何可息?只是要正。"曰:"当自有无念时否?"先生曰:"实无无念时。"曰:"如此却如何言静?"曰:"静未尝不动,动未尝不静。戒谨恐惧即是念,何分动静。"曰:"周子何以言'定之以中正仁义而主静'?"曰:"无欲故静,是'静亦定,动亦定'的定字,主其本体也。戒惧之念是活泼泼地,此是天机不息处,所谓'维天之命,于穆不已',一息便是死,非本体之念,即是私念。"③

---

① 王阳明:《传习录》第28条,《王阳明全集》卷一,第15—16页。
② 王阳明:《传习录》第101条,《王阳明全集》卷一,第33页。
③ 王阳明:《传习录》第202条,《王阳明全集》卷三,第103—104页。

既然本体可以始终发挥对工夫的引导和推动作用,那么,问题就不在于穷尽本体之知的全部内容,而在于就当下呈现于意识层面的本体之知而遵循之、推行之。惟其如此,才是真切的诚意工夫。这正是前引阳明答薛侃语以及《赠郑德夫归省序》中就已表达的意思。在前引陆澄与阳明问答的后半部分,阳明也表达了同样的意思:"如人走路一般,走得一段,方认得一段;走到歧路处,有疑便问,问了又走,方渐能到得欲到之处。今人于已知之天理不肯存,已知之人欲不肯去,且只管愁不能尽知。只管闲讲,何益之有?且待克得自己无私可克,方愁不能尽知,亦未迟在。"①

四、致良知的提出与阳明工夫论焦点的变化

阳明于正德十五年(1520)左右正式提出致良知宗旨。致良知宗旨的提出,将工夫之本体依据与动力来源的问题凸显出来,成为阳明在工夫问题上关注的焦点,由此阳明工夫论推进到一个新的阶段。

前已述及,正德十四年(1519)陈九川问学于阳明。从他们有关"本体工夫"(或作"本体功夫")问题的讨论,可以看出当时的阳明,已有将工夫之本体依据和动力来源问题突显出来的倾向。阳明说:"功夫不离本体,本体原无内外。只为后来做功夫的分了内外,失其本体了。如今正要讲明功夫不要有内外,乃是本体功夫。"②"功夫不离本体",是说工夫不能专务求静于内或逐物于外,而要在本体主导下进行,如此才能称得上是"本体工夫"。至于专务求静于内或逐物于外,何以并无或失去本体的主导,我们前两节已有论及。此条说明正德十四年左右,阳明对本体在工夫中如何发挥作用的问题,已经有了明确的关注和重视。良知最终成为他用以指点工夫之本体依据与动力来源的术语,也正是在这一背景下发生的。

《传习录》卷下首条也是陈九川正德十四年所录,其中载他对诚意工夫的思考及其与阳明等师友的问难。通过对这些思考和问难的分析,我们不仅可以看出阳明中年工夫论内含的本体支撑,而且可以理解阳明工夫论从中年以诚意为

---

① 王阳明:《传习录》第65条,《王阳明全集》卷一,第23—24页。
② 王阳明:《传习录》第204条,《王阳明全集》卷三,第104页。

首出向晚年以致良知为中心演变的过程和内在机理。这段对话的主要内容为:

> 己卯归自京师,再见先生于洪都。先生兵务倥偬,乘隙讲授,首问:"近年用功何如?"九川曰:"近年体验得'明明德'工夫只是'诚意'。自'明明德于天下',步步推入根源,到'诚意'上再去不得,如何以前又有格致工夫?后又体验,觉得意之诚伪必先知觉乃可,以颜子'有不善未尝不知,知之未尝复行'为证,豁然若无疑,却又多了格物功夫。又思来,吾心之灵,何有不知意之善恶?只是物欲蔽了,须格去物欲,始能如颜子未尝不知耳。又自疑工夫颠倒,与'诚意'不成片段。后问希颜。希颜曰:'先生谓格物致知是诚意工夫,极好。'九川曰:如何是诚意工夫?希颜令再思体看,九川终不悟,请问。"先生曰:"惜哉!此可一言而悟,惟濬所举颜子事便是了。只要知身、心、意、知、物是一件。"九川疑曰:"物在外,如何与身、心、意、知是一件?"先生曰:"耳、目、口、鼻、四肢,身也,非心安能视、听、言、动?心欲视、听、言、动,无耳、目、口、鼻、四肢亦不能。故无心则无身,无身则无心。但指其充塞处言之谓之身,指其主宰处言之谓之心,指心之发动处谓之意,指意之灵明处谓之知,指意之涉着处谓之物:只是一件。意未有悬空的,必着事物,故欲诚意则随意所在某事而格之,去其人欲而归于天理,则良知之在此事者无蔽而得致矣。此便是诚意的功夫。"九川乃释然,破数年之疑。①

九川原本认为工夫只在诚意,应该专注做诚意工夫。而他的疑问也就由此而起:既然应该专注做诚意工夫,则又何必如《大学》所说的那样有致知工夫呢?经过仔细体察,他认识到诚意必须以察觉意念的是非为前提,而察觉意念的是非正是致知的工夫。由此只要做致知诚意的工夫就可以了,何必又谈及格物呢?经过仔细体察,他又认识到知是知非之心会被私欲遮蔽,故有必要做去私欲的格物工夫。然而,既然已经去除了私欲,那就已经达到了表里如一的诚的状态,即已经做到了诚意。这样一来,去私欲一方面作为格物,是致知的前提,

---

① 王阳明:《传习录》第201条,《王阳明全集》卷三,第102—103页。

另一方面作为诚意的下手处,却又以致知为前提,因而出现颠倒、循环的情况,而不能像《大学》说的那样,由格物而推到致知,又由致知而推到诚意。

然而,阳明并不认为九川的问题是一个棘手的问题。他认为致知当然是必要的,但又不认为由此就会导致循环关系。因为在他看来,"身、心、意、知、物是一件",这实际上蕴含了格致诚正修只是一个工夫的观点。只不过,这一观点在此并未明说,而另外在正德十五年《答罗整庵少宰书》"惟其工夫之详密,而要之只是一事"①,以及嘉靖六年(1527)钱德洪所录《大学问》"格、致、诚、正、修者……其实只是一事"②等处才得到正式、完整的表达而已。在阳明看来,九川的疑问,正是由于没有理解格致诚正修只是一个工夫所致。

格致诚正修只是一个工夫的观点,一方面对以诚意为首出的观点作了修正,弱化了诚意在工夫条目中的地位,同时意味着致知作用的凸显和地位的提升过程,迈出了第一步。另一方面,既然格致诚正修只是一个工夫,那么也就无所谓单独以何者为首出的问题,这也制约了致知地位的过度提升,为阳明提出致良知宗旨之后,仍然给予诚意和格物充分的重视,作了铺垫和准备。

以格致诚正修只是一个工夫观点的提出为分界,致知地位的提升过程,大致可以分为两个阶段。第一个阶段,随着格致诚正修只是一个工夫观点的提出,致知某种程度上获得了与诚意同等重要的地位。第二个阶段,随着致良知宗旨的提出,致知或致良知成为阳明主要的工夫指点语,其重要性应当说已经超过诚意。

事实上,之所以在九川的理解中,各个工夫条目会出现颠倒、循环关系,关键就在于致知一环地位的突显。正是为了使知是知非之心不受遮蔽,才有必要做格物工夫,由此才引发格物与诚意的重复,并导致工夫的颠倒、循环。

原本在中年阳明的一些论述中,格物是诚意的工夫,或说诚意的工夫在格物上做,并未特别考虑致知的地位和作用,致知往往在论述格物时被顺带提及,如前引《传习录》卷上第129条便是如此。但一方面,既然阳明以《大学》为框架来讨论工夫问题,那就必须考虑到将《大学》各个条目都纳入对工夫的论述,并对它们的内涵和关系作出合理的解释。也就是说,阳明的思想论述受到其所依

---

① 王阳明:《传习录》第174条,《王阳明全集》卷二,第86页。
② 王阳明:《大学问》,《王阳明全集》卷二十六,第1069页。

据的经典文本的限制,这种限制很大程度上是外在的,因而不得不加以考虑。但另一方面更重要的是,致知环节的存在是其工夫论的内在要求。当他说"此独知处便是诚的萌芽"①等的时候,便已经蕴含了诚必须以判别善恶是非为前提,由此致知本就是题中之意,而并不是突然出现的。

尽管在与薛侃、郑德夫以及陆澄等人的问答中,阳明便已经触及诚意与致知关系的问题,然而,他当时虽然也认为工夫是有本体支撑的,可关注的焦点却在诚意工夫的重要性上,认为问题的关键首先在于支离,因而并未将视线投向致知,也未赋予致知不同于格物的独立地位。致知的地位问题之所以变得不容回避,从外部原因来说,是因为阳明门人不断将关注点投向致知,并依据《大学》文本而试图赋予其独立于格物的地位。从内部原因来说,是因为阳明对工夫之真切性的体认,使他由真切而达简易,而使工夫变得简易的,正是本体的指引和推动,由此,将本体之指引和推动凸显出来的致知,便被阳明放到关注中心来把握。阳明把握到工夫之简易性这一点,从次年即正德十五年他对九川所说"此间有个诀窍"等可以看出,因诀窍即意味着工夫的简便易行。

正德十五年陈九川又见阳明,一般认为阳明这年正式揭出致良知宗旨,其中最早的一段重要语录,便是九川记录下来的。其内容为:

> 庚辰往虔州,再见先生,问:"近来功夫虽若稍知头脑,然难寻个稳当快乐处。"先生曰:"尔却去心上寻个天理,此正所谓理障。此间有个诀窍。"曰:"请问如何?"曰:"只是致知。"曰:"如何致?"曰:"尔那一点良知,是尔自家底准则。尔意念着处,他是便知是,非便知非,更瞒他一些不得。尔只不要欺他,实实落落依着他做去,善便存,恶便去,他这里何等稳当快乐。此便是格物的真诀,致知的实功。若不靠着这些真机,如何去格物?我亦近年体贴出来如此分明,初犹疑只依他恐有不足,精细看无些小欠阙。"②

"只是致知"和此前"只是诚意"的表述形成鲜明对比,表明阳明理解的《大学》工

---

① 王阳明:《传习录》第120条,《王阳明全集》卷一,第39页。
② 王阳明:《传习录》第206条,《王阳明全集》卷三,第105页。

夫条目的重心,在此时确实发生了转移。不过,从他对致知的解释来看,他认为致知不过就是"只不要欺他",这一点则仍是诚意的旧义。以诚意界定致知,表明诚意在致知或致良知观念中得以保留下来,成为致良知工夫的根本内容。更为重要的是,致知即是依循良知。依循的说法,将良知之本体在工夫中的中心地位,充分突显出来。"此间有个诀窍",表明依循良知的工夫,是简便易行的工夫。之所以简便易行,就是因为有良知本体可供依循。① "我亦近年体贴出来如此分明",则表明对致知的深切理解,是阳明在长期真切做工夫的基础上实际体验所得的结果。因而,他突出致知的地位,以为工夫不过就是依循这一良知本体而已,与其说是他直接追求工夫简易性获得的成果,不如说是他真切从事诚意工夫自然、顺带获得的成果。②

由于阳明明确点出诚意和致知只是一个工夫,因而他工夫指点语从诚意转向致知,反映的不过就是他的关注点在同一工夫的不同侧面之间的转移。这一转移的实质,是工夫之本体指引和推动的问题在阳明工夫论中由一般地位提升为首要地位,取代工夫之切要性的问题,成为他关注的焦点。当然,关注焦点转移的同时,也应当看到,诚意、格物在致知工夫中仍然具有重要地位。

诚意工夫在致良知中的地位,上文已经提及,即致良知是不欺良知、依循良知,让良知充实于意念。关于格物,仅举一例加以说明。完成于嘉靖二年(1523)的《大学古本傍释》改本对致良知的解释是使"吾事亲之良知无私欲之间而得以致其极"③。虽然工夫指点语变成致良知,但致良知工夫的内容,仍然是以去除私欲的格物工夫为关键。

结语

在正德三年(1508)龙场悟道之前的青年时代,阳明尽管因为从事朱子学式

---

① 关于致知与诚意在阳明晚年工夫论中各自承担的角色及两者的关系问题,可参见傅锡洪:《王阳明晚年工夫论中的致知与诚意》,《现代哲学》,2021年第3期。
② 1508年以后,阳明功夫论的要旨经历了由切要而达简易、由简易而达真切的演变。他针对朱子工夫论不切要、不简易的问题而形成自身切要而简易的工夫论,其工夫论面临的主要内在问题,中年时是学者虽然切要但却困苦,晚年时则是虽然简易但却不真切,对此的详细论述除上引拙作外,还可参见傅锡洪:《王阳明工夫论演进的内在线索》,《阳明学研究》第7辑,2021年。
③ 王阳明:《大学古本傍释·戊寅》,《王阳明全集》卷三十二,第1316页。按:此为改本,非戊寅所作。

的格物工夫遭遇失败,对儒家成圣之学失去信心,以至于泛滥于佛道之学,然而,如何才能成就圣人的问题,始终萦绕在他心中挥之不去。经过长期的思考和在龙场的磨砺,他彻悟了本体之于工夫的作用,由此重建了对儒家成圣之学的信念。他在龙场所悟的本质,就是仅仅依靠自我固有的本体,而非外在的知识,便可以做工夫并达到圣人的境界。龙场悟道的成果,虽然可以表述为"心即理"的本体命题,但其核心的问题关切,则在于成圣工夫的根据与动力何在。因而,从如何引导与推动工夫而非静态、抽象本体的角度,更能揭示龙场悟道在阳明学中的意义。

与朱子学不同,对进入中年以后的阳明来说,心不仅是做工夫处,更是做工夫的本体支撑。① 所谓本体支撑,就是本体对工夫的指引和推动。工夫获得本体指引和推动,就是工夫出于德性之知或天德良知,而非见闻之知。与此不同,朱子主张的基于主宰心、知觉心的居敬涵养、格物致知工夫,并非依靠本体支撑。对他来说,诚意是继格物、致知而起的另一个工夫。亦即诚意在格物之后、之外,而非内在地包含格物并作为格物的统领。阳明中年念兹在兹的则是,让格物内在于诚意之中,以扭转格物的方向,使之成为克去私欲的工夫。

在阳明中年的上述工夫论中,内含着诚意与致知关系的紧张。一方面,致知和格物一样,是诚意的下手处,另一方面致知又是诚意的依据。这两点是否能同时成立,就成为阳明必须面对的问题。换句话说,既然致知是诚意的依据,诚意最终要落实到致知,那为什么还要有诚意?要回答这个问题,就涉及阳明中年工夫论的问题意识。他不是要在格物致知之外,另提一个诚意工夫,而是意在指出,正是由于有诚意的统领,或说正是由于格物致知内在于诚意之中,格物致知才能避免支离、逐物、功利的弊病,而成为去除私欲的工夫。如果格物致知本为去欲的工夫,阳明何必再谈诚意而造成累赘。因为在格物致知已是去欲工夫的情况下,追求表里如一的诚意,事实上已经包含在格物致知的去欲工夫

---

① 对朱子"心是做工夫处"立场的详细分析,可参见吴震:《"心是做工夫处"——关于朱熹心论的几个问题》,载吴震主编:《宋代新儒学的精神世界——以朱子学为中心》,上海:华东师范大学出版社,2009年,第112—138页。阳明"来心上做工夫"即针对朱子格物之学的支离而来,其与朱子"心是做工夫处"的差别何在?要言之,阳明"来心上做工夫",直接针对心所发的意念之善恶、诚伪而来,此点直接与朱子的格物致知构成区别。而旨在落实好善恶恶之念的诚意本身有本体指引和推动,这一点又区别于朱子不凭借本体的居敬涵养。很显然,"心是做工夫处"命题直接点出了朱子并不以心为做工夫的本体支撑,而只是将其视为做工夫的场所。

中了。提出诚意的统领作用,本身就是为了避免支离,如果因为提出诚意,反而使得诚意与格物或致知造成支离,那就违背阳明的意旨了。也正是因为诚意、致知和格物等工夫事实上是内在统一的,所以阳明才最终明确提出"格致诚正修只是一个工夫"的主张。由于他主张的工夫成为一元工夫,而区别于朱子格物诚意或格物居敬各有所指的二元工夫,诚意和致知的紧张关系,由此也才得以解决。

工夫具有本体指引和推动,亦即工夫是本体工夫,这是阳明自龙场悟道以后的一贯看法。至于他论述重点从诚意向致良知的转变,则意味着工夫之本体指引和推动的问题在他意识中越发凸显出来,成为他在工夫问题上关注的焦点。亦即正德十五年前后,阳明思想的转进在于,关注焦点由心所发之意念是工夫着眼点、下手处,变为良知是工夫的本体支撑,亦即关注焦点由一元工夫变为本体工夫。其中的连续性在于,他所说的工夫始终都不是没有本体指引和推动的。正是这种连续性,才使转进不是突然的,而是有既有因素作为内在支撑的。

正德十五年前后阳明思想的转折与连续果真如此的话,我们还可以解释一个问题,即何以良知在阳明处拥有本体代名词一般的地位。这个问题可以如此表述:阳明中年经常使用的心、诚、独知、至善等概念,均可称为本体,然而晚年却最为重视良知,并且只有晚年念兹在兹的良知,在阳明学中不仅表示良知本身的含义,还可以直接作为本体同义词来使用,其中的原因究竟何在?之所以良知可以直接作为本体的同义词,是因为中年提及那些概念之际,阳明的问题关切不在于做工夫的本体支撑。而致良知宗旨的提出,问题意识主要就在于阐明工夫的本体支撑。亦即讲良知主要就是为了讲工夫所依赖的本体,讲本体即不能不讲良知,两者便成了一而二、二而一的关系,由此良知便成了本体的代名词。

对阳明来说,因为一方面"良"字凸显出良知乃天所赋予、人所固有,因而一反便得的特征,另一方面良知又表示是非之心的含义,直接触及分辨是非善恶这一道德问题的要害,所以良知之于指点学者做工夫就能收到简易明白的效果,这一点非其他指点语所能比拟。不过,正德十五年左右正式提出致良知宗旨以前,阳明已经明确意识到本体在做工夫过程中的作用。对他来说,不管这个本体叫作什么,工夫都应紧扣本体来推行。从根本上来说,重要的是揭示出本体在做工夫过程中扮演的关键角色并在行动中将其作用实现出来,至于本体叫作什么,相对来说反倒没有那么重要。因此,正德十五年以后他借良知这一本体所能说明的主要问题,某种意义上在正德十五年以前借助心之本体、诚、知、独知、至善和天理等本体概念,也基本上都能说明。

如果上述判断成立的话,那么,正德三年龙场悟道,而非正德十五年左右致良知宗旨的提出,在阳明学的发展过程中就是头等大事。龙场悟道以后,阳明思想每转益进,尤其致良知宗旨的提出,使阳明学的面貌发生显著变化,使学者有可能直接把握良知这一工夫要领,这一点是毋庸置疑的。不过终究而言,正德三年以后阳明思想连续性的分量,应该是重于断裂性的分量的。

The Transition and Continuity of Wang Yangming's Efforts Theory from His Mid-life to Late-life

Fu Xihong

Abstract: In his middle age, the focus of Wang Yangming's efforts theory is on overcoming fragmentation, thus rendering the efforts consistent. In Wang's opinion, only when ruled by sincerity in the study of the nature of things can one overcome selfish desires, leaving fragmentation, and eventually succeeding in becoming a sage. In this stage of his thought, although he doesn't focus on the foundation of efforts, nevertheless such efforts are not without their basis. The foundation of efforts does not manifested until Wang's later years when he put forward the principle of consciousness. Therefore, the focus on the foundation of efforts thus herald a new chapter of Wang's efforts theory.

Keywords: sincerity, foundation, consciousness, efforts, epiphany in Longchang

疏解与融会：戴震的人性"一本"说及其得失

张鹏伟[**]

[摘　要]　戴震在综合疏解告子、荀子、宋儒，以及老庄、释氏人性观点的基础上，创造性地诠释了孟子的性善论，建构了理气合一、自然必然合一、性命合一的人性"一本"说，努力将道德理义植根于人的自然欲求当中，这有利于防止人性不同层面的割裂，同时彰显了人的自然生命本身的价值。但另一方面，相较于孟子的"以心善言性善"，戴震实然宇宙论层面的"以性善言心善"在确保先天之善的同时，也蕴含着应然与实然、先天与后天的内在紧张。相较于张载和朱子，戴震消解了天地（天命）之性与气质之性的体用双重架构，从而也将思想重心由道德境界层面的理想人格追求转向了自然欲求层面的中正状态追求。

[关键词]　戴震；人性论；一本；二本

中国人性论源远流长，儒道释皆有其性论。就儒家来说，从先秦的人性善

---

[*]　基金项目：陕西省社会科学基金项目"宋代关学与闽学关系研究"（2019C002）。
[**]　张鹏伟（1983—　），男，宁夏隆德县人，哲学博士，西安电子科技大学马克思主义学院副教授，主要研究领域为中国儒学。

恶之辨,到汉唐的人性品级之分,再到宋明理学的天命与气质之辨,最后到明清之际戴震提出的"一本"、"二本"之辨,虽然命题范畴和理论构架不断转换,但其核心关怀一直未变,那就是关注人如何在当下的生命中实现自身之完善。儒家人性之辨,始终围绕着为善去恶、即凡而圣的内在可能性来展开。要实现这一指向,也就必须要回答何为善,何为恶,善、恶从何而来以及如何为善去恶等等问题,对这些问题的层层解剖,也就构成了儒家人性论的基本内容。就戴震来说,其身处清雍正乾隆时期,上承明清之际的儒学转型,下启乾嘉汉学的道问学精神[1],这就使得他有条件从新的视角疏解和融会前代诸家人性论,从而实现返本开新。关于其人性论与孟、荀的关系,前人多有探讨,如程瑶田说戴震性论"与荀子《性恶》篇相为表里"[2]。钱穆也认为:"东原之所指为性者,实与荀卿为近。"[3]劳思光则认为戴震"与孟子不同处在于其所谓'性'非专指人所异于禽兽之能力;与荀子不同处在于其所谓'性'亦包含'理义'"[4]。前贤从戴震与孟、荀关系角度粗发其端后,也有时人关注到戴震对程朱理学的批判。[5] 但总体来说,学界对戴震人性"一本"论之研究,仍显出两方面不足:一是戴氏性论不仅涉及与孟、荀之同异,而且还关涉到对告子、老、庄、释氏、宋儒等诸家人性论之综合评判;二是人性"一本"、"二本"是否等同于人性一元、二元,尚需进一步分析。基于此,笔者以为,要准确把握戴震人性"一本"论之意蕴,就必须在儒、释、道人性论交汇的视野中分析其对各家人性论之权衡折中,这也就必然要触及其独特的问题意识。戴震人性论之独特意识,一方面体现为对宋儒人性论的反思和批评意识,另一方面体现为对孟子性善论的回归意识,正是这种双重问题意识促使其在批评人性"二本"诸说的基础上建构起人性"一本"论。

---

[1] 余英时指出,清代考证学,从思想史的观点说,尚有更深一层的涵义,即儒学由"尊德性"的层次转向"道问学"的层次,并将其称之为"儒家智识主义"的兴起(参见氏著《论戴震与章学诚》,北京:生活·读书·新知三联书店,2005年,第20页)。

[2] 程瑶田:《论学小记·诚意义述》,《续修四库全书》子部第951册,上海:上海古籍出版社,1995年,第643页。

[3] 钱穆:《中国近三百年学术史》,北京:九州出版社,2011年,第394页。

[4] 劳思光:《中国哲学史》,香港:香港中文大学出版社,1980年,第903—904页。

[5] 肖孟夏:《一本与二本:也论戴震对程朱理学的批判——以〈孟子字义疏证〉为中心》,《兰州学刊》,2012年第5期。

一、戴震对人性"二本"诸说的批评

戴震批评宋儒、复归孟子的问题意识,集中表现在他对中国思想史上的诸家人性论提出了"一本"与"二本"的分判标准。戴震将孟子的性善论视为"一本"论,并且作了大量的诠释。在肯定孟子"一本"之论的同时,批评告子、荀子、宋儒、老、庄、释氏等诸家性论皆有"二本"之弊。在"二本"的表现上,戴震又划分为"以自然为宗"和"明于必然"两种形态,告子、老聃、庄周、释氏属于前者,荀子和宋儒属于后者。现就这两个方面分别予以分析。

1. 对"以自然为宗"说的批评

在戴震的著作中,多次将告子、老聃、庄周、释氏并提,批评他们的性论"贵自然"、"以自然为宗",指出"告子、老聃、庄周、释氏之说,贵其自然,同人于禽兽者也"①,"老聃、庄周、告子及释氏,皆不出乎以自然为宗,惑于其说者,以自然直与天地相似,更无容他求,遂谓为道之至高"。② 戴震为何将告子与老、庄、释氏归为一类呢? 他解释说:

> 老、庄、释氏自贵其神而外形体,显背圣人,毁訾仁义。告子未尝有神与形之别,故言"食色性也",而亦尚其自然,故言"性无善无不善";虽未尝毁訾仁义,而以杞柳喻义,则是戕杞柳始为杯棬,其指归与老、庄、释氏不异也。③

在戴震看来,告子虽然没有像道家那样反对仁义道德,但其以"食色性也"为内容的"性无善无不善"说,将仁义道德看作是人性的外在桎梏,从而与老、庄、释氏殊途同归。他批评说:

> 庄子言神之主宰于身,则曰"若有真宰而特不得其朕",……老子

---

① 戴震:《戴震集》,上海:上海古籍出版社,2009 年,第 367 页。
② 戴震:《戴震集》,第 367 页。
③ 戴震:《戴震集》,第 293 页。

言"长生久视",释氏言"不生不灭",语似异,而以死为反其真,视形体为假合,从而空之,不过恐害其神之自然,指归不异也。告子同于释氏,以神识为性,释氏谓之曰"真空",谓之曰"作用"。……此皆"生之谓性"之所也,固无取乎善恶之分。其显然道破处,如云"不思善,不思恶,时认本来面目",即告子"性无善无不善"宗旨。①

从"无善无恶"的意义上讲,告子的人性说确实与佛道两家相近。当然,戴震对老、庄、释氏性论的理解,未必确切。况且道、释之间也有区别,道家更强调"真性",佛家更强调"空性",如果说道家是以真为善的话,那么佛家是要破除对善恶的执著,达到一种无善无恶之境。因题旨所限,兹不赘。进一步的问题在于,告子、老、庄、释氏之性论何以为"二本"呢?在戴震看来,告子"以自然者为性使之然,以义为非自然,转制其自然,使之强而相从"②,也就是说告子只承认自然性为人之本性,而将仁义道德视为外在的强制。因此,告子在将"性"理解为天生自然的同时,也将"善"理解为后天的外在规范。相较于告子,老、庄、释氏"以性专属之神,则视形体为假合",只承认精神灵魂为人之本性,而将人的血肉躯体视为假借、幻相。其共同点在于,将整全的人性分裂为二,二中择一,取此去彼。

2. 对"明于必然"说的批评

戴震认为,与告子、老、庄、释氏"以自然为宗"的人性论相反,荀子和宋儒能够"明于必然",但是却认为人的自然气质具有恶的因素。他说:

> 盖荀子之见,归重于学,而不知性之全体,其言出于尊圣人,出于重学崇礼义。③

> 荀子知礼义为圣人之教,而不知礼义亦出于性;知礼义为明于其必然,而不知必然乃自然之极则,适所以完其自然也。④

---

① 戴震:《戴震集》,第390—391页。
② 戴震:《戴震集》,第367页。
③ 戴震:《戴震集》,第374—375页。
④ 戴震:《戴震集》,第375页。

荀子的性教二分，在戴震看来，也就是将自然和必然相分离，前者是先天之性，具有恶的倾向，后者是后天之教，是善的表现。与荀子相似，宋儒出现了理气二分和心性二分。戴震批评说：

> 宋儒于性与心视之为二，犹荀子于礼义与性视之为二也。荀子以礼义为圣人之教，常人必奉之以变化其性，宋儒以性专属之理，"人禀气而生之后，此理堕入气质中，往往为气质所坏，如水之源清，流而遇污，不能不浊，非水本浊，地则然耳；必奉理以变化气质，使复其初，如澄之而清，乃还其原初水也"。荀子之所谓礼义，即宋儒之所谓理；荀子之所谓性，即宋儒之所谓气质。①

严格来说，戴震所批评的"以性专属之理"，主要指的是朱子以"天命之性"专属于"理"，而现实的人性只是"理堕在气质之中"而形成的"气质之性"，张载"天地之性"和"气质之性"的说法与此稍异。② 戴震接着批评道：

> 荀子推崇礼义，直归之圣人；而宋儒因"孟子道性善"，于是谓理为生物之本，使之别于气质，曰"惟此无不善"也。试问：以理为我乎？以气质为我乎？设以理为我，以气质为理所寓于其中，是外气质也，如老聃、庄周、释氏之专以神为我，形骸属假合是也；设以气质为我，以理为气质所受，是外理也，如荀子以礼义属圣人之教是也；二者皆我，则不得谓纯乎善者一我，杂乎不善者又一我矣；苟非两我，则不得一譬之水，一譬之地矣。③

这里主要针对的还是朱子。所谓"以理为我乎？以气质谓我乎"确实指出了朱子人性论的弊端，如果以理为我（人性），则会以气质为外在，这就与老庄释氏以

---

① 戴震：《戴震集》，第400页。
② 张载的天地之性不只是理，而是"以性承当理"，天地之性是独立于人现实气质的一种超越性。而朱子是"以理承当性"，将天命之性化约为"理"，因而天命之性不再具有独立性，而只能内在于气质之中并为之定向。
③ 戴震：《戴震集》，第400—401页。

"形骸属假合"相近了。如果以气质为人性,则"理"又外在于我,这就同于荀子以礼义属圣人的观点。如果二者皆我,则会出现纯善之我与杂不善之我的矛盾。

显然,这种矛盾是从戴震实然宇宙论的角度透视的结果。其实,在宋儒这里,天命之性作为人性的理想和超越指向,是纯善无恶的,而气质之性是人性的现实表现,所以既有善的因素也有不善的因素。由于戴震坚持理气关系的非实体性立场而否认超越的作为道德本体的"天理",所以也就否认有超越的"天命之性",而只承认原于阴阳气化的血气心知之性。

二、"一本"与"二本",一元与二元

由戴震对人性"二本"诸论的批评可知,其所谓的"二本"指的是在看待人性的自然(血气欲望)和必然(道德理义)两个方面时,只看到二者的对立性或异质性,这样一来,就会出现诸如神与形、性与教,天命与气质,性与心,天理与人欲之间的对立,导致人性不同功能之间的分离和割裂。与之相反,所谓人性"一本",也就是认为人的自然性和必然性(道德性)之间具有内在统一性,是同质的而非异质的,人性是建立在自然基础上的必然。戴震的"一本"、"二本"说,通常容易同西方哲学中的一元论、二元论相混淆,从而视一本论为一元论,二本论为二元论。实质上,其间大有区别在,不能等同视之。①

从概念来源上说,一元论和二元论是来自西方哲学的概念,一般在本体论上使用,主要指的是两种性质相反的独立本体。两种本体不仅性质相反、相互独立,而且都是实体或者说都具有实体性。正如源于西方的"唯物"、"唯心"等概念不能直接套用于中国哲学一样,"一元"、"二元"的概念亦复如是。中国哲学在本体论上的有无、体用、本末等范畴,更多的不是指两种性质相反的实体,而是指实体或本体及其功用和显现。在这个意义上,中国哲学尤其是儒家更多

---

① 对于这两种概念的区别,尚未得到研究者的充分注意,从而将一本、二本等同于或表述为一元论、二元论,如梁启超指出程朱理学"'分理气为二本',即我所谓性的二元论便是"(参见《饮冰室文集点校》第五辑,昆明:云南教育出版社,2001年,第3151页)。还有学者认为"一元论与二元论之争恐怕才是戴震对程朱理学之批判的思想实质"(参见肖孟夏:《一本与二本:也论戴震对程朱理学的批判——以〈孟子字义疏证〉为中心》,《兰州学刊》,2012年第5期)。

强调的是"体用不二"、"体用一源",也就是本体及其功能的统一性,这显然非"一元"、"二元"之意。在中国哲学中,由于本体论同时关联着人性论,如果从人性本体的层面来说,中国的人性论归根结底还是性善一元论,中国没有西方基督教原罪意义上的性恶论。如果从宇宙论层面来看,的确有性二元论的观点,比如董仲舒"天两有阴阳之施,身亦两有贪仁之性"①的说法,就具有这样的特点,但这种阴阳气化层面的善恶并存并非是超越的、永恒的和不可变的。董仲舒承认人有向善的潜质,主张通过王者的教化来实现善。因此,从人性的可能性和指向性来看,董仲舒仍然可视为性善一元论者。如果从戴震的角度看,董仲舒的人性论也存在着先天之性和后天之教的对立,也属于人性"二本"论。至于告子的"性无善无不善"说,连同《孟子·告子上》篇中所列的"性可以为善,可以为不善"说,虽然也属于戴震所批评的"二本"论,但却既非性一元论,也非性二元论。因为其对人性的本来属性同持非善非恶的中性主张。至于同样属于性"二本"论的荀子,从根本上说既不是性二元论,也不是性恶一元论。因为荀子肯定人有知善知恶、制恶向善的能力,荀子言"人之性恶"是就后天效果而言的,并非指先天气质。荀子并不认为人具有先天的恶性,相反,荀子认为人性是"本始材朴"(《荀子·礼论》)的,是中性的,质朴的。在这一点上,其与告子并无不同。但荀子强调"人之性恶"的目的仍然在于追求善,探寻如何实现善的途径。②

在儒家人性论中,最容易被误解为性二元论的当属宋儒了。那么,对于张载的"天地之性"和"气质之性",以及朱子的"天命之性"和"气质之性",是否就可以称为性二元论呢?这就涉及如何看待两种性之间的关系问题。暂且不论张、朱二子人性论的具体差别,就其共同点而言,所谓天地之性、天命之性和气质之性的关系并非是直接的善恶对峙关系,也不是宇宙论层面的实然规定,而是一种超越本体及其发用流行之间的体用关系,这是由儒学强调"体用不二"、"体用一源"的本体论范式所决定的。③ 天地之性、天命之性是人性的本体,而

---

① 董仲舒:《春秋繁露义证》,北京:中华书局,1992年,第296页。
② 参见张鹏伟:《荀子人性论再解读》,《道德与文明》,2011年第4期。
③ 儒家"体用不二"或"体用一源"的提法虽晚出,但其思维范式早在先秦的《易传》、《中庸》等经典中就已经存在了,比如《易传》中的"显诸仁,藏诸用"、"寂然不动,感而遂通",《中庸》中的"至诚无息"、"其为物不二,则其生物不测"、"维天之命,於穆不已"等说法,就表达了这样的思想。

气质之性是人性本体的现实表现,二者是异质异层却相即不离的。气质之性并非全恶,而是有善有不善。如果气质之性全恶,那怎么可能变化气质呢?因此,张载和朱子的人性论虽然在戴震看来具有"二本"之弊,但从根本上看也是一种性善一元论而非性二元论。

质言之,所谓人性的一元论、二元论,是就人性的性质和根源而言的,或善或恶,抑或是善恶并存,无论是哪种情况,善、恶或同时或单独具有实体性、超越性和永恒性。从一元论、二元论的角度看,中国人性论有性善一元论,但却没有性恶一元论,也没有西方原罪意义上的性二元论。因为戴震所说的一本论、二本论,是就人性的不同功能、才质之间的关系而言的,一本论认为人的自然性(食色、形、血气)和必然性(仁义、神、心知)是统一的和同质的,二本论则认为自然性和必然性之间是异质的和分离的,或者重自然,或者重必然,前者是一种自然人性论,比如老子、庄子;后者是一种道德人性论,比如张载、朱子。

三、戴震对孟子人性"一本"的诠释

正如前文所述,在戴震看来,无论是重自然还是重必然,都只看到了二者之间的对立性和异质性,而没有看到统一性和同质性,或强调自然,或强调必然,从而顾此失彼。相对于上述诸"二本"论,孟子的性善论既能明于自然之"食色性也",又能明于必然之"仁义礼智",因此是"一本"论。戴震肯定孟子道:"孟子言性,曷尝自歧为二哉!"[①]

戴震对孟子"一本"论的认定,是通过对孟子"心"概念的诠释来实现的。但是在诠释中,既有准确理解的一面,也有思想歧出的一面。戴震说:"孟子明人心之通于理义,与耳目鼻口之通于声色臭味,咸根诸性而非后起。"[②]就人的道德性先天本有这一点而言,戴震的理解是准确的。戴震肯定了《孟子·告子上》的"心之所同然者何也?谓理也,义也"和"心之官则思,思则得之,不思则不得也"的观点,认为"心能通天下之理义"[③],"人之才,得天地之全能,通天地之全

---

① 戴震:《戴震集》,第423页。
② 戴震:《戴震集》,第426页。
③ 戴震:《戴震集》,第339页。

德,其见于思乎"①。但是,孟子"心之所同然"的本意,是"怵惕恻隐之心",是良心本心,也就是主体的道德情感和道德意志的显发。当然,戴震也注意到这一点,他说:

> 凡人行事,有当于理义,其心气必畅然自得;悖于理义,心气必沮丧自失,以此见心之于理义,一同乎血气之于嗜欲,皆性使然耳。……理义非他,可否之而当,是谓理义。……因乎其事,得其不易之则,所谓"有物必有则",以其则正其物,如是而已矣。②

一方面,戴震认为人行事合于理义时,心气畅然自得,而悖于理义时,心气必沮丧自失。这里也有道德情感的成分,也就是孟子所说的"仰不愧于天,俯不怍于人"的良心。但是戴震所说的心气不是孟子的浩然之气,浩然之气是一种德气,是血气和情气的升华,心气仍然只是一种生理意义上的自然情感的表现。因此,紧接着戴震又将理义理解为"可否之而当"的"不易之则",这又有脱离人的道德情感的倾向。这种倾向同样反映在戴震对孟子"恻隐之心"的诠释上,他从人的血气自然出发来理解孟子的"恻隐之心",将其理解为一种出于自然感受的"怀生畏死"之情。戴震说:

> 孟子言"今人乍见孺子将入井,皆有怵惕恻隐之心",然则所谓恻隐、所谓仁者,非心知之外别"如有物焉藏于心"也。已知怀生而畏死,故怵惕于孺子之危,恻隐于孺子之死,使无怀生畏死之心,又焉有怵惕恻隐之心?推之羞恶、辞让、是非亦然。使饮食男女与夫感于物而动者脱然无之,以归于静,归于一,又焉有羞恶、有辞让、有是非?此可以明仁义礼智非他,不过怀生畏死,饮食男女,与夫感于物而动者之皆不可脱然无之,以归于静,归于一,而恃人之心知异于禽兽,能不惑乎所行,即为懿德耳。③

---

① 戴震:《戴震集》,第341页。
② 戴震:《戴震集》,第366页。
③ 戴震:《戴震集》,第296页。

戴震将仁义礼智建立在怀生畏死、饮食男女等自然情感和欲望的基础上，主张仁义礼智不能脱离人的自然情欲，这当然是针对程朱理学将仁义礼智归结为实体化的天理从而有脱离人的自然情欲之危险而发的。就这一点来说，戴震的看法有其合理性，但这只是问题的一面。从另一面来说，如果仅仅从怀生畏死和饮食男女等自然情欲出发理解仁义礼智，则会有取消仁义礼智的危险。诚然，如果每个人都只知怀生畏死，都只追求饮食男女，则会导致趋利避害，只知一己之危而不知他人之危，只知追求一己之欲而无视他人之欲。"恻隐之心"虽然始于"怀生畏死"的自然情感，但却是自然情感的异质升华，正是因为有"恻隐之心"，才有可能为了孺子之生而不怀己之生不畏己之死。从这一点上看，宋明儒之所以讲天命之性，其目的并不是要否定和脱离人的自然情感和欲望，而是要在承认人的饮食男女之欲合理性的前提下实现人的情感的超越，由自然情感跃升至道德情感，由爱己之心扩充至爱人之心，由遂己之欲扩充至遂人之欲，这样才能在具体的事为中做出公私义利的决断，这方是孟子性善论的根本精神。

  由上述分析可知，戴震对孟子的诠释，既有视域的融合，也有视点的偏移。正由于视点的偏移，因此戴震所谓的"人心之通于理义"与孟子的"良知"、"良能"就存在着一定的区别。因为孟子的良知良能是通过良心、本心、"不忍人之心"、"怵惕恻隐之心"等表现出来的，也就是通过一种当下显发的真实饱满的道德情感力量来印证的，这也就是徐复观先生所说的"以心善言性善"[①]的思路。而戴震的"血气心知"合一之论，可以说是"以性善言心善"的思路。二者区别何在呢？前者是一种超越上达的路向，人的良心、本心或怵惕恻隐之心一方面是人心本有之事实，而且是能够当下感通显发的行动力量。另一方面是"天之所与我者"（《孟子·告子上》），也就是孔子所说的"天生德于予"（《论语·述而》，下引《论语》，只注篇名），而这种上天对于人之德性的赋予对于每个个体来说，是一种带有宗教情感的道德信念，也就是孔子所说的"知我者其天乎"式的自我肯认，而不是一种基于阴阳气化的实然规定。但是戴震的人性概念，一开始就是基于阴阳五行气化的实然规定。这种宇宙生成论的思路肇始于汉儒董仲舒，经王充、韩愈等，后来被宋儒吸收并纳入"气质之性"的范畴。但是宋儒同时继承了孔、孟的道德超越精神而以"天命之性"的形式作为人性的超越指向。在宋

---

① 徐复观：《中国人性论史先秦篇》，上海：上海三联书店，2001年，第139页。

儒看来，天命之性和气质之性的关系并非是同一层面的对立关系，而是一种体用关系，是人性之理想和现实的关系。由于明清以来理气关系的"去实体化"①转向，遂导致了"天命之性"的消解，这样一来，戴震以"血气心知"为内涵的人性观便只能向着汉儒宇宙生成论的方向复归，只不过与汉儒不同处在于，戴震的天人观涤除了神学目的论成分而将其转化为一种关于生命机理的内在必然性。在此意义上，戴震所说的人性"一本"也就表现为理与气、自然与必然、性与命的合一。

四、戴震人性"一本"说的架构

在诠释孟子人性论的基础上，戴震建构了自己理气合一、自然必然合一、性命合一的人性"一本"说。

1. 理气合一

戴震延续了元明以来理气关系的"去实体化"转向，释"天理"为条理，消解了"理"的本体性和独立性。关于理，戴震有如下解释：

> 凡物之质，皆有文理，粲然昭著曰文，循而分之，端绪不乱曰理。故理又训分，而言治亦通曰理。理之偏旁从玉，玉之文理也。盖气初生物，顺而融之以成质，莫不具有分理，得其分则有条理而不紊，是以谓之条理。以植物言，其理自根而达末，又别于干为枝，缀于枝成叶，根接土壤肥沃以通地气，叶受风日雨露以通天气，地气必上至乎叶，天气必下返诸根，上下相贯，荣而不瘁者，循之于其理也。以动物言，呼吸通天气，饮食通地气，皆循经脉散布，周溉一身，血气之所循，流转不阻者，亦于其理也。理字之本训如是。因而推之，虚以明夫不易之则曰理。所谓则者，匪自我为之，求诸其物而已矣。②

---

① 陈来：《诠释与重建——王船山的哲学精神》，北京：生活·读书·新知三联书店，2010年，第479—513页。
② 戴震：《戴震集》，第415—416页。

这段话同时见于《孟子私淑录》和《绪言》上卷。戴震释"理"为分理、文理、条理,表现为植物的根接土壤、叶受风日雨露以接天地之气,动物的呼吸、饮食、经脉、血气等方面。这就将宋明儒理解的具有超越意义的作为道德本体的天理,实然化为一种天地阴阳之气的运行条理,理不再是超越气的本体,而是内在于气,成为气之条理。如果按照牟宗三先生关于存有之理、存在之理和形构之理的区分,戴震的"理"是将存有之理存在化和形构化了。① 关于这一点,丁为祥先生分析说:"从哲学进路的角度看,戴震无疑属于明代气学的继承者,戴震所谓的'由字以通其词,由词以通其道'(《与是仲明论学书》)与气学家所坚持的'理只是气之理,当于气之转折处观之。往而来,来而往,便是转折处也'(《困知记》续卷上),实际上属于同一逻辑。"② 这种实然宇宙论的合"理"于"气",使得气的运行具有了一种稳定性和确定性,或者说使气具有了不失中正的力量,这种力量便成为人性的根源。戴震说:

> 五行阴阳之成性也,纯懿中正,本也;由是而事能莫非道义,无他焉,不失其中正而已矣。……五行阴阳者,天地之事能也,是以人之事能与天地之德协。事与天地之德协,而其见于动也亦易。与天地之德违,则遂己之欲,伤于仁而为之;从己之欲,伤于礼义而为之。③

在戴震看来,人之事能与天地之德协调一致,其根源正在于五行阴阳运行的稳定性和确定性。而人只顾遂己之欲、从己之欲,既伤害了仁和礼义,而且是与天地之德相违背的,或者说与五行阴阳之道的正常运行相违背的。因此,在戴震这里,仁和礼义也就不再只是后天的人伦规范,而是与天地之德等同了。从这一点上看,戴震可以说是先天的性善论者。

2. 自然必然合一

人之性既然得于天地阴阳五行之道,那人性的内涵便体现在两个方面,即

---

① 牟宗三:《心体与性体》(上),长春:吉林出版集团,2013年,第79—89页。
② 丁为祥:《思潮与知识在思想理解中的交互作用》,《哲学动态》,2018年第6期。
③ 戴震:《戴震集》,第335页。

血气和心知,前者代表自然,后者代表必然。戴震说:

> 人之得于天也一本,既曰"血气心知之性",又曰"天之性",何也?本阴阳五行以为血气心知,方其未感,湛然无失,是谓天之性,非有殊于血气心知也。是故血气者,天地之化;心知者,天地之神;自然者,天地之顺;必然者,天地之常。①

戴震明确指出,人得于天的根源只有一个,那就是血气心知。血气心知从根源上说只是一个,不是血气之外而别有心知,而是心知即是血气之心知,这既是人之性,也是天之性。血气是人的生理功能,心知是对人的生理功能界限和分寸的认识和掌握。既然血气心知是合一的,那么为什么又分别言之呢?这是因为他们的功能不同。血气代表了天地之化、天地之顺,属于自然;而心知代表了天地之神、天地之常,属于必然。戴震进一步解释"必然"说:

> 由天道而语于无憾,是谓天德;由性之欲而语于无失,是谓性之德。性之欲,其自然之符也;性之德,其归于必然也。归于必然适全其自然,此之谓自然之极致。……自然者,散之普为日用事为;必然者,秉之以协于中,达于天下。②

所谓必然,也就是天道运行没有遗憾、没有差失的状态,这就是天之德。天道是血气之源,天德是心知之源。就人性来说,血气代表了性之欲望的一面,而心知则代表了性之常德的一面,或者说是欲望和谐状态的保持。③ 质言之,戴震所说的必然,并非是有别于自然的另一种规定性,而是自然本身的成全和完美实现,或者说必然是自然之极致。戴震又说:

---

① 戴震:《戴震集》,第333—334页。
② 戴震:《戴震集》,第334页。
③ 在《读易系辞论性》中,戴震提出了自然、必然、本然的三维结构,即"言乎自然之谓顺,言乎必然之谓常,言乎本然之谓德"(《戴震集》,第162页)。所谓本然之德,可以理解为自然和必然合一的一种完美状态。后来,戴震逐渐代之以自然和必然的二维结构。要之,无论是二维还是三维,皆不影响其人性"一本"之思维范式。

> 必然之与自然,非二事也。就其自然明之尽,而无几微之失焉,是其必然也;如是而后无憾,如是而后安,是乃圣贤之所谓自然也。①

圣贤的自然,已经是把握了必然之后的一种"从心所欲不逾矩"的境界了。在戴震看来,人具有天生的通天地之德的能力,这就是心知之能。他说:

> 阴阳五行,以气化言也;精言之,期于无憾,是谓理义,是谓天地之德。人之生也,禀天地之气,即并天地之德有之,而其气清明,能通夫天地之德。物之得于天者,亦非专禀气而生,遗天地之德也,然由其气浊,是以锢塞不能开通。理义也者,心之所通也。天之气化生生而条理,人物分于气化,各成其性,而清者开通,则能知性知天,因行其所知,底于无失,斯所以还于天地之德而已矣。②

人物同禀天地之气而生,亦并有天地之德,但人所禀之气清明,能通晓天地之德,物所禀之气浊,因此锢塞不能开通。可见,戴震所讲的人禽之别是从实然气禀的层面来说的,而非孟子从道德情感之不容已的角度立论。在戴震看来,只有人之心能通理义,能知性知天,能够将其所知表现于行,达到无偏无失的程度,这只不过是返归天地之德罢了。当然,戴震的心知之论也不同于荀子。荀子也讲心知,如"心生而有知,知而有异"(《荀子·解蔽》),"涂之人也,皆有可以知仁义法正之质,皆有可以能仁义法正之具"(《荀子·性恶》)等,就人天生具有心知之能这一点来说,荀子和戴震并无差别,但是由于戴震从天地阴阳之气的宇宙论层面来讲人的根于血气之心知,所以就比荀子更加彻底,使心知具有了天道的依据。但二者的根本差别在于,荀子认为仁义道德是后天的人为,而且出自圣王的教化,并不属于人性本身所有。就这一点而言,荀子与告子是一致的,即认为道德是外在于人的自然才质的。但戴震则认为道德是与天地之顺、天地之常相协调的状态,恰恰是人的自然才质的表现,道德即内在于人的血气运行之中。戴震认为"人有天德之知,能践乎中正"③,明确坚持了道德原则的

---

① 戴震:《戴震集》,第367页。
② 戴震:《戴震集》,第359页。
③ 戴震:《戴震集》,第340页。

先天性及其与天地之顺、天地之常的一致性。

3. 性命合一

性命之辨最早始于孟子,这是由孔子关于"命"和"天命"的区分衍生而来的。在孔子那里,既有对命运之"命"的感叹,也有对"天命"的确认。比如"伯牛有疾,子问之,自牖执其手,曰,亡之,命也夫"(《雍也》),"道之将行也与? 命也。道之将废也与? 命也。公伯寮其如命何"(《宪问》)中的"命"即是命运之命,表示人生的种种限制。而"五十而知天命"(《为政》),"君子有三畏,畏天命,畏大人,畏圣人之言"(《季氏》)中的"天命",恰恰表现出上天赋予人的一种道德主体性。孔子之后,《中庸》以"天命之谓性"的形式将天命的内容逐渐转化为"性"的内涵,从而被孟子所吸收。《孟子·尽心下》分辨性命道:

> 口之于味也,目之于色也,耳之于声也,鼻之于臭也,四肢之于安佚也,性也,有命焉,君子不谓性也。仁之于父子也,义之于君臣也,礼之于宾主也,知之于贤者也,圣人之于天道也,命也,有性焉,君子不谓命也。

孟子的这段话一向难解,从不同角度可以有不同侧重的诠释。但从孟子思想本身来说,其涵义还是比较明确的。所谓耳目声色之欲和仁义礼智之德同是上天赋予人之性,也同是上天赋予人之命。但前者更多的是"求在外者",限制性大于自主性;而后者更多的是"求在我者",自主性大于限制性。可见,孟子强调的是人性超越于外在对象的道德自主性。到了戴震,则从天地气化的角度对性命关系作了重新解读。他说:

> 性原于阴阳五行,凡耳目百体之欲,血气之资以养者,皆由中达外,性为之本始,而道其所有事也;命即人心同然之理义,所以限制此者也。……耳目百体之所欲,由于性之自然,明于其必然,斯协乎天地之中,以奉为限制而不敢踰,是故谓之命。命者非他,就性之自然,察之精明之尽,归于必然,为一定之限制,是乃自然之极则。①

---

① 戴震:《戴震集》,第370页。

与孟子相比,戴震的性命观出现了概念的反转,戴震所讲的"性",正是孟子"君子不谓性也"之"命",戴震所讲的"命",正是孟子"君子不谓命也"之"性"。戴震所说的性其实也就是原于阴阳五行气化的耳目百体之欲和资以养生的血气,而"命"其实也就是耳目百体之欲的分限和恰当分寸。因为耳目百体之欲若无节制,必然会伤害到生命,戴震说:"夫耳目百体之所欲,血气之资以养者,生道也,纵欲而不知制之,其不趋于死也几希。"①相应于自然和必然,性是自然,命则是必然。命不是有别于性之他者,而正是性本身的成全和完美实现。对"命"的把握,也就必须依赖人的心知来体察了。由此可见,在戴震这里,性命是合一的。二者的合一实现了自然法则和道德法则的合一,或者说以自然的实现本身为道德。正是基于此,戴震对孟子性命之辨作了如下诠释:

> 后儒未详审文义,失孟子立言之指。不谓性非不谓之性,不谓命非不谓之命。由此言之,孟子之所谓性,即口之于味、目之于色、耳之于声、鼻之于臭、四肢于安佚之为性;所谓人无有不善,即能知其限而不踰之为善,即血气心知能底于无失之为善;所谓仁义礼智,即以名其血气心知,所谓原于天地之化者之能协于天地之德也。此荀、杨之所未达,而老、庄、告子、释氏昧焉而妄为穿凿者也。②

戴震将孟子的"人无有不善"解释为不越过声色臭味安佚的合理界限,或者说使血气之欲达到中正无失的程度,这显然非孟子之原义。戴震对孟子"性"、"命"概念的诠释,在视域融合中,也表现出了一定程度的视域偏移。孟子"尽性知天"、"修身俟命"式的道德省察路向,转而为戴震"顺性(自然)以止于命(必然)"式的道德认知路向。

五、结论

戴震在批评告子、老、庄、释氏、荀子、宋儒人性"二本"之弊的基础上,从气

---

① 戴震:《戴震集》,第370—371页。
② 戴震:《戴震集》,第305—306页。

化宇宙论层面诠释和发展了孟子的性善论,建构了"以性善言心善"的人性"一本"说,坚持人的自然性和道德性的统一,将道德的根源内在于人的自然生命当中,强调道德不能脱离人的自然生命而于别处他求,彰显了人的自然生命本身的价值,在中国人性论史上兼具返本与开新之意义。从理论形态上看,戴震以人性"一本"为尺度,集诸家性论之长,在新的视域下统合了道德人性论和自然人性论,体现出兼采并蓄的思想气象。但另一方面,戴震在将道德理义先天化内在化为人的血气心知的同时,也会带来理论上难以避免的矛盾,即无法解决"恶"的问题。如果说人的先天才质、气质具有通天地之德的能力,那么为何有时甚至很多情况下不能通天地之德,不能实现欲望的中正无偏呢?这个矛盾在天道层面已经存在了。如果说天德是天道运行无遗憾无差失的状态,但天道为什么有时也会出现遗憾和差失呢?从自然现象来看,天地也并不总是风调雨顺而是在很多情况下会出现或过或不及的差失,这正是其理论的内在矛盾之表现。

再从对孟子的诠释来看,戴震努力建构一种基于自然天道的先天善质理论,但由于他没有从人的道德情感层面来继承孟子"以心善言性善"的思路,而是"以性善言心善"的下贯思路建构起基于血气心知之能的后天弥合理论,从而走向了荀子通过学习以"解蔽"的认知路向。因此,虽然戴震汲汲于得孟子正解,但由于时代思潮与哲学范式的转向,其对孟子的诠释既表现了在知识理解上的准确的一面,同时也表现了在思想走向上的歧出与偏离的另一面。这也表明了在思想史的研究中历史性的"知识"与时代性的"思潮"之间的互补及其解释学循环的不可或缺性。① 对于荀子来说,戴震基于气化宇宙论的人性论,内在地蕴含着应然与实然、先天与后天之间的紧张,因此也难以弥合荀子人性论中先天之性与后天之伪的断裂。对于张载和朱子来说,戴震从气化宇宙论层面将天命与气质打并归一,消解了天地(天命)之性与气质之性的体用双重架构,从而也将思想重心由个体道德境界层面的圣贤人格追求转向了群体自然欲求层面的中正状态追求。

---

① 参见丁为祥:《思潮与知识在思想理解中的交互作用》,《哲学动态》,2018年第6期。

Interpretation and Integration: Dai Zhen's Theory of Unified Source of Human Nature and Its Gain and Loss

Zhang Pengwei

Abstract: Dai Zhen's theory of unified source of human nature creatively interpreted Mencius' theory of good nature on the basis of comprehensive criticism of the Gao Zi, Xun Zi, Confucians in Song Dynasty, Lao Zi, Zhuang Zi and Buddhism, constructed the "unified source" of human nature theory which integrates Liand Qi, naturality and inevitability, human nature and destiny, tried to put the moral principles in the natural desire of human beings, and aimed at preventing the separation of different levels of human nature, at the same time, highlighted the value of human natural life. But on the other hand, comparing with Mencius' theory of "expressing human good nature by conscience", Dai Zhen's thinking of "expressing conscience by human innate goodness" in cosmology although ensured the innate good, but contained the inner tension of "ought to be" and "true", congenital and acquired, and also dispelled the dual structures of Noumenon and function of ZhangZai and Zhu Xi. Thus, the ideological focus has shifted from the pursuit of ideal personality at the level of moral realm to the pursuit of moderate state at the level of natural desire.

Keywords: Dai Zhen, human nature theory, unified source, duality

王国维与道家思想*

宋丽艳**

[摘　要]　在中国近代古今中西之争的学术背景下,反思传统哲学价值、回应西方学术挑战并重建中国哲学话语是哲学领域的重点。道家思想因此走进近代哲人的视界。对道家文献的考证和书志编撰、以西方形而上学和知识论等为理论基础对道家思想的格义,以及对道家政治观既破又立的阐析,构成了王国维在道家研究上的独特视域。这不仅拓展了中国近代哲学的理论视野和研究深度,同时也彰显了道家思想在中国近代哲学中的价值。

[关键词]　王国维;道家;考证;形而上学;知识论

　　王国维是中国近代举世享誉的国学大师,其学术思想融贯古今中西,涵盖哲学、史学、文学、校勘学、目录学等诸多领域。陈寅恪曾对王国维的学术特色和方法高度概括,即取地下之实物与纸上之遗文相释证、取异族之故书与吾国之旧籍相补正、取外来之观念与固有之材料相参证。他的学术特色和方法至今

---

*　基金项目:浙江省教育厅一般科研项目"现代性视域下道家生态思想研究"(Y201533233)。
**　宋丽艳(1974—　),女,黑龙江哈尔滨人,哲学博士,杭州师范大学哲学系副教授(院),主要研究领域为中国近代哲学、道家哲学。

为学术界所推崇。虽然王国维本人觉得其在哲学领域很难有创建,遂转向文学戏曲史、甲骨金文及殷周史、敦煌文献及西北出土简牍、西北史和蒙元史等领域,并取得原创性发展,但不能否认其在哲学领域的觉知及对中国哲学的深远影响。随着西学东渐,中国近代学术面临着古今中西之争。反思传统哲学价值、回应西方学术挑战并重建中国哲学话语体系是哲学领域的使责。在这种学术背景下,道家思想又获得了新的发展契机并走入近代哲学家的理论视界。王国维从传统学术、西学理论和近代视域对道家思想的诠释,呈现了哲人的时代担当和哲学使命。

一、对道家典籍的考证与书志编撰

梁启超谈清代学术和考证学的关系时指出:清代学术前半期为考证学,后半期为今文学,而今文学是从考证学衍生出来的。考证学是清代学术的主要形式。考证学即是考据学或称为朴学,其最突出的特色即是以证据立义且孤证不能定论。考证学关涉的领域较广,梁启超有过界定。他说:"其学问之中坚,则经学也。经学之附庸则小学,以次及于史学、天算学、地理学、音韵学、律吕学、金石学、校勘学、目录学等等。"①清代著名的考证学大家如戴震、段玉裁、王念孙、孙渊如、孙诒让、俞樾等,空前推动了传统学术的发展。少年时的王国维就对考证学表现出浓厚的兴趣,曾撰文条驳俞樾的大作《群经平议》。成年之际的王国维对古籍的嗜好之深远胜于八股文章以及帖括。王国维在考证学领域著作等身,如《简牍检署考》、《两周金石文韵读》、《观堂古金文考释》、《古史新证》、《戬寿堂所藏殷虚文字考释》等不胜枚举。他对道家及其典籍的考证可分为三类:

(一) 对老子其人其书之考议

道家人物的生平出处、思想渊源等问题,是中国近代哲学中倍受瞩目的研究话题。就老子其人及与孔子年代先后的问题,康有为曾以扬州学派汪容甫《述学》为基础,断言孔子先于老子。梁启超根据《史记》等文献,推断老子生年应是周简王末周灵王初,约公元前五百七八十年间。就《老子》而言,魏源评价

---

① 梁启超:《清代学术概论》,朱维铮校订,北京:中华书局,2011年,第70页。

其为"圣人经世之术",是"救世之书"。严复则认为《老子》是一部经邦济世之作。梁启超将《老子》一书分为道的本体、道的名相和道的作用三个部分。

王国维于1906年4月在《教育世界》中刊发《老子之学说》一文,其中呈现了他对老子其人其书的基本观点。王国维同康有为一样,也以扬州学派汪容甫对老子的考辨为基础。他详细援引了汪氏《老子考异》中有关老子其人其书的可信与可疑之处。比如,可信之处有：孔子问礼于老子,从学于老子等。可疑之处：一是《老子》书中关于"圣人不死,大盗不止",乖违过甚;二是关于老子的籍贯和官职出处;三是对"老子,隐君子"之隐的疑问。王国维同时结合《史记》等文献,对老子其人给出慎重结论："老子名儋,周之太史也,或云楚人。其出盖不可得而详云。"①关于《老子》一书,王国维则从思想、文字和文体予以评价。在思想上,《老子》一书经由列子、庄子得以传承,韩非子应用了老子的理论,老子的思想被实践于汉初。因此,《老子》为古书。在文字上,《老子》书中多叶韵,这也是其为古书的证据。王国维指出,《老子》书中"仁义"并用,看似是孟子之后的文字用法,但《大戴记》、《左传》中已有"仁义"之说,因此,《老子》中"仁义"并用也正常,不能由此推断老子在孟子后。在文体上,《老子》一书"简短纯一",后人所插入者甚少。他断定该书应为战国初期之著。王国维在考证学上重视实物与文献相释证的二重证据法。他对老子其书的考证相比于同时代的其他学者更具有客观性。

(二) 对全真教重要典籍之校注

在道家典籍考证中,王国维的另一重要成果便是《长春真人西游记校注》。《长春真人西游记》是全真教道士李志常记述其师丘处机赴蒙古西游之始末及西游后全真教盛况的典籍。《长春真人西游记校注》同《蒙鞑备录笺证》、《黑鞑事略笺证》、《圣武亲征录校注》是王国维晚年在蒙元史研究中的倾力之作。王国维对《长春真人西游记》的校注与近代其他学者对道家文本的字词疏证、衍文句读、音韵词例等注疏、校勘和考证不同。他在该校注的自序部分集中阐释了两层意涵：一是就佛教高僧祥迈的《辨伪録》所载的全真教侵占佛教寺院及《老子化胡成佛经》、《八十一化图》谤讪佛教之史迹予以考证澄明。王国维指出《辨伪録》的成书目的是为攻击全真教。全真教占据僧寺以及长春真人凭借世权张

---

① 王国维：《老子之学说》,《王国维集》第一册,周锡山编校,北京：中国社会科学出版社,2008年,第353页。

教是事实，但其传人尹志平、李志常秉承重阳创教之旨毋庸置疑。因此，佛道之争中仇敌诬谤之言不可全信，尤其对长春真人的诋毁颇多，更不能信以为真。二是《长春真人西游记》应为乙部之要籍。王国维强调：全真教以道家为本，兼具儒、释思想。重阳门下弟子擅长诗颂，文采斐然。他评价《长春真人西游记》说："文约事尽，求之外典，惟释家《慈恩传》可与抗衡，三洞之中未尝有是作也。"①不仅如此，此书有孙锡序，嘉定钱竹汀跋，阮元抄录部分内容曾献给当朝统治者。徐松、程同文、沈子敦等曾对书中地理、名物等进行考订，后被刊入《连筠簃丛书》。洪文卿为该书做注，沈乙庵有笺记。如此种种，该书的重要意义不言自明，应为乙部之要籍。就考证内容而言，《长春真人西游记校注》有何独特之处？第一，语序校正。如王国维将藏本中"传符授戒"调整为"授符传戒"②，更加突出宗教的仪式；将"当暑，雪山甚寒"调整为"雪山寒甚"，使得寒、暑形成更加鲜明的比对。第二，增补与减字。如"非道高德厚者能感应若是乎？"，其中"能"字乃王国维增补，突显语句的完整性；他在藏本"师岂不知？愿预告弟子等"一句中删减"等"字，以明确谈话对象；在"宋德方指战场白骨"一句中，王国维于"方"字后增补"辈"字，指代弟子们。此外，在"我知之久矣"前增补"此地"，同前一句"此地最难行处"相呼应，诸如此类增减颇多。第三，勘误。如王国维将藏本中的"北望燕山渡石桥"，依据前后迹事改为"北望燕师渡石桥"③；又如将藏本中"雜乱朝还暮"中"雜"改为"離"；藏本中"登真何在泛灵楂"中"楂"更正为"槎"；藏本中"清冷可爱"之"冷"更正为"泠"；在"多以耕钧为业"句中，将"钧"更正为"钓"；将藏本"六月始毕"改为"六月斯毕"；将藏本"此地间有沙陀"中"此"勘正为"北"；将"若国王"中"王"字更为"主"；将地名"朝元观"更正为"朝玄观"；将"况先师遗德在人"中"先"更为"仙"……如此等勘误工夫，体现了王国维对古异体字、形近字、同音字以及辞章与句法的独特理解和精审考辨。第四，对人名、地名、官职等的考注。全书开篇王国维即对全真教创始人重阳子、掌教长春子籍贯等予以考证。在正篇中，他又对长春真人西行中遇到的重要人物如刘仲禄、尹公、陈时可、移剌公、阿里鲜、斡辰大王、铺速满国王、塔剌忽只、桃花石、

---

① 王国维：《长春真人西游记校注〉序》，《王国维全集》第十一卷，谢维扬、房鑫亮主编，杭州：浙江教育出版社，2009年，第536页。
② 王国维：《〈长春真人西游记校注〉序》，《王国维全集》第十一卷，第550页。
③ 王国维：《〈长春真人西游记校注〉序》，《王国维全集》第十一卷，第546页。

大石马、郑公、答剌汗等予以介绍性注解。全书涉及的人名注释近四十余次,侧面揭示了长春子西行中受到的隆重礼遇。在《长春真人西游记校注》中,对地名的考证和注疏最为翔实和突出。全书涉及的地名考证近七十处,如对磻溪、兀里朵、京东、禅房山、龙巖寺、盐池、陆局河、驿路、渡浅河、石河、阴山、曷剌肖、燕子城、镇海、阿不罕山、白骨甸、和州、鼈思马大城、龙兴寺、轮台、沙陀、昌八剌城、天池、阿里马城、大石林牙、热海、碎叶水、石城、霍阐没辇、邪米思干大城、乌伦古河、喀鲁哈河、碣石城、伽色尼国、团八剌、班里、俭俭州、渔阳关、下水、琼华、秃鹿麻等的详细考释,一方面为研究蒙古史提供了地理学的依据,另一方面使得长春真人的西行具有了史诗般的色彩。除了对地名、人名的考释外,王国维对一些官职如虎头金牌、宣使、司天台等进行解说。同时,他还对成吉思汗时期蒙古的风俗、事迹予以考证,如"夏不浴于河,不浣衣,不造氈。"等。此外,王国维对部族饰物也进行了注释,如璎丝、头袖、象鼻、猫睛、鬃髯等,凸显了异域文化特色。王国维的《长春真人西游记校注》涉及的史料和学术思想具有重要意义。尽管他的研究初衷是立足于蒙古史料,但运用考证学方法对全真教文献的注释无疑提升了道家典籍在近代的影响。

(三) 对道家善本的书志编撰

在1919年到1923年间,王国维为近世藏书大家——浙江南浔蒋汝藻的传书堂所藏善本编撰书志,于子部集下对道家设置了专门名录,裁断道家善本的版本、源流、体例以及抄录等情况,同时勘误前代对道家善本考证上之不足。王国维在传书堂编撰的道家书志,多是针对道家典籍中的宋、元、明刊本及钞本,如《老子集解》及《老子考异》明刊本、《列子通义》明刊本、《南华真经》明刊本、《关尹子文始真经》明刊本、《抱朴子》内篇及外篇明刊本、《周易参同契发挥》明刊本等。对于这些道家善本,王国维撰写的书志记录的内容不同,详略有别。《纂图互註老子道德经》元刊本、明刊本,记录了刊本情况以及被收藏的信息。《老子道德经》明刊本中补充了世德堂刊的说明。王国维对《冲虚至德真经》元刊本进行考证,指出宋刊纂图互註诸子本仅有老、庄、荀、杨四子,后又加入《文中子中说》,无列子。傅本六子中,《中说》与《列子》皆无纂图互註,他认为这是后加上的证据。王国维在对宋刊本的《纂图互註南华真经》书志编撰中指出了郭象注《庄子》的善本选择以及后世翻雕者出处问题。他从元人翻本考证了宋元间此书的版本情况。此外,他为宋代的紫贤真人薛道光、太平与国宫道士坎离子洪知常、紫清真人海琼白玉蟾、泥丸真人陈楠、长春真人丘处机等道士的著作撰写的书志,反映出宋代道家文献的丰厚以及宋代道教的繁荣。

在传书堂,王国维编撰得最详尽的道家善本书志莫过于《文子》十二卷孙渊如校钞本的序和跋。他记录了孙渊如《文子序》的全文,内容可归结为:一是《文子》一书的学术主旨和现实意义。从学术主旨而言,《文子》是研究黄老之学的重要文献。就现实意义而论,西汉时期用黄老之学治世突显了《文子》在当时的显赫地位。唐天宝年间,《文子》被尊称《通玄真经》,但其思想并不为统治者所用。然而,先秦诸子之书失散,只有《文子》一书完整无缺地被保存在《道藏》中得以传承,这可归于唐代对《文子》的重视。二是叙述《文子》一书的章节结构并指出《汉书·艺文志》所称九篇的缘由。三是对文子其人其书其思想的考证。孙渊如首先从宋人对《文子》的理解歧义进而怀疑其为伪书入手,考证了文子其人及其所处时代、学术源流等问题。其次,孙渊如借助比较《淮南子》和《文子》内容上的相似性,阐明《文子》在《淮南子》中被误读、被肤浅化、被遮蔽等特点并分析其原因。最后,孙渊如指出了《文子》的注释及学派归属情况。在记录孙渊如手书的《文子序》后,王国维列出传书堂善本中孙渊如的《文子篇目考》和徐灵府的《文子序》两部文献名字。这两部文献的体例、内容等,王国维并未单独编撰书志。继这两篇善本名称后,王国维对孙渊如《文子》十二卷的跋予以记叙。孙渊如在《文子跋》中强调了其校对《文子》依据的版本由来及取舍依据,同时考证了计筹山、白石通元观等同文子相关的道家圣地。王国维在记录孙渊如《文子》序跋后,指陈其对该钞校本的说明:即孙渊如的钞校本,最初参照的文本是《老子》、《吕览》、《淮南》,用朱笔手校;后又参照宋杜道坚的《文子讚义》本,用墨笔手校。孙渊如对《淮南》研究最深。王国维还详细记录了孙渊如在面页、正书上手书的书名及铭。王国维推断说:孙渊如初衷是想刊印《文子》手校本。但平津馆、岱南阁、问经堂都没有刊发,张道南的《渊翁年谱》也未提到《文子》校本。因此,王国维臆测说:或许是孙渊如手校《文子》时才三十岁左右,晚年时已经丢失这个校本才导致其未被刊发。王国维对孙渊如《文子》钞校本的书志编撰,不但详细记录了序、跋的内容,还指出了孙渊如《文子》校跋本的版本依据。所有这些都为后学研究《文子》及其版本等提供了更清晰的导引。唐宋以来有众多学问家一度怀疑《文子》的真伪,争论不休。直到1973年河北定县汉墓竹简《文子》出土,《文子》价值才被重新评估。王国维的《文子》书志的学术意义就更为突出了。

以上是王国维立足于传统学术,从考证学角度对道家及其典籍的研究。那时考古学尚不发达,更无互联网技术能使文献资源有共享的便利,考证结论的客观性基本依赖于考证工夫的扎实和精审,足见王国维的学问根基之牢固。不仅如此,以西方哲学理论为参照重新诠释道家思想,这是王国维在道家研究中的另一路径。

二、道家思想的形而上学之维

面对中西之争,中国近代哲学总是要回应中国是否有哲学的问题。因此,很多哲学家都以西方学术为视域,对中国传统哲学进行格义从而论证中国哲学的合法性。形而上学是西方哲学的主体,如能阐释中国传统哲学有形而上学无疑是中国有哲学的明证。何为形而上学?形而上学指的是对实在及其相关范畴的研究。沃尔夫将形而上学分为本体论、理性宇宙论、理性心理学和理性神学四个组成部分。王国维就是以形而上学作为突破点来论证中国哲学的合法性的。他指出:中国古代哲学对形而上学的追寻始于道家。为什么这么说?

(一) 道即实体

前文指出,形而上学是研究实在的。相对于可感的现象,实在则以实体或者本体为其标志。因此,对形而上学的研究自然不能脱离实体(本体)。王国维说:"此于现在之宇宙外,进而求宇宙之根本,而谓之曰'道'。"①"根本"即是实体(本体)之义。换言之,道即宇宙实体(本体)。《老子》第二十五章:"有物混成,先天地生。寂兮寥兮,独立不改,周行而不殆,可以为天下母。吾不知其名,字之曰'道'。"王国维指出,这段论述所阐明的即是道这个宇宙实体的本然。《老子》第四章:"道冲而用之或不盈。渊兮,似万物之宗;挫其锐,解其纷,和其光,同其尘。湛兮,似或存。吾不知谁之子,象帝之先。"此处对道的描摹揭示的是宇宙本体的实然状态。在王国维看来,孔子所言之"天",墨子的"天志"、"天"与"鬼"思想,虽有形而上学意味,但严格意义上不是形而上学。"天"、"天志"等思想的提出是基于政治需要,并未回答宇宙的根本问题。儒家、墨家由于着眼于

---

① 王国维:《老子之学说》,《王国维集》第一册,第356页。

人间事物,缺少对终极实在的关注,不具有真正的哲学特质。真正的哲学是形而上学,必须对宇宙根本进行回应。王国维认为老子的道论具有形而上学性质,是中国哲学的真正开端。

道是实体,自然具有实体的诸多性质。首先,道具有实体的独立性。王国维指出:"宇宙万物无不相对者:天与地对,日与月对,寒与暑对,人与物对,皆相对的也。道者,宇宙万物之根本,无一物足与之相对者,故绝对的也。此老子所以称道为'一'者也。"①因为万物皆是相对而存在的,作为宇宙根本的道却没有相对者,因此道就是唯一者。"无一物足与道相对"即意味着道就是实体(本体)。王国维对道即实体的论证是从"无独必有偶"的辩证思维方式入手的。物与物的关系是相对待的,但道无任何相对者。作为实体的道,其绝对性决定了它的独立性。其次,道具有实体的原初性。何谓原初性?亚里士多德曾有明确表述:"实体在一切意义上都是最初的,不论在定义上、在认识上,还是在时间上。"②原初即最初,包括时间上的开端。道的原初性如何体现?老子强调"道为天下母",在道生万物从一到多的过程中,道即是始基。列子则通过对道和万物之间宇宙秩序的排布明确道的原初性。从太易、太初、太始、太素再到天地万有,道居于开端。王国维阐释说:"列子于一实体与个个物体之间,置许多阶段,而说其发展之次第。此与《易》及老子之说、新柏拉图派之分出论的思想,恰同一辙。然尚有宜注意者,列子所指实体,全属于物质的,与老子之'道'之稍含精神的意义者不同。"③道作为实体,列子强调它的物质内涵,老子那里又具有精神意义。尽管老、列对实体之道的原初性侧重不同,但他们都认为原初性并非主宰。王国维指出:老子之"道"对万物是"长而不宰";列子哲学中万物也没有主宰,起作用的是道这个实体,即"至谓生生化化非有主宰者使然,乃实体所具之自然妙用使然"④。最后,道具有实体的恒常性。王国维说:"列子以为万有者流转变化,而无已时,曰:'故物损于彼者盈于此,成于此者亏于彼。'盖谓生生死死,虽无穷极,而实体之自身则毫无增减损益。非保此冥一常恒之实体,则亦不

---

① 王国维:《老子之学说》,《王国维集》第一册,第356—357页。
② 亚里士多德:《形而上学》,苗力田译,北京:中国人民大学出版社,2013年,第127页。
③ 王国维:《列子之学说》,《王国维集》第一册,第362页。
④ 王国维:《列子之学说》,《王国维集》第一册,第361页。

得为一切万有之根据也。"①处于大化流行中的万物有损盈成亏,有穷极,是有限的存在。作为实体的道则具有永恒性,在量上无增减损益,在质上又始终"守常"。这就是道的恒常性。王国维强调在列子那里"实体之无终无际",这同老子所谓"独立不改,周行而不殆"暗合。综上,王国维虽以西方哲学为参照论证道即实体,但却不限于西方哲学框架。从思维方式而言,王国维对"道"是实体的考察始终围绕着道与物、道与气、物与物之间的辩证矛盾展开,于事物的相对性中突显道的绝对性。这明显带有中国传统辩证逻辑的特点。

(二)恍惚与虚静的宇宙性质

王国维以形而上学为视域论证了道是宇宙本体。宇宙性质如何?他认为这在《老子》第21章和第16章中有明确表述。《老子》第21章有言:"道之为物,惟恍惟惚。惚兮恍兮,其中有象;恍兮惚兮,其中有物。窈兮冥兮,其中有精;其精甚真,其中有信。"②恍、惚是说道的似有若无,含有不可指之意;其又同"象"、"物"相关,道表现为"无状之状"和"无物之象"的实存状态。由此,王国维认为宇宙的性质之一即为恍惚。他从老子对道的描摹中,洞悉宇宙现象和事物的复杂性及大化流行而产生的不稳定状态,断言"恍"、"惚"具有消极性。宇宙深层的"精"、"真"和"信"便被弱化和遮蔽。宇宙性质的恍惚不定,中国近代社会前途不明,王国维的悲情跃然纸上。除了恍惚之外,王国维指出:虚静也是宇宙性质,仍具有消极性。《老子》第16章有言:"致虚极,守静笃。万物并作,吾以观复。"③在老子哲学中,虚、静本是体道的工夫和境界。为何在王国维眼中却也成为消极的宇宙性质呢?比较而言,如果说恍惚的消极是源于对宇宙即对外部世界的捉摸不定,那虚静的消极则是发端于人心深处的动荡不安。与外部世界的纷扰相比,内心私欲才是引起不安的最大原因。虚静具有双重作用:一是抵御外界的干扰,二是克制心灵的私欲。从这个意义上说,虚静不是源于自由意志而是基于事实上的被动。为其如此,王国维才认定恍、惚、虚、静皆是宇宙的消极性质,不能用积极性质来形容。综上可知,王国维对于宇宙消极性质的认知表现为两个层面:一是基于科学的层面。他认为,"恍"、"惚"说的就

---

① 王国维:《列子之学说》,《王国维集》第一册,第361页。
② 陈鼓应:《老子今注今译》,北京:商务印书馆,2012年,第156页。
③ 陈鼓应:《老子今注今译》,第134页。

是宇宙的不确定性。宇宙性质是否为确定的问题可以理解为宇宙或者外部秩序是否为稳定的问题。这个问题引发了对宇宙乃至整个外部世界不确定性的思考。在形而上学那里,宇宙秩序并不是宇宙的实然,而是经过一种心灵建构的秩序,但又区别于先验主义的先天模式。二是基于心理的层面。王国维所说的宇宙"虚"、"静",归根结底是关于心灵的稳定性即心灵的秩序问题。宇宙的不确定性和内心的无秩序性,构成了王国维对宇宙性质的消极认知。换个角度来看,王国维注意到了宇宙秩序和心灵秩序之间的关系,而宇宙秩序对心灵秩序具有决定作用。综上所述,王国维从形而上学视域对道家思想的诠释,尽管停留在实体论、宇宙性质等层面,对于形而上学中的普遍性、因果关系、时空等问题尚未论证,但他重新审视传统哲学价值并努力在道家和西方哲学之间自觉搭建某种关联,其学术意义深远。王国维援引西方哲学理论对道家的研究,并未停留在形而上学领域,在知识论上他也独有见地。

三、道家思想中的知识论意蕴

知识论是指在哲学层面对知识的研究,其核心是知识的确定性问题,常常与怀疑论交织在一起。怀疑论同认识的不确定性有关。西方近代对知识论问题的关注,或以怀疑论为问题中心,抑或以回答怀疑论挑战为其理论起点。当代知识论对知识概念的分析和对知识主张的辩护也触及了怀疑论的问题。中国传统哲学中知识论并不突出。张岱年在《中国哲学大纲》中评价中国哲学特色时指出:中国哲学重人生而不重知论。可以说,知识论在中国近代是一全新的哲学理论视野。王国维致力于道家思想中的知识论内容挖掘,将道家思想以崭新的面目呈现出来。

(一) 大小之辩与长短之辩:知识标准的客观性

知识标准的客观性即是认识标准的客观性,它是确定知识的可靠性和真实性的关键。怀疑论对知识的质疑之一就是对知识标准而言的。王国维认为,列子和庄子一样抹杀万物之间的差异。列子在知识论上持有怀疑论倾向。《列子·汤问》记载:"荆之南有冥灵者,以五百岁为春,五百岁为秋。上古有大椿者,以八千岁为春,八千岁为秋。"①"五百年"、"八千岁"涉及的就是"大小之辩"和"长短之辩"问题。王国维解释说:"大小长短之别者,由吾人与以随意之限制,又持一不自然之标准而比较之耳。去此随意之限制与不自然之标准,则小亦为无限之大,大亦为无限之小,巨细长短相杀,荡荡然入于无差别之域矣。吾人之知识究不能识万物大小长短之别,故吾人不可不舍此无用之辨也。"②王国维强调列子以相对主义为视角来消解大小和长短之间的界限,并质疑持"大小长短"具有明确界限的观点。列子质疑的根据是"大小长短"的界定标准在主观上的随意和不自然,因此,他主张大小、长短具有相对性,实则并无差别。王国维同样对主观标准提出质疑,但其目标却不同于列子。王国维认为界定大小、长短的知识标准应该具有客观性。"大小"和"长短"应有明确的内涵和外延,对概念的分析是为了澄清其背后的"是非"观念。显然,在回答"什么是大小、长短"后,才能确定这个知识的标准,而不是给出随意的限制和不自然的标准。从知识的确定性看,物的大小长短是客观事实。换句话说,"大小"和"长短"体现的是知识的范围和限度问题。这种范围和限度必须具有客观性和确定性。在王国维看来,列子和庄子关于万物无差别的主张在科学上难以成立。列子对知识标准的质疑不仅体现在物理世界中,其怀疑论倾向也表现在伦理和道德领域的是非、善恶之辩上。《列子·仲尼》篇中有"心将迷者,先识是非"的论述。王国维解释说:是非之辩与善恶之辩皆出于"人心之迷",是"持一人之私见造此无用之名词者耳"。这即是强调是非或善恶的标准是主观意见,犹如大小、长短的标准一样,并无客观的确定性。综上,列子由对大小、长短、是非、善恶等标准的怀疑走向相对主义。他想达到的是万物浑然一体、没有界限的道的境界。新柏拉图一派的神秘哲学中能断绝一切差别对待之意识而返于无我绝对之境,同列子之思想有相似之处。王国维通过对列子思想的诠释却从怀疑论走向对知识论的关注。中国近代知识论的兴起,同西方哲学和自然科学的影响相关,但知识论或者科学却不能解释一切。在伦理和道德领域,是非善恶的标准总是同价值观密不可分。王国维曾将哲学和科学定性为"可爱"与"可信"并将二者对立起来,从而突显了哲学和科学的边界问题。对知识标准的客观性的讨论自然

---

① 杨伯峻:《列子集释》,北京:中华书局,2010年,第156页。
② 王国维:《列子之学说》,《王国维集》第一册,第364页。

应限于自然科学领域,而不是价值领域。

(二) 真理之客观根据

王国维就列子哲学讨论了知识标准的确定性问题,外部世界的知识在何种程度上是可信的?这即是知识论中的规范性要素问题。知识的规范性问题考察的是知识必备的条件即知识之所以为知识的根据。这至少涉及两个问题:一是知识的内容是否具有客观真实性;二是判断知识正确与否的标准。王国维对知识的根据问题高度关注,这从他对《列子》文本的研究中可以获知。《列子》记载:"秦人逢氏有子,少而惠,及壮而有迷罔之疾。闻歌以为哭,视白以为黑……无不倒错者焉。……其父之鲁,过陈,遇老聃,因告其子之证。老聃曰:'汝庸知汝子之迷乎?今天下之人皆惑于是非,昏于利害。同疾者多,固莫有觉者。……向使天下之人其心尽如汝子,汝则反迷矣!……而况鲁之君子迷之邮者,焉能解人之迷哉?赍汝之粮,不若归也。'"①这则寓言本意是要阐明是非之理多是众寡相倾辩争的结果。世间众多的俗士往往嗤笑少数的智者并反过来觉得智者迷茫。王国维则认为这则寓言争论的焦点即是真理的根据即知识的根据问题。他说:"观此寓言,则虽谓列子意中,谓真理之根据乃从多数以为决者,可也。即谓一切真理非有所以为真理之客观的根据,究令有之,亦不能以吾人之知识决之,是即于知识论上取一种怀疑说之见地者也。"②在王国维看来,列子是绝对的怀疑论者,列子认为真理是多数者的决断,而非有客观的根据。但对于一切都持怀疑态度,真理抑或知识必将失去其成立的根据。因此,列子的怀疑论将知识之可能逼上绝路。按照知识论的观点,真理并非取决于多数人的意见,而要有客观的依据。通过对列子思想的诠释,王国维即是强调知识或者真理的依据问题。

(三) 世俗之知与真知:知识之分类

在经典的知识论中,哲学家试图处理知识的内容或者知识的类型问题。从王国维对道家思想的研究中,其对知识的内容和类型进行了区分。这表现在他对老子思想的解读上。王国维指出:"'道可道,非常道;名可名,非常名'者,是

---

① 杨伯峻:《列子集释》,第111—112页。
② 王国维:《列子之学说》,《王国维集》第一册,第365页。

即谓世间仁义是非之名目或知识,究不能得道之真相也。"①"是非名目之知"即是"可道"、"可名"之知。其来源于经验世界,不能达到对道的本质的认识。这些知识掌握得越多,则离"道之真相"则越远。王国维强调说老子的这段话同知识论上的怀疑论相近。是非善恶的根据乃人为所致或非出于自然,因此,仁义、是非、善恶并非知识的对象。王国维解释说:在老子那里,知识的对象是"道"或"自然"。有关是非、善恶的知识容易令人迷茫,它们是无根据的。对道或者自然的认识,揭示"道之真相",才属于真知的范畴。对此,他指出:"彼纵以世俗之是非善恶之知识为迷罔,为无根据,然彼之视'道',则惟一而真实之知识也,善也。欲排斥世间一切知识,毕竟为欲立一真知识耳。由此言之,则老子之于知识论上自非绝对的怀疑论者,宁唱道真实之知识者耳。"②王国维认为,老子哲学中的知识分为两类:一是世俗之知,包括是非、善恶之知,这类知识缺乏根据,具有不确定性;二是关于道的知识,即所谓真知识,这类知识具有"常"的特征。道之知能清楚地反映出万物的本质,因此它具有确定性,是善的。二类知识区分的根据是知识是否同人为或非自然的因素相关。作为道之真相的真知,同真理有何关系?逻辑思维能否把握真知?对此,王国维未有论证。梁启超和胡适对这两个问题有所论及。梁启超认为,真知作为道所体现的最高真理与世间的真理相容相通。胡适则指出真知超越逻辑区别。综上所述,王国维从知识论视域对道家思想的诠释,丰富了中国近代哲学形式,从一定程度上促进了同西方哲学的某种融合和对话。前文所言,取外来观念与固有材料相参证是王国维的学术特色和方法之一。这不仅体现在他以西方形而上学、知识论为理论背景对道家本体论、认识论的诠释上,还反映在以叔本华哲学为视域对道家人生哲学的理解上。

四、厌世哲学视域下的道家人生观

探究宇宙和人生的根本问题,是哲学家的责任。于王国维而言,在其对道家思想展开形上之思后,不难理解其对道家人生观的阐发。正如王国维所言:

---

① 王国维:《列子之学说》,《王国维集》第一册,第365页。
② 王国维:《列子之学说》,《王国维集》第一册,第365页。

"宇宙之变化,人事之错综,日夜相迫于前,而要求吾人之解释,不得其解则心不宁。"①中国近代诸多思想家对道家的人生观都有所微言。康有为就曾指出:老子及申韩关注权术和刑名,而庄子与列子则重清虚,同佛学的超越世俗相似。他们对道家人生观的审视往往以入世和出世为中心展开。

在道家的人生态度同现实的关系上,王国维指陈老子和列子都有厌世倾向,但强烈程度有别。他认为,老子的厌世表现在他对身与患的论述上。《老子》第十三章有云:"吾所以有大患者,为吾有身,及吾无身,吾有何患?"老子本意是以贵身比喻防大患所应具有的人生态度。在老子看来,天下抑或世界虽有"大成若缺"、"大盈若冲"、"大巧若拙"等复杂性,但若能以贵身的态度警觉处世,无为守中,自然能应对人生中的大患。王国维对《老子》该章内容早有觉解。他在《偶成二首》中曾写道:"大患固在我,他求宁非漫。所以古达人,独求心所安。"王国维意识到:在尘世烦恼中求宁,不是求之外物,而是求之于我。他从形上的层面思索人生的烦恼与不安来自于内心精神世界。他进一步阐释道:"老子曰:'人之大患,在我有身。'庄子曰:'大块载我以形,劳我以生。'忧患与劳苦之与生相对待也久矣。夫生者,人人之所欲;忧患与劳苦者,人人之所恶也。"②人生中为维持生活,会有很多欲望。人生的忧患与苦痛与欲望相关。他认为老子的身与患比喻有寻求摆脱尘世的苦痛与欲望的一面,即具有厌世色彩。相比于老子,王国维认为列子在人生观上的厌世倾向更为强烈。首先,从生死观来看,列子死生为一的厌世态度与佛教的寂灭为乐说最为相近。《列子》说:"死之与生,一往一反。故死于是者,安知不生于彼?故吾知其不相若矣。吾又安知营营而求生非惑乎?亦又安知吾今之死不愈昔之生乎?"③其次,列子的厌世表现在他的神人人格上。王国维说:"具此厌世思想之列子,其不置重于社会国家之救济,而宁置重于个人之安心或解脱,斯固自然之倾向耳。"④这即是说,列子更关注个人之解脱即个体生命的解放,而不是如何经邦济世。个体

---

① 王国维:《哲学辨惑》,《王国维全集》第十四卷,谢维扬、房鑫亮主编,杭州:浙江教育出版社,2009年,第7页。
② 王国维:《红楼梦评论》,《王国维全集》第一卷,谢维扬、房鑫亮主编,杭州:浙江教育出版社,2009年,第54页。
③ 杨伯峻:《列子集释》,第25页。
④ 王国维:《列子之学说》,《王国维集》第一册,第367页。

生命如何获得解放？列子分为若干次序阶段：不敢念是非言利害——念是非言利害——无是非无利害——不知是非利害——忘我——齐万物,最后是"我"与万物浑然一体。王国维认为列子的这些阶段只是神秘的体道过程,实则荒诞。但列子却认为得解脱者具有一种神通力。《列子·黄帝》记曰:"赵襄子率徒十万,狩于中山,藉芿燔林,扇赫百里。有一人从石壁中出,随烟烬上下。众谓鬼物,火过,徐行而出,若无所经涉者。襄子怪而留之,徐而察之：形色七窍,人也；气息音声,人也。"①为什么会有穿墙火行的神通力？列子将其归结为"无心自在之德",表现为纯气之守、其天守全、其神无郤、得天全,皆是"无心而顺自然"的称谓。王国维指出：列子关于个人解脱的旨趣、内容、方法、次序,精于老子。老子也有个体解脱之思想,但他们关于个体解脱后达到的理想人格不同：老子追求的是"圣人"人格,列子追求的是"神人"人格。老子的圣人能守无为之道,并非完全与世隔绝。老子贵无为,但无为在效果上是大有所为。老子排斥"常名"、"常善",是想实现其真善之理想。因此,王国维说,"就处世上,设为利己的自虑之训言：故老子乃一真面目之理想家也"②。相比而言,列子抛弃了对现实理想的努力及意识,则是以"寂然解脱为至人之面目"。最后,在力命关系上,列子的厌世表现其宿命论上。列子在世间一切事上都主张顺从天命自然。王国维阐释说:"彼不承认吾人之自力与吾人之自由,谓凡事由天命而定,吾人决无变更之力。故吾人之对自然或天命,当处于绝对的服从之地位。"③王国维认为列子的人生观其实是一种宿命说、必至说、定业说,即"冷眼主义",强调天命的绝对性。孟子、荀子与西方哲学中的斯多葛派虽然也肯定天命的作用,但与列子不同。前者区分天道与人道,认为天道内的寿夭穷达富贵贫贱等无关于为人之价值。比如孟子所谓的"在外者"、斯多葛派的"外善"都属于天道即天命领域。在人道范围,孟子的"在我者"、斯多葛派的"理性之动作"都突显人的主体力量和意志自由。列子则不区分天道与人道,认为宇宙间的一切都是天命必然。王国维总结列子的人生哲学：与其说是伦理思想,不如说是神秘哲学或悟道观。但他认为列子哲学是东洋思想史上一道异彩。

王国维对道家的人生观研究,受叔本华的"意志寂灭"影响颇深。他以厌世

---

① 杨伯峻：《列子集释》,第68—69页。
② 王国维：《列子之学说》,《王国维集》第一册,第368页。
③ 王国维：《列子之学说》,《王国维集》第一册,第371页。

哲学为视角表达其对老子和列子人生观之见解。与快乐论相比,厌世哲学有哪些观点?王国维说:"厌世论者之主要之见解:一、谓欲望之苦痛与无厌之状态乃人生中重要之原质;二、苦痛之度比快乐无限大,而生物之苦痛尤大,生物中又以人生为最甚;三、人类之大半因防御现在之疾苦,其所费之劳力虽钜,而其效仍不完全是也。"①简言之,厌世哲学以摆脱桎梏世界,寻求个人解脱为宗旨。这构成了他对道家人生哲学的研究基调。

五、道家的政治理想和治国之术

中国近代社会时局动荡,国家积弱。这使得近人对政治予以高度关注。对于如何治国以及政治理想问题,受西方的民主学说影响较多。然而求助于传统哲学并于传统政治伦理中探寻理想的社会秩序的学者不在少数。王国维就是其中一位。在政治理想上,他认为"小国寡民"令人神往。在经济上,作为物质文明成果的什伯之器、舟舆等器物无所用之。在生活上,百姓能甘食美服,安居乐俗。在政治上,社会安定无战事,甲兵亦无所用。在外交上,国与国之间相安无事,"邻国相望,鸡犬之声相闻,民至老死,不相往来"。整个社会都是处于纯朴的自然状态中。相比之下,近代中国面临的社会皆背离道的状态。中国屈服于船坚炮利之下,国家处于危机之中,百姓生活流离失所。因此,王国维说:"故道德政治上之理想,在超绝自然界及人事界之相对,而反于道之绝对。"②复归于道的状态,是政治上的理想。在此,王国维将老子和列子的政治理想予以比较。他指出:在治国之道上列子的主张与老子类似。列子强调人君应守无为自然之德,群才才会争为之用。这可归结为"自然主义"或者"放任主义"。但因列子的根本思想在个人解脱而不是社会国家之救济问题。如说列子有政治理想,在本质上近似于一种空想国。这从列子对华胥氏之国的描述可知。华胥氏之国无帅长,其民无嗜欲,不知生死,皆呈现神人居。列子对姑射山神人的描述同样超拔于世俗。相比于老子理想社会的自然人之状态,列子的理想国是"仙乡"、"神境"。总体而言,不论老子、列子,还是庄子,道家在政治理想上是崇尚

---

① 西颔惟克:《西洋伦理学史要》,王国维译,《王国维全集》第十八卷,谢维扬、房鑫亮主编,杭州:浙江教育出版社,2009年,第122页。
② 王国维:《老子之学说》,《王国维集》第一册,第357页。

无为而治的。王国维认为,不论老子道德政治上的理想如何,都甚为高尚。

在治国之术上,王国维认为老子"如于权诈"。《老子》有言:"坚强者死之徒,柔弱者生之徒"①这是通过对人及草木生前和死后的自然状态的比较而得出的一种经验。从这种经验推论出:坚强的东西属于死亡一类,而柔弱的东西则属于生存一类。因此,"兵强则灭,木强则折"。基于此,老子总结说:"强大处下,柔弱处上"。天道如此,人道也莫不如是。就个体而言,在行为方式和生活方式上的"守柔",不但预示着向"强大"转化的可能性,而且以"柔弱"示人示世,谦虚为上可自保。王国维认为老子的守柔体现了道的实用理性和工具价值。但用于治国,却变成了一种权诈之术。这从两个方面体现出来:一是老子将"歙张"、"弱强"、"废兴"、"取与"之辩反其道而用之,作为削弱对方的权谋。老子主张"将欲歙之,必固张之;将欲弱之,必固强之;将欲废之,必固兴之;将欲取之,必固与之,是谓微明。"②二是以愚人之术来治国和驾驭百姓。"古之善为道者,非以明民,将以愚之。民之难治,以其智多。故以智治国国之贼,不以智治国国之福。"③老子的上述主张是否带有权诈或者阴谋,以往讨论甚多。持王国维观点的学者不在少数。远者如程颐,近者如康有为等。老子哲学是否有权诈和愚民色彩?如何看待王国维对老子治国之术的评价?综观老子的哲学,他在道之体用上的观点具有一致性。歙张、弱强、废兴、取予等反映的是造化之运,即柔弱胜刚强之道,而非权术。所谓愚民,则是老子基于智巧日生,诈伪百出的病态社会的一种反动。"愚民"意旨使百姓淳朴,从而远离智诈与多欲。徐复观在解释"智多"时指出:智多实质是欲多。欲多又是争夺之因由。因此,"以智治国国之贼",国家易招致灾祸。以道观之,愚即是道的自然纯朴状态。王国维对道家政治观的研究,对小国寡民的憧憬同对治国权诈的拒斥形成鲜明对照。既饱含对近代政治现实的观照,又难以掩饰内心无助的波澜。因此,他对道家思想的政治功能所持态度是既立又破的。立的地方在于他认为无为而治是高尚之政治理想,破之处体现在他视柔与愚为治国之权诈。

综上所述,王国维以考据学方法对道家文献的勘校、以西方哲学理论为参照对道家思想的格义以及对道家政治观既立又破的阐析,构成了其道家研究的

---

① 陈鼓应:《老子今注今译》,第332页。
② 陈鼓应:《老子今注今译》,第207页。
③ 陈鼓应:《老子今注今译》,第304页。

独特视域。其学术价值前文也多有论说,特别值得关注的是他对道家形上学和知识论的挖掘,对之后哲学具有不同寻常的意义。王国维以西方实体论、宇宙论学说为比对,努力在道家思想与西方哲学之间进行会通融合,这为建构中国近代自己的形而上学体系奠定了基础。王国维讲形而上学尚局限于道家之道,其后的金岳霖开始从中国哲学广义的道出发来构建元学体系。王国维试图在道家思想和知识论之间自觉地建立了某种关联,这不能回避实证主义及科学思潮对中国近代哲学的影响,尤其是数学与物理学。王国维说:"因果之相嬗,质力之不灭,无论何人,未有能反对之者也。数学及物理学之所以为最确实之知识者,岂不以此矣乎?"①王国维致力于形而上学和知识论之间的融合,也是对中国近代科学和玄学论战的一种回应。他评论康德学说时指出:"汗德之学说,仅破坏的而非建设的。彼憯然于形而上学之不可能,而欲以知识论易形而上学,故其说仅可谓之哲学之批评,未可谓之真正之哲学也。叔氏始由汗德之知识论出,而建设形而上学,复兴美学、伦理学以完全之系统。"②作为真正的哲学,在王国维看来既要有形而上学,也不应排斥知识论。他虽然肯定叔本华哲学沟通了知识论和形而上学,但同时强调叔本华哲学半出于其主观的气质,无关于客观的知识。自王国维之后,如何沟通形而上学和知识论,实为哲学领域要解决的理论问题。为此,冯契提出智慧说,对本体论(形而上学)与认识论(知识论)进行了沟通,扬弃了超验的宇宙模式。直到杨国荣先生"具体形上学"的问世,中国哲学在形而上学领域又获得新发展。具体形上学强调对本体论的研究思路之一即是在人自身存在意义的追求与实现中不断敞开存在。这正如王国维在其译著中所言:"哲学岂但学者架空之想象,而与俗人之事业无丝毫之交涉乎?古今之哲学者,甲论乙驳,阐微显幽,至成所谓哲学系统,固非常人之所能思及,然其哲学系统中所含有之思想感情,则大抵世人普通所怀抱者也。毕竟哲学者不过雕琢此等思想感情而整理之,即不过整理常识而已。论哲学者思不到此,则其误遂不可医。"③以上种种,据此可以说王国维在中国形而上学领域的贡献具有开端性。他对道家的研究初衷自然有回应"中国是否有哲学"这

---

① 王国维:《论性》,《王国维全集》第一卷,第4页。
② 王国维:《叔本华之哲学及其教育学说》,《王国维全集》第一卷,第35页。
③ 桑木严翼:《哲学概论》,《王国维全集》第十七卷,王国维译,谢维扬、房鑫亮主编,杭州:浙江教育出版社,2009年,第131页。

一问题的理论自觉,拓展了中国近代哲学的理论视野和研究深度,同时也彰显了道家思想对中国近代哲学的影响。

Wang Guowei and Taoism

Song Liyan

Abstract: Under the academic background of the controversies on "the ancient v. the modern" and "the Chinese v. the Western" in modern China, reflecting on the value of traditional philosophy, responding to the western academic challenges and reconstructing the Chinese philosophical discourse were the key points in the field of philosophy. Therefore, Taoist thought entered the horizon of modern philosophers. Wang Guowei's unique perspective on Taoist studies included the textual research and writing catalogue of Taoist literature, the interpretation of Taoism based on western Metaphysics and Knowledge Theory, and an analysis of the political view of Taoism. This not only expanded the theoretical vision and research depth of modern Chinese philosophy, at the same time, it also showed the value of Taoism in modern Chinese philosophy.

Keywords: Wang Guowei, textual criticism, Taoism, metaphysics, theory of knowledge

自外归内，以内摄外
——日本禅僧中岩圆月对儒家"传道谱系"的论说[*]

杨 洋[**]

[摘 要] 日本中世名僧中岩圆月在其熔铸儒释的著作《中正子》及致虎关师炼的书信中，将子思、孟子、荀子、扬雄、王通视作孔子以下传授"道"的儒者。中岩所述谱系与流行于南宋、元代的"道统"谱系相异，而与北宋儒者所述的"传道谱系"相近。从知识来源角度看，中岩可能受到北宋名僧契嵩的影响，但"影响"说不足以解释其对朱子学"道统"话语的回避。中岩对"传道谱系"的选择，是有意识地排除了宋学中不利于佛教的因素，反映出日本中世禅僧在接受宋学时的两难之境。

[关键词] 宋学；道统；援儒入释；日本儒学；中岩圆月

从 9 世纪日本废止遣唐使至 15 世纪初足利义满(1358—1408，室町幕府第

---

[*] 基金项目：国家社科基金青年项目"政治思想史视野下的 13—16 世纪日本儒学研究"(20CSS015)。
[**] 杨洋(1985—)，女，云南昆明人，日本京都大学文学博士，中山大学历史学系助理教授，主要研究领域为日本中世思想史、中日思想文化交流史。

三代将军)向明朝派遣使者,五百余年间日本与中国没有建立邦交,往来于两国间的商人、僧侣实际承担着文化交流的功能。13 世纪以降,禅宗在日本逐渐扎根。①兰溪道隆(1213—1278)、兀庵普宁(1197—1276)、一山一宁(1247—1317)等宋、元名僧也纷纷赴日弘法。一些宋、元僧人在弘法时借用宋学话语,如兰溪道隆(1213—1278)的语录中有"盖载发育,无出于天地,所以圣人以天地为本,故曰'圣希天'。行三纲五常,辅国弘化,贤者以圣德为心,故曰'贤希圣'。正身诚意,去佞绝奸,英士蹈贤人之踪,故曰'士希贤'。乾坤之内,宇宙之间,兴教化、济黎民,实在于人耳。人虽尊贵,而未为尊贵,所尊贵者,吾佛之教也"②等法语,即包含有对周敦颐思想的阐发。

中岩圆月(1300—1375)是日本早期禅林文化的代表人物之一,学界历来不乏研究者。早期的日本研究者西村天囚、足利衍述、上村观光等均认为,中岩十分推崇朱子学,在日本的宋学接受史上是一关键性人物。③ 日本禅宗史研究大家玉村竹二也接受这种看法,并进一步指出,如中岩这般能正确理解朱子学思想的禅僧在日本是空前绝后的。④ 芳贺幸四郎则提出不同意见,他认为尽管中岩的宋学观较其同时代名僧虎关师炼(1278—1346)更加宽容,但中岩并非盲从朱子,相反,中岩对朱子进行了颇有深度的批判。⑤ 入矢义高于上世纪七十年代撰写的《中巌と〈中正子〉の思想性格》,迄今仍是中岩思想研究中最为精到的作品。入矢认为,中岩在其同时代禅僧中对宋学的理解最为深入,但中岩既非宋学的祖述者,也没有在与宋学的对峙中形成自身的学问,也就是说没有以具有主体性和个性的方式领悟宋学。入矢还认为:对于宋儒的排佛思想,中岩没有如他所崇拜的北宋僧人契嵩那样予以正面还击——这是因为中岩始终是将

---

① 13 世纪以后赴宋、元求法的日本僧人基本都出自禅宗,参木宫泰彦:《日支交通史》下册,东京:金刺芳流堂,1928 年,第 22—36 页、第 189—215 页。
② 圆显智光等编:《大觉禅师语录》卷中《建长禅寺小参》,佛书刊行会编:《大日本佛教全书》第 95 册,东京:名著普及会,1982 年,第 51 页。
③ 西村天囚:《日本宋学史》,东京:梁江堂书店,大阪:杉本梁江堂,1909 年,第 85 页;足利衍述:《鎌倉室町时代室町之儒教》,东京:日本古典全集刊行会,1932 年,第 252—253 页;上村观光:《禅林文艺史谭》,东京:大镫阁,1919 年,第 393 页。
④ 玉村竹二:《『東海一漚集雜感』——五山禅僧中巌円月の評伝》,《文学》(东京),1947 年第 11 号。
⑤ 芳贺幸四郎:《中世禅林の学問および文学に関する研究》,东京:日本学术振兴会,1956 年,第 63 页。

宋学作为一种知识进行接纳。① 金文京《中巌円月の中国体験——科挙との関係を中心として》是近年中岩圆月研究中的力作。金先生对中岩在元的交游进行了具体的考察，探明了中岩的求学轨迹和中岩宋学知识的部分来源。② 中国学界目前对中岩圆月的研究基本停留在对其生平、思想进行概述的阶段，且重点集中于和文学有关的方面③，在宋学接受的问题上尚未见比较深入的讨论。

本文拟在前人研究基础上，对中岩圆月如何论述儒家的"传道谱系"进行分析，探讨其接受宋学的特殊思想处境。迄今为止的中日学界在对日本中世禅僧的学问进行研究时，往往习惯于"影响"—"接受"这一思路。具体而言，就是将日本中世禅僧的思想、学问视为一种在宋、元、明文化影响下形成的"亚流"。本文写作的另一重目标，是希望通过对中岩圆月思想的个案分析，揭示出日本中世禅僧在接受宋学时的思想困境及其思想活动的"主体性"。

一、中岩圆月对儒家"传道谱系"的论说

中岩圆月，日本正安二年（1300）正月六日出生于相模镰仓，幼名吉祥丸，家族为土屋氏。中岩法名初为至道，后更为圆月，号中正子、中正叟、东海一沤子。中岩八岁入龟谷寿福寺为僧童，十二岁学《孝经》、《论语》、《九章算术》，十三岁剃发，学密教，十五岁礼圆觉寺东明慧日，拜为受业师。元泰定二年（1325）入元求法，其间辗转多地、遍参诸师，与元朝士人多有来往，后得悟于百丈山大智寺东阳德辉，至顺三年（1332）回国。归国次年也即日本元弘三年（1333），作《原僧》、《原民》、《上建武天子》，上书大力推行新政的后醍醐天皇（1288—1339，1318—1331、1333—1339在位）。建武元年（1334）作《中正子》十篇。归国后，中岩曾在上野利根创吉祥寺、镰仓藤谷创崇福庵、相马创龙泽寺、近江枘创龙兴寺，在建仁寺筑妙喜庵，并先后住丰后、相模、京都三地的万寿寺和京都建仁寺、镰仓建长寺。中岩圆月于日本应安八年（1375）正月八日示寂，年七十六，后圆

---

① 入矢义高：《中巌と〈中正子〉の思想性格》，载市川白弦、入矢义高、柳田圣山：《中世禅家の思想》，东京：岩波书店，1972年，第490—491页。
② 金文京：《中巌円月の中国体験——科挙との関係を中心として》，《文学》（东京），2011年第5号。
③ 江鑫：《关于中岩圆月与〈东海一沤集〉之研究》，浙江工商大学硕士论文，2012年；常慧玲：《中岩圆月的儒士风骨》，载张晓希编：《五山文学与中国文学》，北京：中央编译出版社，2014年，第77—106页。

融天皇赐谥"佛种慧济禅师"。著作有《东海一沤集》五卷、《东海一沤别集》一卷和《东海一沤余滴》一卷。①

14世纪前期引领日本禅林文化的元朝渡日僧竺仙梵仙(1292—1348)评价中岩道:"学通内外,乃至诸子百家。天文地理、阴阳之说,一以贯之。发而为文,则郁郁乎其盛也。"②江户时代的佛教史家卍元师蛮(1626—1710)为中岩立传,赞其为:"此方传大慧之派者,唯禅师一人而已。错综三藏,收其秘诠,驱逐五车,嗜厌肥润。挥毫万言立就,胸中橐籥动而愈出。本朝缁林有文章以还,无抗衡者,可谓光前绝后也。若其原民、僧、上建武帝书,岂但扶于宗教,抑亦益于国家矣。"③由二位名僧的评价可见,无论身前身后,中岩都因其广博的学问和直言时弊的气魄而受到赞誉。

《中正子》十篇是贯注了中岩极大精力的作品,体现了他在儒学、佛学等方面的思想造诣。《中正子》由《叙篇》、《仁义篇》、《方圆篇》、《经权篇》、《革解篇》、《治历篇》、《性情篇》、《死生篇》、《戒定慧篇》、《问禅篇》十篇构成。前六篇为"外篇",后四篇为"内篇"。"中正"取义于《中庸》,中岩释之曰:"道之大端有二,曰天曰人。天之道诚也,人之道明也。夫惟诚明之合乎体,则中也正也……中正也者,道之大本也已。予所居皆以中正扁焉,庶几乎'道也不可须臾离也'之训也。"④在《仁义篇》中,中岩指出仁义为"天人之道",强调教化对于为政的重要性。在《方圆篇》中,他以"方"、"圆"譬喻圣人言行之道,所谓"中焉而方,仁之体也。和焉而圆,智之用也"。在《经权篇》中,他虚设一尚武的"乌何有之国",其国甲兵不休、盗贼不止,"中正子"因而向国君"包桑氏"陈述"经权"之道,所谓"经者文德也,权者武略也。武略之设,非圣人意,圣人不获已而作焉。作而不止,非武略之道也。作而止,则归文德"。《革解篇》以《周易》论证改革不宜操之过急。《治历篇》以历法证明改革之势在必行。《性情篇》是联系内外篇的枢纽,中岩以"虚"、"灵"、"觉"阐释《中庸》的"性"、"情"。《性情篇》以下的《死生篇》、

---

① 中岩圆月生平见其自撰《佛种慧济禅师中岩月和尚自历谱》以及玉村竹二《中岩圆月集解题》,详见玉村竹二编:《五山文学新集》第四卷,东京:东京大学出版会,1970年,第609—632页、第1205—1261页。中岩著作的整理本有上村观光编《五山文学全集》第二卷所收本和玉村竹二编《五山文学新集》第四卷所收本。本文引文据收录相对完整、编次更为合理的《五山文学新集》本,兼参考《五山文学全集》本。
② 见《东海一沤别集》附录《示中岩首座》,玉村竹二编:《五山文学新集》第四卷,第572页。
③ 卍元师蛮:《本朝高僧传》卷三十三《上州吉祥寺沙门圆月传》,东京:名著普及会,1979年,第454页。
④ 《东海一沤集》卷二《中正铭》,玉村竹二编:《五山文学新集》第四卷,第401—402页。

《戒定慧篇》、《问禅篇》同样是以佛学阐释"仁义"、"格物致知"等儒学概念。①

在总叙十篇著述之意的《叙篇》中，中岩以"二三子"与"中正子"有关诸子的问答作为结束。其文曰：

> 或问诸子。中正子曰："子思诚明、孟子仁义，皆醇乎道者哉！"问："荀卿何如？"曰："荀也醇而或小漓。"问杨子，曰："扬雄殆庶醇乎，其文也紧。"请问文中子，曰："王氏后夫子千载而生，然甚俏焉。其徒过之，亶夫子之化，愈远愈大，后之生孰能跂焉。"问退之，曰："韩愈果敢，小诡乎道，然文起于八代之衰，可尚。"曰："子厚何如？"曰："柳也渊，其文多骚。"或问欧阳，曰："修也宗韩也。"问苏子兄弟，曰："轼也龙，辙也善文。"或问庄、老，中正子曰："二子爱清爱静，庄文甚奇，其于教化不可。"或曰："释氏能文者谁？"曰："潜子以降，吾不欲言。非无也，吾不欲言。"②

细绎文义可知，中岩所列人物分为三组。第一组是子思、孟子、荀子、扬雄和文中子，"中正子"肯定其为醇乎"道"者——此"道"非佛家之"道"，而是孔子之道。第二组是韩愈、柳宗元、欧阳修、苏轼和苏辙。"中正子"对韩愈一方面褒奖其文起八代之衰的功绩，另一方面则指其有违道之处；对柳、欧、二苏则主要称赞其在"文"方面的成就。第三组是老子、庄子、契嵩③，"中正子"以之为道、释二教擅文的代表。

中岩在总叙著作之意的《叙篇》末尾所述孔子以下的儒家谱系，与南宋以来流行的程朱"道统"完全不同。从中岩的知识背景来看，他不可能不知道南宋的"道统"谱系(详见本文第三节)；禅宗极为重视"法统"，中岩在此为文关键处对以上学者进行称述，其意义不应小觑。

入矢义高认为，中岩在孔子以下列出子思、孟子、荀子、扬雄、文中子，系受到北宋名僧契嵩(1002—1072)影响。其理由有四：(1)中岩在《叙篇》中对文中

---

① 对于《中正子》各篇的详细解读，参见入矢义高：《中巌と〈中正子〉の思想性格》，第487—500页。
② 以上所引《中正子》十篇的内容见《东海一沤集》卷三，载玉村竹二编：《五山文学新集》第四卷，第405—435页。
③ "潜子"为北宋名僧契嵩(1007—1072)的号。

子王通的一段评价是改写了契嵩《文中子碑》的相关内容;(2)除子思外,这组人物的构成与契嵩所述的"传道谱系"完全一致;(3)《中正子》中常见拟设问答的"或问"文体,为契嵩常用,《中正子》的文体风格总体酷似契嵩文章;(4)《叙篇》文末答"释氏能文者谁",曰"潜子以降,吾不欲言,非无也,吾不欲言",非常明确地表达出对契嵩的崇敬。① 与入矢的观点不同,金文京认为中岩圆月称述这组人物,固然有契嵩的影响,但主要是受到元儒启发。②

实际上,元弘二年(1332)中岩致书虎关师炼(1278—1346),信中也将子思、孟子、荀子、扬雄、文中子作为孔子以下的儒家正统,其文曰:

> 伏惟座下,微达圣域,度越古人,强记精知,且善著述。凡吾西方经籍五千余轴,莫不究达其奥,置之勿论。其余上从虞夏商周,下逮汉魏唐宋,乃究其典谟训诰矢命之书,通其风赋比兴雅颂之诗。以一字褒贬,考百王之通典;就六爻贞悔,参三才之玄根;明堂之说,封禅之议,移风易俗之乐,应答接问之论;以至子思、孟轲、荀卿、杨雄、王通之编,旁入老、列、庄、骚,班固、范晔、太史纪传,三国及南北八代之史,隋唐以降,五代、赵宋之纪传,乃复曹、谢、李、杜、韩、柳、欧阳、三苏、司马光、黄、陈、晁、张,江西之宗、伊洛之学。轇轕经纬,旁据午援,吐奇去陈,曲折宛转。可谓座下于斯文,不羞古矣。③

中岩在列举儒家"六经"以后,立刻接续以子思、孟轲、荀卿、扬雄、王通之学,且很显然是以之为儒家正统学脉。与之形成对比的是,韩、柳、欧、苏等人被置于曹植、谢灵运、李白、杜甫之下的"文"的谱系中,"伊洛之学"则更在"江西之宗"之后被一笔带过(这也可见中岩对于伊洛之学的态度)。

---

① 入矢义高:《中巌と〈中正子〉の思想性格》,第490—491页。
② 金文京:《中岩円月の中国体験——科挙との関係を中心として》。
③ 《东海一沤集》卷二《与虎关和尚》,载玉村竹二编:《五山文学新集》第四卷,第384页。此信开头署"七月二十三日",文中有"是岁四月归国"之语,可知写于中岩归国的日本元弘二年七月二十三日。中岩赴元留学以前,曾于日本元亨元年(1321)赴京都济北庵拜访虎关,此时虎关已为禅林名宿。元亨二年(1322)虎关更因将著作——日本史上第一部僧传《元亨释书》进呈于后醍醐天皇而名高天下。元弘二年(1332)中岩自元返日时,虎关已历为京都欢喜光院、伊势本觉寺、山城圆通寺和三圣寺等住持。中岩在信中对虎关学问的描述有夸大、溢美之词也在情理之中。

中岩为何看重子思、孟轲、荀卿、扬雄、王通在儒学传承中的地位？笔者认为这首先要区分两个问题：(1)中岩获得这种谱系的知识来源为何？(2)他进行这种称述的意图为何？因此，本文第二节先论证孔子、子思、孟子、荀子、扬雄、王通这一类型的"传道谱系"所流行的历史时期，第三节则讨论中岩圆月称述这一典型的"传道谱系"而非南宋、元代流行的"道统"谱系的意图。

二、宋元儒学中的"传道谱系"

韩愈在《原道》中最早提出了"周道衰,孔子没"以后"道"的传授谱系①,皮日休和陆龟蒙对其进行了补充。②"传道谱系"在宋初始为学者所常称道,且出现了比较固定的组合。柳开(948—1001)在《答臧丙第一书》中以尧、舜、禹、汤、文王、武王、周公为得道之传授且得其位的圣人,以孔子为不得其位但功过于前述七者的大圣人,以孟子、扬雄、王通为救道于乱世的道统传人。柳开还说王通之后百余年,"俾韩愈氏骤登其区,广开以辞,圣人之道复大于唐",而"韩愈氏没,无人焉。今我之所以成章者,亦将绍复先师夫子之道也",标榜自己为韩愈之后的道统传人。③ 孙复在《信道堂记》中说："吾学尧、舜、禹、汤、文、武、周公、孔子、孟子、扬雄、王通、韩愈之道三十年。"④石介在《救说》中写道："道大坏,由一人存之。天下国家大乱,由一人扶之。周室衰、诸侯畔,道大坏也,孔子存之。孔子殁、杨墨作,道大坏也,孟子存之。战国盛,仪秦起,道大坏也,荀况存之。汉祚微、王莽篡,道大坏也,扬雄存之。七国弊、王纲圮,道大坏也,文中子存之。齐梁来,佛老炽,道大坏也,吏部存之。"⑤

刘成国指出,"孔子—孟子—荀子—扬雄—王通—韩愈"是唐末至北宋中期儒者所构拟的"传道谱系",因叙述者的喜好会对其中的个别人物进行增删,这

---

① 刘真伦、岳真校注：《韩愈文集汇校笺注》卷一《原道》,北京：中华书局,2010年,第1—4页。
② 萧涤非、郑庆笃整理：《皮子文薮》卷四《文中子碑》、卷九《请韩文公配飨太学书》,上海：上海古籍出版社,2017年,第41页、第105页；《唐甫里先生文集》卷十六《送豆卢处士调宋丞相序》,《四部丛刊》本。
③ 《河东先生集》卷六,《四部丛刊》本。
④ 《孙明复小集》卷二,文渊阁《四库全书》本。
⑤ 陈植锷整理：《徂徕石先生文集》卷八《救说》,北京：中华书局,1984年,第84页。

种谱系的功能除排斥佛老、树立儒家权威之外,还能将述者本人的学说、学派拉入谱系以进行自我标榜。① 然而,这种谱系说自北宋中期以后就备受批评,尤其在二程地位确立后基本不再受到肯定,在朱子学形成并成为主流学术之后则基本完全被朱子学派的"道统"所取代。

欧阳修已对扬雄、王通颇有微词,称其为"道不足而强言者",与"孟子皇皇不暇著书,荀卿盖亦晚而有作"不可相提并论。② 程颐则对荀子、扬雄都提出了尖锐的批评,如说"孟子言人性善是也。虽荀、杨亦不知性。孟子所以独出诸儒者,以能明性也"③,又说"韩退之言'孟子醇乎醇',此言极好,非见得孟子意,亦道不得。其言'荀、杨大醇小疵',则非也。荀子极偏颇,只一句'性恶',大本已失。杨子虽少过,然已自不识性,更说甚道?"④程颢去世后,程颐为其集《门人朋友叙述》并作序,称"其所以推尊称美之意,人各用其所知,盖不同也;而以为孟子之后,传圣人之道者,一人而已,是则同"⑤,肯定了程门后学推尊程颢为孟子之后唯一得圣人之道者的说法,彻底取消了荀子、扬雄、王通在儒道传承谱系中的位置。

朱熹和陆九渊也都否定荀子、扬雄、王通、韩愈之"道"。朱子对荀子、扬雄批评极为严苛,如说"荀、扬不惟说性不是,从头到底皆不识。当时未有明道之士,被它说用于世千余年。韩退之谓荀扬'大醇而小疵'。伊川曰'韩子责人甚恕'。自今观之,他不是责人恕,乃是看人不破"⑥;对王通的评价虽稍为和缓,说"文中子本是一隐君子,世人往往得其议论,附会成书。其间极有格言,荀、杨道不到处。又有一件事,半截好,半截不好"⑦,但也不承认王通继承了孟子以来的"道统"。陆九渊在一篇策问中说"孟子之后,以儒称于当世者,荀卿、杨雄、王通、韩愈四子最著",但细绎文义,陆氏所问是何为异端之学,则暗示荀子、扬雄、

---

① 刘成国:《9—12世纪初的道统"前史"考述》,《史学月刊》,2013年第12期。
② 《居士集》卷四十七《答吴充秀才书》,载洪本健校笺:《欧阳修诗文集校笺》,上海:上海古籍出版社,2009年,第1177页。
③ 《河南程氏遗书》卷十八《伊川先生语》,载王孝鱼点校:《二程集》,北京:中华书局,1981年,第204页。
④ 《河南程氏遗书》卷十八《伊川先生语》,载王孝鱼点校:《二程集》,第262页。
⑤ 《河南程氏文集》卷十一《明道先生门人朋友叙述序》,载王孝鱼点校:《二程集》,第639页。
⑥ 《朱子语类》卷一百三十七,载朱杰人、严佐之、刘永翔主编:《朱子全书(修订本)》第18册,上海:上海古籍出版社;合肥:安徽教育出版社,2010年,第4236页。
⑦ 《河南程氏遗书》卷十九《伊川先生语五》,载王孝鱼点校:《二程集》,第261页。

王通皆非正统。他认为荀子非议子思、孟子、子游、子夏、子张出于私意,并要对策者讨论荀子究竟师承何人,又指出扬雄有取于老氏之言道德者,王通学混三教、无所讥贬,韩愈则虽辟佛老甚力而不能胜。① 在其他文章中,陆九渊还评价扬雄、韩愈"未知道"②,对王通则更苛评其为"自比于古之圣贤,袭其粗迹,偶其大形,而侈其说以欺世而盗名",说"续书何始于汉,吾以为不有以治王通之罪,则王道终不可得而明矣"③。

程朱系统的"道统"谱系在朱子后学的叙述中被表述为尧、舜、禹、汤、文王、武王、周公、孔子、颜子、曾子、子思、孟子、周敦颐、二程、朱熹。④ 据《元史》记载,宋末将朱子学传到北方的赵复"以周、程而后,其书广博,学者未能贯通,乃原羲、农、尧、舜所以继天立极,孔子、颜、孟所以垂世立教,周、程、张、朱氏所以发明绍续者,作《传道图》"。学界已辨明赵复并非宋末将朱子学传到北方的第一人⑤,但此段记录仍可证明关于"道统"的知识在理学的传播过程中是极为重要的内容。

不过,在程朱理学兴起以后,仍有一些学者称赏荀子、扬雄、王通、韩愈。如赵秉文在《性道教说》中虽然肯定"独周、程二夫子,绍千古之绝学,发前圣之秘奥",但也认为"后儒之扶教,得圣贤之一体者多矣。使董子、杨子、文中子之徒游于圣人之门,则游夏矣"⑥。赵秉文还著有《杨子发微》一卷、《太玄笺赞》六卷、《文中子类说》一卷⑦,可见其对此三人的重视。刘因在《叙学》中,对诸子作出评价,认为荀子"然有王霸之辨,仁义之言,不可废也",扬雄"取其辞而不取其节可也",文中子"可谓大儒矣",韩愈"诋斥佛老,扶持周孔,亦孟轲之亚也"。⑧ 赵、刘二人皆为北方学者,相较于浸润于纯正理学学风的南方学者,其学问包含有更

---

① 钟哲点校:《陆九渊集》卷二十四《策问》,北京:中华书局,1980年,第288—289页。
② 钟哲点校:《陆九渊集》卷四《与符舜功》,第59页。
③ 钟哲点校:《陆九渊集》卷三十二《续书何始于汉》,第382页。
④ 黄干:《圣贤道统传授总叙说》,载曾枣庄编:《全宋文》第288册,上海:上海辞书出版社;合肥:安徽教育出版社,2006年,第351页。
⑤ 参见安部健夫:《元代知識人と科挙》(遗稿),《史林》(京都),1959年第6号。
⑥ 《滏水集》卷一,《四部丛刊》本。
⑦ 《遗山先生文集》卷十七《闲闲公墓铭》,《四部丛刊》本。
⑧ 《静修先生文集》卷一《叙学》,文渊阁《四库全书》本。

为多元的层面。① 但是，尽管赵、刘二人对荀、扬、王、韩地位的评价较南方学者要高，却也未将其列入"传道谱系"加以称述。

儒林之外，在北宋中期以前，这种传道谱系说也受到一些佛教徒的注意。中岩圆月所推崇的契嵩就是其代表。契嵩（1002—1072）俗姓李，字仲灵，自号潜子，藤州镡津（今广西藤县）人，七岁出家，十三岁落发，次年受具足戒，十九岁游方，后为云门宗法嗣。嘉祐六年，契嵩作《万言上仁宗皇帝》、《再书上仁宗皇帝》，并投状开封府尹王素，王素将此二篇文章与《禅门定祖图》、《传法正宗记》、《辅教编》一同进呈于仁宗皇帝。次年仁宗赐《禅门定祖图》、《辅教编》入藏，并赐契嵩"明教大师"之号。契嵩在当时受到欧阳修、韩琦等重臣的赏识。① 其著作流传于后世的，有刊刻于其身前的《辅教编》三卷，以及南宋绍兴四年（1134）释怀悟将其生前未刻的《嘉祐集》等与《辅教编》合编后刊刻的《镡津文集》二十卷。② 契嵩对于儒家传道谱系有非常详细的论说。他在《文中子碑》中以孟子为"启乎仲尼者"，以荀子、扬雄为"赞乎仲尼者"，以王通为"肖乎仲尼者"。他高度推崇王通，对其评价甚至超过了孟子、荀子和扬雄，说"文中之于仲尼，尤日而月之也"。与对王通的极口称赞相反，契嵩对儒者所构拟的"传道谱系"中的关键人物韩愈，不但将其排除在谱系之外，而且将王通在唐代不显的原因部分归咎于韩愈。③ 契嵩还著有《非韩》三十篇，对韩愈全方位地进行抨击。何寄澎指出，对于北宋儒者普遍抱持的排佛态度，契嵩以"援儒入释"之法应对，是所谓入

---

① 金朝儒学的性质及其对元朝学术的影响，学界已有较多研究。关于金朝学者接受朱子学的时间和程度，各家说法不一，但金朝儒学较多吸收了北宋儒学的成果且不定于一尊，是学界所普遍承认的。本文主要参考的研究有：安部健夫：《元代知識人と科挙》（遺稿）；吉川幸次郎：《朱子学北伝前史：金朝と朱子学》，载《宇野哲人先生白寿祝賀記念東洋学論叢》，东京：宇野哲人先生白寿祝賀記念会，1974年，第1237—1258页；姚大力：《金末元初理学在北方的传播》，《元史论丛》第2卷，北京：中华书局，1983年，第217—224页；田浩：《金代的儒教——道学在北部中国的印迹》，《中国哲学》第14辑，北京：人民出版社，1988年，第107—141页。

① 契嵩生平及其上书仁宗皇帝之始末，可参熙宁八年陈舜俞撰《镡津明教大师行业记》，载林仲湘、邱小毛校注：《镡津文集校注》卷首，北京：中华书局，2014年，第3—4页。契嵩向宋仁宗进呈著作之目见《镡津文集校注》卷九《再上皇帝书》，第185—186页。

② 契嵩著作刊刻始末，见南宋绍兴四年（1134）释怀悟刊刻《镡津文集》时所撰《序》，载林仲湘、邱小毛校注：《镡津文集校注》卷二十二，第427—430页。

③ 林仲湘、邱小毛校注：《镡津文集校注》卷十五《文中子碑》、卷十六《书文中子传后》，第282—283、第308—309页。

其室而操其戈者。① 笔者认为，契嵩标举孔子、孟子、荀子、扬雄、王通这一道统谱系，很有可能也是为了参与当时盛行于儒者间的有关"传道谱系"的议论，拉近与儒者的思想距离，但又巧妙地排除了此谱系中最为关键的人物韩愈，以达到消解儒者"传道谱系"排佛功能的目的。

三、中岩圆月"传道谱系"论说的思想意图

由本文第二节可知，北宋儒者广泛称述的"传道谱系"不为理学家所认可，且在南宋、元代理学派取得主流话语地位后就很少被学者述及。所以，从知识来源方面看，如入矢义高所论，中岩的"传道谱系"说可能确实受到契嵩影响，但契嵩的影响不能解释中岩为何对程朱学派的"道统"谱系置之不理。②

中岩在元期间游历的许多地区是南宋理学的重镇，入元后理学学统仍延绵不绝。③ 以下先据金文京的研究略述中岩在元的求学、游历轨迹。中岩于元泰定二年(1325)九月到达江南地区，在雪窦山西资圣禅寺过冬，随后赴嘉兴天宁寺。次年他在吴县灵岩寺挂搭，后到达建康保宁寺和南昌西山云盖寺，夏季以后挂搭在宁州云岩寺。泰定四年中岩返回建康保宁寺，冬季挂搭在吴门幻住庵。泰定五年夏中岩在湖州道场山护圣万寿寺，秋赴南屏净慈寺。天历元年先赴武昌营救友人，后返回江西，挂搭在庐山东林寺，次年在百丈山大智寿圣禅寺过冬。至顺元年(1330)，大智寿圣禅寺住持东阳德辉命中岩掌书记职，是年冬

---

① 何寄澎：《北宋的古文运动》，上海：上海古籍出版社，2011年，第291—309页。

② 按：北宋熙宁五年(1072)契嵩示寂，同年十月二十一日中国僧人智普和南即将《辅教编》借予入宋的日本天台僧成寻阅览。14世纪前叶，日本以元刻本为底本翻刻了《镡津文集》。《镡津文集》在《普门院经论章疏语录儒书等目录》中也已见著录。日本观应二年(1352)，室町幕府"国师"春屋妙葩主持翻刻了元大德六年(1302)刻契嵩自注《夹注辅教编》六卷。总之，契嵩著作早在11世纪就已为日本僧人所知，传入日本后则受到禅林大德的重视。中岩圆月对契嵩推崇备至，正是当时日本禅林文化的反映。参见成寻著、王丽萍校点：《新校参天台五台山记》卷四，上海：上海古籍出版社，2009年，第310—311页；椎名宏雄：《宋元版禅籍研究(三)——辅教编、镡津文集》，《印度学仏教学研究》，第27卷第1号，1978年，第300—301页；川瀬一马：《五山版の研究》上册，东京：The Antiquarian Booksellers Association of Japan, 1970年，第479页。

③ 如全祖望盛赞金华地区的学术说"而明招诸生历元至明未绝，四百年文献志所寄也"。黄宗羲原著、全祖望补修、陈金生、梁运华点校：《宋元学案》卷七十三《丽泽诸儒学案序录》，北京：中华书局，1986年，第2434页。

中岩解职，再经庐山、过鄱阳湖，赴永福寺。至顺二年夏，中岩挂搭在金华双林寺，秋赴智者寺。至顺三年春，中岩重返南屏净慈寺，此后上径山，访兴圣万寿禅寺，再赴吴门幻住庵，最后于夏初乘日本船从宁波归国。①

金文京指出，至顺二年(1331)在金华期间，中岩曾与萨都拉等文人学者交游唱和，而金华正是吕祖谦、何基、金履祥等理学家的学脉所在；中岩曾辗转于江西南昌、宁州、庐山等地，与此临近的抚州则是陆九渊、吴澄等的出生地。②其实，背靠庐山的南康路(南宋南康军)也曾是朱熹任知事、整顿学校、树立学风、刻印周敦颐著作、复建白鹿洞书院之地。③此外，庆元路(南宋庆元府)是陆、吕、朱后学交错盘踞之地，饶州路(南宋饶州)则是朱子后学的重镇所在。④从中岩在元期间的游历范围来看，他对当时主流的理学学统不应茫然无知。

中岩的著作也反映出他对宋代学术的熟稔。他在《藤阴琐细集》、《文明轩杂谈》等著作中广泛征引宋元史料，对与欧阳修、李觏、曾巩、司马光、王安石、苏轼、黄庭坚等人相关的史事表现出浓厚的兴趣⑤，对吕祖谦、朱熹等人的著作也有相当的了解。如其拟韩愈《感二鸟赋》而作的《胡为乎赋》，以他人之口对自己不得志的境况作出劝慰，说"吕东莱以萧氏馁死台城，故斥佛者为卫君之鹤。今子之不遇矣，或由之乎"，系引用吕祖谦在《左氏博议》中对"卫懿公好鹤"的议论。⑥在《文明轩杂谈》中他称赏朱熹《韩文考异》为"最有益于学文者"⑦。他所

---

① 金文京：《中巌円月の中国体験——科挙との関係を中心として》。
② 金文京：《中巌円月の中国体験——科挙との関係を中心として》。
③ 朱子在南康期间的为政与为学参来景南：《朱熹年谱长编》卷上，淳熙六年三月—淳熙八年九月谱，上海：华东师范大学出版社，2001年，第620—709页。
④ 南宋以后，庆元既是陆学兴盛地区，又多出吕氏门人，还有专宗朱氏的黄震和以朱学为主的王应麟等的学脉，见《宋元学案》卷七十四《慈湖学案》、卷七十五《絜斋学案》、卷七十六《广平定川学案》、卷七十七《槐堂诸儒学案》、卷八十五《深宁学案》、卷八十六《东发学案》。鄱阳自朱门高弟程端蒙以下代有流传，鄱阳所属的饶州路还有饶鲁的学脉，见《宋元学案》卷六十九《沧州诸儒学案上》、卷八十九《介轩学案》、卷八十三《双峰学案》。陈金生、梁运华点校本，第2459—2614页、第2855—2907页、第2969—2989页、第2809—2837页。
⑤ 《东海一沤集》卷四，载玉村竹二编：《五山文学新集》第四卷，第440—498页。
⑥ 《东海一沤集》卷一，载玉村竹二编：《五山文学新集》第四卷，第319页。吕祖谦原文为："普通之际，朝谈释而暮言老，环坐听讲，迭问更难，国殆成俗，一旦侯景遍台城，士大夫习于骄惰，至不能跨马，束手就戮，莫敢枝梧。(见《南史·梁武帝纪》)是亦懿公之鹤也。"其实，吕氏所论并不完全针对佛徒，而主要是对空谈玄学、不能务实的士大夫提出批评。《左氏博议》卷九《卫懿公好鹤》，载黄灵庚、吴战垒主编：《吕祖谦全集》第十四册，杭州：浙江古籍出版社，第197—198页。
⑦ 《东海一沤集》卷四，载玉村竹二编：《五山文学新集》第四卷，第465页。

作的《辨朱文公易传重刚之说》则是对朱熹《周易本义》中"乾"卦"九三"解释的商榷。①

所以,中岩接受契嵩所述的儒家"传道谱系",实际已包含了一种选择的态度,这当与其时日本禅僧的护教思想有关。尽管中岩以前的宋、元渡日僧和日本禅僧的语录、文集中已可见宋学思想的影响,但也有日本禅僧对朱子学抱持对抗、蔑视的态度。中岩致书的对象虎关师炼就对道学家尤其是二程和朱子颇为不屑。虎关针对程颢排佛之语,说道:"夫程氏主道学,排吾教,其言不足攻矣。"②针对司马光、朱子的排佛态度,他说道:"我常恶儒者不学佛法,谩为议。光之朴真犹如此,况余浮矫类乎。降至晦庵益张,故我合朱氏而排之云。"③他还根据尤焴题《大慧语录》的说法,攻击朱熹赴举时箧中仅有《大慧语录》一事,称"朱氏已宗妙喜,却毁灯传,何哉?因此而言,朱氏非醇儒矣"④。很明显,虎关对道学家的排诋主要是出于护教立场而进行的反击。其实,虎关的"诗话"中有不少对王安石、欧阳修、杨万里作品的议论,对韩愈还尤为推崇。⑤ 虎关的文章中也有与宋儒神似的议论,如《姚崇论》中说"仁者名教之先也,治天下须臾不可离矣。离仁治天下者,未有矣"⑥。由此可见,虎关对唐宋文人儒者的倾慕与他护教的立场无法完全统合,其思想具有内在的矛盾性。

汲取宋代思想文化资源的同时抵御宋儒对佛教的攻击,这一问题对中岩圆月来说同样棘手。中岩对儒者排佛议论之敏锐,由其著作中对韩愈、王通、程子、朱子的评价可见一斑。在《藤阴琐细集》中,他指出韩愈《送灵师》中的"围棋斗白黑"、"饮酒尽百盏"、"六博在一掷"、"有时醉花月"等语都是对佛教徒的侮蔑,又引契嵩之言,指韩愈《送僧澄观》是为轻慢清凉澄观而假托的文辞。⑦ 与对韩愈的态度不同,中岩高度评价王通。在《上建武天子》中,他写道:"文中子曰:'通其变,天下无弊法;执其方,天下无善教。'教化法度之成,三代莫之逾者,

---

① 《东海一沤集》卷二,载玉村竹二编:《五山文学新集》第四卷,第396—397页。
② 《济北集》卷十七《通衡之二》,载上村观光编:《五山文学全集》第一卷,第255页。
③ 《济北集》卷十二《通衡之五》,载上村观光编:《五山文学全集》第一卷,第302页。
④ 《济北集》卷十二《通衡之五》,载上村观光编:《五山文学全集》第一卷,第305页。
⑤ 《济北集》卷十一,载上村观光编:《五山文学全集》第一卷,第174—181页。
⑥ 《济北集》卷十五,载上村观光编:《五山文学全集》第一卷,第235页。
⑦ 中岩圆月:《藤阴琐细集》,《五山文学新集》第四卷,第456—457页。契嵩的议论见林仲湘、邱小毛校注:《镡津文集校注》卷十九《非韩下》,第378页。

然久则其法又弊,法弊则革之,所以通其变也","伏望陛下,感董生、王通之至言,而收臣恳诚,则天下万世之幸矣。"①在《问禅篇》中,他写道:"文中子曰:'斋戒修而梁国亡,非释迦之罪也。'此言当矣。"②中岩否定韩愈在儒家传道谱系中的地位而对王通高度推崇,一方面是可能是受到契嵩的影响,另一方面王通讲通变、不排佛,这有利于中岩宣扬其护教立场。

中岩对禅僧用白话说法的议论则反映出他对程朱学派排佛态度的警惕。在《问禅篇》中,他针对"或问"的问题——禅僧语录中有"恁地"、"便是恰好了"等白话,是否说明禅宗也有言教——答道:"吾禅家之流,以离文字为宗,故本无言教……且夫伊洛之学,张、程之徒,夹注孔孟之书,而设或问辩难之辞,亦有'恁地'、'便是恰好'、'不要者般'、'什么说话'、'无道理了'、'那里得个'、'不理会得'、'却较'、'些子'等语,然其注意在于搥提佛老之道也。此等语,非禅也审矣。……倘不本佛心而固执,而以若此等语为禅者,伊洛家之流,何异之耶。可言禅乎。"③中岩的本意是要禅徒以不立文字为宗旨,将语言文字视作"假设寓言",但他也提醒初学者勿于不经意间将程朱学说当作禅学接受。④

总之,中岩在元期间辗转于理学家辈出之地,对宋学的发展脉络也颇为了解,但他没有接受程朱学派的道统观,反而称述程朱学派兴起以前流行的"子思—孟子—荀子—扬雄—王通"谱系,这与南宋、元代儒学的主流思想相异。笔者认为,中岩进行这种选择的原因,是由于理学家的排佛态度与佛教徒的立场存在矛盾。他可能受到契嵩称赏王通、排斥韩愈的启发,想要通过改造儒家"传道谱系"的方式贬低排佛儒者的地位。

不过,问题还有另外一面,即,中岩又为何必须要称述儒家的传道谱系?固然,在他的时代,一些有学问的日本禅僧在文学方面追摹唐宋古文家,在思想方面对宋元儒学也有相当的理解。虎关、中岩都是这一时代的翘楚。中岩在致

---

① 《东海一沤集》卷二《上建武天子》,载玉村竹二编:《五山文学新集》第四卷,第380—381页。按:中岩上书后醍醐天皇的举动可能也受到契嵩上书宋仁宗的启发。
② 《东海一沤集》卷三,载玉村竹二编:《五山文学新集》第四卷,第432页。
③ 《东海一沤集》卷三《中正子·问禅篇》,载玉村竹二编:《五山文学新集》第四卷,第430—431页。
④ 按:宋代理学家用白话讲学的记录仅见于其语录,而在注释《五经》《四书》的"夹注孔孟之书"中则绝无,中岩所指或为理学家语录。

书虎关时,历数百家之学,详述宋代学术,还称述子思、孟子、荀子、扬雄、王通这一在北宋儒者中被广泛接受的"传道谱系",这既是名僧之间往来的风雅之举,也是为了表现自己的博学。但对中岩来说,恐怕还有更加迫切的内在动因。

如前所述,《中正子》作于日本后醍醐天皇建武元年(1334),此前一年即光严天皇正庆二年(后醍醐天皇元弘三年),是日本政治史上极为动荡且重要的一年。是年三月,因倒幕活动而遭到镰仓幕府流放的后醍醐天皇从流放地隐岐(今日本岛根县隐岐)逃出,并在包括足利高氏(1305—1358,后改名足利尊氏,室町幕府初代将军)等各路武将的支持下打回京都,六月废除了镰仓幕府所支持的光严天皇并复位。至此,镰仓幕府完全覆灭,日本史上的"镰仓时代"也宣告结束。复位后的后醍醐帝推行新政,政令皆由己出,对人事、财税、诉讼等诸多方面都进行了大刀阔斧的改革。①

在这风起云谲的两年间,中岩圆月进行了怎样的活动?其自编年谱记载如下:

> 元弘三年癸酉。
> 予三十四岁。夏五月,关东亡,时予在丰后万寿西方丈。秋,皈博多。冬,随大友江州上京,在南禅明极和尚会下。归蒙堂,作《原民》、《原僧》二篇,上表以闻。十二月三日,江州薨。
> 后醍醐天皇再祚。建武元年申戌。
> 春,皈圆觉,作《中正子》十篇。②

虽仅寥寥数语,但由"关东亡"(关东指镰仓幕府)、"上表以闻"、"后醍醐天皇再祚"等语可见其对政治局势的高度关心。中岩在《上建武天子》中自陈上书是因:"然今天下为关东所伯,百数十岁之弊积焉。斯民渐溃恶俗,贪饕谂诐。故自朝至暮,狱讼满庭,又沙上偶语者亦多矣。"他认为:"陛下除霸兴王,不乃万世鸿业之始,固在斯时乎!旧法之弊,可不革耶?"表达出尊王黜霸、积极支持改革

---

① 建武二年(1334),足利尊氏开始明确反对后醍醐天皇的改革,次年重建幕府、拥立光明天皇登基,后醍醐天皇逃离京都建立小朝廷,是为日本南北朝时代的开始。
② 《佛种慧济禅师中岩月和尚自历谱》,载玉村竹二编:《五山文学新集》第四卷,第618—619页。

的态度。① 他痛感于乱世之中人人衣甲手兵、不务本业甚至连僧人也不例外的情况，又在《原民》中劝后醍醐天皇收天下之兵，偃武修文，以仁义治国，令天下人各安其分。②

中岩在著成《中正子》后十年即日本南朝兴国五年、北朝康永二年（1344）在书前题辞，曰："予生乱世，无有所以也。偏以翰墨游戏，余波及二三子讲明，遂成《中正子》十篇。后十年读之，又不能无自是自非之也。此书之作，以出乎一时之感激尔。甲申春季，圆月书。"③人矢义高认为，"以出乎一时之感激"表达了中岩在结束异国留学之后的澎湃心情，但也指出《中正子》外篇与中岩上书后醍醐天皇的三篇文章有紧密关联。④ 金文京则认为，真正导致中岩产生"一时之感激"的，是其建立在儒佛合一思想基础上的对于文治的期待，而这种期待是其在元期间广交文人学士的结果。金先生进一步推论，中岩可能认为武家政权下的日本与蒙古人统治下的元朝相同，因而希望在日本也展开元朝汉族知识分子所从事的恢复汉人文化的活动，而中岩更因此"一时之感激"几乎忘记了自己的僧人身份。⑤

笔者认为，除了二位先生所指出的方面，中岩圆月的"一时之感激"之中还包含有他在后醍醐天皇推行新政时期所抱有的强烈经世意愿。他在《中正子》中引入儒家学说，阐发对于为政和改革的看法，是其经世思想的具体表现，而《中正子》本身很可能是《上建武天子》的续作。《中正子》十篇的关键是"中道"，外篇强调仁义、教化的重要性，并以《周易》和历法论证应循序渐进地进行改革。中岩一方面欲依托宋学的思想资源针对当时的政治、社会情况提出建言，但另一方面他从佛教徒的立场出发又必须抵御排佛的宋儒对佛教的攻击。《中正子》内篇以佛教义理对"性情"、"格物"等宋学的核心概念进行阐释，其目的是要将宋学思想收摄于佛教理论。《中正子·叙篇》以子思、孟子、荀子、扬雄、王通为传承儒家之道的谱系，并在契嵩的影响下将韩愈排除在外，则很可能是一种

---

① 《东海一沤集》卷二《上建武天子》，载玉村竹二编：《五山文学新集》第四卷，第381页。中岩所谓"除霸兴王"之"霸"系指关东幕府。
② 《东海一沤集》卷二《原民》，载玉村竹二编：《五山文学新集》第四卷，第393页。
③ 《东海一沤集》卷三《中正子》卷首，载玉村竹二编：《五山文学新集》第四卷，第405页。
④ 入矢义高：《中巖と〈中正子〉の思想性格》，第487页、第491—492页。
⑤ 金文京：《中巖円月の中国体験——科挙との関係を中心として》。

经过深思熟虑的巧妙策略,意在回避程朱学派的"道统"谱系,排除宋学中不利于佛教的因素,为充分利用宋学的思想资源减少障碍。

结语

作为日本中世时期最大的文化群体和中日文化交流的主要媒介,禅僧的学问在很大程度上形塑了日本中世汉学的形态。江户时代以前,佛教在日本很少受到儒者的攻击与排斥。表面上看,中岩圆月与契嵩的历史处境不同,他似乎没有援儒入释的紧迫性。但如果考察这一时期日本禅僧的文化地位和中岩个人的思想背景,就会发现中岩的援儒入释既具有必然性,又包含了日本中世宋学接受史上最为复杂和纠结的问题。本文通过对中岩圆月关于儒家"道统谱系"的论说进行分析,揭示出日本中世禅僧在接受宋学时的两难之境:他们需要借助宋学的思想资源以应对时代问题,但宋儒对佛教的排诋又对他们的援儒入释形成了阻碍。笔者认为,中岩称述子思—孟子—荀子—扬雄—王通这一谱系,而对其同时代元儒推崇的"道统"谱系冷淡处之,是选择性地接受了宋学中与佛教立场没有矛盾的内容。中岩一方面将宋学吸纳进佛学的理论体系,另一方面积极利用宋学的理论经世致用,这体现了一种接受外来学问时的"拿来主义"态度。中岩虽然不是宋学的祖述者,也没有如江户时代儒者那样在与宋学的对峙中形成自身的思想体系,但是中岩思想的价值恰恰体现为这种与行动互为表里的流动性。正是在这个意义上,笔者认为中岩的宋学接受是一种具有"主体性"的思想活动。

Bringing Confucianism to Buddhism: Chugan Engetsu's Statement of the Genealogy of Confucian Way

Yang Yang

Abstract: As late as the latter 13th century, the works of Song scholars had been brought to Japan by Zen Monks. Although the thought of Neo-Confucianism could be found in the words and articles of Japanese Zen monks in the 14th century, it exited an attitude of repelling the Dao School among the Buddhists. In his famous work *Zhongzheng Zi* and his letter to Kokan Shiren (1278 – 1346), Chugan Engetsu (1300 – 1375) stated that the Way of Confucianism was transmitted by Zisi, Mengzi, Xunzi, Yangxiong and Wangtong. In the view of the source of knowledge, Chugan Engetsu was probably influenced by Qisong (1007 – 1072) who lived in the Northern Song Period and especially famous for bringing the thought of Confucianism in Buddhism. However, Chugan Engetsu was no doubt familiar with the thought of Neo-Confucianism of Southern Song and Yuan Period. His statement should be considered as a tactic of avoiding the genealogy which was usually stated by the Dao School, in order to diminish the importance of the Dao School scholars who repelled Buddhism. The statement of Chugan Engetsu reveals the dilemma of Zen monks in Medieval Japan: to solve the political and social problems they faced in their time they brought Confucianism to Buddhism, while they must handle the antagonism between Dao School and Buddhism in their thoughts.

Keywords: Neo-Confucianism, Confucianism of Medieval Japan, genealogy of Confucian way, Chugan Engetsu

西方哲学

西方哲学

阿多诺论哥白尼革命与虚无主义

杨顺利

[摘　要]　阿多诺的"纯批"系列讲座主要借用韦伯的"无实化"(dis-enchantment)、理知化来解释哥白尼革命的深远蕴涵,从消极方面来理解批判哲学的思想成就。哥白尼革命凸显了"知道"、"相信"两种语汇的异质性,可以说,早在否定神学之前,一个关于人-神之间质的无限差异的思想框架就已经被康德勾勒出来了。认知范式的根本变革,促使我们不得不思考神的缺席给人类生存条件带来的根本变化,康德关于人类生存条件的概念探究,对于现代人来说仍然是一个根本前提。最终,阿多诺从社会历史背景来考察康德悬置形而上学命题的划时代意义,突出强调康德哲学的虚无主义特征。

[关键词]　纯粹理性批判;哥白尼革命;虚无主义

在其《纯粹理性批判》系列讲座中,阿多诺主要从消极方面来理解康德式哥白尼革命的思想成就,在康德那里一个现代信念根深蒂固地被确立下来:形而

---

* 基金项目:国家社科基金一般项目"阿多诺否定的民主政治思想研究"(20BZX096)。
** 杨顺利(1974—),男,湖北潜江人,哲学博士,四川大学哲学系副研究员,主要研究领域为社会-政治哲学、阿多诺哲学。

上学的、宗教的根本预设,无论它们在实践生活当中多么重要,都不再能够享有理性论证的基础,"康德在作为认知对象的知识领域与作为信仰对象的形而上学范畴之间的截然对立的二元区分,对于今天的我们仍然是一个根本前提"①。在康德式不可知论或所谓"康德式谦逊"②中,阿多诺看到的是"对形而上学的理念、观念的资产阶级悬置"③。康德哲学以其独特的方式把握到时代症候,表述出一种更为现代的形而上学-宗教观。阿多诺关于哥白尼革命思想蕴涵的阐述,不是一般性的学究性诠释,而是思想家的匠心独运。

一、哥白尼革命与认知的节制

阿多诺以这样一句话作为《纯粹理性批判》专题系列讲座的开场白,"我假设大家对《纯粹理性批判》一无所知",接着他又补充说,"这个假设既恰当又不太恰当"。一般智识阶层对第一批判多少都曾有所耳闻,不可能一无所知,问题在于,一旦某个深刻的思想广泛流传,甚至成为街头巷尾议论的对象,极可能会偏离原意,哥白尼革命亦不能幸免。按照一般的理解,康德通过发动一场"哥白尼革命"颠覆了传统认知模式,最终将认知基础从客体自身转向认知主体的思维结构,自康德之后世人才开始倾向于认为客观性是主观认知活动构建而成的。其实这是一个误解。事实上,哲学的主体转向早在康德之前就已开始,在现代哲学史上至少要回溯到笛卡尔,而休谟的主观主义色彩比康德浓厚得多。因此,站在主观主义立场上清除认知的客观性,并非康德想完成的事情。④ 批判哲学是要将认知的客观性建立在主体之上,这与通过怀疑论来强调主体性的经验主义非常不一样。哥白尼式转向的思想旨趣,不是所谓的挺立主体性或弘扬主观理性等,而是要"建立或者拯救认知的客观属性"⑤。在何种意义上我们能获得关于这些对象的知识?这才是康德真正关心的。

---

① Theodor W. Adorno, *Kant's "Critique of Pure Reason"*, Rodney Livingstone (trans.), London: Polity Press, 2001, p. 6.
② Rae Langton, *Kantian Humility: Our Ignorance of Things in Themselves*, New York: Oxford University Press, 1998.
③ Theodor W. Adorno, *Kant's "Critique of Pure Reason"*, p. 48.
④ Theodor W. Adorno, *Kant's "Critique of Pure Reason"*, p. 1.
⑤ Theodor W. Adorno, *Kant's "Critique of Pure Reason"*, p. 2.

批判哲学一方面遭到大众的误解，另一方面又被实证主义视为过时的"偶像崇拜物"，莱茵巴赫在《科学哲学的兴起》中就明确提出：第一批判提出的问题不再值得认真对待，因为它的实质性内容已经被科学知识的进步所替代，我们最好将康德哲学当成博物馆的历史文物来看待。① 不同于莱茵巴赫等人，阿多诺对第一批判始终抱有浓厚的学术兴趣，在他看来，哥白尼式哲学革命的成果是一个"双重意义上的认知理论"，兼有积极与消极两种意义：积极而言，康德试图一劳永逸地建立科学也就是数学和自然科学的基础，消极而言，他严格限制了绝对概念运用的可能范围。"哥白尼革命"的哲学成就主要应从消极方面来理解，这尤其体现在"先验辩证论"对于上帝存在的各种证明的系统批驳中。② 对此，海涅在《论德国宗教和哲学的历史》中评价说，康德用理性的武器"袭击了天国"，使万王之王的上帝"倒在血泊中"，

> 康德把上帝这一本体看成是先验观念里的虚构，是一种由自然幻觉产生的存在，也就是说，我们关于本体，关于上帝，一无所知，"到这里为止康德扮演了一个铁面无私的哲学家，他袭击了天国，杀死了天国全体守备部队，这个世界的最高主宰未经证明便倒在血泊中了，现在再也无所谓大慈大悲了，无所谓天父的恩典了，无所谓今生受苦来世善报了，灵魂不死已经到了弥留的瞬间——发出阵阵的喘息和呻吟"……③

阿多诺提醒我们，"这个世界的最高主宰未经证明便倒在血泊中了"一句中，句子的重音应该放在"未经证明"④，这句话强调了康德对关于上帝存在的任何可能证据的悬置。人们常常说，康德在第一批判中把上帝赶出家门，第二批判中又偷偷把上帝请回来。这个说法其实颇值得商榷，因为，第一批判自身并不是一部无神论著作，不是对绝对概念的简单否定，其"真正的蕴涵毋宁说是对证据之可能性的限制……它否认某些特定问题是理性的，因此把它们从我们的视域

---

① Theodor W. Adorno, *Kant's "Critique of Pure Reason"*, p. 5.
② Theodor W. Adorno, *Kant's "Critique of Pure Reason"*, p. 5.
③ 亨利希·海涅：《论德国宗教和哲学的历史》，海安译，北京：商务印书馆，1980年，第304页。
④ Theodor W. Adorno, *Kant's "Critique of Pure Reason"*, p. 5.

中驱逐出去,这才是它真正重要的地方,也是它改变整个智识氛围的地方,其深刻的蕴涵时至今日仍然回荡"①。康德要表达的毋宁说是,任何关于上帝存在之真实性或虚假性的证明,都不再具有认知意义上的严肃性,借用一个尼采式说法,"其(这些证明)作为真理的可能性(the possibility of truth)不再被严肃看待"②。

阿多诺还援引观念史学家伯恩哈德·格雷图伊森(Bernhard Groethuysen)的考证。格雷图伊森详细考察了上帝、恶魔在十七世纪晚期及十八世纪早期如何逐渐消弭的过程,阿多诺提醒我们,这并非是一个走向无神论的趋势,而是说,关于绝对范畴的问题越来越不再被严肃看待。"绝对"、"超验"逐渐被视为信仰而非认知的对象。既然有限的人类理性没有能力解答传统形而上学问题,这些议题也就从理性讨论领域给排除出去了。在传统形而上学的理性根基遭到摧毁后,我们不得不思考神的缺席给人类生存条件所带来的根本变化,思考如何"寻求离开与神的关联而存在"③。

否定神学认为,理性范畴只能把握自然之物,而绝对者是超自然的,凭靠任何认知性的理性工具,只会使人越来越悖离那个具有绝对超验性的他者。康德早在否定神学之前就提出,上帝对于人类理性而言是不可认知、不可理解的,绝对范畴不属于人类的认知对象。在这个意义上,从克尔凯郭尔到卡尔·巴特的否定神学,可谓一部"哥白尼革命"的效应史。否定神学强调理性知识与神学信念之间不可通约的对立,指出有限的人类思维不能把握无限的终极实在,神的本质只能在消极的表述形式中得到理解,任何将信仰与知识混杂起来的做法,将不可避免地带来一个悖论性的信仰概念,唯有摒弃逻辑认知手段,人类才有可能趋近上帝。④ 这里,信仰、理性之间的关联被认为是非常偶然、松散的,二者属于不同性质的问题:信仰所需要的不是知识与逻辑,而是对逻辑理性的弃

---

① Theodor W. Adorno, *Kant's "Critique of Pure Reason"*, p.5. 着重号为本文作者所加。
② Bernard Reginster, *The Affirmation of Life: Nietzsche on Overcoming Nihilism*, Cambridge: Harvard University Press, 2008, p.40.
③ 赫伯特·施耐德巴赫指出,"我们都是在'康德之后'思考的,这就是说,我们是在他弄清并教会我们尊重的那些条件下进行思考的"。参见施耐德巴赫:《我们康德主义者——论当前的批判道路》,谢永康译,《求是学刊》,2011年第2期。
④ Theodor W. Adorno, *Kant's "Critique of Pure Reason"*, p.6.

绝,是韦伯所说的"理智的牺牲"①。绝对范畴的存在不依赖于任何前提假设,上帝的存在不需要任何的科学理论根据。鉴于世俗语言、神圣言说之间存在这样一道不可跨越的鸿沟,新教神学家卡尔·巴特断言说"上帝即是上帝",将人、神之间不可还原的绝对异质性强调到极致。

事物何以会以如此这般的形式向我们显现?这本身就是一个相当现代的问题,我们不再能够诉诸绝对他者来寻求答案,甚至,"问题本身是不可回答的,无论根据任何标准,这已经逾越了可理解性的界限"②。在阿多诺看来,康德提出了一种如歌德所说的从每个有限方向来探求无限的认知主张,此一立场应与无神论者霍尔巴赫相区别,简单的无神论立场,仍然是僭越了理性自身的界限而对关于"绝对"的问题妄下结论。哥白尼革命的思想精髓,是强调指出"知道"、"相信"乃是两种不同性质的语汇。在这个意义上,阿多诺视否定神学家为批判哲学的继承人,早在否定神学之前,第一批判就已对人-神之间的质的无限差异做出明确区分。

通常的理解是,"哥白尼革命"的核心是认知模式的翻转,即,由主体围绕客体转而强调客体围绕主体。如阿多诺所指出的,这一转向的根本所在,并非是主观力量的增强或理性的自我伸张等,而是剥夺了形而上学对象的客观属性。基于某种科学主义偏见,莱茵巴赫判断说康德哲学范式已然过时,事实上,批判哲学关于人类生存条件的概念探究,"对于今天的我们仍然是一个根本前提"③,"知道"与"相信"乃是两类不同性质的语汇,二者之间有一道不可跨越的鸿沟,对现代人来说这越来越成为一个基本常识。

---

① "虽然合理性在增长,但这世界上仍留存着一个无法消除的非理性的基础,并自其中孕育出信仰和信念等永不缩退的力量。价值和意义一样,都不内在于事物本身。只有靠我们的信念的强度,靠在通过行动征服或者维护这些事物时所投注的热切程度,这些事物才获得价值和意义。……所以,霸道地证明某一价值高于其他价值,乃是不可能的。只有以信仰为基础,某一价值才会为个人或大多数人所偏好。"韦伯:《学术与政治》,钱永祥译,桂林:广西师范大学出版社,2010年,第95页。
② "以时间为体现形态我们向自身显现,这是一种什么样的关于我们自身的真理呢?我们真的向自身显现吗?或者,正是为了向自身显现,我们才向自身显现?这里的'真的显现'是什么意思?问题本身是不可回答的,无论根据任何标准,这已经逾越了可理解性的界限。"P. F. Strawson, *The Bounds of Sense: An Essay on Kant's Critique of Pure Reason*, New York: Routledge, 1989, p. 39. 着重号为本文作者所加。根据这里的说法,要想回答对事物何以向我们显现,任何给出的答案都是赋予理性进入绝对领域的权利,因此是理性对自身权能的僭越。
③ Theodor W. Adorno, *Kant's "Critique of Pure Reason"*, p. 6.

康德哲学剥夺了"理性在绝对领域之内漫步的权利",这种有所节制的认知立场被阿多诺称为"资产阶级生活的神义论","在《纯粹理性批判》中记录下来的是资产阶级生活的神义论:在对实现自身的乌托邦失去信心之后,它意识到自身的实践活动"①。而第一批判的力量就体现为它将认知领域的萎缩坦然接受下来。"《纯粹理性批判》之所以能够显示其力量,不在于说,它能够对形而上学问题做出反应,而在于说,一开始它就无畏而坦然地拒绝对这些问题做出反应"②。人类能够对自身的理性进行反思,人类理性具有一种自反性,通过这一反思,为理性的运用范围划定了一道清晰的界限,"我们一方面为经验世界建立了牢固的根基,另一方面又阻止人们僭越了可能经验的范围而进入到绝对领域"③。我们不再能够擅自闯入绝对领域,不再能够对形而上学对象妄加判断,"绝对"、"超验"从确然的认知对象成为实践反思的对象。从绝对领域撤退之后,人类反而能够坚实地站立在地面,欣欣然满足于眼下所占领的地盘。

> 如果我把纯粹的和思辨的理性的一切知识的总和视为我们至少在自己心中已有其理念的一座建筑,那么我就可以说:我们在先验要素论中已经估算建筑材料,并且规定了它们够建造一座什么样的建筑,够建造多高和多么坚固。当然可以发现,尽管我们打算建造的是一座参天的高塔,但材料的储备却毕竟只够一座住宅,其宽敞恰恰够我们在经验的层面上的工作需要,其高度恰恰够俯瞰这些工作;但是,那个大胆的计划就由于缺乏材料而不得不搁浅了……现在,我们所讨论的不是材料,而毋宁说是计划,而且由于我们受到过警告,不得以一种也许会超出我们全部能力的任意的、盲目的计划而冒险从事,但尽管如此却不能放弃建造一座坚固的住宅,所以就要设计一座与被给予我们、同时又适合我们的需求的材料储备相称的建筑。④

这里,康德所批评的"超出我们全部能力的任意的、盲目的计划而冒险从事",体

---

① Theodor W. Adorno, *Kant's "Critique of Pure Reason"*, pp. 6-7.
② Theodor W. Adorno, *Kant's "Critique of Pure Reason"*, p. 7.
③ Theodor W. Adorno, *Kant's "Critique of Pure Reason"*, p. 7.
④ 康德:《纯粹理性批判》,李秋零译,北京:中国人民大学出版社,2011年,第475页。

现的是一种认知上的虚妄,也就是,将理性的理念超出其内在使用范围而作超验的使用;相反,认为我们的认知能力应该止步于感性接受性所能提供给我们的一切,体现的是一种认知上的谦卑。这一认知上的大跨步后撤,被康德形象地说成是用所能找到的材料来"建造一座坚固的住宅"。

二、形而上的疏离与生存性的荒谬

但我们必然要为认知的克制付出代价,我们不得不承认,经验表象背后的非感性原因"对于我们来说是完全未知的"。

> 感性的直观能力真正说来只是一种接受性,即以某种方式伴随着表象被刺激,而种种表象的相互关系就是空间和时间的纯直观(纯粹是我们感性的形式),这些表象如果在这种关系中(在空间和时间中)按照经验的统一性的规律联结起来,并且是可规定的,就叫做对象。这些表象的非感性原因对于我们来说是完全未知的,所以我们不能把这原因当作客体来直观;因为诸如此类的对象必然既不在空间中也不在时间中(空间和时间是纯然的感性表象条件)被表象,没有这些条件我们就根本不能思维直观。①

一边是作为表象向我们显现的现象,这是我们意识的材料,另一边是"对于我们来说完全未知的"的物自身。我们所能确知的只是显像或单纯的幻相,真实的存在是完全不确定的、虚无缥缈的。如果确知的只是真实世界的摹本,不是世界的本来面目或物自身,那么,人类就被剥夺了对存在的真实本性做出任何确定性结论的权利,这就带来了一个悖论——对任何我们所能知道的东西,我们都不是在确定的意义上知道它。眼前的世界之于我们,只是真实世界的投影、摹本,至于这一摹本与真实世界的关系,我们没有任何确定的结论。这就是一直被后世哲学家攻讦甚至奚落的哲学二元论,阿多诺称它为"世界的摹本理论"

---

① 康德:《纯粹理性批判》,第363页。

(the theory of duplication of the world)①。

我们所能经验到的世界,只是那个神秘未知的"第二世界"的摹本,原本外在于我的世界变成了我自身的产物,变成属我的世界,或者说,原本认为是客观世界属性的东西,被证明是我自身的心智构造的投射,"经验世界、物的世界是我自身的产物:它就是我的世界。这里有一个关键的动机,我所说的是形而上学经验的动机,一个客观的动机,世界历史的日晷的位置使得康德贸然提出这个摹本概念,即便他并没有被其内在困难所诱骗"②。既然经验世界是"我的世界",既然我们所经历的一切都必须合乎我们自身的理性,那么,世界对我们来说就不再是陌生的,它不再由一股神秘的、不可解释的力量支配。人类就是这样通过将世界内在化来驱散对神秘未知之物的恐惧。我们置身的世界最终是一个完全已知的世界,我们不用再担心"恶魔"会突然闯进来,这是康德的内在的物(the thing)概念所蕴涵的人类生活经验。

这个被经验的世界、这个内在的世界与我们协调一致的过程中,也就是,将它变成我们的世界的过程中,产生了一种极端的形而上学的疏离。产生这个说法多多少少有观念论的影子:它表述的是一种客观事态,但它表述的方式,仿佛这一事态只不过是哲学反思的产物。世界越是被剥夺客观的意义,它越来越多地与我们的范畴共存,并因此变成我们的世界,那么,我们也就越来越发现意义从世界中被消除了,也就越来有发现我们自身浸没在宇宙黑暗之中,用一个现代的说法。世界的去神秘化或无实化——用马克斯·韦伯的说法——其实就是我们意识到自己被囚禁在茫茫黑夜之中。③

阿多诺借用马克斯·韦伯的理性化或理知化来解释世界的"无实化"(disenchantment),内在于我们的世界将不再神秘,"任何时候只要我们想了解,我们就能够了解;我们知道或者说相信,在原则上,并没有任何神秘、不可测知的力量在发挥作用;我们知道或者说相信,在原则上,通过计算,我们可以支配万

---

① Theodor W. Adorno, *Kant's "Critique of Pure Reason"*, p. 109.
② Theodor W. Adorno, *Kant's "Critique of Pure Reason"*, p. 110.
③ Theodor W. Adorno, *Kant's "Critique of Pure Reason"*, pp. 110—111. 着重号为本文作者所加。

物。但这一切所指唯一:世界的祛魅。我们再也不必像相信有神灵存在的野人那样,以魔法支配神灵或向神灵祈求。取而代之的,是技术性的方法和计算。这就是理知化这回事的主要意义"①。

人类同时也为这种理知化付出沉重代价。我们不得不接受,熟悉的世界之外是神秘莫测的"第二世界",这个幽灵般的世界是如何与我们栖居的世界相关联的,我们竟然一无所知,"我们在自己的世界上越感到安全,越稳妥地安置我们自己的生活,我们就发现自身与绝对者的联系越来越不确定。以形而上学的绝望为代价,我们换取对自己的世界的熟悉感"②。康德式二元论将本体世界转换成为不可知的、神秘莫测的世界,将经验世界降格成为单纯的表象或显像,关键在于,熟知的经验世界与不可知的本体世界之间的这种对立,在逻辑上是讲不通的,也可以说是无意义的,这种无意义恰恰"描述了当下的人类境况",凸显出人之为人生存于世的荒谬性。

> 如果有人觉得摹本理论在逻辑上没有意义,这样说不是没有道理的,我们可以这样来回应:的确它没有意义,但这一没有意义却描述了当下的人类境况。它的无意义表达了反映了这一事实:我们成为了理性的、合理的生物,我们越变得理性、合理,越会觉察到这个世界客观的非理性和它的异化。③

根据加缪的说法,荒谬指的是无法用理性来解释清楚的东西,"荒谬,其实就是指出理性种种局限的清醒的理性"④。我们意识到自身的局限性,意识到把握本真、绝对的真实世界之不可能,同时,也承认了洞悉世界本来面目的认知抱负已经遭到挫败的事实,最终,我们发现自己成为了真实世界的局外人。一旦存在者把握到他跟世界之间的疏离关系,一种生存层面的荒谬感便油然而生。将

---

① 韦伯:《学术与政治》,第193页。伯恩斯坦提出,我们应该将阿多诺整个哲学事业当成对韦伯无实化思想的弘扬,参见 J. M. Bernstein, *Adorno: Disenchantment and Ethics*, Cambridge: Cambridge University Press, 2001, p. 56.

② Theodor W. Adorno, *Kant's "Critique of Pure Reason"*, p. 111.

③ Theodor W. Adorno, *Kant's "Critique of Pure Reason"*, p. 113.

④ 加缪:《西西弗的神话》,杜小真译,北京:生活·读书·新知三联书店,1987年,第60页。

生存于世的荒谬作为形而上学真理加以揭示,这是生存哲学家思考的出发点,但是,这在任何意义上都不能说是康德哲学的思想意图,"这一哲学全然无意描述荒谬这类哲学'情绪',而是相当严格地专注于知识机制的分析,然而,从中却自然而然地涌现出荒谬这样的概念,或者说,荒谬概念在其中以某种方式进行着自我表述"①。跟将荒诞性课题化的生存论哲学相比,将荒诞概念不经意地呈现出来的第一批判,包含了"更重要的生存论的经验内容",它以一种未曾意识到的方式系统地把握到人生在世的基本境遇。在我们看来,这个认识论体系一开始想解释清楚一切,最终却不能对任何东西给出真正的解释,最大的荒诞也许莫过于此。

三、作为救赎行为的自我立法

世界完全变成一个内在化的"我的世界",我们发现自己被形而上学黑暗笼罩着。② 康德的经验世界不提供可以抵达超验领域的通道,对绝对他者的思考在一个封闭的内在语境中遭到悬置甚至是压制。形而上学意义上的失怙,迫使人将自己放在绝对者即神圣立法者的位置,以此寻求自我救赎。③ 客观意义上的确定性的丧失,迫使人转向自身,寻求一种主观意义上的确定性作为替代。

《实践理性批判》结尾处的两句话流传甚广,乃至于成了陈词滥调,"有两样东西,越是经常而持久地对它们进行反复思考,它们就越是使心灵充满常新而日益增长的惊赞和敬畏:我头上的星空和我心中的道德法则"④。这个说法一下子将读者的情感调动起来,有意思的是,阿多诺却认为,对这句话我们大可不必当真。既然我们所看到的璀璨"星空"只是表象,其真实面目是我们无法知晓的,一开始我们就对它的存在明确提出质疑,它怎么可能成为我们敬畏的对象呢?既然康德系统驳斥了关于上帝存在的目的论证明,认为它不能够作为知识

---

① Theodor W. Adorno, *Kant's "Critique of Pure Reason"*, p. 112.
② Theodor W. Adorno, *Kant's "Critique of Pure Reason"*, p. 111.
③ "绝望中唯一有实践担当的哲学是这样的尝试——依照世间万物从救赎视角出发自我呈现出来的样态,来对它们进行思考。"Theodor W. Adorno, *Minima Moralia*, Edmund Jephcott (trans.), London: Verso, 1974, p. 247.
④ 康德:《实践理性批判》,李秋零译,北京:中国人民大学出版社,2011年,第151页。

的牢固基础,那么,此种敬畏不可能是对神学目的论之下的自然秩序的敬畏,或对于上帝作为造物主的敬畏。敬畏的对象也不可能是机械论的自然必然性。照此说来,我们敬畏的对象只可能是自然的合目的性①,崇高感只可能来自人自身具有的赋予世界以秩序与律则的能力。

> 如果我们想说康德在这里欲行拯救之事,它指的就是,只要他能够根据自身的尺寸来裁剪衣服,那么,用一个康德式说法,人这个在客观上遭到抛弃、在形而上学意义上无家可归的存在者,就能够获得在家之感。人必须将自身的活动限制在自己知道的范围之内,限制在他自身的能力范围之内,与此同时,他又必须尽可能寻求一个确定的东西来为这个世界做担保,这个担保不应到外部而要在自身之内来寻求。②

此处,阿多诺将理性认知能力所受到的限制形象地说成是"根据自身的尺寸来裁剪衣服",与前面建造宅子的比喻可谓异曲同工。他将康德式自我立法喻为照进形而上学黑夜的一束"内在光亮"③。这一立法不光是实践层面的,同时也是理论层面的:在理论层面,构成经验知识之必备要件的先天形式要素(感性直观、知性概念)是认知者心智结构的内在禀赋;在实践层面,康德式道德哲学就是理性意志自我立法的学说,"意志能够通过其准则同时把自己视为普遍立法者"④,自我立法的功能是"一切理性存在者的意志的属性"⑤。立法是人在形而上学意义上失怙后的自我拯救,人不得不在自身之内寻求一个确定的东西来为外部世界做担保。

然而,标志着意志的自我伸张的立法行为,只是现实世界实然状况的反面,真相是,正因为在现实当中我们的意志完全得不到声张,我们才需要从自我立

---

① 类似的观点,参见叶秀山:《重新认识康德的'头上星空'》,《哲学动态》,1994年第7期。
② Theodor W. Adorno, *Kant's "Critique of Pure Reason"*, p. 113.
③ Theodor W. Adorno, *Kant's "Critique of Pure Reason"*, p. 113. 阿多诺在《最低限度的道德》中提出,认识论应该以救赎为根本旨趣,"除了在救赎来照亮世界外,知识没有别的光亮,此外的一切皆为重构,单纯技巧而已"。Theodor W. Adorno, *Minima Moralia*, p. 247.
④ 康德:《道德形而上学的奠基》,李秋零译,《康德哲学著作全集》第4卷,北京:中国人民大学出版社,2010年,第442页。
⑤ 康德:《道德形而上学的奠基》,第449页。

法中变相得到补偿。从这一点出发,阿多诺认为康德式自我立法包含着意识形态的因素,"作为认知对象,世界是人类的世界,是我们的世界"①,这是在应然意义上定义的,实然状况刚好相反,"康德哲学尝试将世界定义成一个应然的世界,正如在古典时期,索福克勒斯将人们当成应然意义上的人,而欧里皮德斯将他们描述成实然所是的人"②。应然的自律世界与实然的他律世界恰好形成鲜明对比,"作为认知对象的世界是人类的世界,是我们的世界,从另一个侧面来看这并不是真的,正因为它不是真的,正因为我们仍然是他律的,正因为我们生活在不自由之中,我们才可以说,《纯粹理性批判》给我们呈现的是相当可疑的镜像,一个补偿性的意识形态"③。从表面看,我们仿佛是世界的主人,事实上我们只是它的奴役,我们对它有一种盲目的依附性,无论怎么做都不能使它发生任何改变。

"我们仿佛是我们自身的奴役",这是一个充满悖谬性的重言式。人们常说康德哲学是一个重言式结构,其实这是人在他律之下的真实处境的表达:作为认知主体我们只知道我们自己,在这个意义上我们从未跳出自身,在自身之内我们被囚禁起来。这是康德哲学中蕴藏着的一个深刻的真理,所谓的"体现在非真实之中的真实内容"④:将我们囚禁起来的世界,也就是,这个越来越趋向普遍同质化的商品世界,其实是我们自己制造出来的,它以客观性、"第二性"表象呈现于我们面前,"交换原则把人类劳动还原为社会平均劳动时间的抽象的一般概念,因而从根本上类似于同一化原则。商品交换是这一原则的社会模式,没有这一原则就不会有任何交换。正是通过交换,不同一的个性和成果成了可通约的和同一的。这一原则的扩展使整个世界成为同一的,成为总体的"⑤。

四、康德体系中的虚无主义危机:"仿佛如此"的哲学

通过厘清理性认知能力的权能范围,康德将不得其解的形而上学问题暂时

---

① Theodor W. Adorno, *Kant's "Critique of Pure Reason"*, p. 113.
② Theodor W. Adorno, *Kant's "Critique of Pure Reason"*, p. 113.
③ Theodor W. Adorno, *Kant's "Critique of Pure Reason"*, p. 137.
④ Theodor W. Adorno, *Kant's "Critique of Pure Reason"*, p. 137.
⑤ Theodor W. Adorno, *Kant's "Critique of Pure Reason"*, p. 146.

悬置起来,"如果你们愿意,并且容许,我想在一个更宽广的历史背景中来考察,这里我们看到了对形而上学和神学观念的资产阶级悬置。一方面,这些观念被剥夺了理性权威,而另一方面,既然人们对它们全然不知晓,它们又被准许以一种影子般的形式存在。在资产阶级家庭内,它们一直被搁置到星期天才出现,就是说,在平日里被悬置,星期天("礼拜天")才显示其存在"①。由于这种形而上学的无知所导致的"资产阶级悬置",神学-形而上学因素在日常生活中能够以影子般形式继续存活,"在限制它们的同时,怀疑论又为神学-形而上学偷偷溜进来留下了足够的空间"②。在典型的资产阶级家庭内,神学-形而上学属于私人信仰的对象,平日里被悬置,星期天("礼拜天")才显示其存在。

绝对范畴在公共生活中逐渐被放逐到边缘位置,最终成为阿多诺所说的高度私人化的"影子般的存在"。形而上学的私人化,其实意味着以终极实体为根据建立起来的价值世界最终宣告瓦解,"前康德时期作为价值超验来源的东西最终都变成空无"③,关于生命意义的一切超验的观点被还原为"纯粹实践理性公设",被还原为主观预设的纯粹价值。④ 这里所发生的,是对价值的认知属性的尼采式"价值重估",重估的对象不是价值的实质内容而是其认知属性。这是走向"上帝之死"即最高价值的罢黜的关键一步,"上帝之死",尼采说到,"意味着基督教上帝不再值得人们相信了"⑤,换句话说,即使人们仍然相信上帝,这种相信不再具有原来的认知属性,至少,已经不再能够获得来自理性理据的支持。

哥白尼革命的发生,更进一步促使人类改变关于形而上学-神学对象的提问方式。我们不再提出上帝是否真的存在一类永远不得其解的问题,正确的提问方式是——上帝的观念在什么意义上还能够具有说服力?"上帝之死",意味着关于形而上学-神学对象的证明"不再被严肃看待","不信是因为信仰被驳倒了,或者其虚假性得到证明了。而一个信念被悬置起来,指的是它的真实性或

---

① Theodor W. Adorno, *Kant's "Critique of Pure Reason"*, p. 48.
② Theodor W. Adorno, *Kant's "Critique of Pure Reason"*, p. 111.
③ Simon Critchley, *A Very Short Introduction: Continent Philosophy*, New York: Oxford University Press, 2001, p. 80.
④ Simon Critchley, *A Very Short Introduction: Continent Philosophy*, p. 80.
⑤ Nietzsche, *The Gay Science*, W. Kaufmann(trs.), New York: Random House, 1974, p. 346.

虚假性都不能够得到证明。一个信念成为可质疑的,不仅指它的真实性或虚假性不能够得到证明,而且指其作为真理的可能性(the possibility of truth)不再被严肃看待"①。一旦绝对范畴"不再被严肃看待",就成为阿多诺说的"星期天才显示自身"的"影子般的存在",于是,人不得不为自己对上帝、对形而上学世界的信仰寻找一个"人性的、太过人性"②的起源。

世界的本来面目超出人类认知能力的范围,我们只能在先验反思而不是在如其所是的实在论的意义上谈论这个本体世界。人们逐渐认识到,本体论不能独立存在,以世界的本来面目为研究对象的本体论并不是自足的。置身于认知过程中的"我"首先是一个认知者,或者说,是作为认知者的"我"要认识世界的本来面目,因此,最重要的问题,不是世界原本是什么,而是"我"认为世界是什么。一个开放的认知过程,本身预设了是"我们"作为认知者在认识世界。如此一来,关注的重点从世界本来是什么转移到人如何看待世界,也就是从本体论转向认识论。③

从本体论转向认识论,当然意味着世界的认知地位被降格了,作为人类认知目标的,不再是世界本来的面相,而是单纯表象或现象。世界的本来面目成为只能从先验反思层面来讨论的神秘未知的本体世界,而眼前的经验世界实际上被赋予了一种"仿佛如此"(as-if)的特性。阿多诺时代的一个康德解释者用"仿佛如此的哲学"(*The Philosophy of As-If*)命名他的康德专著,这种解读因其相对主义嫌疑而遭到正统康德哲学家的嘲弄。按照阿多诺的论述,"仿佛如此"极其准确地捕捉到了时代的"客观的形而上学经验","这种形而上学经验在我看来是客观的——不是在康德自觉意识到的意义上——而是作为康德背后的客观驱动的力量而言"④。根据乌尔里希·贝克的说法,现代性发展的一个特定阶段("自反性现代性")的典型特征,就是意识到我们理解世界、调节日常

---

① Bernard Reginster, *The Affirmation of Life: Nietzsche on Overcoming Nihilism*, p. 40.
② Bernard Reginster, *The Affirmation of Life: Nietzsche on Overcoming Nihilism*, p. 41.
③ 康德《形而上学课堂笔记》中的一段话清楚描述了本体论转向认识论的内在逻辑:"本体论教师从"某物"和"无"这两个概念开始,却忘记了这个区分已经是对一般对象这个概念的划分。而康德从一般对象或物开始,它被先验的肯定或否定划分为某物和无。然后物进一步被规定为经验的一个对象,继而最终被规定为知识的一个客体,从而形成了对传统存在论的一个批判地改写的版本。"引自 Howard Caygill, *A Kant Dictionary*, Massachusetts: Wiley-Blackwell, 1995, p. 306。
④ Theodor W. Adorno, *Kant's "Critique of Pure Reason"*, p. 111. 着重号为本文作者所加。

生活凭借的那些东西具有建构性属性,意识到行动着的、做决定的那个自我有一种"仿佛如此"的特性。① 我们如此这般行动,仿佛我们是一个自由的行为主体;有神论者如此这般生活,仿佛有神在场;对无神论者来说,道理也是一样,如此等等。

后康德时代的人们不再坚持世界需要由终极实在来奠基,他们逐渐接受世俗的逻辑理性与超验的神圣话语之间有一道永远不可弥补的鸿沟,在这个意义上,似乎人人都成为了否定神学家。德国神学家朋霍费尔提议,我们要以"理智的诚实"面对一个不可逆的世俗化过程,"上帝作为道德、政治、科学的起作用的前提现在被抛弃了,正如费尔巴哈所言,尽可能抛弃这些起作用的前提,乃是一种理智的诚实"②。形而上学-神学理念的缺席,乃至整全真理的缺席,将构成人类生活无法祛除的根本性背景文化。就此而言,哥白尼革命仿佛是文化现代性的宣言,宣告了古典时代欲图洞悉万物本质的苏格拉底式认知抱负的破灭,同时又预示着人类生活将会逐渐脱离神的指引而自行其是。

阿多诺从深远的社会历史背景来考察康德悬置形而上学命题的划时代意义,着重凸显康德哲学的"虚无主义特征"。他并未明言这一二元论体系就是虚无主义,而是说它正确地标识出人们所处的"世界历史的日暮的位置"。需要强调的是,对哥白尼革命的这一解读,不是雅克比批判纯粹理性的虚无主义危机之翻版:在后者眼里,康德理性主义体现出鲜明的唯我论特质,不可避免地导向虚无主义;而在阿多诺看来,该二元论本身不是虚无主义,也不必然导致虚无主义,恰恰是康德的观念论后裔对它的悖离,使哲学的主体性转向最终陷入虚无主义。③

结论就是,不是在某个具体表述上,而是在整个概念构架上,康德的二元论立场以其独特的方式如何将"世界历史的虚无主义阶段"记载下来,使我们能够"从根本上在存在者之存在中经验到虚无之切近"④。最后,我想借用海德格尔的一个说法为本文做结,对于哲学家来说,是否有能力记载这一历史性的形而上学体验,"乃是一块最坚硬、也最可靠的试金石,可以用来检验这位哲学家的

---

① 转引自 Maeve Cooke, *Re-Presenting the Good Society*, Cambridge: The MIT Press, 2006, p. 110。
② 朋霍费尔:《狱中书简》,高师宁译,北京:新星出版社,2011年,第173—174页。
③ Theodor W. Adorno, *Kant's "Critique of Pure Reason"*, p. 49.
④ 海德格尔:《尼采》下,孙周兴译,北京:商务印书馆,2002年,第671页。

思想是否纯真,是否有力。谁若经验不到虚无之切近,他就只能永远无望地站在哲学门外,不得其门而入"①。

Adorno on Copernican Revolution and Nihilism

Yang Shunli

Abstract: Weber's conception of dis-enchantment has been employed to throw light on theoretical implication of Copernican Revolution in Adorno's lectures on Kant's *Critique of Pure Reason*. Intellectual achivement of Kant's critical philosophy is that a whole series of these great metaphysical concepts disappeared from the horizon of what could be rationally founded. And in the same way, Negative theology, as it has been developed by Karl Barth, has insisted with great feeling on placing the categories of theology in extreme opposition to knowledge and has argued that what applies to them is the paradoxical concept of faith. If this has been possible it is because it is implicit in the Kantian situation, in the sense that the sharp distinction that Kant made between knowledge and those metaphysical categories is a fundamental premise for us today.

Keywords: Critique of Pure Reason, Copernican Revolution, Nihilism

---

① 海德格尔:《尼采》下,第671页。

黑格尔的市民社会理论与现代生活的重塑

荣新茹　牛文君

[摘　要]　在现代社会,传统共同体的整全生活方式被原子式个人的普遍交往而形成的"需要的体系"所代替,实体性原则也被主体性原则所牵制并影响着现代人的思维方式。在生活方式和思维方式的双重变革下,现代生活中整全性和实体性开始瓦解。黑格尔认为,市民社会是重塑现代生活的主导力量,它不仅改变了传统生活的固有形式,赋予现代生活以新的形态,也带来了一系列新挑战。在黑格尔看来,化解挑战的因素内含于市民社会中,只有从市民社会过渡到国家这一伦理实体,实现普遍性与特殊性的统一,才能缓解现代生活面临的危机。

[关键词]　市民社会;现代生活;特殊性;普遍性

长期以来,黑格尔的实践哲学由于各种历史原因受到了不公正的对待,被贴上普鲁士的国家哲学、保守主义等标签,黑格尔也被看作忽视个体的特殊性、

---

*　基金项目：上海市浦江人才计划(14PJC031)。
**　荣新茹(1991—　),男,安徽淮北人,华东师范大学哲学系马克思主义哲学专业博士研究生。牛文君(1982—　),女,安徽淮北人,哲学博士,华东师范大学哲学系暨"中国诠释学"上海社科创新研究基地副教授。

崇尚伦理国家的普遍性的保守分子，甚至被当作开放社会的敌人。例如，卡尔·波普尔(Karl Popper)在《开放社会及其敌人》中分析了黑格尔政治哲学与现代极权主义政治体制之间的联系，指出黑格尔的实践哲学是反对个人自由和权利、维护国家的权威性的官方意识形态，其《法哲学原理》序言中的"两个凡是"命题被看作是为普鲁士政府的合理性进行辩护。在以赛亚·柏林(Isaiah Berlin)看来，黑格尔把国家看作"地上的神物"，创造了"国家"神话，这样的"国家"为人类的存在提供了一个严格控制的机制。由此，他们给黑格尔贴上了保守主义者、官方哲学家等标签。

但到了20世纪下半叶，黑格尔实践哲学的价值越来越受到重视，不少学者开始为黑格尔正名，强调他并没有扼杀个体的自由和特殊性，而是针对由主体性和特殊性所导致的现代性挑战，致力于建构一种特殊性与普遍性相融合的伦理实体，以重塑现代生活的整全性。例如：阿维纳瑞(Shlomo Avineri)在《黑格尔的现代国家理论》一书中就企图通过对黑格尔国家学说的重新阐释，打破自由主义传统对黑格尔政治哲学的偏见和无知。他指出，黑格尔的国家理论并没有忽视个体性或特殊性，而是在承认自由主义合理性的基础之上对其局限性的超越。意大利著名黑格尔研究专家多梅尼克·洛苏尔多(Domenico Losurdo)在《黑格尔与现代人的自由》中也开始为黑格尔正名。他认为，虽然黑格尔与自由主义之间确实存在理论分歧，但是这并不能证明黑格尔反对自由主义所提倡的自由和权利，相反，黑格尔是从具体的社会历史与现实生活中去考察这些自由和权利，并对其做出了新的规定，从而比自由主义更加彻底地捍卫了自由和权利。除此之外，霍耐特(Axel Honneth)等人也指出，个人的自由要在法、道德、伦理等社会的体系制度中才能实现，它们是自由意志得以实现的社会条件。受此影响，近年来黑格尔在国内学界的形象也获得了正本清源、返本开新的机会。摆在我们面前的问题是：黑格尔是如何调和个体的特殊性原则与伦理实体的普遍性原则之间的冲突从而重塑现代生活的整全性的？本文以黑格尔的市民社会理论为切入点对这一问题进行考察，同时探究这两种原则在重塑现代生活整全性的过程中是如何发挥作用的。

一、市民社会的生成与现代生活的新形态

在前资本主义时期，社会生活被高度政治化，或者说，社会生活和政治国家

尚未分化,个体的独立和自由也没有被彰显出来。到了18世纪,随着资本主义萌芽的产生,社会形态开始发生变化,"市民社会"(英文:civil society,德文:bürgerliche Gesellschaft)的最初形态由此形成。正如马克思所说:"'市民会'这一用语是在18世纪产生的,当时财产关系已经摆脱了古典古代的和中世纪的共同体。"①黑格尔在吸收以往市民社会思想成果的基础上明确强调要将政治国家和市民社会区分开来,指出国家是政治性的机构,而市民社会是除国家之外的非政治性的组织构成的社会形态。"市民社会是家庭和国家之间的差异[环节],虽然它的形成要晚于国家。因为作为差别[环节],它必须以国家为前提,为了能够存在,它必须要有国家把它作为独立的东西来面对。"②黑格尔是第一个比较系统地分析和论证了现代市民社会理论的哲学家。

市民社会的生成标志着人类社会开启了一种文明的新形态——现代社会。"市民社会这个受造物(Schöpfung)属于现代世界,现代世界第一次使理念的一切规定遭遇到它们的正当性。如果国家被设想为不同的个人的统一体,亦即仅仅是共同性(Gemeinsamkeit)的统一,那么其所指的只是市民社会的规定。"③黑格尔这里所说的"现代世界"粗略来说是指16世纪之后随着自由贸易和产业革命的发展而逐渐形成的以市场经济为核心的现代社会④,这种现代社会从本质上来说即是市民社会。市民社会生成的前提是个体意识的觉醒以及现存着的、具有独立而具体的人格和特殊利益的原子式的个人,因此现代生活就表现为一种个体性生活。从市民社会的生成过程中我们看到,无论是作为社会形态的变迁还是作为伦理实体,市民社会都必将引发伦理精神与现代生活的深刻变革。这种变革可以粗略的理解为:传统的以部落、家庭等为基础的直接的和自然的实体性精神逐渐瓦解,以独立而具体的个人为核心的现代个体性精神开始确立。在这种社会变迁的背景下,现代生活必然会展现出与以往完全不同的精神风貌和社会气象。想要理解现代生活的新形态,还须回到市民社会的发展环节中去,因为,市民社会作为一种伦理实体,其本质是伦理精神客观化的现代形态,现代生活必将在市民社会固有环节的演变中彰显和确证自身。

---

① 《马克思恩格斯选集》第1卷,北京:人民出版社,2012年,第211页。
② 黑格尔:《法哲学原理》,邓安庆译,北京:人民出版社,2016年,第329页。
③ 黑格尔:《法哲学原理》,第329页。
④ 参见阎孟伟:《黑格尔市民社会论的三重内涵》,《西南大学学报(社会科学版)》,2013年第1期。

正如马克思所说,一切人类生存的第一个前提就是生产满足吃喝住穿这些需要的资料[①],而市民社会存在的意义,即是给处于自然或原子状态的个体提供能够满足需要的领域,黑格尔正是从"需要"出发来剖析市民社会的。在市民社会中,人们主要是通过劳动来满足自己的需要,但是对于个体来说其劳动总是有限的,这样一来,个体劳动的有限性与需求的无限性、殊多性之间必然会存在冲突,而冲突的化解要依赖于市民社会的普遍交往。此时,尽管个人是作为独立而具体的人格和利益主体而存在,但是为了真正满足自己的个体需求,必须积极投身于市场的普遍交往中,并以理性的态度来看待、承认和遵守市场交往的游戏规则,以他者为手段,通过利他来达到利己,从而市民社会中的私人需要在普遍交往形式的中介下就自然而然的形成一个"需要的体系"。现代生活首先以普遍的经济活动的方式呈现出来,由"需要的体系"构成的普遍的经济交往成为现代生活的一个新形态。在"需要的体系"中,个体虽然意识到普遍交往的必要性,但它还不是自觉的意识。普遍的经济交往一直被视为谋求特殊需要和个体私利的手段,这样就潜存着个体为了特殊利益的最大化而违反市场规则、扰乱市场秩序,甚至引发个体矛盾的风险。面对这种未知的、不可预测的风险,市民社会需要采取一种手段来尽可能地规避风险,规范市场秩序,以此来保障社会和经济的平稳有序发展,这种手段就是"司法"。在司法的保障下,现代生活成为一种有法律依据的生活方式。但在黑格尔看来,仅仅依靠司法难以满足现代生活对合理性、规范性的要求,因为司法只是对个人所有权的维护,而市民社会中的个体除了顾及自己的所有权能否得到切实维护以外,还关心自己能否公平地享有社会福利等现实问题,这显然超出了司法的权限。为了更好的保护私人利益,也为了进一步强化市民社会的合理性和规范性,黑格尔又为市民社会设计了新的制度保障——警察和同业公会。其中,"警察"主要以参与社会管理、维护公共秩序的形式来普遍地保障社会福利;而拥有行业自治组织性质的"同业公会"则主要以关心和维护同行业内部成员的特殊需要和个体私利为己任。在二者的共同作用下,现代生活得以合理展开。

通过对市民社会各发展环节的剖析,我们大致可以理解现代生活呈现出的新形态。但是从归根结底的意义上来讲,对市民社会各发展环节的剖析还只是

---

① 参见《马克思恩格斯选集》第1卷,第158页。

局限于对其外在形式的简单描述，只是对市民社会的一种外在反思，尚未深入到市民社会的本质性的维度中去，即是说，还未对以市民社会为发展蓝图的现代生活达到一种具有原则高度的理解。所以接下来，需要走进市民社会的深处，从其基本原则出发来深入剖析由市民社会所引领的现代生活的本质形态。

黑格尔在《法哲学原理》"市民社会"章的第一节就对其基本原则作了明确的说明。他指出："把自身作为特殊目的的具体的个人，作为各种需要的一个整体以及自然必然性与任性的一个混合体，是市民社会的一个原则。但是，特殊的个人本质上是同其他这样的特殊性相关联的，所以每个特殊的人都是通过他人的中介，同时也只有无条件地通过普遍性形式地中介，才使自身有效并得到满足。这是市民社会的另一个原则。"① 概言之，这两个原则分别是"目的的特殊性原则"和"形式的普遍性原则"。其中，所谓"目的的特殊性原则"是说市民社会是一个由具有独立意识的原子式个人组成的，以谋求个体私利最大化为目的的社会，以往那种单纯的、和谐的人际关系已经逐渐被冷酷无情的利益关系所取代。因此，黑格尔指出："如同市民社会是个人私利的战场，是一切人反对一切人的战争一样，市民社会也是私人利益跟共同的特殊事务相冲突的舞台，并且是它们二者共同跟国家的观点和安排相冲突的舞台。"② 而所谓"形式的普遍性原则"是指市民社会中的原子式的个体为了满足自己的特殊需要以及谋求个体私利在无意识和不自觉地情形下所构建的一种普遍交往形式，即黑格尔所说的"这种情况（差别的阶段——笔者注）提供特殊性的规定，诚然这种特殊性与普遍性有关，乃至于这种普遍性就是基础，但还只是内部的基础并因此以形式的方式，即只是在特殊的东西中以映现的方式（scheinende Weise）存在着"③。在这种形式化的普遍交往中，个体在以他者为手段达成自己目的的同时，也成为了他者追寻自己目的时的手段，从而形成一种利己与利他相统一的市民社会的辩证关系。在这种辩证关系中，虽然私人利益的实现必然要经由普遍性原则，但这种普遍性原则仅仅是"形式的普遍性原则"，是目的的特殊性原则的现象界，是个体在追求私人利益和个体权利时的附属品。在市民社会中，其最终的目的和真正的本质仍然是特殊利益。

---

① 黑格尔：《法哲学原理》，第329页。
② 黑格尔：《法哲学原理》，第433页。
③ 黑格尔：《法哲学原理》，第328页。

在对市民社会的各发展环节("需要的体系"——"司法"——"警察和同业公会")和基本原则("目的的特殊性原则"、"形式的普遍性原则")进行仔细地剖析之后,我们大致可以勾勒出以市民社会为主导的现代生活的新形态:以市民社会为主导的现代生活主要表现为一种以普遍的经济交往、规范性的制度保障和以行业自治组织为发展环节,且以目的的特殊性与形式的普遍性为基本原则的社会生活。即黑格尔所说的:"市民社会,这是各个成员作为独立的单个人在一个形式的普遍性中的联合,这种联合是通过成员的相互需要,通过法治作为保障人身和财产的手段,并通过一种外部秩序来维护他们的特殊利益和公共利益而建立的。"[①]

二、市民社会的崛起与现代生活的挑战

市民社会作为现代世界的特有成就,它从根本上为现代生活带来了一种全新的存在方式和生活样态。个人的特殊权利和私人利益从传统的礼法、宗教、政治等束缚中解放出来,得到了社会的认可,获得了合法性和正当性的地位。目的的特殊性原则成为市民社会的主导原则,市民社会的经济生活、政治制度、社会组织和文娱方式等都开始围绕这一枢轴而展开,它充分释放了个体的天性,为主体性的发挥创造了条件。据此,黑格尔对市民社会给予了极高的评价,但他并未把市民社会视为完美的、和谐无分裂的社会形态;相反,他在对市民社会的各发展环节和基本原则进行全面的检视和内在的反思后,洞察到市民社会作为一种伦理实体还是有限的和片面的,人们在其中展开的现代生活必然会面临一系列的挑战,比如"恶的无限"、贫困和贱民等问题,这些问题都是市民社会目的的特殊性原则所衍生出来的。

在市民社会中,现代生活面临的第一个挑战就是"恶的无限"。目的的特殊性原则主要是通过"外在物"的形式在现实生活中得以彰显和确证的,因为外在物能够以客观实在的方式把个体的意志凸显出来,并使其欲望得到满足,从而获得一种确定性和现实性。但这种确定性和现实性恰好是最不确定、最不现实的,因为"特殊性本身是没有节制的,没有尺度的,而这种无节制所采取的诸形

---

① 黑格尔:《法哲学原理》,第 296 页。

式本身也是没有尺度的"①。由此,黑格尔指出在市民社会中,"人通过表象和反思而扩张他的情欲——这些情欲并不是一个封闭的圈子,像动物的本能那样,——并把情欲导入恶的无限"②。即是说,市民社会在确证特殊性的过程中必然会表现为对外在物的无尽欲求,在这种无尽欲求中包含有贪婪的可能性,它会将现代生活带入"恶的无限"之中。在"恶的无限"的驱使下,人们永远不会满足自己当下所拥有的东西,人的欲望在资本原则的推动下不断被激活和强化,欲望成为现代社会发展的驱动力。在目的的特殊性原则的作用下,现代生活就会受到欲望逻辑的支配,人们的精神世界不断被挤占,这样就造成了物质欲求与精神需要之间的矛盾,而且这种矛盾还进一步表现为精神需要成为物质欲求的附属品。长此以往,人的个体意志、尊严和独立性等就逐渐消解在物欲中,"需求的实现就会变成人类堕落的根源"③。社会的伦理精神以及人与人之间的伦理关系逐渐被物与物的关系所取代,现代生活陷入了物欲的窠臼之中,从而,现实生活中的人成了重物质而轻精神的僵死的躯壳。

伴随着"恶无限"的发展,由市民社会所主导的现代生活呈现出两极分化的格局,这是现代生活面临的第二个挑战。"一方面,穷奢极侈,另一方面,贫病交迫,道德败坏。"④因此,"贫困"成为市民社会面临的一个困境。造成贫困的原因主要有二:其一,由于个体的生存环境、自然禀赋以及对资本与技术的掌握程度不同,导致个体在占有生存资料和发展资料上存在差异,大部分财富集中在少数人手中,而大多数人面临贫困的窘境。其二,贫困是存在于市民社会本身的内生性顽疾,是其经济发展模式的必然结果。在生产领域,分工的普遍化和机器在生产中的大规模应用使得对工人劳动的技术要求和体力消耗都逐渐降低,由此必然带来较低的劳动报酬;在消费领域,较低的劳动报酬限制了劳动者的消费水平,由于劳动人口在社会总人口中所占的比重较大,从而使得整个社会的消费能力严重不足,由此必然引起社会的整体需求下降,进而出现生产过剩的情况,而解决生产过剩的最直接有效的方式就是裁减冗员,这又进一步加剧了失业和贫困现象的产生。面对这一恶性循环,虽然黑格尔试图寻找一种诊

---

① 黑格尔:《法哲学原理》,第332页。
② 黑格尔:《法哲学原理》,第332页。
③ 王新生:《市民社会论》,广西:广西人民出版社,2002年,第81页。
④ 黑格尔:《法哲学原理》,第340页。

疗方案来治愈这一社会的沉疴痼疾,但是他最终并没有完成这一任务。正如阿维纳瑞所说:"黑格尔的困境是严重的,如果他把国家置于经济活动之外,那么市民社会的全体成员就被排除在国家之外了;但是如果他认为国家可以解决贫困问题,那么市民社会和国家之间的区分又消失了,而且整个中介体系和通过区分而趋向结合的辩证过程就瓦解了。"①

市民社会除了表现为物质欲求的难以满足之外,它对现代生活的更为深刻的影响就是导致"贱民"的产生。"当广大群众的生活降到某种生存水平——作为自发调整为社会成员所必需的水平——之下,从而丧失了通过自食其力的劳动所获得的这种正当、正直和自尊的感情时,就会产生贱民,而贱民之产生同时又再次导致不平均的财富更容易集中在少数人手中。"②即是说,贫困问题会让贫民对市民社会产生隔阂和疏离感,丧失正义和自尊的情感,进而衍生出一种"贫困的贱民"心态:他们对富人、社会和政府具有一种敌视感。因而,贫困从根本上破坏了"作为现代个体道德上的自我意识与伦理态度的必然载体的那种自我感",从而产生一种"伦理上的邪恶状态和道德上的减等状态"③。在这种状态下,贫民与贱民的根本区别就在于贱民会变得好逸恶劳,他们不再自食其力,而是以恳扰求乞为生或通过社会救济的方式过活。但是,贱民的产生不只是决定于跟贫困相结合的情绪,贱民心态同样也可能存在于富裕的情形中,即产生出一种"富裕的贱民"心态:他们无视法律权威,试图拥有超越道德伦理和法律底线的特权,对社会和他人具有一种蔑视和傲慢的情感。从而贱民问题破坏了市民社会目的的特殊性这一主导原则,因为目的的特殊性原则强调原子式个人的自我意识的觉醒和主体性,即个体应该通过自己的劳动来获得生存资料和发展资料,谋求个体权利。但是,自从贱民产生之后,在精神上,"它只是充满嫉妒和仇恨的异化的精神状态,是对一切义务和伦理原则的充满嘲笑态度的否认,傲慢地拒绝承认一切人拥有的权利,并且怀抱仇恨之心地否定一切人类尊严和自尊"④。在现实生活中,他们变得轻佻放浪、厌恶劳动、懒惰散漫。对贱民

---

① Shlomo Avineri, *Hegel's Theory of the Modern State*, Cambridge: Cambridge University Press, 1972, p. 151.
② 黑格尔:《法哲学原理》,第374页。
③ 艾伦·伍德:《黑格尔的伦理思想》,黄涛译,北京:知识产权出版社,2016年,第414页。
④ 艾伦·伍德:《黑格尔的伦理思想》,第415、420页。

的两种不同表现形式来说,贫困和富裕已经不足以解释贱民心态产生的原因,还必须考虑到道德沦丧、自私自利、傲慢专横等因素,简言之:精神贫困。

"恶的无限"、贫困和贱民等新的现实挑战表明市民社会是一个机遇和风险并存的社会:一方面,个性、自由和理性成为人们追求的目标,在其引导下,人们已经从传统的宗教礼法中解放出来,摆脱了愚昧和束缚,实现了自我解放、自我确证和自我立法,成为独立而自由的主体;另一方面,人们在享受市民社会的发展成果时,也必须面对其带来的新挑战与新风险,此时,人们已经很难感受到"如家般安居于世"的现代生活的美好。在这里,一切神圣的东西都被亵渎了,一切固定的东西也都化为了泡影,现代生活沉沦于对"外在物"的追求,在目的的特殊性原则的支配下变得物欲横流、自私自利。伦理精神在"恶的无限"的状态下逐渐消沉,贫困和贱民问题也打破了人们对现代生活的憧憬。

三、市民社会的辩证法与现代生活的重塑

市民社会的兴起不仅带来了社会的变迁,而且为现代生活奠定了目的的特殊性这种新的基调,但随着特殊性原则的不断强化乃至成为主导原则,现代生活面临的新挑战也愈演愈烈,需要加以警醒。此时,有两个问题需要明确:首先,既然市民社会有可能导致伦理精神的消沉,为何黑格尔还要将其视为伦理精神现实化的一个阶段?其次,从市民社会向国家的过渡是外在的否定置换还是内在的自我扬弃、自我超越?剖析这两个问题,可以帮助我们理解市民社会理论在黑格尔的实践哲学中所具有的特殊地位及其现实关切。

黑格尔清楚地看到,浪漫派早已意识到市民社会带来的挑战,在浪漫派看来,"自然状态是纯洁无罪的,未开化民族的风俗是淳厚质朴的,根据这种思想,教养被看成只是某种外在的东西,属于腐化性的东西"[1],他们认为,市民社会对目的的特殊性原则的培植就是对自然状态的侵蚀和瓦解,意味着伦理精神的消沉,所以市民社会之于浪漫派来说是一种历史的倒退。但是,黑格尔在看到市民社会所带来的新挑战的同时并未对其采取一种完全否定的态度,因为市民社会及其所凸显的目的的特殊性原则在人类主体性的发展中和在社会历史的

---

[1] 黑格尔:《法哲学原理》,第333页。

变迁中是必然要表现出来的。黑格尔看到,目的的特殊性原则在柏拉图的时代就已经存在于希腊伦理中,但柏拉图却试图用实体性原则来遮蔽和驱逐特殊性原则,想要人为地中断特殊性原则的萌发,其结果是徒劳的,因为人类意识的发展和社会历史的变迁是不以个人的主观意志为转移的。随后,目的的特殊性原则在基督教与罗马世界中生发出来,而到了现代世界,这个原则在启蒙时期和市民社会中茁壮成长,成为精神世界和现实社会的核心原则。

在黑格尔看来,市民社会及其目的的特殊性原则的充分发展不仅是必然的,而且对于个体精神和社会变迁来说也是必要的。浪漫派对市民社会的仇视"表示出对于精神之本性和理性之目的一无所知。如果精神要有它的现实性,只有在它自身中进行二元分离,在自然需要中和在这种外在必然性的相互关联中对自己设定界限和有限性,并且就在这界限和有限性内使自己受到教养,以便克服它们,并在其中获得它的客观定在"①。在黑格尔这里,"不仅把真实的东西或真理理解和表述为实体,而且同样理解和表述为主体"②,所以黑格尔所说的"精神"就具有实体性和主体性这双重维度。这样一来,"精神"就不再是以往那种僵死的躯壳,转而呈现为一种鲜活的"精神变形记",这种变形记就是精神的自我呈现过程,在这一变形过程中,精神首先以特殊性和有限性的方式呈现出来,以此获得自身的客观定在,进而超越特殊性和有限性以回归自身,由此达到全体的自由性与环节的必然性之统一。在此意义上看,市民社会是伦理精神展开的一个阶段,缺少这一阶段,伦理精神就无法真正实现。所以,黑格尔指出:"直接伦理经历了贯穿于市民社会中的分裂而发展到国家,而国家又表现为它们的真实基础,只有这样的发展,才是国家概念的科学证明。"③于是,黑格尔将市民社会作为"差异环节"置于家庭和国家之间,它不仅表明了以"爱"为原则的家庭所体现的直接的和自然的伦理精神的瓦解,而且体现出伦理精神的自我展开和自我确证。作为否定性和过渡性阶段,市民社会为伦理精神的现实化提供了确定性的内涵。但是,市民社会作为一个"差异环节",它为伦理精神的呈现提供的只是一种必要但不充分的内容,因此,市民社会必然会被伦理精神现实化的更高环节所超越,这种超越的目的在于从个人主体性原则向伦理实体性

----

① 黑格尔:《法哲学原理》,第333—334页。
② 黑格尔:《精神现象学》上卷,贺麟、王玖兴译,上海:上海人民出版社,2013年,序言第61页。
③ 黑格尔:《法哲学原理》,第381页。

原则的复归，具体表现为从市民社会向国家的过渡。因此，市民社会的特殊性之所以能够过渡到伦理国家的普遍性，并不是外在的否定置换，而是市民社会自我扬弃、自我超越的结果，而其自我扬弃、自我超越的过程就是市民社会的辩证法。"这种辩证法不是主观思维的外部活动，而是内容固有的灵魂，它有机地长出它的枝叶和果实来。"①在黑格尔看来，辩证法是概念由于其自身的内在矛盾而不断自我展开、自我确证、自我扬弃和自我超越的过程。

在辩证法的推动下，市民社会必然要超越自身并向更高形态的伦理实体迈进，真正克服市民社会的有限性，以期实现伦理精神的现实性。而在黑格尔这里，能够达到伦理精神现实性的更高形态的是"国家"。在"国家"这一伦理实体中，原本消解于市民社会中的伦理精神又再次复归，而且此时的伦理精神经过市民社会的中介，超越了"家庭"所代表的伦理精神的自然性和直接性，获得了新的内涵。在这里，个体既不是家庭中完全从属于自然伦理的家庭成员，也不是市民社会中原子式的独立而具体的个体，而是获得了实体性自由的国家成员。所以，"国家"的合理性就在于它是伦理精神的具体化，是自由的现实化。对于个体来说，"只有当他是国家的一个环节时，才具有客观性、真理性和伦理性"，"他们此外的特殊满足、活动和相处的方式，都是以这个实体的和普遍有效的东西为其出发点和归宿"②。这就足以说明国家的合理性及其对现代生活的必要性。从归根结底的意义上来看，国家的必要性就在于它能够接受并克服市民社会带来的新挑战，为重塑现代生活创造条件。从市民社会到国家的过渡，意味着市民社会自身蕴含的形式的普遍性原则在伦理国家中得以实现，国家的实体性或普遍性超越了市民社会的特殊性，个体自我意识在国家中被提升到了普遍性的层面。"个人的单一性及其特殊利益……一方面通过自己本身过渡到对普遍东西的关切，一方面以对普遍东西的认识和意志，尽管是承认它为它们固有的实体性精神，并为了这个普遍东西（作为他们的最终目的）而活动。"③这便意味着，实体性精神和普遍性原则的复归使得重塑现代生活的整全性具有了逻辑上的可能性。

虽然在市民社会中目的的特殊性原则与形式的普遍性原则在现实中是分

---

① 黑格尔：《法哲学原理》，导论第73页。
② 黑格尔：《法哲学原理》，第383页。
③ 黑格尔：《法哲学原理》，第389—390页。

裂的,而且国家作为普遍物,以普遍性原则超越了市民社会的特殊性原则,但是对普遍性原则的重视并非意味着对特殊性原则及其所体现的个体自由和权利的忽视,也并未排斥和扼杀特殊性原则,因为,特殊性原则中蕴含着普遍性的潜能。市民社会不但"赋予特殊性以全面发展和伸张自身的权利",而且也"赋予普遍性以证明自己既是特殊性的基础和必然形式、又有作为高居特殊性之上的力量和其最终目的的权利"。[1] 这样一来,普遍性也就贯穿于市民社会的三个阶段。由此可知,"它们(特殊性原则和普遍性原则——笔者注)仍然是相互束缚和相互制约的。其中一个所做的虽然看来是同另一个相对立的,并且以为只有同另一个保持一定距离才能存在,但是每一个毕竟要以另一个为其条件"[2]。所以,特殊性不能脱离普遍性而存在,因为纯粹的普遍性只是一种空洞的形式的普遍性,并不具有现实性,而"国家是现实的,它的现实性在于,整体的利益是在特殊目的中成为实在的。现实性始终是普遍性与特殊性的统一,其中普遍性分殊为特殊性,虽然这些特殊性看来是独立的,其实它们都包含在整体中,并且只有在整体中才得到维持"[3]。国家在追求普遍性的同时也会考虑到个体的利益、自由和权利,并把特殊性作为环节纳入自身之中以求达到普遍性与特殊性的统一,从而使二者不再保持一种非此即彼的外在对立,而是达到亦此亦彼的内在融合。"现代国家的原则具有这样一种惊人的力量和深度,把主体性的原则推向完成,成为独立的个人特殊性的极端,而同时又使它回复到实体性的统一,于是在它本身中保存这个统一。"[4]在这个意义上,黑格尔说的"现代国家"就是主体性与实体性相统一的伦理实体。"这样的国家以规范化的实体、法制化的制度使个人的主观性自由变成现实,使正当的权利和义务相契,从而使平等和公正变成现实。"[5]在这里,普遍性的力量渐次壮大,并最终从潜能转化成现实,现代生活所面临的形式的普遍性原则与目的的特殊性原则的二元分离这一新挑战也会在国家这一伦理实体中被消解,"如家般安居于世"的伦理共同体

---

[1] 黑格尔:《法哲学原理》,第330页。
[2] 黑格尔:《法哲学原理》,第331页。
[3] 黑格尔:《法哲学原理》,第408页。
[4] 黑格尔:《法哲学原理》,第390页。
[5] 邓安庆:《启蒙伦理与现代社会的公序良俗——德国古典哲学的道德事业之重审》,北京:人民出版社,2014年,第414页。

或实体性精神将重新再现。这就是黑格尔所构想的使传统的实体性原则和现代的主体性原则达成"和解"的"现实"路径,即对现代生活之整全性的重新塑造。

在重塑现代生活之整全性的"现实"路径中,黑格尔的市民社会理论是应对和化解现代生活之特殊性与普遍性二元分离的哲学沉思,是为了拯救在现实生活中已经逐渐被蚕食的实体性伦理精神。从重塑现代生活的视角来理解黑格尔的法哲学思想,某种程度上映射了黑格尔的市民社会理论与我们当代社会生存状态之间的关系,由此我们可以说,黑格尔仍旧是我们的同时代人。

四、黑格尔市民社会理论的现实意义

黑格尔强调,"哲学的最高目的就在于确认思想与经验的一致,并达到自觉的理性与存在于事物中的理性的和解,亦即达到理性与现实的和解"[①]。在这里,"现实"被视为"存在于事物中的理性",并构成了客观思想演进的较高发展阶段。黑格尔从理性与"现实"的关系出发来把握"现实",这说明黑格尔所理解的"现实"归根到底是一种具有理性必然性的存在。这种"现实"的本质乃是理性在客观事物中的显现,在这一过程中,理性与客观事物达成了"和解"。同时,黑格尔也指出"现实并不是指当前的此时此地的特定存在而言"[②],这里的"特定存在"作为外在的、偶然的、具体的东西乃是一种非本质的存在,即"现存"。"现存"不完全等同于"现实",因为现存仅具有直接性、偶然性的维度,缺乏"现实"所要求的必然性和本质性的维度。因此,对黑格尔来说,凡是不具有理性必然性的"现存"都不是"现实"。真正的"现实"是对直接性和偶然性存在的扬弃,是对本质性和必然性存在的复归。

事实上,对于黑格尔来说,所谓"现实"是受到理性规定的,是以逻辑预设的实现为前提的,离开了理性,"现实"便无从谈起。在黑格尔的理论框架内,虽然在国家这一伦理实体中重塑现代生活的理论在逻辑上能够自洽,但当从本真的现实的视域来考察时,这一观点所具有的"逻辑的、泛神论的神秘主义"特性便

---

① 黑格尔:《小逻辑》,贺麟译,北京:商务印书馆,1980年,第43页。
② 黑格尔:《小逻辑》,第299页。

暴露无遗。对于黑格尔来说,开启并主导和驱动现代生活的主体是绝对精神。绝对精神的变形记虽说是"无限的",但却是"有界的"。所谓"无限",是指绝对精神总是试图将任何"现存"的东西都不加反思的纳入到自身之内;而所谓"有界",是指无论任何形式和样态的发展都不能跨出绝对精神之外,始终是在绝对精神的界限之内的演变。这就意味着,黑格尔为市民社会所遭遇的新挑战提出的解决方案和其对现代生活之整全性的重塑始终未能超出绝对精神的界限,因此,其解决方案只具有逻辑上的可能性,而缺乏现实的可能性。马克思在《黑格尔法哲学批判》中写道:"国家制度是合乎理性的,只要它的各个环节都能消融在抽象逻辑的环节中……我们得到的不是国家制度的概念,而是概念的制度。"①

虽然黑格尔的市民社会理论具有一定的局限性,但是对于黑格尔实践哲学的研究归根结底是要把它与我们现代生活的实际结合起来。这就要求我们寻找黑格尔与我们现代生活共同关注的话题,进而理解和把握黑格尔实践哲学的当代价值。我们与黑格尔所生活的时代在伦理、道德、自由和财产权等许多方面都面临着同样的问题,这些问题归根到底都体现为对市民社会的批判问题。

市民社会理论是黑格尔实践哲学的核心关注点之一。虽然在我们一般的理解中,"市民社会"只是《法哲学原理》"伦理"篇的一个过渡或中介环节,但是从思想史的维度来看,黑格尔对市民社会的反思一直贯穿其实践哲学或政治哲学的全过程,无论是在"耶拿手稿"、《论自然法的科学探讨方式》、《伦理体系》等早期著作中对伦理道德问题的审视,还是在《精神现象学》中对"教化"等问题的分析,以及在《法哲学原理》中直接对市民社会的探讨,都以不同的方式体现了黑格尔对市民社会问题的关注。黑格尔实践哲学的核心是自由,因此黑格尔的实践哲学实际上是在阐释自由的概念及其实现的问题。在思想的生成中,黑格尔对近代自由主义的观点和康德的道德哲学进行了批判和超越,认为只有实现主客统一的伦理实体才能够实现真正的自由,即伦理自由。进入到黑格尔伦理自由现实化的逻辑结构中,市民社会是"中介的基地",无论是《伦理体系》中自然伦理向绝对伦理的过渡,还是《法哲学原理》中家庭向国家的过渡,市民社会作为一个"差别的阶段"或"中介的基地"都发挥了重要作用。所以说,如果缺少

---

① 《马克思恩格斯全集》第1卷,第267页。

对市民社会的批判这一环节,黑格尔实践哲学就缺少了有力的理论支撑。

对于现代社会来说,无论是人们的生活方式还是思维方式都是由市民社会塑造的。在社会从传统向现代的变迁中,市民社会标志着人类历史进入了一个新的时代。虽然推动历史迈入现代的因素有很多,例如政治革命、工业革命等都将主观性从封建的或宗教的压迫中解放了出来,但是,只有在市民社会这样一种生活方式中,理性和自由才能够获得现实的存在,不仅如此,市民社会仍然是我们当下的生存境域和生活方式。在现代生活中,我们在尽可能地享有市民社会带给我们的自由和权力的同时,也会面临资本逻辑对人的奴役、主体性的迷失、科技异化等现代困境,它们威胁着人类的自由、尊严和主体性,所以现代性批判就构成当代哲学的主要任务。由于现代性困境在其根源上是市民社会本身内含着的和自身无法克服的困境,所以市民社会批判就构成现代性批判的题中应有之义。因此,市民社会无论是对于黑格尔的实践哲学还是对于现代生活的哲学反思来说,都是一个不可避免的问题,在这一问题上黑格尔是我们的同时代人。

黑格尔从维护市民社会的理性精神和伦理秩序的立场出发,对片面强调个体的私利、欲求的满足、自由的实现以及主观性的观点进行了批判,认为那种把真理归结为人的主观意志的思想,会致使社会的法律制度甚至伦理实体走向瓦解。对私人利益和个体权利的盲目崇拜必定导致基于责任、义务的奉献精神或利他精神的地盘被侵占;道德主体自私自利的欲望会无限膨胀,造成权利与义务的失衡;个人理性可能会因"集体无意识"而造成"集体非理性";单子式思维与个人主义倾向如果坚持萨特的"他人就是地狱"的理念,最终将激化个体与他者、个体与社会的矛盾,引发冲突。"这些原理,就是把构成现存的法之为法的东西(das was Recht ist),建立在主观的目的和种种意见之上,建立在主观情感和特殊的信念之上,——从这些原理出发,其结果不仅导致内在德性和公道良心的毁灭,私人之爱和私人权力的毁灭,同样也导致公共秩序和国家法律的毁灭。"① 黑格尔认为,作为真理的思想是客观世界所内含的理性,主观的情感、信念和目的等是对真理的"蔑视和毁誉"。如果任由市民社会逐渐走向形式化、功利化,那么实现其价值和体现其意义的伦理实体或理性精神将具有一种欺骗

---

① 黑格尔:《法哲学原理》,序言第9页。

性、扭曲性,最终,这种形式理性有可能摧毁伦理实体的基础。马克斯·韦伯(Max Weber)曾经在《经济与社会》一书中指出,形式理性在很多方面与实践理性具有相似性,它们都是为了维持已经确立的秩序并确保其具有连贯性,而循规蹈矩地照章办事。事实上,市民社会的缺陷不仅仅局限于经济领域和社会生活领域,它早已植根于人的内心深处,普遍渗透于社会生活的各个领域,与此同时,实质理性和价值理性在"需要的体系"中或在市场交往中早已成为了"奢侈品"。

　　黑格尔对市民社会的批判对于新时代中国的社会价值体系建设具有重要的启示。随着改革开放的不断深入和全球化步伐的不断加快,西方思潮不断涌入,人们越来越多地受到个人主义、拜金主义和享乐主义等思想的侵蚀,开始出现一些漠视社会规范甚至任意践踏伦理实体和理性精神的行为。尤其是市场经济体制建立以来,受资本逐利性的干扰,道德主体在利益诱惑面前变得不堪一击,无论是道德主体的培育还是伦理实体的构建都遭到了巨大的冲击。因此,面对当下社会中的各种失范现象,特殊性与普遍性的协调发展等现实问题,我们应该从哲学的高度对黑格尔的市民社会思想进行再反思。

　　此外,在重塑现代生活的过程中,除了注意市民社会带来的弊端,还需要看到市民社会的内在价值,充分发挥其应有的作用,弥补以往价值体系建设中社会层次的欠缺,形成"个体——社会——国家"三位一体的框架,这必定会对社会现代化建设发挥重要作用。在古代,中国提倡"家国同构"、"天下一家"的实体性和整全性意识形态,这一意识形态的现实基础是以天然的血缘关系和亲情维系的宗法社会。孟子有言:"人有恒言,皆曰'天下国家'。天下之本在国,国之本在家,家之本在身。"(《孟子·离娄上》)实际上这种以血缘、亲情关系为纽带的最纯真、最自然的家庭与人伦关系被不断放大成国家治理体系,凝结人们之间关系的纽带也就从血缘演化成各种"亚血缘"关系,把国家视为一种伦理实体。虽然这种"家国同构"的伦理思想在社会价值层面体现了"家"与"国"在伦理共同体中的重要地位和生死与共的命运关系,但是"家国一体"的政治观念也造成了特殊性与普遍性的混淆,甚至用普遍性扼杀了特殊性。对于重塑现代生活的整全性而言,在坚持"家国一体"的政治观念的同时,也必须跳出传统的"天下一家"、"家国同构"的思想牢笼,不仅要注重整体的统一性,更要注重个体的特殊性。在普遍性与特殊性的辩证互动中实现道德主体的培育和伦理实体的构建,由此实现他律与自律、社会公德与个体私德的结合。与黑格尔强调的伦理的三个阶段——家庭、市民社会和国家——相比,在我国古代"家国同构"、"天下一家"的政治观念中,"家"和"国"被作为社会生活的起讫点,往往忽略了"市民社会"所具有的中介作用,就此而言,在重塑现代生活的过程中,黑格尔的市民社会理论对于我们仍然具有重要的借鉴意义。

Hegel's Theory of Civil Society and the Rebuilding of Modern Life

Rong Xinru Niu Wenjun

Abstract: In modern life, the traditional holistic lifestyle of the community is replaced by the "system of needs" via the universal communication of atomic individuals. As a result, the principle of substance is impeded by that of subject, which has further influenced the way of modern thinking. With the dual transformation of the lifestyle and the thinking way, the holisticness and substantiveness of modern life disintegrates. Hegel contends that it is the civil society that leads in the transformation from the traditional lifestyle into the modern one. While it brings about a series of new challenges, it also holds the key to overcome them. Only by transitioning from the civil society to the state as an ethical entity and unifying universality and particularity can the crisis of the modern life be alleviated.

Keywords: civil society, modern life, particularity, universality

黑格尔《小逻辑》的"本质"阐释及其批判意义

张美宏*

[摘 要] 《小逻辑》关于本质内涵的多维阐释展现出黑格尔哲学超越前人的一面。把本质界定为一个具有间接性特征的概念,缘于其对直接知识论的批评。在揭示本质的纯反思性规定时,他驳斥了知性思维对形式逻辑规律的绝对化理解,并结合日常生活中的相关事例说明了人们对于同一、差别原理的具体使用。与康德把现象、自在之物完全二分不同,黑格尔认为"非此即彼"的主客对立不仅无助于人们对作为"全体的本质"的认识,而且还在理论上先入为主地把本来统一的现象、本质割裂开来。基于此,他提出,本质内涵的确立必须遵循自身反映与反映他物相统一的辩证原则。

[关键词] 黑格尔;《小逻辑》;本质批判;辩证统一

《小逻辑》是黑格尔晚期的重要哲学论著,其成书被视作黑格尔哲学走向成

---

* 张美宏(1974—),男,甘肃秦安人,哲学博士,兰州大学哲学社会学院教授,主要研究领域为中国哲学、中西比较哲学。

熟的标志。本质论为《小逻辑》第二部分内容,和存在论(第一部分)、概念论(第三部分)一并构成了黑格尔关于思想本身的正反合式的理论体系。其中,存在论代表了思想的直接性,是关于自在的概念的学说;本质论阐发了思想的反思性或间接性,是关于自为存在的概念的学说;概念论则主要明示思想向自己本身的返回,是关于自在自为的概念的学说。然而,在《小逻辑》整体的理论体系中,本质论不仅起着沟通理论起点和终点的作用,同时还具有较强的批判性意味。通过对本质内涵的阐释,黑格尔不仅就本质的意味在结构上有所展开,而且,还对以往的哲学理论,尤其是康德和耶柯比的哲学思想,进行了相应的批评。

一、直接知识批判与本质概念的提出

直接知识是基于无条件者而提出的、不以人的既有知识构架为中介的直观知识。在黑格尔之前,康德和耶柯比曾以各自的方式提及认识直接知识对于开展哲学思考的重要性。康德认为,理性在认识无条件者的诉求中,所获得的只能是对于现象的认识,而不是关于无条件者本身的认识,之所以会有这种情形,主要是由范畴本身的主观性所决定的,于是,在认识无条件者时范畴显得毫无用处。范畴是主观的,其对物的意义的揭示以肯定人的某种先验能力为条件,没有了人,就无所谓范畴意味的讨论;无条件者则完全不同,它是指与人无涉的自在之物本身,这是因为"无条件者决不可能在我们所知的(被给予我们的)那些物那里去找,倒是必须到我们所不知道的、作为自在之物本身的物那里去找"①。所以,无条件者是完全独立的,它是如此那般地存在着,不以人对它的发现或理解为前提,同时也不为范畴所掌控。显然,在康德的论述中,范畴面对无条件者时所表现出的无所作为应该是由它们(范畴和无条件者)之间存在的主客张力导致的。

与康德相比,耶柯比对范畴可以反映无条件者本身的尝试则更为悲观,他认为范畴无所作为的"主要之点在于认范畴不仅是主观的,而且认范畴为条件和有条件的条件;而理解事物即在于通过范畴,亦即通过有条件的条件建立联

---

① 康德:"第二版序",《纯粹理性批判》,邓晓芒译,北京:人民出版社,2004年,第17页。

系"①。可以发现,虽然康德和耶柯比关注问题的方式不同,但他们最终都指向一个共同的结论,即认定范畴不可克服的规定性是抽象的普遍性和形式的同一性,与客观自在的无条件者是异质的。这无异于向世人宣告凭借范畴本身不能够认识真理,因为所有以范畴为基础的知识都是有依赖性和中介性的,所以它们不足以表征关于无条件者本身的直观知识。范畴与无条件者之间的异质性在巴得利那里有更进一步的展开,只是在巴得利的思想体系中,范畴与无条件者之间的关系被表述为思维与客体的关系:"首先,对于思维来说,客体是一种绝对的材料性,思维不知道如何服从它,而是从一开始就否定它,即摆脱它;其次,客体是一种状态,这种状态独立于一切思维而重新属于客体,但是,这种状态是一种形式,这种形式使它有可能被思维,而且思维必须尽可能服从它。"②思维与客体之间的这种二重性说明,范畴尽管无法达到对无条件者本身的绝对认识,但理性却无时无刻不以范畴为工具对无条件者进行相应的思辨规定。在这种情况下,不仅范畴与无条件者之间的关系显得异常纠结,而且,面对无条件者究竟是什么这一课题,范畴自身的有限性也暴露无遗。

针对直接知识论者的设想,黑格尔指出:"持直接知识的人,错误地以为他们业已超出了有限的范畴,而实际上则尚未达到。但关于此点,让我们此刻毋庸详加发挥。这种排他性的直接知识只被确认为一种事实,在此处的导言里,我们只能按照外在的反思去考察它。至于直接知识的本身将俟我讨论直接性与中介性相对立的逻辑关系时再加以说明。但像刚才这种外在的观点不容许我们考察直接知识这事情的本性或概念,因为这种考察将会引导我们到中介性,甚至于使我们达到知识。故真正的、基于逻辑立场的考察,必须在逻辑学本身以内去寻求。"③也就是说,那些直接知识论者以为他们在认知路径上已经摆脱了先验范畴固有的主观性的支配,继而直接介入了对"无限"的把握,但事实上并非如此。这是因为所谓的直接知识在根本上依然是间接知识的折射,是基于间接知识的积累所成就的必然结果,而且,唯有基于已有的间接知识(有限经验的习俗、教育等等),作为"无限"对象的直接知识(如关于上帝和伦理的知识)才能显现在人们的思维中。

---

① 黑格尔:《哲学史讲演录》(第4卷),贺麟等译,北京:商务印书馆,1978年,第247页。
② 黑格尔:《费希特与谢林哲学体系的差别》,宋祖良等译,北京:商务印书馆,1994年,第98页。
③ 黑格尔:《小逻辑》,贺麟译,北京:商务印书馆,1980年,第159页。

就宗教和伦理对上帝与法则独立性的宣示而言，"尽管它们是一种信仰和直接知识，但仍然是完全受中介性的制约，所谓中介性，是指发展、教育和教养的过程而言"①。首先在宗教实践领域，无论上帝被描绘得何等的伟岸而独立，但在一个从未接受过任何宗教教化的人看来，所有论证上帝独立自存的学说都无异于痴人说梦。伦理道德领域的情况在黑格尔看来更是如此，即使康德曾主张道德法则在形式上是定言命令式的，其设定也必须"高出于感性的，有限的事物以及高出于自然心情中直接的欲求和嗜好……但它并不因此便没有中介过程作为它的前提和条件"②。因此，只要与人的精神活动相关，则中介性必然发挥着相应的作用。直接知识论者虽然试图避开范畴去把握关于"无限"的知识或真理，但这一努力最终还是没能成功，与此相关的是关于绝对或真理的思考随之也流于空疏："只有当我们洞见了直接性不是独立不依的，而是通过他物为中介的，才揭穿其有限与非真实性。"③就此来说，所谓的直接知识其实仍然是一种有限的知识，那些由无条件者出发而获得的所谓直接知识在根本上依然是精神自己本身的、必然的曲折进展的中介过程而已。

可见，关于真理的知识既不是直接知识，也不是间接知识，"因为真正可以认作真理的内容的，并不是以他物为中介之物，也不是受他物限制之物，而是以自己为自己的中介之物所以中介性与直接性的自我联系的统一"④。间接知识自身的有限性使其无法达到对绝对或真理的关照，只有立足于自我并以自我为中介之物，才能避免局限于直接性或间接性之一端的谬误，进而把二者统一起来，完成对绝对或真理的澄清。《小逻辑》关于本质的学说正是出于以上考虑，用黑格尔的话讲就是："整个第二部分（**本质论部分——引者注**），关于本质的学说，便是主要地对直接性与中介性自己建立起来的统一性的考察。"⑤

在黑格尔提出的本质论体系中，本质是被设定起来的概念，关于本质的规定也是相对的。本质的这一特征意味着本质与存在有所不同，它是间接性的东西，由存在向本质的过渡并不意味着存在的消解，而是对存在的另一种规定。

---

① 黑格尔：《小逻辑》，贺麟译，第 161 页。
② 黑格尔：《小逻辑》，贺麟译，第 162 页。
③ 黑格尔：《小逻辑》，贺麟译，第 167 页。
④ 黑格尔：《小逻辑》，贺麟译，第 167 页。
⑤ 黑格尔：《小逻辑》，贺麟译，第 159 页。

也就是说,本质指涉的不是其他的规定,而恰恰是与自身相同一的规定。在关于本质的设定中,本质扬弃了作为直接的存在的假象,这是由于那种直接的存在仅仅是一种"抽象的死躯壳":"本质是存在的真理,是自己过去了的或内在的存在。反思作用或自身映现构成本质与直接存在的区别,是本质本身特有的规定。"①本质与存在相关,但本质毕竟不同于存在。在本质与存在之间,存在是直接的东西,最多只是一个"假象"罢了,当然,所谓"假象"在黑格尔的理解中并非空无所有,或完全无物,毋宁说,它是一种经过了扬弃的存在;相比而言,本质则展现为一种反思的方式,本质不但自身规定自身,而且,作为"反思作用",它还必须基于"自己过去了的存在",这和反思在一定程度上是一种间接性的思维活动相关。另外,作为"自身映现"也必须基于"内在的存在",排除内在性则会完全脱离存在,继而使本质成为与自身异在的东西。强调"本质是存在的真理",无非是说本质是存在得以敞开的前提,只有在本质之中,存在才从那似乎是直接的、只可意会的假象中走出来。由此便可摆脱存在论所讲的那种玄思,进而使存在成为可以被进一步反思的东西,展现其真理性所在。

诚然,反思作用或自身映现是本质显现自身的主要方式。当人们通常指出万物皆有本质的时候,他们总是在暗示万物皆不是它们所直接表现出的那样,用黑格尔的话来说:"我们常认为哲学的任务或目的在于认识事物的本质,这意思是说,不应当让事物停留在它的直接性里,而必须指出它是以别的事物为中介或根据的。"②事物的直接存在只是关于事物的如此这般,至于它本身到底怎样,从直接存在中通常不能获得任何理解,而是必须深入到它的本质。类似的情况在日常生活中比比皆是,如日常生活中当人们强调万物皆有其本质的时候,也就意味着真正的万物并不是它们直接所表现的那样,而是要求必须深入它们的深层,揭示出蕴含其中的本质。所以,本质是直接性的一种转化方式,透过本质,存在由直接性的玄思转化为相对性的呈现。值得一提的是,本质的相对性并不意味着本质对于事物而言是孤立的,相反,"本质之所以是本质的,只是因为它具有它自己的否定物在自身内,换言之,它自身内具有与他物的联系,具有自身的中介作用"③。这样,本质作为本质,其根本特性在于它不仅是

---

① 黑格尔:《小逻辑》,贺麟译,第242页。
② 黑格尔:《小逻辑》,贺麟译,第242页。
③ 黑格尔:《小逻辑》,贺麟译,第246页。

由直接性(物)出发的,而且,还是对直接性的一种否定。在这一否定的环节中,本质既克服了存在的抽象性和纯思辨性,同时也保留了存在的基本规定性。不过,这一规定性不再是高度抽象的,而是以"自身内具有与他物的联系"为程式所完成的自身对自身的否定。

二、同一差别原理批判与本质的纯反思规定

本质对自身的中介作用缘于本质与事物间的同一关系。黑格尔特别强调,此所谓同一与传统形式逻辑中的"同一"(同一律)完全不同,它是一种反思性的同一:"本质映现于自身内,或者说本质是纯粹的反思;因此本质只是自身联系,不过不是直接的联系,而是反思的自身联系,亦即自身同一。"①作为反思性的同一,它不像形式逻辑规律中的"同一"(同一律)那样完全迎合知性判断的严格性,而是体现出辩证性的意味,即在主张同一的同时也不否认差异的存在。传统形式逻辑规律中的"同一"(同一律)尽管在知性层面体现出"非此即彼"的严格性,但它所展示的仅仅是一套完全形式化的思维规律,所以在实践层面毫无建设意义可言。有鉴于两种"同一"之间的不同,黑格尔专门把形式逻辑规律中的"同一"(同一律)称为"形式的或知性的同一",相比于反思性的同一,前者徒有形式上的严谨,且在内容上是空乏的,因此代表了一种抽象的同一。

作为反思的结果,本质的设定无疑是对"形式的或知性的同一"的超越:"本质可以说是记忆中的存在,记忆中的存在,便是在思想中的存在。存在原是离思而言有,本质则是合思而言有。合思而言有是有的高级阶段,离思而言有则是比较朴素的说法。"②"记忆"存在于人的反思活动中,体现出人具有相应的反思能力,"记忆中的存在"当然不是事物的直接存在,而是经由人的反思之后所形成的关于存在的间接理解,所以代表了事物的本质。本质既然是存在的高级阶段,那意味着它和存在之间依然是同一关系,只是这种同一是以思想为中介的。这样,就同一范畴的使用而论,存在论是没有反思的,主张直接面向存在本身("离思而言有"),展现为"形式的或知性的同一";本质论则以间接性的反思

---

① 黑格尔:《小逻辑》,贺麟译,第247页。
② 贺麟:《黑格尔哲学讲演集》,上海:上海人民出版社,1986年,第168页。

活动为中介，主张直接性与中介性的统一（"合思而言有"），所以展现为"具体的同一"。在黑格尔的理解中，"具体的同一"作为反思的结果是更高一级的同一，因为它更接近人们使用逻辑的实情。

　　日常生活中，当人们用同一范畴进行话语表达时，其所用的谓词和主词往往不完全相同，而是呈现为一种间接的反思关系。如"他是她父亲"这一命题，从同一律的视角来看，虽然这句话在内涵上总是指向"他是他"，或"她父亲是她父亲"，但是在这一有效表达中，"他"被纳入到"她"和"父亲"的关系反思中。从因果次序上看，"他"和"她"之间关系的存在使得"她父亲"成为一个真实的表达。于是，当人们在日常生活中使用同一范畴时，谓词的内容经常表象为主词被反思的结果。也正是在这个意义上讲，谓词的表达与主词之间才具有了同一关系。在黑格尔的认识中，同一律所强调的"A 是 A"只能够满足人们追求形式必然性和严格性的兴趣，但对于他们的日常表达则毫无助益。"因为一个命题总须得说出主词与谓词间的区别，然而这个命题就没有作到它的形式所要求于它的。"[1]这里不妨仍然以"他是她父亲"为例。这一命题虽然在表达结构上也合乎形式逻辑的要求，但只要简单分析一下就可以发现，它的主词和谓词不尽相同，在形式上并没有像同一律所要求那样表现为"A 是 A"的程式。

　　所以，同为"同一"，在理论上和实际使用中却有很大不同。形式逻辑律中所讲的同一是非常严格的，其在推理上也具有普遍必然性；相反，日常生活中人们对同一的使用则重在对主词意味的延伸，几乎"没有意识按照同一律思维或想象，没有人按照同一律说话，没有任何存在按照同一律存在。如果人们说话都遵照这种自命为真理的规律（星球是星球，磁力是磁力，精神是精神），简直应说是笨拙可笑"[2]。可见，人们在日常生活中对同一的使用不像形式逻辑律所要求的那样严谨，而是必须具体地建立在反思活动基础之上。换言之，在日常生活中，一物与他物之间之所以具有同一关系，并非取决于它们在形式上的绝对相同，而是由于"它们同时包含有差别在自身内"[3]。在同一中，存在只能以自身为参照进行必要的反思，然后获得以自身为中介的本质。而差别对于本质的意义则更为宽泛，它虽然也强调基于存在自身的内在本质和外部存在之间的间接区

---

[1] 黑格尔：《小逻辑》，贺麟译，第 248 页。
[2] 黑格尔：《小逻辑》，贺麟译，第 248 页。
[3] 黑格尔：《小逻辑》，贺麟译，第 250 页。

分,但差别更多地指向一种直接的关系。基于这种绝对关系(直接的关系)的存在,差别就成为不同事物之间的"第三方",成为一个完全意义上的"比较者"。

差别的直接性指向,使得不同的事物之间具有了进行比较的可能性,通过这种比较,不同事物在差异中被统一起来。按照知性思维的规定:"相等本身只是同一,不相等本身只是差别。"①很显然,这与前文对形式逻辑规律的评判基本是一致的。知性思维所讲的同一,尽管在逻辑上可以规范人们的思维或论理活动,但对实际生活并没有产生建设性的影响。另外,知性思维所讲的差别也是绝对的,因为它彻底割裂了不同事物之间进行比较的可能性,从而把它们看作彼此纯粹孤立的对象。相应于差别的绝对化,差异问题随之也被上升到相异律的高度。依据相异律原则,天下万物莫不相异,或者说天下不存在两种完全相同的事物,这么一来,似乎所有事物都可以与相异律相容,就如同所有事物都可以与同一律相容一样。天下每一事物都有一个它本身,事物和它本身之间当然是完全同一的。因此,在知性所具有的那种"非此即彼"思维的宰制下,本质的内涵是朴素的,本质在内容上除了依据反思性的同一之外,丝毫没有具体性可言。本质如果仅仅依靠自身的反思来展示,则它依旧是抽象的本质。所以,只有在与不同事物进行比较的过程中,才能获得外在的差别,然后以差别为中介展示本质相对具体的一面。

为了使问题更加深入,黑格尔把差别分解为自在的和自为的两方面。在自在的方面,差别是一种客观的事实,因为就事物间的外在关系而论,世界上绝对没有完全同一的两样事物。为了使论证更具有说服力,黑格尔特地举出了莱布尼茨的事迹:"据说莱布尼茨当初在宫廷里提出他的相异律时,宫廷中的卫士和宫女们纷纷走入御园,四处去寻找两片完全没有差别的树叶,想要借以推翻这位哲学家所提出的相异律。"②差别是绝对的,这是知性思维所持的论点,不存在既差别又同一的情况,否则在思维上会导致矛盾出现。从理性反思的角度来看,思维绝不会满足于这种自在的差别,而是要就此进一步有所扬弃,继而以否定的方式化自在为自为。就原因而论,只有在自为的阶段,差别才映现本质:"这就是说,每一方只有在它与另一方的联系中才能获得它自己的(本质)规定,

---

① 黑格尔:《小逻辑》,贺麟译,第251页。
② 黑格尔:《小逻辑》,贺麟译,第253页。

此一方只有反映另一方,才能反映自己。另一方也是如此;所以,每一方都是它自己的对方的对方。"①在自为阶段,事物之间的差别不再是完全孤立的,更不是绝对的,而是呈互相映现对方的态势,即通过对某一事物与其对立面之关系的反思来映现这一事物的本质。

在关于本质的纯反思规定里,同一和差别之间体现的不只是一种对立关系,更是一种以对立为基础的统一关系。通过这种统一,本质的基本规定从正反两方面得到充实:从正的方面看,本质体现出一种以自身为中介的同一关系;在反的方面,关于本质的差别又构设出一种新的对立关系。在这种对立关系中,一方可以从它自身与对方的反差中获得关涉其本质的具体规定性。这样,经由反思所获得的本质,既是一种自我的同一,亦是自我与他物联系的差别。因此,作为纯反思的规定,本质同时涵盖了同一和差别两方面的内容。不过,此同一和差别完全不同于知性思维中的同一律和相异律:前者揭示的是一种间接关系,是黑格尔阐释其本质概念的重要方式;后者更偏向于对同一和差别关系的抽象化理解,康德恰恰借此论证了知性思维在逻辑上的精确性和严格性。

同一和差别之间的间接相关意味着理解同一的问题不能忽视差别原理的存在,认识差别的时候也不能把它与同一原理彻底对立起来,而是表现为一种全新的认识——同一中包含差别,差别中也蕴含有同一。当然,作为经由反思而产生的知识体系,本质论中的同一之所以包含差别原理在其中,正是由于它所遵循的是具体的辩证思维,而不是抽象的知性思维。在抽象和具体之间,知性思维中的同一以揭示被设置物自身的属性及其限度为条件,所以在知性思维中,同一和差别之间根本就不存在变通的可能;辩证思维中的同一则统一了那些看似矛盾的东西,它不仅揭示被设置物及其诸对立物,而且还扬弃两者,并由此使"同一是一个有差异的东西……真理只有在同一和差异的统一中,才是完全的,所以真理唯在于这种统一"②。在这个意义上可以说,本质论所揭示的是关于"理念"或"绝对"的学说,这是因为作为同一和差别的统一,它在理论上应该是一个"全体",而作为"全体",它必定在自身中展开其自身,是自身设置自身

---

① 黑格尔:《小逻辑》,贺麟译,第254—255页。
② 黑格尔:《逻辑学》(下卷),杨一之译,北京:商务印书馆,1976年,第33页。

与自身设置对立物,并扬弃二者的对立性之后的统一体。

三、现象自在之物关系批判与本质内涵的辩证设定

在本质论中,黑格尔以"根据"来充任同一和差别的统一,以期从逻辑结构方面对作为"全体的本质"加以规定。而在"根据"统一同一和差别的情况下,本质经过扬弃直接性的存在之后,最终又必须返回到存在中去,因为只有如此,存在才可称为有根据的存在或实存。作为有根据的存在,实存不再是直接的或自在的存在,而是"无定限的许多实际存在着的事物,反映在自身内,同时又映现于他物中,所以它们是相对的,它们形成一个根据与后果互相依存、无限联系的世界"。① 也就是说,实存不仅反映自身,而且也映现于他物之中,是具有自身本质的相对的"物"。其实,以实存重现"物"是黑格尔对康德哲学的一个突破。在康德哲学中,"物"是一个纯粹客观的无条件者,即"自在之物",它与人的内在经验是异质的,所以是经验无从认知的。究其原因,康德认为:"经验固然告诉我们什么东西在那里存在以及它怎么样存在,但它永远不告诉我们它必然应该这样地而不是那样地存在。因此经验永远不能使我们认识自在之物本身的性质。"②显然,康德所谓的"物"或"自在之物"是人的经验能力所不及的,尽管在抽象思考中为理性触及,但它究竟怎么样却不被人的反思能力所理解,这与黑格尔由本质出发所阐释的"物"在主旨上是异趣的。

康德之所以没有给"物"或"自在之物"以特质的规定,在于他认定"物"或"自在之物"在人的视角之外,其逻辑前提是"物"或"自在之物"自身仅仅是一个外在的本身而已。相比之下,由本质出发所阐发的"物"自身是本质的规定或根据,而不是独立自存的超验对象或无条件者。所以,"物"在黑格尔看来是人们可以通过反思而认识其特质的实存:"物或事物就是根据与实存这两个范畴由对立发展而建立起来的统一的全体。就它反映他物这一方面而言,物具有差别在自身内,因此它是个有规定性的具体的物。这些规定性是彼此不同的。它们获得它们的自身反映并不是在于它们自身,而是在于'物'上。它们是'物'的特

---

① 黑格尔:《小逻辑》,贺麟译,第265—266页。
② 康德:《任何一种能够作为科学出现的未来形而上学导论》,庞景仁译,北京:商务印书馆,1978年,第58页。

质,它们与物的关系就在于为物所具有。"①一方面,"物"作为它本身当然与自身是同一的;另一方面,同一决不是抽象意义上的绝对等同,而恰恰是以差别的存在为基础,因为从全体的意义来讲,每一"物"所具有的特质是在差异形式下实存着的差别。

显而易见,对于"物"的考察,黑格尔依然采取类似于同一和差别的双重路向。从同一的角度看,那些自身反映的规定性"自身还不是具体的'物',而只是自身反映的实存作为抽象的规定性——这就是质料"②。所以,作为质料的"物",只有在抽象意义上才是存在的,它强调"物"自身所具有的诸多规定性的自我反映。从差别的角度看,"物"的诸多规定性同时通过更多外在的他物,被反映或映现在它自身和他物的外在联系之中。用黑格尔的话说:"那些不同的规定性和它们彼此隶属于'物'的外在联系就是形式——这形式是有差别的反思范畴,但这种差别是实存着的并且是一全体。"③与基于自身反映的质料有所不同,形式体现出"物"具有反映他物的性征,而质料作为实存与它自身是直接统一的,所以和反思的规定性是不相干的。

尽管"物"就其诸多规定性的内外关系而言被分为质料和形式两方面,但从根据的角度来看,这两方面仍然是一个统一的全体。也就是说,无论是通过自身反映所获得的质料,抑或是通过外在关系所反映出的形式,它们都必须围绕"物"的本质,并以此为中心展现"物之为物"的规定性。由于质料是肯定的、无规定性的实存,因此,即使没有任何反思活动,也不能否定质料的存在。质料尽管没有具体的规定性,但作为实存,它是不仅"包含反映他物,也包含自身独立的存在。因此就质料作为这两种规定的统一来说,它本身就是形式的全体"④。反映他物与自身独存之间的这种统一关系通常被确认为质料与形式的联系,而在关于本质的反思性设定中,确认质料与形式之间的这种联系是非常必要的。质料如果仅仅以自身反映的方式来设定本质,那么,由此获得的本质就依然是抽象的。只有结合形式,质料对于"物"的诸多规定性来说才是现实的,也就是说,只有在形式中,质料才能获得现实的规定性。所以,作为质料和形式的全

---

① 黑格尔:《小逻辑》,贺麟译,第268—269页。
② 黑格尔:《小逻辑》,贺麟译,第270页。
③ 黑格尔:《小逻辑》,贺麟译,第272页。
④ 黑格尔:《小逻辑》,贺麟译,第273页。

体,"物"是"一种在自己本身内扬弃自己本质的实存"①,黑格尔把这种经由扬弃而发展了的映现称作现象。

在"物"获得关于自己本质的实存的过程中,现象和本质被完整地统一了起来:"本质的映现于自身内是扬弃其自身而成为一种直接性的过程。此种直接性,就其为自身反映而言为持存、为质料,就其为反映他物、自己扬弃其持存而言为形式。显现或映现是本质之所以是本质而不是存在的特性。发展了的映现就是现象。因此本质不在现象之后,或现象之外,而即由于本质是实际存在的东西,实际存在就是现象。"②显然,黑格尔所谓的现象和本质是一体的,在由本质向现象转化的过程中,内在性的本质作为根据进展到了实存。所以,本质只能存在于现象之中,通过现象,本质完成自身对自身的设定。具体来说,本质以自我反映和反映他物的方式完成对自身的辩证设定,继而实现自身对自身的扬弃。

这样,在关于现象和本质的关系方面,黑格尔超越了康德把现象和"物"截然分界的理论视域。如所周知,康德对近代哲学的贡献是将哲学思想和常识严格区别开来,但遗憾的是,康德自得于自己掌握了现象的主观性,所以他坚持在现象之外有一个人所不能达到的抽象的自在之物,由此也就导致现象和自在之物在康德哲学中的截然对立。基于康德对现象和自在之物关系的已有论述,黑格尔指出,在现象与本质之间,不仅由本质向现象的转化是可能的,而且还认定现象是更为根本的:"现象较之当前的单纯存在反而要高一级。现象是存在的真理,是比存在更为丰富的范畴,因为现象包括自身反映和反映他物两方面在内,反之,存在或直接性只是片面的没有联系的,并且似乎只是单纯地依靠自身。"③现象是存在的真理说明,理解现象就是理解本质,因为本质从未存留在现象之外或现象之后。恰恰由于自在之物和现象完全可以打通,所以在现象之中一定能获得对于本质的理解。

现象和本质间的这种特殊关系同时孕育出一种全新的本质论:一切实际存在的东西不是孤立存在的,而恰好反映在与他物的联系中;同时,一切实际存在的东西不是抽象的,而是反映在具体的他物之内。从同一性的角度讲,"在他

---

① 黑格尔:《小逻辑》,贺麟译,第274页。
② 黑格尔:《小逻辑》,贺麟译,第275页。
③ 黑格尔:《小逻辑》,贺麟译,第276页。

物之内"和"与他物联系"就构成了一种新的"自身联系"。所以也可以说,一切实际存在的事物都存在于"自身联系"和"他物联系"的辩证统一中。基于现象和本质之间的这种特殊关系,黑格尔认为,现象界的事物的"持存直接即被扬弃,这种持存只是形式本身的一个环节;形式包含持存或质料于自身内作为它自己的规定之一"[1]。也就是说,现象界的事物是在形式的特性中显现自身规定性的,而形式则是一种间接的外在关系。在形式的外在关系中,本质映现在自身与他物的外在差别中,在这个意义上,形式也就"包含持存或质料"。虽然现象界的事物都是由形式出发的间接性的规定,但这种规定仍然构成了事物存在的根据。这样,在现象界中便出现了"由形式来中介持存,亦即由'非持存'来中介持存的一种无限的中介过程"[2]的情形。

可以说,在由本质向现象转化的过程中,质料以形式为中介,并最终与形式相统一。与质料和形式关系相应的是,自身反映与反映他物在本质的设定中也表现为一种中介关系,换句话说,本质映现的过程就是一个以反映他物来中介自身反映的无限中介过程。在反映他物的环节里,内在的自身反映也不断地得到规定。当然,就二者关系的定位来看,反映他物和自身反映虽然表现为间接的映现关系,但是它们在根本上依然是统一的,且都是进行本质设定的主要方面。作为返回自身的东西,反映他物的过程也就是自身反映的过程;而作为不返回自身的东西,反映他物便是与自身反映不相干的外在存在。前者体现出反映他物和自身反映在本质设定过程中的辩证统一关系,后者则是说反映他物毕竟是一种外在的形式,故而不像自身反映那样是一种基于质料的内在关系。自身反映和反映他物之间的这种辩证关系表明,在关于本质的具体设定方面,没有无形式的自身反映,也难以想象无质料的反映他物。

四、结语

《小逻辑》关于本质内涵的多维阐释展现出黑格尔哲学超越前人的一面。通过对本质范畴的具体设定,黑格尔首先评判了耶柯比对直接知识的过分渲

---

[1] 黑格尔:《小逻辑》,贺麟译,第277页。
[2] 黑格尔:《小逻辑》,贺麟译,第278页。

染,并指出那些基于无条件者而思考存在本身的尝试,只是对"无限"的一种抽象思辨而已,其对于本质内涵的澄清不具有任何建设性意义。此外,在本质与自身关系的厘清方面,黑格尔非常反对康德对现象和"自在之物"的二分,认为它们之间呈现为既对立又统一的辩证关系,因为如果拿掉那个可以促发人类认知的"自在之物"之后,则"现象本身也将不再成为可能"①。基于以上认识,我们可以把《小逻辑》关于本质的学说的哲学价值归结为以下两点:首先,在思维程式上,黑格尔已然克服了传统形式逻辑要么坚持绝对差别,要么陷入抽象同一的片面性,提出了差别中蕴含同一,同一中亦不乏差别的辩证统一原理。其次,在认识论和方法论的层面,黑格尔成功化解了耶柯比和康德基于对无条件者的抽象悬设而思考存在本身的主客张力,强调在设定本质内涵的环节中,应当充分关照自身反映与反映他物之间的内在统一。从某种意义上讲,黑格尔关于本质内涵的如上设定恰恰展示了辩证法中对立统一原理的魅力。

毋庸讳言,《小逻辑》关于本质范畴的阐释也有其自身的局限。比如,在对同一差别关系的批判中,黑格尔强调,同一原理所蕴含的差别的现象在人们的日常生活中普遍存在,然而,有学者认为,如果因此就对同一律进行穷追不舍的批评,似乎"过分低估了同一律的意义"②。如所周知,在人类思想发展的历史上,同一律不仅为人们思维活动的正确展开树立了严格的逻辑程式,从而使思想本身变得清晰而有规矩可依,而且,同一律还为人们在理论认识上与诡辩论划清界限,进而在实践层面完成自我为自我的普遍立法提供了强大的理论武器。显然,黑格尔对这类问题的认识是不够全面的。另外,在对同一和差别、现象和自在之物的统一关系的设定中,黑格尔尽管以间接反思的方式就本质内涵给出了一个比较明确的阐释,但这一阐释在理论上依然是有限的。就其中的具体原因而论,主要在于反思本身是一项纯主观的活动,所以,其在内容上更像是一个自我展开的动态交互"过程",然而,在黑格尔给出的本质论阐释中,所有的反思活动却又被简单地定性为"一种抽象的、静止的、固定的同一性"③。当然,值得指出的是,黑格尔对后一问题的存在已然是有充分察觉的,而且,正是由于

---

① F. Cirulli, *Hegel's Critique of Essence: A Reading of the Wesenslogik*, New York: Routledge, 2006, p. 39.
② 贺麟:《黑格尔同一、差别和矛盾诸逻辑范畴的辩证发展》,《哲学研究》,1979年第12期。
③ 黑格尔:《小逻辑》,贺麟译,第403页。

这一问题的存在,才使得《小逻辑》第三部分(概念论部分)对"绝对理念"的阐发成为必要。

The Elucidation of Essence in Hegel's *Encyclopedia Logic* and Its Critical Significance

Zhang Meihong

Abstract: The multidimensional elucidation of essence in *Encyclopedia Logic* shows that Hegel transcends his predecessors in philosophy. Interpreting essence as a conception with mediate features is due to his critique to theories of intermediate knowledge. By revealing the reflective provisions of essence, he not only refuted the abstraction to laws of formal logic from the thinking of understanding, but also testified the concrete use of the principles of identity and dissimilation in combination with daily life. Unlike Kant's dichotomization of the appearance and the thing in itself, he pointed out that the opposition of the subject and the object was not conducive to people's understanding of essence as a whole, and that also theoretically leaded to a preconceived separation of phenomenon and essence which were originally unified, therefore, the construction of essence should be founded on the dialectical unification of reflecting self and reflecting other.

Keywords: Hegel, *Encyclopedia Logic*, critique of essence, dialectical unification

鲍曼与马克思:现代性批判的两个向度

周发财[**]

[摘 要] 马克思和鲍曼的现代性批判有一些共同的主题:理性、矛盾性、流动性、拜物教和消费主义。马克思现代性批判的核心是政治经济学批判,鲍曼的现代性批判欠缺核心。马克思和鲍曼的现代性批判在方法上存在三方面的区别:历史唯物主义与社会现象分析的区别、宏大叙事与后现代的区别、总体与随机的区别。马克思的立场是无产阶级,以实践为目的;鲍曼的现代性批判立场游移,以解释为目的。两种现代性批判都是时代的产物,鲍曼的现代性批判更细腻,马克思的现代性批判更深刻。

[关键词] 鲍曼;马克思;现代性批判;向度

齐格蒙特·鲍曼(1925—2017)是当代著名的社会理论家,其毕生研究的主题就是现代性问题,随着其著作被广泛地介绍和翻译,鲍曼获得了越来越广泛的影响,其对现代性的批判、对后现代性的阐释和分析引发了广泛探讨。把马

---

[*] 基金项目:重庆市教委人文社会科学研究重点项目"弘扬社会主义核心价值观的法律途径"(20JD032)。
[**] 周发财(1978—),男,湖南溆浦人,哲学博士,西南政法大学马克思主义学院哲学系、文学平工作室副教授,主要研究领域为马克思主义哲学。

克思理论与现代性议题联系起来,是当代马克思主义理论研究的一个前沿意识。在当代英国著名的马克思主义学者特里·伊格尔顿看来,只要现代性还成为问题,就必然与马克思相关,而今天现代性仍然是一项有待讨论的工程。①有学者更是直接认为"马克思的基本论域就是现代性问题,并且恰恰是马克思清晰地揭示了现代性的存在论状况"②。本文基于以下理由,把马克思的现代性批判理论和鲍曼的现代性批判理论进行比较分析。首先,马克思即使不是最早批判现代性的,但肯定是早期最全面地批判现代性的理论家之一,而鲍曼是当代现代性批判理论的代表人物,这两种现代性批判理论的比较具有时代意义。其次,鲍曼与马克思颇有理论渊源,鲍曼出生于波兰,在苏联接受正统的马克思主义教育,二战后因"排犹事件"退出波兰红军,来到华沙大学哲学与社会学系从教,后来因再受加剧的排犹运动影响,离开波兰,最后定居英国,1971年起在利兹大学从教至退休。从在华沙大学执教开始,鲍曼就持续受到法兰克福学派霍克海默、马尔库塞和哈贝马斯等人的批判理论的影响,在一个访谈中,鲍曼更表达了"愿作为一个社会主义者而死去"的意向。最后,也是可以用来比较而不是泛泛而谈这两种现代性理论的因素——鲍曼和马克思的现代性批判有着一些共同的主题;如果马克思和鲍曼——相隔一个世纪的代表——都阐述了现代性的某些特征,即使不能据此断定这些就是现代性的本质特征,但至少表明它们是现代性的重要特征。当然,相隔一百多年的两种现代性理论的差异也揭示和启发了一些重要问题。

有些国内学者认为马克思没有使用过"现代性"这一概念,如余艳指出"(尽管)马克思并未在自己的著作中直接使用'现代性'这个词"③,武振华、季正矩认为"马克思本人在其著作中也没有使用过'现代性'概念"④,刘雄伟也认为"(尽管)马克思没有明确使用过'现代性'的概念"⑤……但事实上,马克思在《论犹太人问题》中说:"基督教的幻象、幻梦和基本要求,即人的主权——不过人是

---

① 参见特里·伊格尔顿:《历史中的政治、哲学、爱欲》,马海良译,北京:中国社会科学出版社,1999年,第118—119页。
② 罗骞:《论马克思的现代性批判及其当代意义》,上海:上海人民出版社,2007年,第5页。
③ 余艳:《关于马克思现代性批判思想的解读》,《理论学刊》,2014年第8期。
④ 武振华、季正矩:《马克思现代性批判思想及其当代价值》,《理论学刊》,2015年第7期。
⑤ 刘雄伟:《从启蒙现代性到资本现代性——马克思现代性批判之实质要义》,《东南学术》,2017年第1期。

作为一种不同于现实人的、异己的存在物——在民主制中,却是感性的现实性、**现代性**、世俗准则。"①可见,马克思不是没有使用过"现代性"这个概念,而是使用过的,只是马克思并没有对"现代性"这个概念做抽象的逻辑分析。马克思不会这样做,因为这种做法正是他大力批判的。马克思现代性批判的靶心是具体的现代社会,即资本主义社会。

纵观两个人的现代性批判,在各自的理论中均形成了完整的体系,构成一个一以贯之的理论向度。比较而言,马克思的现代性批判是一种更为宏观的向度,鲍曼的现代性批判是一种相对微观的向度,但两人又有着一些共同的主题、相互关切的立场和方法。所以,这两种不同向度的现代性批判呈现出一派异中有同、同中有异、同异交织的场景。

现代性批判主题的同异

在马克思和鲍曼两人相差一百多年的现代性批判话语中,可以发现一些共同的主题,如对理性的批判、对现代性矛盾性的阐述、对现代性之流动性的揭示、商品拜物教和消费主义内在的一致性、全球化和世界经济等等。当然也很容易在这些共同的主题中发现两者的差异。

(一) 对理性的批判

丹尼斯·史密斯用了一个"笼中人神话"来理解鲍曼的现代性理论对理性的批判,在鲍曼看来,现代性的"笼中人"状态是理性设计的产物,在现代社会,理性追求一种完美的秩序,创建系统的社会制度,而一个个个体就被理性关进了笼子。笼子是依靠立法、制度和管理来建造并维持的。对鲍曼而言,现代性就是启蒙理性的结果,是知识和统治相结合的结果,统治需要知识,知识成为统治强有力的工具。②鲍曼把理性当作现代性的本质特征,在他对纳粹大屠杀的分析中,得出了振聋发聩的结论:"我还认为正是由于工具理性的精神以及将它制度化的现代官僚体系形式,才使得大屠杀之类的解决方案不仅有了可能,而

---

① 《马克思恩格斯全集》第3卷,北京:人民出版社,2002年,第179页。
② Zygmunt Bauman, *Legislators and Interpreters: On Modernity, Postmodernity and Intellectuals*, Cambridge: Polity Press, 1987, p.67.

且格外'合理'——并大大地增加了它发生的可能性。"①对鲍曼而言,理性是现代性最重要的代名词,即使不是唯一。

悉尼·胡克认为"马克思是一个真正的启蒙运动的产儿"②,戴维·哈维同样认为,"马克思很多方面都是启蒙思想的儿子"③。确实,马克思吸收了启蒙运动的积极成果,马克思的理想与启蒙运动的理想并不冲突,即实现一个真正自由的社会。但是马克思是批判地继承启蒙遗产,特别是对黑格尔所确立的"理性"和"主体"这两个现代特征的批判。马克思博士论文中对"自我意识"哲学的追求可以说是"理性"和"主体"批判的集中体现。在《莱茵报》时期,马克思也更多的是从理性的角度来看待国家、法、宗教和出版物等问题,不久后马克思就发现,在黑格尔那里理性是"纯粹的、永恒的、无人身的"④。在《共产党宣言》中马克思进一步揭示了这种抽象理性的虚假和欺骗性,在《反杜林论》中恩格斯认为法国大革命让"理性的国家完全破产了"⑤,"由'理性的胜利'建立起来的社会制度和政治制度竟是一幅令人极度失望的讽刺画"⑥。对于作为主体的人,马克思强调的是现实的个体,既不是作为"类"的人,也不是抽象的"理性人"。

虽然马克思和鲍曼都批判了理性,但是他们都没有拒斥理性;与其说他们批判理性,不如说他们批判了理性的某个方面或说某种理性,与其说他们批判启蒙理性,不如说他们看到了启蒙理性发展中的某些问题。所以,当哈贝马斯提出"重建现代性"的时候,也就提出了我们需要何种理性的问题。马克思所批判的是理性的抽象性所带来的观念论错误,所以他用"感性的、现实的人"和实践来纠正;鲍曼跟很多作者一样,批判的是工具理性,针对工具理性的泛滥,鲍曼寄希望于"后现代的道德回归",这是列维纳斯的"他者"的道德。可见,马克思和鲍曼的理性批判没有冲突和矛盾,而是互补。

(二) 现代性的矛盾性

鲍曼有一本很重要的著作《现代性与矛盾性》,在这本著作中,他详细分析

---

① Zygmunt Bauman, *Modernity and Holocaust*, Cambridge: Polity Press, 1989, p. 23.
② 悉尼·胡克:《理性、社会神话和民主》,金克、徐崇温译,上海:上海人民出版社,2006年,第134页。
③ 戴维·哈维:《后现代的状况》,阎嘉译,北京:商务印书馆,2003年,第23页。
④ 《马克思恩格斯选集》第1卷,北京:人民出版社,2012年,第218页。
⑤ 《马克思恩格斯选集》第3卷,北京:人民出版社,2012年,第643页。
⑥ 《马克思恩格斯选集》第3卷,第644页。

了一种与矛盾共生的现代性,"只要存在包含了秩序和混乱之抉择,它便具有了现代性"①。在鲍曼看来,是现代性的秩序追求造就了这种与生俱来的矛盾,"秩序只能被视为对全部矛盾性——混乱的随机性——的洞识……秩序的他者并不是另一种秩序,因为混乱是其唯一的选择"②。鲍曼分析了现代性的矛盾性产生的根源:对秩序的追求越多,就会产生越多的混乱和矛盾。鲍曼认为现代性的这种矛盾性与其根源互不相容,现代性企图根除所有的混乱,就像园艺师要拔掉花园里的所有杂草一样。

现代性的这种矛盾性并不是到了鲍曼生活的这个时代才产生、凸显或是被发现的,马克思在一百多年前也阐述了社会的矛盾性:机器与饥饿共存,财富与贫困相生,技术的胜利伴随着道德的败坏,人类越能控制自然却越发容易成为奴隶,等等。③ 后来马克思用资本的原则来解释现代社会矛盾性的产生,也就是认为这些矛盾的罪魁祸首是资本,"在资本的简单概念中包含着以后才暴露出来的那些矛盾"④。

诚然,鲍曼早期的"矛盾性概念只是与他者、差异、异乡人等一般地联系起来"⑤,但是,当鲍曼探讨穷人与富人、城里人和郊区人,以及有能力的消费者和不合格的消费者时,明显不再是一种"精神原则"的逻辑,可以发现明显的"资本"逻辑的痕迹。虽然生产在今天仍然是极重要的,但是肯定没有马克思时代所表现得那么抢眼,且其他一些因素确实取代了生产对经济和社会的影响,如消费、金融、全球化等。于是鲍曼发现了在马克思时代还不存在或还不明显的一些矛盾,并对这些矛盾的产生做了实证的而不是历史唯物主义的解释。用心审视会发现,鲍曼和马克思所揭示的现代性的矛盾性在今天依然存在。

(三) 现代性的流动性

马歇尔·伯曼用马克思的一句名言"一切坚固的东西都烟消云散了"来做他论述现代性的著作的书名。正是因为这句话,有人甚至认为马克思是后现代主义的鼻祖。仅凭这句话就认定马克思是一个后现代主义者无疑是断章取义,

---

① 齐格蒙特·鲍曼:《现代性与矛盾性》,邵迎生译,北京:商务印书馆,2003年,第11页。
② 齐格蒙特·鲍曼:《现代性与矛盾性》,第11页。
③ 《马克思恩格斯选集》第1卷,第776页。
④ 《马克思恩格斯全集》第30卷,北京:人民出版社,1995年,第395页。
⑤ 罗骞:《论马克思的现代性批判及其当代意义》,第184页。

但马克思在这里确实道出了现代性的一个重要特征——流动性。马克思把此种"流动性"当作资本主义时代区别于过去一切时代的特征,而鲍曼也把"流动的现代性(Liquid modernity)"作为他现代性理论的最后皈依。在批判了现代性——后来鲍曼把他所批判的现代性称为"坚固的现代性(Solid modernity)"——并经历了后现代性的激动与迷惘后,剩下的只有对当代社会的深刻刻画,在此种刻画中去展望和寻找出路。在最后的著述生涯中,鲍曼描述了"流动的现代社会",不再把这个充满了不确定性、不稳定性和脆弱的世界看成是现代性要根除的对象,而是视之为现代性本身。

马克思不仅看到了流动性这一现象,还指出了它的根源:生产的变动。在资本主义社会,生产的变动可能来源于科技的进步等原因,但最终只能是发端于资本,是资本在促使社会快速变化和变得不稳定。鲍曼在他的全球化理论中论及了资本的流动,但没有明确把资本的流动作为社会流动性的根本原因,鲍曼确实更多的是在描述这种现象,而没有试图去找到一个原因。因为资本主义注定被共产主义取代,资本注定消亡,那么由资本促发的现代性此种流动性将得到大大的改善,这是可以从马克思的理论中推导出来的;但鲍曼没有想象过流动性会变弱,因为在他的理论视野中没有一个克服资本主义的决定性因素。

(四)拜物教和消费主义

马克思分析了三种拜物教:商品拜物教、货币拜物教和资本拜物教,这三者是渐次递进而又"三位一体"的关系,共同体现着资本主义生产方式。马克思认为"拜物教"揭示了资本主义"合理化"的全部秘密,随着商品经济的蓬勃发展和强化,商品、货币和资本成为人的"特性和本质力量",决定了一个人是什么和能够做什么。[①] 因为资本具有货币所不具有的增值功能,所以马克思说:"在生息资本的形式上,资本拜物教的观念完成了。"[②]资本拜物教成为拜物教在资本主义社会的最高形态。拜物教在资本主义社会的盛行,是为了"把物在社会生产过程中像被打上烙印一样获得社会的经济的性质,变为一种自然的、由这些

---

① 《马克思恩格斯全集》第3卷,北京:人民出版社,2002年,第361—362页。
② 《马克思恩格斯文集》第7卷,北京:人民出版社,2009年,第449页。

物的物质本性产生的性质"①,从而为剥削制度的合理性辩护。所以,拜物教和资本主义制度是相互强化的。于是,当马克思对资本主义进行社会和文化批判时,资本主义社会的拜物教成为了批判的对象,被马克思当作资本主义典型的社会和文化现象,是资本主义社会中人被奴役和自我奴役的社会和文化根源,是工人阶级被剥削和被奴役的经济和政治原因的表现。

鲍曼在一次访谈中回答关于消费主义的问题时,强调了消费的意义,他认为消费主义已经全面取代之前的规训机制——全景体制。消费成为社会秩序最重要的形成途径和工具,消费的多寡决定了一个人的社会参与度,消费的层次决定了社会层次,没有消费能力的人,会逐渐被社会抛弃。鲍曼显露了对消费主义的明显担忧,如果社会秩序和个人生活都仅由消费(主要是消费能力)来建构,那么穷人(没有消费能力的人)就会"正当地"被边缘化,沦落为"次等公民"。

不论是拜物教还是消费主义,在其中发挥着关键作用的都是货币:在拜物教形式下,货币披着资本的外衣;在消费主义中,货币以赤裸裸的消费能力呈现。消费主义其实就是商品拜物教和货币拜物教的综合体现,但当今的消费主义比马克思时代的商品拜物教和货币拜物教,具有了更复杂的意义。货币在今天不仅通过资本形塑社会,消费主义还提供了另一条途径,如今消费对生产产生了重要影响,很多时候不再是需求决定生产,而是消费决定生产,而消费与需求在某种程度上已经脱钩,不再是有需求才消费,消费成为一种自主行为。

虽然马克思和鲍曼有诸多共同的现代性批判主题,但是他们也有一个很大的区别,那就是商品、资本和异化等资本主义社会的主要因素和现象自然成为马克思现代性批判的核心范畴;而在鲍曼的现代性批判中找不到中心。鲍曼的现代性批判主题的特征看起来是:把时代的理论热点嵌入其现代性批判,从工具理性到矛盾性、从新穷人到消费主义、从社群主义到全球化,以及后期关于"流动的现代性"的讨论,都是西方社会理论界的热点。鲍曼用现代性批判的视域诠释这些理论热点,得出他自己的答案。这样,他的现代性批判主题就没有中心,当然他恐怕也并不追求这样一个中心,这与他现代性批判的立场与方法是一致的。

---

① 《马克思恩格斯文集》第6卷,北京:人民出版社,2009年,第251页。

方法与立场的差异

批判主题的异同是马克思与鲍曼两种现代性批判现象层面的比较分析后果,而产生这些现象差异有着其他的、更为深刻的原因,那就是方法和立场的不同。

(一) 现代性批判方法的不同

马克思和鲍曼的现代性批判在方法上的不同主要表现在以下三个相互关联的方面:

第一,历史唯物主义与社会现象分析的区别。历史唯物主义是马克思现代性批判的方法、基础和脉络,政治经济学仅仅是历史唯物主义的现象学;商品、资本和异化这些马克思现代性批判的核心范畴既是历史唯物主义的基本范畴,也是在历史唯物主义方法的领域中加以解释和运用的。在鲍曼的现代性批判中看不到一丝社会发展规律的痕迹,不管主题是道德、全球化还是消费主义和流动性,其批判主要是一种社会学的现象分析,分析这些现象的社会特征及其影响,分析的出发点是现象本身,分析的归宿也不必然解决问题。

第二,宏大叙事与后现代方法的区别。在后现代性对现代性的批判中,宏大叙事是一个鲜明的靶子,马克思主义也是诸多质疑宏大叙事的后现代主义路径的批判对象。诚然,按照后现代的标准,马克思主义就是一种宏大叙事,但是后现代对宏大叙事的反对只是为他们的微观叙事方式提供了方便的理由,这并不能消解宏大叙事存在的意义,否则只会走向虚无主义。鲍曼深受后现代的影响,一段时期坚信一种能够取代现代性的"后现代性"。对鲍曼而言后现代性主要指的是"一种思维状态(a state of mind)",是一个审视现代性的"阿基米德点"。[①] 鲍曼对"后现代性"的探求正是企图找到一种新的思维方式来取代现代性的思维方式,但综观鲍曼的理论,难以发现一种一以贯之的方法。

第三,总体批判与随机批判的区别。马克思的现代性批判是一个总体,一个以批判资本主义为中心的总体。这个总体并不是一开始就存在的,而是在马克思理论的发展过程中形成的,当对资本主义的政治经济学批判变得明确,再

---

① Peter Beilharz (ed.), *Zygmunt Bauman*, Vol. 1, Lodon: Sage Publications Ltd., 2002, p. 32.

审视马克思对理性和意识形态的批判，很容易发现它们所具有的批判资本主义特征。鲍曼的现代性批判因为缺乏一以贯之的方法论，并主要表现为一种社会现象分析，导致鲍曼的现代性批判给人的印象就是一种随机批判，没有主线，不构成整体；当然此种分散不是说没有联系，但它们之间的联系仅是现代性本身。

(二)现代性批判立场的不同

方法的不同既有理论的因素，还有立场的原因，马克思和鲍曼两种现代性批判在立场上的主要差异如下。

其一，马克思的无产阶级立场和鲍曼的无固定立场。无产阶级解放是马克思毕生的事业追求，早在《〈黑格尔法哲学批判〉导言》中，马克思就确立了把自己的哲学作为无产阶级的精神武器、作为人的解放之头脑的理论追求，所以明确提出，"哲学不消灭无产阶级，就不能成为现实；无产阶级不把哲学变成现实，就不可能消灭自身"[①]。无产阶级与资产阶级的利益对立是马克思现代性批判的动因和动力，于是，无产阶级推翻资产阶级、人类走向共产主义就成为了马克思现代性批判的出路，是对资本主义现代性的超越。

在《被围困的社会》、《工作、消费、新穷人》和《全球化》等著作中，社会底层的生存境况都受到鲍曼的重点关注，郭台辉认为社会底层普通大众的生存境况"甚至是构成其全部学术生涯的现实素材"[②]，但即使如此，仍然只是一些现实素材。鲍曼表现出了对社会底层的担忧，但他的出发点不是为了改善这些人的生存状况，而仅是分析这些社会现象。总体而言，鲍曼的现代性批判没有固定的立场。

其二，实践的立场和解释的立场。"哲学家们只是用不同的方式解释世界，而问题在于改变世界。"[③]这句话是马克思哲学理论品质的宣言，也恰恰反映了马克思和鲍曼两种现代性批判的立场差异。作为马克思哲学根本特征的实践同样是马克思批判的目的，马克思理论的目的就在于改变资本主义社会，在于为无产阶级革命提供理论指导，在于为共产主义的实现、为人类的解放和自由提供指南，马克思的现代性批判服务于此种实践立场。但是鲍曼的现代性批

---

① 《马克思恩格斯选集》第1卷，第16页。
② 郭台辉：《齐格蒙特·鲍曼思想中的个体与政治》，上海：上海人民出版社，2007年，第199页。
③ 《马克思恩格斯选集》第1卷，第140页。

判,不论是其早期对现代性精神及资本主义实践的批判,还是后期对现代性社会现象的分析,更多的是一种对社会的解释,充其量是一种批判性解释,而未能提出任何实践主张。特别是鲍曼最后提出的"流动的现代性"理论,可以看作是鲍曼所找到的一个新的解释世界的视角,在更深层的意义上,可以认定这是鲍曼对现状的无奈和妥协,其批判性在逐渐流失。

意义联接

马克思是早期全面批判现代性的思想家之一,在他之前不是没有批判现代性的思想家,但是缺乏对现代性的总体批判,而且几乎都是在赞扬和憧憬基础上的批判。鲍曼是当代现代性批判的代表。那么,这两种相距一百多年的现代性批判理论有何关联,它们可能存在什么关系呢?综观这两种现代性批判理论,我们可以发现:

(一)时代变迁是联结两种现代性理论的桥梁。从马克思的时代到鲍曼的时代,现代性的一些特征得到了强化,流动性愈演愈烈,矛盾性已经被广泛知晓并接受,当商品拜物教发展成消费主义时,商品作为物的意义愈来愈缺乏,其象征的意义越发重要。不仅马克思预言的世界市场已变成现实,全球化进程中最重要的已不再是商品的全球化,而是资本的全球化。正是资本的全球化,把马克思所批判的现代性加以无限扩张和深化,鲍曼所批判的现代性正是这一结果,所以,鲍曼的现代性批判是站在马克思肩膀上的前行。

(二)互为发展的理论资源。相比马克思的现代性批判,鲍曼的描述显得更为细腻,当现代性在社会生活的各个方面彰显时,此种细腻的探究能让人更为贴切地感受到现代性的方方面面。今天的人们对消费的感受要多于生产,对共同体(身份)的感受要多于异化,对垃圾的感受可能要大大多于政治,如此等等,表明对现代性的批判亦应当与时代相契合。就此而言,马克思的现代性批判需要发展,需要根据时代的典型特征特别是资本主义的变化做进一步的深化,需要产生当代的马克思主义的现代性批判理论。而鲍曼的现代性批判理论正是当代马克思主义现代性批判理论的一种形态,也是其他现代性批判理论的参考或论辩对象。

(三)马克思的现代性批判以其超越性和实践性成为最有力的现代性批

判。超越性的存在为批判提供了依据,不是为了批判而批判,而是为了超越而批判;实践性表明批判应当成为一种行动,而不仅仅是一种解释。就此而言,鲍曼的现代性批判理论需要嫁接一种行动理论,才能充分展现其理论价值和意义。正如德里达所说,"值此在一种新的世界紊乱试图安置它的新资本主义和新自由主义的位置之际,任何断然的否认都无法摆脱马克思的所有各种幽灵们的纠缠"①。只要资本主义存在,作为批判资本主义的马克思主义理论就必然在场,因而也就不会过时。同时,当我们立足于当下的现实情况时会发现,与其说马克思所批判的资本主义是他那个时代的资本主义,不如说马克思所批判的是垂垂老矣、面临灭亡的资本主义。所以,马克思的现代性批判理论能为鲍曼的现代性批判理论提供有效的行动参考。

汇合

以上从三个方面分析了马克思和鲍曼两种向度的现代性批判理论的关系,上述关系并不是明确存在或自身显发的,因为鲍曼并没有做这方面的比较工作,但这种关系也不是作者臆造的,它们是实存的,只是当我们做这种理论比较时,才会被揭示出来。进一步审视两种现代性批判的比较,会发现它给现代性自身带来了困扰:现代性的内涵可能不断流变。所以,现代性批判没有在马克思那里终止,同样也不会被鲍曼完成,现代性批判仍会继续。现代性批判不仅意味着对现代性的认识,还有一层更为重要的意义:现代性从无意识变成有意识,即人有意识地参与到现代性中。哈贝马斯提出的"重建现代性"、吉登斯和乌尔里希·贝克提出的"自反性现代性"就是此种意识的体现,马克思的现代性批判和鲍曼的现代性批判都将汇入此种意识中,参与未来的现代性话语或实践。

正如,当探究中国的现代性建构及其现代精神或文化时,很容易发现马克思的现代性话语和鲍曼的现代性话语会出现重叠或糅合,不再像两位哲学家所处的时代那样泾渭分明,而马克思的现代性批判和鲍曼的现代性批判都被吸收进当前中国的现代性话语,作为养分构建中国的现代性。这是因为,就工业文

---

① 雅克·德里达:《马克思的幽灵》,何一译,北京:中国人民大学出版社,1999年,第53页。

明的发展时期而言,从第一次科技革命到马克思创作的年代,以及从封建帝制中国的洋务运动到今天,均为一百年左右,中国人民也和马克思当年一样感受到时代的巨变。但是,今天的中国又与发展了近三百年的西方工业文明和资本主义处于同一个时代,随着汹涌澎湃的经济全球化浪潮,中国的经济、社会和文化都与西方现代社会密切接触,鲍曼所描述和批判的西方现代性要素也在中国或多或少地出现。看似当代中国既经历着马克思时代的现代性,又感受着鲍曼所探究的现代性,但当代中国的现代性既不是马克思时代的现代性也不是鲍曼的现代性,而是中国自身的现代性。当2008年西方金融危机爆发时,资本主义世界又想起了马克思,想起了马克思对资本主义的批判和对资本主义经济危机的描述和预见,但此时的资本主义也并不完全等同于马克思生前所批判的资本主义,金融危机也不同于马克思所说的经济危机,虽然实质没变。

可见,马克思的现代性批判与鲍曼的现代性批判虽有着诸多的区别,但是它们可能在不同的情况下相遇,汇入到新的现代性话语或现代性批判话语中去。

Bauman and Marx: Two Dimensions of the Critique of Modernity

Zhou Facai

Abstract: In the critique of modernity of Marx and Bauman there are some common themes: rationality, contradictoriness, liquidity, fetishism and consumerism; Marx's critique of modernity has a central theme, that is the critique of political economy, Bauman's critique of modernity could not find a central theme. Marx and bowman's critique of modernity exists three aspects in the difference of method: the difference between the historical materialism and social phenomenon analysis, the difference between the grand narrative and postmodern method, the difference between the overall criticism and random criticism. Marx's critique of modernity based on the position of the proletariat and the practice, the purpose of Bauman's critique of modernity has no fixed position, based on the explanation of the purpose. Two kinds of critique of modernity are product of the era, Bauman's critique of modernity is more exquisite, Marx's critique of modernity is the strongest criticism.

Keywords: Marx, Bauman, critique of modernity, dimension

卢森堡对十月革命评价的再认识
——基于总体性方法的视角*

张小红**

[摘　要]《论俄国革命》是罗莎·卢森堡运用总体性方法对十月革命、土地问题和解散立宪会议这三个问题的思考和评价。她指出,十月革命是无产阶级革命中的特定案例,反对将其普遍化,向世界无产阶级推广;认为列宁的土地政策不利于农业社会化发展,余粮收集制遭到抵制是一个佐证;解散立宪会议背后存在的民主问题是卢森堡批评的重点,她认为形式民主也比没有民主好。《论俄国革命》中运用总体性方法对俄国革命的历史意义和"革命后的第二天"问题的探讨,为我们观察社会主义建设提供一个可资借鉴的视角。

[关键词]　总体性;十月革命;土地问题;立宪会议

---

* 基金项目:上海商学院"上商学者"项目"西方马克思主义视阈中列宁哲学思想批判性研究"(16-11051)。
** 张小红(1979—),女,安徽黄山人,法学博士,上海商学院马克思主义学院讲师,主要研究领域为马克思主义哲学史、国外马克思主义。

《论俄国革命》①是罗莎·卢森堡在俄国十月革命取得胜利后，经过近一年的观察和思考，于1918年9到10月间在布勒斯劳监狱中写下的一部未完成稿，在其生前没有出版。在这本书中，罗莎·卢森堡既赞颂了十月革命胜利的伟大历史意义，更关注革命胜利后苏维埃俄国的发展，对布尔什维克党制定的一些具体政策给予了批判性的探讨。1922年②，当保尔·列维将罗莎·卢森堡这部未完成稿出版面世，立即引起了来自党内党外的强烈反响，延绵至今。其中，罗莎·卢森堡对苏维埃政府在"民主与专政"问题上偏离社会主义本质的政策所提出的警示，仿佛是她本人经历了苏维埃俄国成立至1990年解体这一发展过程而后提出的反思一样，充满现实感，直抵问题的核心，在今天依然发人深省。

　　罗莎·卢森堡怎么能在布勒斯劳监狱中，在无法亲历1917年俄国革命(即从二月革命到十月革命，从资产阶级革命到社会主义革命)的社会现实，在无法与亲历革命进程和关注俄国革命发展的领袖们互换意见的前提下，近乎准确地预判苏维埃俄国的未来？捷尔吉·卢卡奇曾评价罗莎·卢森堡是"马克思的学生中唯一对他的终生著作无论在经济学内容还是在经济学方法方面都真正有

---

① 《论俄国革命》的首版名是《俄国革命：批判的评价》，是列维根据手抄件出版的。而卢森堡该文稿的原稿被美因河畔法兰克福大学社会研究所收藏，共108页，写在学校的作业纸上，一部分(计37页)用铅笔，一部分(计71页)用钢笔。列维发表了其中的87页，其余的是一些散页，上面做了笔记，还有一篇共计14页的关于战争、民族问题和革命的论文。参见费·魏尔：《〈罗莎·卢森堡论俄国革命——一些未发表的手稿〉前言(摘录)》，载《国际共运史研究资料》(卢森堡专辑)，北京：人民出版社，1981年，第130—133页。现在所见中文版本是根据民主德国1974年出版的《卢森堡全集》第4卷中的文本译出，编者说明是根据原稿的照相复印件排印的。参见卢森堡：《论俄国革命》，载《卢森堡文选(下)》，国际共运史研究所编，北京：人民出版社，1990年，第474页。

② 关于保尔·列维首次出版《俄国革命：批判的评价》的年代有两种说法，一说是1921年底，一说是1922年。采用1921年说法的依据是：①列维在给费·魏尔的信中说，当他打算在1921年底出版时找不到手稿，后来是按抄件刊印的。②列维1921年4月被德国共产党开除后以出版卢森堡的该手稿来进行反击。③克拉拉·蔡特金和瓦尔斯基1921年12月22日在《红旗报》上发表反对列维出版该文稿的声明。采纳1922年说法的依据则有：①1920年代与列维同为德国共产党中央委员会委员的弗勒利希和费舍在他们写的书中说是1922年。②至今未看到1921年的版本。所以，虽然1921年底出版的可能性很大，但是研究卢森堡的学者大都采纳1922年说。在此，因为没有找到1921年版本，本文也采纳1922年说。参见周懋庸：《卢森堡〈俄国革命〉手稿的写作和出版及其影响》，载《国际共运史研究资料》(卢森堡专辑)，第22—29页。

所发展,并且还将它具体运用于社会发展的现状上去的人"①。确实,罗莎·卢森堡作为一名真诚、坚定的马克思主义者,她并不囿于马克思主义理论及对它的教条运用,而是紧紧抓住马克思主义的精髓——唯物主义辩证法所体现出来的批判和革命的精神,面向现实,展望未来。从其博士论文开始,一直到其生命的尽头,在她所写的文章中无不贯穿这种批判的精神,透过纷繁的事实的迷雾抓住现实的本质。《论俄国革命》是罗莎·卢森堡运用这一辩证唯物主义方法——总体性方法——观察、思考十月革命胜利的世界影响、苏维埃政权巩固发展中遇到的困难和问题的反思性成果。虽然也有不成熟之处,但是,她关于苏维埃政权发展的警示对于今天的社会主义国家来说依然不失为一种提醒。本文以《论俄国革命》中罗莎·卢森堡提出的三个主要问题为基点,揭示她如何运用总体性方法探讨俄国革命的历史意义和"革命后的第二天"问题,为我们观察社会主义建设提供一种借鉴的视角。

一、特殊与一般的辩证分析:关于十月革命

十月革命是人类历史上具有划时代意义的重大事件,它的胜利开创了世界历史的新纪元。它不仅震撼了西方世界,特别是当时的国际共产主义运动的领头羊——德国社会民主党,用自己的行动力表明布尔什维克"能做到一个真正的革命政党在历史可能性的限度内所能做到的一切"②;而且给处于半殖民地半封建社会的中国带来曙光,就像李大钊所说,十月革命使"这黑暗的中国,死寂的北京,也仿佛分得那曙光的一线,好比在沉沉深夜中得一个小小的明星,照见新人生的道路"③。十月革命的胜利所创造的历史功勋不可抹灭,因为布尔什维克"他们走在国际无产阶级的前面,夺取了政权并且提出了实现社会主义这一实践问题,他们在全世界把资本和劳动之间的决战大大向前推进了"④。罗莎·卢森堡热情歌颂了十月革命的胜利,认为在世界大战的混乱中,布尔什维克运用果敢的行动能力、坚定的革命毅力、顽强的夺取政权的意志,将科学社

---

① 卢卡奇:《历史与阶级意识》,杜章智等译,北京:商务印书馆,1999年,第40页。
② 卢森堡:《论俄国革命》,载《卢森堡文选(下)》,第506页。
③ 李大钊:《新纪元》,载《李大钊文集》第2卷,北京:人民出版社,1999年,第252页。
④ 卢森堡:《论俄国革命》,载《卢森堡文选(下)》,第507页。

会主义变成现实,建立了第一个社会主义国家,给世界无产阶级做出榜样,给始终缺乏行动力的第二国际带来清新空气。

高度评价十月革命的罗莎·卢森堡,并没有忽视俄国革命发展的国际背景、取得胜利的各方条件的特殊性,相反,她以更清醒的、旁观者的立场指出俄国彼时所做的一切并不是"完善的顶峰",而是新发展阶段的开始,我们不能毫无批判地赞扬和热情的模仿。① 她强调十月革命这一世界历史性实验不是在社会发展正常轨迹上的突破和跳跃,而是在十分困难的情况——"在一场帝国主义国际屠杀的世界战火和混乱之中,在欧洲最反动的军事强国的铁圈之中,在国际无产阶级彻底不起作用的情况"②——下进行的,它所取得的胜利是世界资本主义发展链条上最薄弱环节断裂的结果,是在一个特殊的背景下为国际社会主义运动做出的巨大贡献。不考虑十月革命胜利所依托的具体的政治、经济因素,不认清这一历史事件全部深刻的相互关系和影响,而将这一特殊案例作为社会主义策略的模板在世界无产阶级运动中无条件推广,这是荒谬的、危险的。如果这样做,不仅无益于十月革命自身的伟大历史意义,"把自己真正的、无可反驳的历史功绩掩盖在被迫犯下的过失之下",而且会给国际社会主义帮倒忙,因为这些谬误"归根到底只是国际社会主义在这次世界大战中的破产的后果"。③ 斯大林时代,共产国际对各国社会主义革命的指导不顾各国国情的特殊性,所导致的后果对苏维埃俄国和共产国际不是促进,而是削弱。相反,中国革命的最终成功是走适合本国国情的革命道路的胜利,是对罗莎·卢森堡对将俄国革命特殊性一般化、进而向国际无产阶级运动无条件推广的批评的最好例证。同样地,基于对俄国革命特殊性的考量,罗莎·卢森堡认为对在如此艰难条件下建立起来的无产阶级政权,不能也不应该对列宁和他的同志们提出"超人的"、"超阶段的"要求——希望他们在内外交困中建立起"最美好的民主制、最标准的无产阶级专政和繁荣的社会主义经济"——这是不现实

---

① 卢卡奇也曾从阶级意识角度指出,在克服资产阶级意识形态束缚方面,由于"俄国的不发达性质、缺乏工人运动的长期合法传统……使得俄国无产阶级有可能更快地克服意识形态危机",而由于俄国群众运动"更多带有纯粹自发性质,相互对立的力量在组织上的影响并不是根深蒂固的",这些情况都有别于西方国家,所以在欧洲采取与俄国不同的革命道路是必要的。参阅卢卡奇:《历史与阶级意识》,第411页及注释①。
② 卢森堡:《论俄国革命》,载《卢森堡文选(下)》,第476页。
③ 卢森堡:《论俄国革命》,载《卢森堡文选(下)》,第506页。

的,是对他们的苛求。立足于此,对于1918年俄国发生的诸多事件,罗莎·卢森堡认为都是可以理解的。因为这是没有借鉴、自我摸索的过程,而这个过程又是在四面受敌、经济政治社会发展落后背景下的实践,充满了未知和不确定,任何一种探索都要付学费,在不失社会主义方向指引前提下的探索都是可以理解的。身在狱中的罗莎·卢森堡并没有天真地以为俄国十月革命的胜利必然带来世界无产阶级革命的胜利,它的胜利既有特殊性也有一般的历史意义。

运用特殊与一般的辩证关系,一方面,罗莎·卢森堡正确地把握了十月革命的伟大历史意义,即十月革命的胜利对于国际无产阶级运动的发展具有一般的推动作用,表明在经济落后的国家和地区取得社会主义革命胜利的可能性,为世界无产阶级运动做出榜样。正是由于这样的榜样作用,十月革命后的欧洲大地上掀起了颇为壮阔的社会主义革命浪潮(虽然基本上以失败而告终),极大地震撼了各个资本主义政权。另一方面,罗莎·卢森堡也客观地指出十月革命胜利的特殊性,就像马克思1872年9月在海牙召开的第一国际代表大会闭幕后,在阿姆斯特丹一次群众集会上指出的那样,"'工人总有一天必定会取得政权,以便建立新的劳动组织……',但是我们并没有断言,达到这一目的的道路无论在何处都是一样的,'我们知道,必须考虑到不同地区的制度、风俗和习惯'"①。可见,十月革命胜利的具体环境、客观条件不可复制,不仅对于西欧如此,即便是在政治、经济领域有颇多相似处的、与俄国比邻的中国也是一样。罗莎·卢森堡科学分析了俄国与西欧国家之间在政治、经济、文化等领域的差异,旗帜鲜明地反对将十月革命的模式一般化,当作各国无产阶级运动模仿的样板;反对无批判地将俄国革命的方法、策略照搬照套的"拿来主义",主张各国无产阶级革命应当寻找适合各国国情的解放模式。1918年秋走出布勒斯劳监狱后,罗莎·卢森堡马不停蹄地投身于德国十一月革命和柏林一月革命,在革命实践的烈火中探索适合德国国情的无产阶级解放之路。中国革命摆脱了俄国革命的"城市中心"道路,立足中国农村与城市各自运行的二元结构探索出"农村包围城市、武装夺取政权"的革命道路,最终走向成功。中国社会主义革命胜

---

① 马克思:《关于海牙代表大会》,载《马克思恩格斯全集》第18卷,北京:人民出版社,1965年第1版,第179页。

利之路,无疑也是寻找适合中国国情的革命之路的成功典范。正是将历史事件放在全部历史关系中进行批判性探索,罗莎·卢森堡跳脱出十月革命胜利的巨大光圈,冷静分析、思索革命的历史意义和价值,为国家无产阶级运动走向胜利建言献策。

二、目标与手段的有机结合:关于土地问题和民族问题[①]

关注"革命后的第二天"是《论俄国革命》的主题,因为这才是新时代的开始,掌好了"舵",社会主义革命胜利后所建的社会主义新"船"才能沿着社会主义方向前进,否则可能在风云变幻的海洋中被打翻甚至沉没。

《论俄国革命》中,罗莎·卢森堡十分清楚列宁所领导的布尔什维克"在俄国革命中取得政权后遇到的具体任务比他们的历史先驱者(即英国平等派、法国雅各宾派——引者注)的任务要困难得多"[②]。然而,不管有多困难也要迎难而上。而土地革命,无疑是新生的苏维埃政府面临的首当其冲、十分重要的、必须解决的问题。沙皇俄国是一个农业大国,虽然资本主义生产方式有所发展,农民仍是整个国家人口的大多数。二月革命后建立的克伦斯基政权用各种借口拖延土地问题的解决,激起支持他们的农民的不满和反抗,一定程度上促使农民向左转。而布尔什维克提出的"全部权力归无产阶级和农民所有"的口号吸引着农民围聚在布尔什维克的革命旗帜下,使十月革命开始时还只是"在四面八方受到排斥、诽谤和迫害的少数派"的布尔什维克,"在很短时期以后就能处于革命的领导地位"[③],引领革命走向胜利。

吸取克伦斯基政府的经验教训,苏维埃政权建立后,必须要给农民一个交代。如何在土地问题上既能满足农民对土地的渴望这一当下需求,巩固社会主义政权,又能为随后的社会主义建设铺路,符合农业社会化发展的趋势?要兼顾两者,绝不是一件简单的事情。列宁在无法完好地兼顾两者,在国内外斗争令人头昏目眩的混乱状态和在四面八方受到无数敌对力量困扰的情况下,巩固

[①] 在此,本文只讨论土地问题,民族问题已在他处讨论,可参见拙作《罗莎·卢森堡民族思想的再认识》,《长春理工大学学报(社科版)》,2012年第10期。
[②] 卢森堡:《论俄国革命》,载《卢森堡文选(下)》,第483页。
[③] 卢森堡:《论俄国革命》,载《卢森堡文选(下)》,第480页。

社会主义革命成果成为第一选择。为了巩固与农民的联盟,维护苏维埃政权,列宁采取了把土地分给农民的土地政策。罗莎·卢森堡认为这一政策对于当时的苏维埃政权的巩固无疑是一个良好的战略,要求在沙皇俄国取得短暂政权的苏维埃政府不切实际地脱离现状、制定土地政策是十分荒谬可笑的。然而,一个政策推行出来后并不表示问题就完结了。相反,该政策推行后产生的后果及对整个社会发展趋势的影响是更需要关注的问题。

　　罗莎·卢森堡从手段与目标、当前策略与长远利益相统一的辩证关系出发,对列宁的土地政策提出了自己的担忧。她从苏维埃俄国的社会主义建设这一长远发展出发,指出"把土地分给农民"的策略对于当时的俄国来说,并不能消除农民内部的经济、社会的不平等,真正的贫下中农未必受益,相反,农村中的"富农和高利贷者"成了土地革命的主要受益者(而事实上他们在社会主义革命胜利后是应该被剥夺的)。一旦这些"富农和高利贷者"分得土地,在农业社会化中他们将拼命保卫自己获得的地产,反对一切社会主义的改造。他们将"对城市实行抵制,不供给城市粮食,以便完全像普鲁士容克地主那样拿粮食来做投机买卖"①,加剧城市工人阶级与农民群众的对立和斗争。如此,列宁的土地政策会给农村的社会主义化发展制造障碍,会制造出"一个新的强大的敌对的人民阶层,他们的抵抗比贵族大地主的抵抗危险得多,顽强得多"②。罗莎·卢森堡的这一担忧并不是杞人忧天,苏维埃政权早期建设中农村发展面临的困局实实在在地说明了这一担忧不是空穴来风。"余粮收集制"遭受抵制就是实证。列宁1919年10月30日所写的《无产阶级专政时期的经济和政治》一文中也呈现了这一问题,他说当下的"农村经济仍然是小商品生产。这是一个非常广阔和极其深厚的资本主义基础。在这个基础上,资本主义得以保留和重新复活起来,同共产主义进行极其残酷的斗争。这个斗争的形式,就是以私贩和投机倒把来反对国家收购粮食(以及其他农产品)"③。可见,"把土地分给农民"这一政策其本质是土地分散化、私有化,与社会主义所强调的集体化、国有化相悖。而土地私有化造成农村经济小商品生产化,这是助长了而不是消灭了资本

---

① 卢森堡:《论俄国革命》,载《卢森堡文选(下)》,第487页。
② 卢森堡:《论俄国革命》,载《卢森堡文选(下)》,第487页。
③ 列宁:《无产阶级专政时期的经济和政治》,载《列宁选集》第4卷,北京:人民出版社,2012年,第61—62页。

主义生产方式,阻碍了农业社会主义发展进程。列宁去世后,斯大林时代的集体化进程完全是一种政治强力的结果(这些内容因不在本文讨论的范围内,在此不做展开),因为偏离了社会主义基本要求而未能真正造福农民。罗莎·卢森堡关于土地问题的担忧是未雨绸缪,是她运用总体性方法,在具体政策与制度建设、手段与目标的辩证统一中展开的讨论。因为始终坚持社会主义这一基本目标,她并不安于当下利益的追求,而是从长远发展出发为根本解决问题谋篇布局。

三、历史与逻辑的统一：解散立宪会议的是是非非

《论俄国革命》中最重要的、经常被人热议和挖掘的是关于民主与专政关系问题的讨论,而这个问题是以苏维埃政府解散立宪会议这一事件为引子展开的。

立宪会议是议会式机关。在俄国,最早提出召开立宪会议要求的是十二月党人。之后,召开立宪会议这一民主追求在反对沙皇专制制度的斗争中得到广泛传播。1905年革命就是在"立宪会议和民主共和国"的口号下进行的。当时的彼得堡工人向尼古拉二世呈交的请愿书第一条要求就是：让"俄国土地上一切阶级、一切等级的代表,让所有的人,不管他们是干什么的都选自己的代表吧"①。对沙皇专制的反对,追求立宪民主的政治诉求,已经在俄国人民中铺散开来。

十多年后的1917年革命,召开立宪会议成为人民关注的和平问题、土地问题之外的第三大问题。虽然,从二月革命到十月革命这一时间段内发生了诸多的事件,如四月危机、七月事变、科尔尼诺夫叛乱等,包括布尔什维克在内的各个政党始终未将召开立宪会议这一要求抛弃,因为"当时俄国人普遍相信,二月革命以来的革命形势在动荡中持续发展,而其目标就是立宪会议"②。占领冬宫这一震撼世界的历史事件发生的缘由之一也是克伦斯基政府一再拖延召开立宪会议。因此,曾有说法认为,十月革命是对"立宪会议的拯救"③。将革命进

---

① 金雁：《十月革命的真相》,URL=〈http://cul.sohu.com/20151107/n425552908.shtml〉。
② 金雁：《十月革命的真相》,URL=〈http://cul.sohu.com/20151107/n425552908.shtml〉。
③ 卢森堡：《论俄国革命》,《卢森堡文选(下)》,第494页。

行到底的布尔什维克掌握政权后,将立宪会议的选举时间安排在11月12日至15日。列宁和他的同志们相信在取得社会主义革命胜利后,在卓有成效的宣传鼓动之下,选举的结果将是有利于布尔什维克的。然而,选举的结果大出所料。1918年1月5日立宪会议召开前,选举的最终结果显示:在总共707个席位中,布尔什维克得到175席,占24.7%,而社会革命党得到410席(其中左派社会革命党占40席),孟什维克16席,立宪民主党17席,各民族党派86席,其余几个席位属于几个小组织。①毫无疑问,布尔什维克输掉了这次选举,失掉了组织政府的权力,苏维埃政权的合法权威性也得不到确认。为了保障社会主义革命的成果不至落入非社会主义政党手中,列宁和他的同志们采取了特别的措施,宣布解散立宪会议。结果,国内矛盾迅速尖锐化,1918年6月爆发了持续两年之久的大规模内战。

基于这一历史进程的基本了解,罗莎·卢森堡首先肯定了立宪会议在布尔什维克取得十月革命胜利中的关键作用,认为十月革命应该"成为通向这一会议的入口"②,布尔什维克应该顺着这样的方向乘胜追击(其实列宁也是这样认为并付诸实施的)。然而,现实却给布尔什维克出了道难题:没有在立宪会议选举中获得多数席位。那么,布尔什维克应该如何应对这样的困局,平衡好与其他政党的关系?是解散立宪会议还是召开新的立宪会议?无疑,从布尔什维克领导人解散立宪会议的解释——即立宪会议是在十月革命前已经选出,其组成成员代表的是已经过时的旧状态——中,罗莎·卢森堡认为召开新的立宪会议是符合逻辑的选择。然而,现实确是解散立宪会议,这让她很是困惑。

通过对这一事件的历史考察和逻辑分析,罗莎·卢森堡认为布尔什维克面对困局所做出的选择表明了他们对民主的认知,反映了他们对群众与政党之关系的理解。十月革命取得胜利后,布尔什维克应该以何种态度对待民主?以何种方式建构民主?罗莎·卢森堡认为无产阶级取得革命胜利后,绝不意味着应当取消民主,而是必须尊重民主,充分利用民主,为无产阶级政权服务。立宪会议是资本主义民主形式,它和任何其他民主机构一样"都有它的局限性和缺陷,这恐怕是人类设立一切机构都有的"③。但是,作为人民选举出来的民主机构,

---

① 金雁:《十月革命的真相》,URL=⟨http://cul.sohu.com/20151107/n425552908.shtml⟩。
② 卢森堡:《论俄国革命》,载《卢森堡文选(下)》,第494页。
③ 卢森堡:《论俄国革命》,载《卢森堡文选(下)》,第497页。

因为存在着已经当选的人同选民之间的"活生生的精神关系,两者之间的持续的交互影响"①,所以,即便它再笨重,也会有生机勃勃的群众运动对它不断施加压力,从而纠正它的错误。在这一积极的、生动活泼的互动中,人民群众的政治觉悟、参与和管理社会事务的积极主动性将会愈加增强和提高。同样的,这一民主形式也会不断得到改进。布尔什维克解散立宪会议,这一行为简单、粗暴,不仅加剧了布尔什维克与其他党派之间的矛盾,酿成了不久之后爆发的残酷内战;而且,它没有把握住人民通过选举立宪会议代表的形式极力反对专制的基本诉求,没有肯定人民通过选举这样的方式逐步走向政治成熟、走向管理国家和社会的积极主动性,反而将民主机构看成"选举日的群众的映象",这不但损害人民群众的情绪和政治成熟度,而且不利于社会主义民主的建构和发展。在罗莎·卢森堡看来,社会主义民主不同于资本主义民主,它是以社会平等和自由为目标的形式与内容的统一。对于考茨基攻击十月革命后建立的无产阶级专政"消灭了民主",她给予坚决地驳斥,认为考茨基维护的民主不过是资产阶级民主,他只抓住了资产阶级民主这一外壳而不见外壳下隐藏的不平等和不自由,将资产阶级民主看成社会主义变革的替代品,推崇改良,反对革命。

运用历史与逻辑相统一的方法,通过对俄国革命发生前后事件的了解,和对社会主义的马克思主义理解,罗莎·卢森堡在批评布尔什维克解散立宪会议这一事件中,更多的是透过它表达了她对于民主的一般认识,认为即便是资产阶级民主形式,对于培养人民群众的民主意识、培育健康和民主的公共生活也是有一定程度的积极价值的。然而,现实是最好的纠错师。走出布列斯劳监狱的罗莎·卢森堡,在领导德国社会主义革命的过程中,对于资产阶级民主形式消极一面有了更多的认识,1918年11月所写的《国民会议》可以说是一个佐证。

总而言之,《论俄国革命》作为一部罗莎·卢森堡在监狱中所写的未完成稿,不仅在当时,而且在当代依然引发人们热议和挖掘,这绝不仅仅在于她预见了俄国革命的问题和命运,更在于支撑这一预见的科学的方法——总体性方法的运用。

---

① 卢森堡:《论俄国革命》,载《卢森堡文选(下)》,第496页。

Recognition of Rosa Luxemburg's Evaluation on the Russian Revolution: Based on the Perspective of Totality

Zhang Xiaohong

Abstract: *The Russian Revolution* presents Rosa Luxemburg's thinking and evaluating on three issues: the Russian Revolution, the issue of land and the constituent assembly. She pointed out that the Russian Revolution is a specific case of the proletarian revolution and did not agree with promoting it as a model to others. She thought that Lenin's land policies against the development of agricultural socialization and resisting the surplus grain collection was the evidence. The democratic problem behind the dissolution of the Constituent Assembly was her critical focus. She believed that even the formal democracy is better than NO democracy. This book that discussing the historical significance of the Russian Revolution and the next day after revolution by the method of totality which provides us a perspective to watch the socialist construction.

Keywords: totality, Russian Revolution, the issue of land, Constituent Assembly

礼与法

散文卷

"法律面前人人平等"的法学含义及其法治意蕴

李旭东[*]

[摘 要] "法律面前人人平等"是基本法律原则,受现实制约,人们多在通俗意义上理解它。然而,首先应当在法律科学之"法律上的人"概念基础上理解该原则,该原则不仅指自然人之间的平等,更指一切法律人格间的平等。按照这一原则的内涵,应当赋予一切社会主体以法律人格,全面推进社会的法治化;应当赋予法律主体以各项法律权能,以法律方式处理权利、义务与责任问题。"法律面前人人平等"原则具有丰富的法治意蕴,对促进我国法治化进程、落实"全面依法治国"战略有积极意义。

[关键词] 法律面前人人平等;法律上的人;法律主体;法治;法律概念

"法律面前人人平等"是基本法律原则,我国《宪法》第三十三条第二款规定:"中华人民共和国公民在法律面前一律平等。"这一条款是对该原则的一个

---

[*] 李旭东(1970—),男,山西昔阳人,法学博士,华南理工大学法学院副教授,研究方向为法理学、法哲学。

确认。然而一般对它的通俗理解并不够完整、准确。在新的时代背景下,应当全面把握它的法理内涵,积极推进法治化进程。

一、"法律面前人人平等"的通俗观念

"法律面前人人平等"原则之所以令人熟悉,是因为现代民主国家普遍确立了该原则在体制中的地位。欧美社会的近现代化转型,经历了著名的"三R运动"(即文艺复兴、宗教改革与罗马法复兴)。其中,罗马法复兴是普及法律观念与传播法律意识的社会运动,历时多个世纪。学者指出:"罗马法的学术优势散发着持久而深远的影响力。"[1]在西方国家的现代化进程中,法律的作用相当大。泰格和利维发现:"在西方所有政府组织中,以及在所有以夺取国家权力为目的的社会变革运动中,都对法律家和法学训练极为重视。"[2]美国的建国者中,律师占了相当大的比例,使得法律人在美国政治中具有特别重要的地位。一位外国学者曾说:"美国对人类进步所作的真正贡献,不在于它技术、经济或文化方面作出的成就,而在于发展了这样的思想:法律是对权力进行制约的手段。在历史上,就法律对社会的支配程度来说,任何其他的国家都比不上美国。"[3]经过长期的努力,包括"法律面前人人平等"原则在内,各种法律观念为现代国家的建立奠定了崭新的基础。

"法律面前人人平等"是启蒙哲学的产物,是法国大革命确立的基本价值。它源自启蒙运动时期的一个表述:"人人生而平等"(the natural equality of all men)。1793年的《法国宪法》第3条将其制定为法律:"所有人生而平等,法律面前人人平等"。[4] 法国大革命"自由、平等、博爱"的口号丰富了它的内涵。[5] 自那以后,社会就奠定在一个全新基础上了。美国革命(1774—1783)、法国大革命(1789)、俄国革命(1917)相继发生,中国革命(1912、1949)继承了之前历次革命的思想成果,确立了民主共和国体制。从此以后,"人民"作为新型政治力

---

[1] 艾伦·沃森:《民法法系的演变及形成》,李静冰、姚新华译,北京:中国法制出版社,2005年,第39页。
[2] 泰格、利维:《法律与资本主义的兴起》,纪琨译,上海:学林出版社,1996年,第267页。
[3] 施瓦茨:《美国法律史》,王军等译,北京:中国政法大学出版社,1990年,第2页。
[4] J.凯利:《西方法律思想简史》,王笑红译,北京:法律出版社,2010年,第248页。
[5] 李步楼:《对"自由、平等、博爱"的历史考察》,《湖北社会科学》,1987年第4期。

量登上历史舞台,"民主"成为新的政权合法性基础,"法律面前人人平等"在制度上得到了落实。

在这一进程中,各国的具体情况可能有异,但其基本的精神气质则非常相似。学者对其有如下表述:"自由民主式的正义观念适用于法律就是,每个人在形式上都应享有平等待遇,在法律面前,一个法律上的人格(persona)与另外一个人格不应有区别,他们的地位一律平等。"① 它消灭了等级制度,废除了等级特权,在新的认同基础上,民族国家纷纷登上世界舞台;② 民众得到组织,其政治能量得到集中展现,全民参与的政治选举制度开始定型;③ 政治法律制度也以社会契约理论为论证方式重获正当性。④ 二战之后,它更促成了一个团结得更为紧密的国际社会。⑤ 1992 年苏联解体前后,美国学者福山的论述表达了一般美国人的浪漫感受;⑥ "华盛顿共识"似成为全球化运动的推动力量。⑦ 直至我们生活的当下,中美两国发生了贸易摩擦,世界正在蕴酿着新的变化。⑧

这一历史的进程是全方位、多方面、多速度的,但它在法律上达到了如下效

---

① 艾伦·沃森:《民法法系的演变及形成》,第 29 页。
② 民族国家是一个新的观念建构,后来才成为现实的政治实体。参见本尼迪克特·安德森:《想象的共同体:民族主义的起源与散布(增订版)》,吴叡人译,上海:上海人民出版社,2011 年。
③ 密尔的理论为现代大型民族国家的民主政治提供了可行的制度方式。参见密尔:《代议制政府》,汪瑄译,北京:商务印书馆,1982 年。
④ 卢梭的社会契约论以后,公共权力必须得到被统治者的同意,才具有合法性,这也是开启一个新时代的贡献。参见卢梭:《社会契约论》,何兆武译,北京:商务印书馆,1980 年。
⑤ 《联合国宪章》、《世界人权宣言》、《经济、社会、文化权利国际盟约》、《公民及政治权利国际盟约》等国际性人权公约的内容,代表了各国领导人的基本政治观念。这是二战以后大国领导人的重要贡献。参见董云虎编著:《人权基本文献要鉴》,沈阳:辽宁人民出版社,1994 年。
⑥ 弗朗西斯·福山:《历史的终结与最后之人》,黄胜强、许铭原译,北京:中国社会科学出版社,2003 年。
⑦ 所谓"华盛顿共识",据学者概括其含义如下:"当这些国家实施'结构性调整计划'(Structural Adjustment Program)——或者叫做赛普斯(SAPs)……一起被称作华盛顿共识(Washington Consensus)。……约翰·威廉姆森(John Williamson)……将之归纳出 10 点:(1)加强财政纪律;(2)改革税收;(3)利率自由化;(4)增加医疗与教育开支;(5)保护产权;(6)国营企业私有化补贴(privatize state-run subsidies);(7)放开市场;(8)实施竞争性汇率制度;(9)消除贸易壁垒;(10)消除对外直接投资障碍。"参见斯蒂芬·哈珀:《华盛顿共识的兴衰》,程早霞、宋伟译,《中国浦东干部学院学报》,2012 年第 4 期。
⑧ 实际上此前在世界贸易组织(WTO)框架下,由于中美两国的发展情形发生了重要变化,已经有许多学者开始思考未来的复杂变局。例如 Gabor Steingart, *The War for Wealth*, New York: Mc Graw Hill, 2008。该书所列文献表明,欧美学者对当前局势的思考是相当广泛的。

果:"法律面前人人平等"成为基本的法律原则,它在各国国内与国际社会都得到普遍传播。就中国来说,它主要通过两方面的努力得到落实:一是从正面否定与限制特权,确立公民普遍平等的地位;[1]二是通过从负面赋予弱势者权利,提升其法律地位。[2] 它对立法上的不平等仍有特别留意。虽然这是相对通俗的一种观念,但它能够被确立为新时期法制重建的基本法律原则,仍值得高度肯定。事实上直到晚近仍然有这个思路引发的讨论。[3]

因此,人们也正是以所有人在法律面前具有平等地位的通俗观念,理解"法律面前人人平等"原则的。这一理解以17世纪以来的政治法律变革为基础,是对该原则的古典式理解。在国内外形势都有巨大变化的背景下,应当依据法学原理对其进行新的解释。

二、"法律面前人人平等"的法学含义

法律科学要求,按照法律人的观点(think like a lawyer)来理解"法律面前人人平等"原则。这就需要以"法律上的人"的概念来代替对人的概念的通俗理解。哲学家黑格尔、法学家凯尔森对此均有重要贡献。

(一)人是主体,但不就是法律主体

通俗观念认为,"法律面前人人平等"就是指人与人之间的平等。这个认识虽然通俗,但比较片面。因为,"法律面前人人平等"中的人是指"法律主体",即"法律上的人"、法律上具有人格者。

哲学家黑格尔有一个表述:"人间(Mensoh)最高贵的事就是成为人(Person),……人实质上不同于主体,因为主体只是人格的可能性,所有的生物一般说来都是主体。所以人是意识到这种主体性的主体。"[4]"人间最高贵的事

---

[1] 这一点可以以彭真的相关思想为代表,主要涉及的是公民的权利与地位之平等问题。参见刘国利:《学习彭真"在法律面前人人平等"的法律思想》,《毛泽东思想研究》,2012年第1期。
[2] 这一点可以李步云教授等对罪犯地位与权利的论述为代表,参见李步云、徐炳:《论我国罪犯的法律地位》,《人民日报》,1979年10月30日;李步云:《再论我国罪犯的法律地位》,《法学杂志》,1980年第3期。
[3] 胡德平:《何谓"法律面前人人平等"?——在"顾雏军事件与民营经济发展座谈会"上的发言》,《经济观察报》,2014年3月3日。
[4] 黑格尔:《法哲学原理》,范扬、张企泰译,北京:商务印书馆,1961年,第46页。

就是成为人"?笔者初读时颇感困惑,相信因缺乏法学背景而对此困惑者不乏其人。人不已经是人了吗?还需要成啥人呢?

这一观念用英文术语就能表述清楚:人生来就是human being,即肉体之人;但肉体之人未必有资格进行社会交往,如奴隶。他只有成为法律上有完全资格之人(person),才真正地成为完全合格的人,法律术语表述为"完全民事行为能力人"。一个human being,只有成为person,你才会被人认真对待,在社会中才有尊严。[①] 汉语没有翻译该观念的恰当词汇,因为汉语中没有此种观念。这不是因为中国人无此种思辨能力,而是他的生活不需要。硬要那样说话,只能徒增麻烦。黑格尔虽然是哲学家,但他同时也是写有《法哲学原理》的法哲学家,在法学上有精深的研究,因而他能有上述认识。

(二)法律主体乃法律上权利与义务之人格化

法律主体或"法律上的人"之科学概念,是由奥地利法学家凯尔森完成的。人有丰富的人性,因而,他在各个方向、各个领域都自由地发展。在法律视野中的人性就被法学思维独立划分出来,称之为"法律主体"或"法律上的人"。按照凯尔森的认识:"在法学思想中,我们只是在人的行为成为法律秩序的内容时才涉及他。因而只有那些有资格作为法律秩序中义务或权利的人的行为和不行为,才是与法律上的人的概念有关的。一个人只是在他'具有'义务和权利时才存在,离开义务和权利,就无所谓人了。"[②]因而,人只是在他从事涉法事务时,他才是法律主体,此外他就不是法律主体。如凯尔森所说:"人只是在某种特定的行为或不行为方面才从属法律秩序;至少所有其他的行为或不行为方面,他与法律秩序就毫无关系。"[③]

承认一个人是法律主体,只是就其在法律领域存在的特点而言的。所以,民法中的"自然人"仅仅是人在从事民事活动时的主体资格而已。所以,还要承认"自然人"是法学的一种主观的构造物。凯尔森让人感觉奇怪的是如下表述:"自然人"也是"法人"(juristic person)、一种法学构造的人格。他说:"由于所谓

[①] 此句的英语译文为"The highest achievement of a human being is to be a person"。可译为"人的最高成就就是成为一个人格"。感谢朱学平教授提示相关的英语译文与德语原文。笔者不懂德语,无法对它作出评论。

[②] 凯尔森:《法与国家的一般理论》,沈宗灵译,北京:中国大百科全书出版社,1996年,第107页。

[③] 凯尔森:《法与国家的一般理论》,第106—107页。

自然人(person)的概念不过是法学上的构造,并且它本身完全不同于'man'的概念,所以,所谓'自然'人其实就是一种'法'人。如果所谓自然人就是法人的话,那么,在自然人和通常被仅认为'法'人之间,就不可能有什么实质上的区别。"①

从原理上说,"法律主体"或"法律上的人"是一种分配法律上权利与义务(包括责任,可统称其为"法律权能")的合宜技术。胡玉鸿教授强调了此种技术的重要性,他说:"这些经法律抽象而成的人,也就是法学上所称的'法律主体',构建法律主体的技术,学界以'拟制'称之。"②出于法学上的考虑,可以赋予任何一些权利与义务的组合以人格,法学家将其人格化之后,它就成为了法律主体。须注意,是"任何一些权利与义务的组合"。正如凯尔森所强调的:"任何调整一些人的行为的秩序都可以被认为是一个'人'(person),意思是可以人格化的。"③

反过来,即使是现实的人(human being),如果他未被赋予法律上的权利与义务,就不能在法律上视之为主体,他就不是"法律主体"、不是"法律上的人"。当代的文明已经发达到普遍地赋予所有人(human being)以法律人格,所有人(human being)都是"法律上的人"(legal person)了。因而人们容易遗忘、忽略"所有人都是法律主体"并不就是必然的,事实上它可以有各种复杂表现。

哪些事物与现象(或其部分)需要被法学家予以人格化,从而赋予其法律主体资格,则是由法学家根据具体的情形决定、由立法者予以具体实现的。在法学中会出现以下令外行感到奇怪的现象:

(1) "人"(human being)可能不是"法律上的人"(person),如奴隶是人(human being),但无法律人格(person),故不是"法律上的人";

(2) "人"(person)和"人"(person)不同。均有法律人格者(person),其权利义务内容可能有差异,从而是法学性质与法律能力并不相同的人。例如民法中的"完全民事行为能力人"、"限制民事行为能力人"与"无民事行为能力人"之不同规定,其人格虽平等,其能力则有差异。

---

① 凯尔森:《法与国家的一般理论》,第109页。
② 胡玉鸿:《法律主体概念及其特性》,《法学研究》,2008年第3期。
③ 凯尔森:《法与国家的一般理论》,第114页。

(3) 最奇怪的就是：非"人"(human being)者可能是法律上的人(person)。民法中的财团法人是将物质财富视之为人(person)，如诺贝尔奖；社团法人是将许多人(many people)的结合视之为一人(one peson)，如公司。中国《民法典》的术语是："营利法人"与"非营利法人"。

有些观点否认 AI 产品能够具有法律人格，认为：只有人是主体，而 AI 产品最多不过是机器人，它不是主体，因而不能成为法律主体。[①] 这是把法律主体限制在自然人范围内，其实民法的法人制度就已否定了该观点。凯尔森说过："法律上的人(按定义来说，他是法律义务与法律权利的主体)的概念，符合一种想像，需要有一个权利与义务的持有者。"[②]它仅仅是被"视为"人格、视为主体而已。这样做，是为了处理法律上权利义务之技术的方便，并不涉及人的尊严。[③] 当然，AI 产品或机器人虽可能具有法律人格，但它是否真被赋予法律人格，则是另一个问题。那需要法学家进行专门研究。

"法律面前人人平等"在法学上的含义显然与通俗的理解明显不同。"人"不仅仅是现实中活生生的人，它还包括法人；严格地说，它只是现实中人的涉法律的那部分内容而已。凯尔森说："法律上的人并不是在'它的'义务和权利之外的一个分立的本体，而不过是它们的人格化了的统一体，或者由于义务与权利就是法律规范，所以不过是一批法律规范的人格化了的统一体而已。"[④]在此意义上，法学并不包揽人性的全部意义，法学之外的内容是其他学科的工作范围。

三、"法律面前人人平等"的法治意蕴

中国法学家在接受前人对该原则的科学理解后，必然用它来思考现实的法治问题。中国社会自 1978 年以后的改革开放进程，迅速完成了工业化，进入了工业社会。陌生人、具有新异性的交往开始占据生活的较大比例，法律的重要

---

① 参见马莉：《人工智能体的法律主体资格研究》，华南理工大学 2020 年硕士学位论文，第 18—26 页。
② 凯尔森：《法与国家的一般理论》，第 105 页。
③ 人的尊严是另一个问题，需专门讨论，在此不作展开。参见张千帆：《为了人的尊严——中国古典政治哲学批判与重构》，北京：中国民主法制出版社，2012 年。
④ 凯尔森：《法与国家的一般理论》，第 106 页。

性也迅速上升。十九大报告把"全面依法治国"作为未来党和国家的四项重点工作之一,其权威的表述是:"新时代中国特色社会主义思想……明确中国特色社会主义事业总体布局是'五位一体'、战略布局是'四个全面'……"①这一表述把法治放在了更重要的地位上。那么,"法律面前人人平等"原则作为基本法律原则,在法治进程中也将发挥新的作用。与之前阶段的重视提升弱势者的地位相比,未来一个时期显然应当更重视对强势者地位的规范。可以考虑从如下方面具体落实"法律面前人人平等"原则。

(一) 推进社会主体之法律化

衡量法治化的一个标志就是,法律对社会事务的治理程度。若将社会主体之法律化(即具有法律人格)的比例作一统计,可对特定社会的法治化进程作出评估。在理想的法治社会中,所有主体都具有法律人格;在常态的法治社会中,多数主体都有法律人格,只有少数主体例外。当代中国显然处于一个法治过渡时期,提出这一指标并将之用于法治化评价,是值得考虑的。

所谓法治,意味着所有人都普遍地服从同一规则的治理,所有人都居于法律之下,接受法律的约束,具体地接受国家司法权之管辖,司法裁判能够对所有人强制执行。法治意味着,社会主体具有法律主体资格,不再存在超越于法律之外、凌驾于法律之上的社会主体。按照这一认识,所有的社会主体都须具备法律人格,都必须在宪法与法律范围内活动。当然现实情况比较复杂,但是,清晰的学理逻辑对人们接受法治化的制度安排、放弃缺乏法理依据的特权,是有积极意义的。

要加强对权力运行的制约和监督,让权力在阳光下运行,把权力关进制度的笼子。法治政府建设是推进法治的关键点。按照全面依法治国要求,政府要普遍地具有法律人格,能够接受国家司法权即人民法院管辖。政府成为法律主体之后,其行为将严格按照法律标准行事,从而其行为更可预期。当其违背法律规则或超越法律界限之后,当事人可以依法对其提起诉讼。政府与普通公民一样,都拥有一个"法律上的人"的资格,不再拥有广泛的特权,必须主动接受普遍性规则即法律的治理。

---

① 参见习近平:《决胜全面建成小康社会 夺取新时代中国特色社会主义伟大胜利——在中国共产党第十九次全国代表大会上的报告》,北京:人民出版社,2017年,第19页。

对中国来说,执政党是更为突出的政治存在,是中国特色社会主义事业的领导核心。按照执政党的部署,全面从严治党是未来四大战略性任务之一。加强党内法规建设已成为法治建设的重要内容。这种表述也是之前未曾提出的。

从推进法律治理进程的学理要求来看,社会主体普遍地获得法律主体资格,是第一步成绩。这标志着,宪法法律对任何社会主体都具有权威性。

(二)充分赋予法律主体以相关法律权能

社会主体成为法律主体,仅仅是获得了一种"法律上的人"的资格。笼统的法律主体或"法律上的人"的观念尚非可以操作的制度。从法学的角度,应当充分赋予法律主体以各项具体权能,这就需要在如下方面有所推进。

1. 赋予主体承担法律上权利、义务与责任的资格

"法律上的人"即法律人格,人格不是抽象的存在,须具有采取法律行动维护自己权利的能力。"人格是能够成为权利承担者的能力,简言之,权利能力。……人格从来都是由法律赋予的,而非源自自然。"①因而,人格即是其法律能力。学者指出:"这些法律上的能力之总和构成了个人的权利能力,亦即个人的人格。"②法律主体只有有承担权利的资格时,它才是权利主体;有承担义务的资格时,它才是义务主体;有承担责任的资格时,它才是责任主体。③ 虽然一般地权利与义务是相对应的,多保持平衡关系,但实际上具体的权利、义务与责任之配置,可能并不完全符合普通人的想象。

2. 赋予主体以诸法律能力

法律上的人若仅有权利而无救济能力则其权利是残缺的。美国法学家霍菲尔德揭示了权利的救济权能,并以传统的"right"一词来指称它。在中国的法律术语中,相对于实体权利,"救济权"是一种程序性的权利。它主要表现在诉讼程序中,这是主体重要的法律能力。

传统的诉讼法分类,习惯地将民事诉讼称为"民告民",刑事诉讼称为"官告民",行政诉讼称为"民告官"。这虽然方便法律观念普及,实则它尚未达到法学思维的抽象水平,仍视法律主体为社会主体,用"官"、"民"这样的通俗词汇就把

---

① 格·耶利内克:《主权公法权利体系》,曾韬、赵天书译,北京:中国政法大学出版社,2012年,第27页。
② 格·耶利内克:《主权公法权利体系》,第52页。
③ 胡玉鸿:《法律主体的基本形态》,《法治研究》,2012年第10期。

法律主体的性质混淆了。

应当在法学思维水平上来理解诉讼制度。首先,民事诉讼是私法主体之间的诉讼。政府自身亦可以作出私法行为,如从事合同行为、购买服务等等,这时应当视政府为一个私法主体,适用民事诉讼法。我国目前的社会观念对寄托于同一社会主体上的两个不同角色与身份分别独立为两个法律人格,感到理解困难。①

其次,刑事诉讼是国家检察机关对刑事犯罪嫌疑人行使国家公诉权,将之置于刑事法庭管辖之下的诉讼方式。而公法主体(机关与公务人员个人)亦可以成为刑事被告人,我国目前的刑事诉讼法尚对公法主体的犯罪行为缺乏管辖能力。

再次,行政诉讼不只是普通公民对政府及机关之不当行政行为之诉讼,亦包括同为政府及机关者之间的诉讼(上级诉下级、同级相诉、下级诉上级等)。我国的行政诉讼法显然还有较长的路要走。尤其是下级机关诉上级机关,多觉得不可思议。

现实中,上下级之间的权力分工尚未法定化,上级容易侵夺下级权力而不必承担法律责任。在欧洲的传统中,一方面,封建契约就已确立了上下级之间契约的双务性质。如学者所说:"资产阶级学者都强调封建君臣关系是一种契约关系。因为从形式上看,这种关系的结成似乎是自愿的,是双方在平等原则上结成的……"②上位者违反契约则会导致关系终结。③ 故而封建法中会有中国人不好理解的如下表述:"14世纪法国的原则即是'我的封臣的封臣,不是我的封臣'。"④因为,上级的权力同样由契约确定,他不能越权,否则即为违约。另一方面,政府权力法定的原则业已确立。法学家认为机关与官员的权力由法律赋予,他们不能越出权力范围。"所有有管辖权的职位都不能摆脱法律的约束,

---

① 笔者曾阅读过一文:民国时期北京大学校长诉大学院院长,这两个机构的法定代表人均为蔡元培,因而出现了"蔡元培诉蔡元培"的有趣现象。惜出处失记,检索未得,未知真伪。按照严肃的法学思维,此蔡元培与彼蔡元培乃是两个分别独立的不同法律人格。从常识观点来看,似乎自己可以诉自己;而从法学角度来看,则自己不可能诉自己。

② 马克垚:《西欧封建经济形态研究》,北京:人民出版社,2001年,第104页。

③ 马克垚:《西欧封建经济形态研究》,第105页。

④ 马克垚:《西欧封建经济形态研究》,第106页。

否则就是违法。"①因而,上级机构与其下级机构之间的关系也由法律予以规范,而不由个人意志来决定。这样,由法律赋予权力的下级在上级面前并不必然弱势与屈服。相反,在下级的权限范围内,上级机关应当接受下级约束。"该机构的上级机构,甚至包括最高机构,都同样受其下级机构的法规命令约束。"②按照法律的逻辑,交通警察之交通管理权同样及于公安部长与总理,此方面的规则高级机关及其首长亦应遵循。

3. 应赋予主体申请国家强制执行的资格

健全的法律治理,在赋予所有法律主体以法律诉讼资格后,还应当赋予其申请国家强制的权利。当权利主体申请国家强制以保障其权利,则任何个人(无论其地位多么卑微、能力多么弱小)都能获得国家强制力的支持。他的法律权利就能够获得保障与实现,而这并不以其自身的实际能力,而是以其法律资格、他的可启动国家强制力量之法律能力来实现的。对此,耶利内克有如下表述:"只要仅在行政机关内解决法律问题,个人请求权就缺乏完全的保障……只有赋予个人对抗国家行为的形式上的法律手段……起决定作用的才不再是利益的强弱而是法律请求权的强弱。"③在此,凡法律上合法的,必是国家法律所保障的,也是国家强制力量所支持的。

(三) 推进相关制度贯彻该原则

国家对于贯彻落实"法律面前人人平等"可以有多方面的作为。比如,通过提升人权保护水平。据学者研究,国际人权法在此方面也有明显进展。一方面,全球性与区域性的人权保护机构体系开始形成;另一方面,人权条约实施的基本机制已经确立,具体有三:(1)报告制度;(2)国家对国家的指控制度;(3)个人申诉制度。④ 从现实制度看,国家的行政若损害到人权,个人可向国际人权保护机构提起诉讼或提出指控,以维护自己的权利。这一诉讼并不以国内法为依据,而以国际人权法为依据。《公民权利和政治权利国际公约第一任择议定书》第一条规定:"成为本议定书缔约国的《公约》缔约国承认委员会有权接

---

① 奥托·迈耶:《德国行政法》,刘飞译,北京:商务印书馆,2013年,第84—85页。
② 奥托·迈耶:《德国行政法》,第85页。
③ 格·耶利内克:《主权公法权利体系》,第117页。
④ 严海良:《全球化世界中的人权:以拉兹为视角的展开》,北京:法律出版社,2015年,第156—157页。

受并审查该国管辖下的声称为该缔约国侵害《公约》所载任何权利的受害者的个人的来文。"①再如,通过国内行政诉讼制度来促进该原则的实施。当代中国的相关实践事实上在持续推进。1980年,浙江省苍南县农民包郑照将县长告上法庭,成为中国行政诉讼第一案。② 1989年4月,七届人大二次会议通过的《行政诉讼法》建立了俗称"民告官"的行政诉讼制度。这一事实对当时的观念是颠覆性的。2004年,国务院《全面推进依法行政实施纲要》第28条规定:"对人民法院受理的行政案件,行政机关应当积极出庭应诉、答辩。"其目的是积极推动行政首长出庭应诉制度,要求"领导干部"和普通人一样在法庭上接受法院审判,这充分显示出社会观念已经有了长足进步。③

至此,"法律面前人人平等"原则的法治内涵就论述完毕。因这一论题涉及较复杂的内容,最后以下表作一图示。括号中所提示者主要以我国相关制度为参考,亦未细分国际法与国内法领域。

表1 法律中的人格及其理想的制度模式

		一般主体	民事诉讼主体	刑事诉讼主体	行政诉讼主体	宪法诉讼主体(尚无规定)
自然人	权利主体	原告	原告(自诉)	原告	原告
	义务主体	被告	被告	被告(尚无规定)	被告
	责任主体	强制申请人	强制申请人	强制申请人	强制申请人
法人	权利主体	原告	原告(尚无规定)	原告	原告
	义务主体	被告	被告(有争议)	被告(尚无规定)	被告
	责任主体	强制申请人	强制申请人	强制申请人	强制申请人
国家(或其机关)	权利主体	原告(尚无规定)	原告(公诉)	原告(尚无规定)	原告
	义务主体	被告(尚无规定)	被告(国内法无)	被告	被告
	责任主体	强制申请人(尚无规定)	强制申请人	强制申请人	强制申请人

---

① 诺瓦克:《民权公约评注:联合国〈公民权利和政治权利国际公约〉》,孙世彦、毕小青译,北京:生活·读书·新知三联书店,2003年,第646页。
② 伍洲奇:《行政法往事》,《法人》,2019年第10期。
③ 章志远:《行政诉讼中的行政首长出庭应诉制度研究》,《法学杂志》,2013年第3期。

结语

法律治理是现代类型的事业,只有在现代化基本完成之后才可能真正进行。萧公权教授曾言:"法治只能在两种环境之下实现。一为贵族政治,一为立宪政治。盖以贵族有抵抗君权之实力,法律亦限制君意之利器。贵族借法律以自保其利益,法治每凭之以树立也。立宪政府之一切职权胥以法律划定(即无明文规定,亦有习惯或成例之界限)。不仅宪法高于一切,即寻常之法律亦不容政府任意违反。"①萧公权教授的观点是否有可商榷处,本文不作展开。但应该看到,贵族政治远矣,中国共产党是中国特色社会主义事业的领导核心,而当代中国只能依据现实国情探索法治化道路。有的学者看到中国传统的巨大惰性,认为中国社会不可能法治化。② 回想改革开放初期中国社会各方面的相对落后面貌,对比今日的发展成就,理应对法治前景保持信心。

就"法律面前人人平等"原则之实现而言,首先,民主的国家体制确立了所有自然人的平等人格,但这还不够。因而,本文认为,它还要求在私法领域实现所有私法主体(包括自然人与法人)的平等地位;该原则还将遇到巨大挑战,即法治政府建设如何在曲折中前进。须赋予公权力机关以法律人格,要求其按照法律规则行事,当违法时它也能以其法律人格应诉并承担责任。

世间最强大者,莫过于拥有垄断性合法暴力(警察与军事力量)的一国政府。当普通个人(human being)与政府及其机关均能以平等人格共同接受司法机构之管辖与强制时,"法律面前人人平等"原则的全部法理内涵就得到了实现。当然其前提是,国家对其统治更为自信,对自己的权威并无怀疑,实现法治愿望非常强烈。本文的讨论,既展示了"法律面前人人平等"原则所蕴含的法理内涵,也显示了该原则在法治进程中的逻辑进程。事实上,它也提示了"全面依法治国"战略在未来一个时期应当推进的若干方向。

---

① 萧公权:《中国政治思想史》(二),沈阳:辽宁教育出版社,1998年,第251页,脚注3。
② 谢遐龄:《法治:概念及其实现——兼答几位法学界人士的质疑》,《汕头大学学报(人文社会科学版)》,2013年第3期。

The Meaning of "Equality Before the Law" and Its Significance to Rule of Law

Li Xudong

Abstract: "Equality before the law" is the basic principle of law, because the reality of the rule of law is not progressive, jurists understand it in the popular sense. First of all, we should understand the principle under the concept of "legal person" in legal science, which not only refers to the equality between natural persons, but also between all legal personalities. According to this principle, we should endow all social subjects with legal personality, that is, to promote the rule of law in society; endow legal subjects with various legal powers, and allocate rights, obligations and responsibilities in a legal way. In jurisprudence, the principle of "equality before the law" should be deeply implemented to promote the process of rule of law and implement the strategy of "rule of law comprehensively"

Keywords: equality before the law, legal person, legal subject, legal concept

"母以子显,德以功高"
——《野叟曝言》与理学道统观

朱燕玲[*]

[摘　要]《野叟曝言》末回,夏敬渠以四世同梦终结整部小说,尤其是水夫人梦至圣母公府之胎教堂,文素臣梦至大人文国之薪传殿,饶富深意。夏氏藉水夫人、文素臣两梦,具体呈现儒家道统传承之情形,系统表达自己对儒家道统观念之理解与思考。圣母公府以启圣祠为蓝本。薪传殿本自明代之圣师祭及清朝之传心殿。圣母公府、薪传殿之人选如何安排,寓意学术正统之判定与传道谱系之确立,座次如何安放,则象征道统传承中德与位、言与功之紧张。夏氏援引朱子论"斯道之统"与"斯道之传"的两个原则,以"君臣之义"、"师弟之礼"为理据,试图化解德与位、言与功之矛盾。然夏氏欲将道统、治统合二为一,且特别推崇事功,导致朱子之原则失去理论效力,道统理论甚至有反噬之危险。

[关键词]　夏敬渠;《野叟曝言》;道统;传道谱系

---

[*] 朱燕玲(1987—　),女,湖北鄂州人,哲学博士,湖北省社会科学院哲学所助理研究员,主要研究领域为明清小说、明清思想史。

一、引言

《野叟曝言》(以下简称《曝言》)为江苏江阴夏敬渠(1705—1787)所作。关于夏氏之生平、著作及其与《曝言》之关系的研究,学界目前已有丰硕成果,此处不赘。[①]《曝言》成书后,仅以抄本形式流传,至光绪辛巳(1881年)才有毗陵汇珍楼木活字本,光绪壬午(1882年)又有上海申报馆排印本。壬午本问世之后,有关其为夏氏原本还是后人增补本的争论不绝于耳。关于《曝言》版本的研究,学界亦有显著成绩。[②] 本文为研究之便,以台湾三民书局印行之融汇夹批、总评的二十卷一百五十四回本为参考对象[③],凡所引用,均出此本。

[①] 鲁迅:《中国小说史略》,上海:上海古籍出版社,1998年,第173—175页;孙楷第:《夏二铭与〈野叟曝言〉》,载《沧州后集》,北京:中华书局,2009年,第159—165页;赵景深:《〈野叟曝言〉作者夏二铭年谱》,载《中国小说丛考》,济南:齐鲁书社,1980年,第433—447页。王琼玲教授致力于《野叟曝言》之研究长达几十年,对于相关资料穷探力索,结撰为《〈野叟曝言〉研究》、《清代四大才学小说研究》、《〈野叟曝言〉作者夏敬渠年谱》、《夏敬渠与〈野叟曝言〉考论》,实属目前学界研究夏敬渠及《野叟曝言》最为翔实之作。分别见王琼玲:《〈野叟曝言〉研究》,台北:学海出版社,1988年;王琼玲:《清代四大才学小说研究》,台北:台湾商务印书馆,1997年;王琼玲:《〈野叟曝言〉作者夏敬渠年谱》,台北:学生书局,2005年;王琼玲:《夏敬渠与〈野叟曝言〉考论》,台北:学生书局,2005年。此外,有关《野叟曝言》的重要研究,参见艾梅兰:《扩展正统性:〈野叟曝言〉的叙述过度与行权所体现的真》,载《竞争的话语:明清小说中的正统性、本真性及所生成之意义》,罗琳译,南京:江苏人民出版社,2004年,第159—200页;黄卫总:《〈野叟曝言〉和〈姑妄言〉:欲望的"情""欲"两极化》,载《中华帝国晚期的欲望与小说叙述》,张蕴爽译,南京:江苏人民出版社,2012年,第183—209页;商伟:《小说戏演:〈野叟曝言〉与万寿庆典和帝国想象》,《文学遗产》,2017年第3期;Keith McMahon, "A Case for Confucian Sexuality: The Eighteenth-Century Novel *Yesou puyan*," *Late Imperial China*, Vol. 9 No. 2 (1988): 32-55; Martin Huang, "From *Caizi* to *Yingxiong*: Imagining Masculinities in Two Qing Novels, *Yesou puyan* and *Sanfen meng quan zhuan*," *Chinese Literature: Essays, Articles, Reviews*, Vol. 25 (2003): 59-98.

[②] 分别见欧阳健:《〈野叟曝言〉版本辨析》,《明清小说研究》,1988年第1期;王琼玲:《〈野叟曝言〉光绪四年精钞本析论——兼论〈野叟曝言〉版本问题》,《东吴中文学报》,第1期(1995年5月);潘建国:《〈野叟曝言〉同治抄本考述》,载《古代小说文献丛考》,北京:中华书局,2006年,第79—90页;潘建国:《〈野叟曝言〉光绪壬午本为增补本考辨》,载《古代小说文献丛考》,第91—114页;潘建国:《晚清〈字林沪报〉连载本〈野叟曝言〉考》,载《古代小说文献丛考》,第115—133页;潘建国:《晚清上海的报馆与〈野叟曝言〉小说》,载《物质技术视阈中的文学景观:近代出版与小说研究》,北京:北京大学出版社,2016年,第177—197页。

[③] 夏敬渠:《野叟曝言》,黄珅校注,台北:三民书局,2005年。

《曝言》末回,夏氏以四世同梦终结整部小说①,尤其是水夫人梦至圣母公府之胎教堂,与诸位圣母筵宴;文素臣梦至大人文国之薪传殿,见许多圣贤神位,余韵悠长,饶富深意。《孟子》以"无有乎尔"终篇,宋儒杨时比之《论语》"咨命""誓师",以为孟子默识孔子之意,故而历叙尧、舜、汤、文、孔子之授受,所以明圣学之传,其来有自。② 杨时阐发之重点,在于揭示道统相传之意。③《曝言》末回与《孟子》终篇有异曲同工之妙,亦有微言大义存焉。质言之,一方面,夏氏以文白神主居列圣之末,借小说以言志,自任道统之心事已和盘托出。另一方面,夏氏以水夫人、文素臣两梦,具体呈现儒家圣贤道统传承之情形,系统表达自己对儒家道统观念之理解与思考:道统传承之谱系如何? 道统传承中德与位、言与功之矛盾如何化解? 学者早已论及夏氏及其《曝言》与程朱理学之关系④,对《曝言》末回与理学道统论之联系则并未措意。⑤ 本文拟对这一问题进行探析。

本文主要分为两部分,第一部分探讨圣母公府及与之相关的问题。小说里的圣母公府以现实中的启圣祠为蓝本。孔庙因从祀、配享之分别导致儒者所处之地位不同,由此引发公道与私亲、传道与人伦冲突之情形,启圣祠设立之初衷即为解决这一问题。如何安排颜子、曾子、子思与颜路、曾皙、孔鲤之座次,以及如何定夺启圣祠入祀之人选,是讨论圣母公府入主人选及其位次的背景。是以,本文首先缕述启圣祠设立之起因及由此引发的争议,然后分析夏氏如何藉圣母公府人选之安排判定学术之正统,如何援引朱子之理论试图化解圣母公府

---

① 第一五四回虽以"泄真机六世同梦 绝邪念万载常清"标目,总评复言"六世同梦",但按诸本文,只有水夫人、文素臣、文龙、文施四梦,且水夫人亦只说"四世同梦"(第2745页),标题之"六世同梦"似有误。
② 朱熹:《四书章句集注·论语集注》,载《朱子全书(修订本)》第6册,朱杰人、严佐之、刘永翔主编,上海:上海古籍出版社;合肥:安徽教育出版社,2010年,第240页。
③ 有关《孟子》末章与道统论之研究,参见刘增光:《〈孟子〉末章与理学道统论》,《鹅湖学志》,第51期(2013年12月);杨海文:《〈孟子〉末章与儒家道统论》,《国学学刊》,2012年第2期。
④ 分别见鲁迅:《中国小说史略》,第173—175;王琼玲:《由〈江阴夏氏宗谱〉看夏氏先祖对夏敬渠与〈野叟曝言〉的影响——夏敬渠与〈野叟曝言〉补论之一》,《明清小说研究》,2003年第3期;王琼玲:《夏敬渠与〈野叟曝言〉考论》,第108—126页。
⑤ 就笔者管见所及,黄进兴教授似乎是最早且唯一论及《野叟曝言》与孔庙祭祀制度的学者,其大作《〈野叟曝言〉与孔庙文化》涉及儒家道统观念,然重点在于论述《野叟曝言》涉及的孔庙文化和由此彰显的学术立场,以及孔庙祭祀制度在传统社会的象征意义,参见黄进兴:《〈野叟曝言〉与孔庙文化》,载《儒教的圣域》,香港:三联书店(香港)有限公司,2015年,第205—225页。

因座位安置导致的德与位、言与功之矛盾。第二部分探究薪传殿及与之相关的问题。梦境中的薪传殿本自现实里的圣师祭与传心殿。圣师祭、传心殿创建之动机、祭祀之对象、入祀人选之名号、位次,以及由此衍生之问题,是讨论薪传殿神位摆设及其意涵的背景。是以,本文首先简介规建圣师祭、传心殿之相关情况,然后剖析朱子所谓"君臣之义"、"师弟之礼"两个原则是否可以化解薪传殿因神主排放引发的道统传承中德与位之矛盾,以及夏氏如何看待道统传承中言与功之紧张。

二、圣母公府与启圣祠[①]

圣母公府荟萃尧母庆都、舜母握登、禹母修己、汤母扶都、文王母太任、武王与周公母太姒、孔子母征在、孟子母仉氏、二程母侯氏、朱子母祝氏,以及明孝宗之母纪太后、文素臣之母水夫人,与历圣公府古往今来之圣帝、明王、先圣、先贤相映成趣,分明是儒家群圣系统之翻版。夏氏如此构思圣母公府,与其说是有心与历圣公府颉颃,不如说是特意与启圣祠映照。换言之,设置启圣祠以尊崇古圣先贤之父的礼制可能正是夏氏创设圣母公府的灵感来源,儒家早已存在一套圣父系统,夏氏仿其意而行之,以建构一套圣母系统。

提议设立启圣祠在嘉靖九年(1530),出发点是尊父权以明人伦。由执意推尊本生而引发"大礼议"的嘉靖皇帝与凭借议大礼而平步青云的大学士张璁联手促成。[②] 然在此之前,孔庙祀典因配享、从祀之分别导致儒者所处之位置不同,由此引发公与私矛盾、传道与人伦冲突的情形,早已引起学者的注意。宋人洪迈即言:颜子、孟子因配享,曾子因进补十哲而坐祀于庙堂之上,颜子之父颜路、曾子之父曾点只能厕身于两庑从祀之列;孟子既配食于堂上,子思及子思之

[①] 清世宗雍正二年(1724),启圣祠更名为崇圣祠。本文为论述之方便概称启圣祠,特定情势下则称崇圣祠。
[②] 《明世宗实录》,卷一百十九"嘉靖九年十一月癸巳",台北:"中研院"历史语言研究所,1962年,第2822—2826页。张璁之具体建议,详见张璁:《议孔子祀典第一》,载《张璁集》,张宪文校注,上海:上海社会科学院出版社,2003年,第181—192页。黄进兴教授谓是举暗寓"大礼议"。参见黄进兴:《道统与治统之间:从明嘉靖九年(1530)孔庙改制论皇权与祭祀礼仪》,载《优入圣域:权力、信仰与正当性》(修订版),北京:中华书局,2010年,第119页;黄进兴:《学术与信仰:论孔庙从祀制与儒家道统意识》,载《优入圣域:权力、信仰与正当性》,第230页。

师曾子反皆位于其下。子先于父,弟子尊于师,于礼于义,均属不当。① 自洪迈指摘之后,后世学者相继发难,皆以为是举有悖彝伦。如元人姚燧②、明人宋濂③等。

这一问题应该如何解决,学者意见不一。明人王祎以为,应撤罢曾子、子思之配享,改置于曾晳、孔鲤之下。④ 祝允明以为,不仅曾子、子思应列于曾点、孔鲤之下,颜子亦当位于颜无繇之下,孟子则宜置诸冉、闵之间。质言之,四配全部降居从祀之列,孔庙只有从祀而无配享。⑤ 宋元之际的熊禾以为,宜别设一室崇祀孔子之父叔梁纥,以颜子之父颜路、曾子之父曾晳、子思之父孔鲤、孟子之父孟孙氏侑食。⑥ 此外,明人解缙、裴侃、李伸、杨玺、许鉴、程敏政、赵兰、吴世忠、李士实、谢铎、薛侃均提议别立庙堂祀孔子之父叔梁纥,以颜子之父颜路等配享。其中,程敏政之说尤为重要。程氏亦以"子虽齐圣,不先父食"为理据,建议天下庙学皆立启圣之祠,以颜无繇、曾点、孔鲤、孟孙氏配享。程氏进而表示,程、朱接续千载之绝学,承继孟子之道统,厥功至伟,宜推尊程、朱之父使从祀启圣王,以明道学之传其来有自。⑦ 程氏论祀典因其子而及其父,开创了父凭子

---

① 洪迈:《孔庙位次》,载《容斋随笔·容斋四笔》,孔凡礼点校,北京:中华书局,2005年,第630页。何威萱以为,洪迈虽指出孔庙父子、师徒座次颠倒的问题,却未提供解决方案,最早提出解决办法的是邢凯。邢凯主张于孔庙中"别立一堂,祀颜路、曾晳、子思,庶存名分"。但邢凯之说乃为同时解决父子、师徒两大问题,并非专为父子问题而发,是以"启圣祠"概念的原型应归诸熊禾、裴侃、程敏政等人。何威萱:《明中叶孔庙祀典嬗变的理论基础:程敏政的〈奏考正祀典〉及与张璁孔庙改制观的异同》,《清华学报》,第47卷第1期(2017年3月)。
② 姚燧:《汴梁庙学记》,载《姚燧集》,查洪德编校,北京:人民文学出版社,2011年,第84—85页。
③ 宋濂:《孔子庙堂议》,载《宋濂全集》,黄灵庚编辑校点,北京:人民文学出版社,2014年,第1865页。
④ 王祎:《孔子庙庭从祀议》,载《王祎集》,颜庆余整理,杭州:浙江古籍出版社,2016年,第436—437页。按:明清典籍多将王祎误作王袆,对王祎生卒年的记载亦多错误,何冠彪、朱鸿林教授对此有所辨正。本文采纳两位学者的意见,凡相关之处,一律写作"王祎"。参见何冠彪:《王祎二题》,载《明清人物与著述》,香港:香港教育图书公司,1996年,第1—13页;朱鸿林:《明太祖的孔子崇拜》,载《中国近世儒学实质的思辨与习学》,北京:北京大学出版社,2005年,第118页附注第180。
⑤ 祝允明:《孔子庙堂续议》,载《怀星堂集》,孙宝点校,杭州:西泠印社出版社,2012年,第269—270页。
⑥ 熊禾:《祀典议》,载《熊勿轩先生文集》,北京:中华书局,1985年,第52—53页。有关熊禾之传记、学术思想及其孔庙从祀议案的研究,参见朱鸿林:《元儒熊禾的传记问题》,载《孔庙从祀与乡约》,北京:生活·读书·新知三联书店,2015年,第24—43页;朱鸿林:《元儒熊禾的学术思想问题及其从祀孔庙议案》,载《孔庙从祀与乡约》,第44—83页。
⑦ 程敏政:《奏考正祀典》,载《篁墩文集》,《景印文渊阁四库全书》第1252册,台北:台湾商务印书(转下页)

贵之范式,无疑先得明世宗、张璁君臣心之所同然。职是之故,嘉靖九年(1530)孔庙改制,张璁在广征博引洪迈、姚燧、谢铎等人议论之余,对于程氏之意见几乎悉数采纳。① 程氏之话语,已然成为后世学者立论之依据。万历二十三年(1595),宋儒周敦颐之父周辅成从祀启圣祠。② 万历二十六年(1598),国子监学录张养蒙言:"辅成既得比例于珦、松,则张载之父亦应比例于辅成。"③由此可知,自二程之父程珦、朱子之父朱松配享启圣王之后,学者即援以为例而请祀周敦颐之父;自周子之父入祀之后,学人又以此为例而请祀张载之父。儒家圣父谱系逐步创建。程氏父凭子贵的模式无疑启发了夏敬渠,后者效仿之而建立了母以子显的范式。

然别立启圣祠祀叔梁纥,以颜子、曾子、子思、孟子之父配享,这种处理方式是否合理,学人莫衷一是。熊禾、王祎、郑纪均心知学校之公与家庭之私、传道之功与父子之义存在矛盾,但一致认为明人伦应先于言道统。④ 元人许约则以为私亲应让位于公道,尊道统以崇正学即所以明人伦。⑤ 清人王棠亦持是议,以为古时之所以有祀先圣先师之礼,为其人有道有德足以教人,原不必议及其人之父与师也。孔庙之所以设从祀之礼,为其人道德虽不如孔圣纯粹,然其人亦可传也。是故,能与于从祀之行列,即得入道德之门庭,为人父师者,必不以

(接上页)馆,1985 年,第 173—174 页。有关程敏政学术思想及其与孔庙祀典关系的研究,参见何威萱:《程敏政(1445—1499)及其学术思想:明代阳明学兴起前夕的学术风气研究》,香港:香港理工大学中国文化学系博士论文,2013 年;何威萱:《从"传经"到"明道"——程敏政与明代前期孔庙从祀标准的转变》,《台大历史学报》,第 56 期(2015 年 12 月);何威萱:《明中叶孔庙祀典嬗变的理论基础:程敏政的〈奏考正祀典〉及与张璁孔庙改制观的异同》,第 45—84 页。

① 嵇璜等谓:"颜、曾父不宜列庑下,其说已见宋洪迈《容斋随笔》中,详具马端临《考》。至明则宋濂而后,解缙倡阙里别建启圣祠,以四子父配享之议,而裴侃、谢铎等而言之。至今各处庙学皆立祠祀启圣,进程、朱父以从祀,则自敏政始。至嘉靖九年更正祀典,全用其议,故疏语备录焉。"嵇璜、曹仁虎等奉敕撰:《钦定续文献通考》卷四十八,《景印文渊阁四库全书》第 627 册,台北:台湾商务印书馆,1984 年,第 368 页。按:解缙、谢铎其实只议以颜子、曾子、子思之父配享启圣王。分别见解缙:《大庖西封事》,载《文毅集》,《景印文渊阁四库全书》第 1236 册,台北:台湾商务印书馆,1985 年,第 600 页;谢铎:《维持风教疏》,载《谢铎集》,林家骊点校,杭州:浙江古籍出版社,2012 年,第 616 页。
② 张廷玉等撰:《明史》卷五十,北京:中华书局,1974 年,第 1301 页。
③ 王圻:《续文献通考》卷五十七,北京:现代出版社,1986 年,第 863 页。
④ 分别见熊禾:《祀典议》,第 52—53 页;王祎:《孔子庙庭从祀议》,第 436—437 页;郑纪:《修明祀典疏》,载《东园文集》,《景印文渊阁四库全书》第 1249 册,台北:台湾商务印书馆,1985 年,第 750 页。
⑤ 许约:《建言五事》,载苏天爵编:《元文类》卷十五,上海:商务印书馆,1936 年,第 196 页。

座次为嫌疑，反为其子弟有道德而欣喜。况且，孔庙从祀乃朝廷之祭典，原非为一家而设，不得以父子之私情而废天下之公议、乱道德之源流。必欲升颜路、曾点、孔鲤之位次，则与有道有德而能教人之说相悖；必欲迁颜路、曾晳、孔鲤于启圣祠，则颜路、曾晳反不得从祀之荣，孔鲤反与圣父、圣子相隔绝。孟子之父，本非孔子门徒，妄推恩典，多此一举。洪迈、熊禾、姚燧等人之说，皆有失公允。一言以蔽之，王棠认为不得以家庭之私妨朝廷之公。①

综上所述，诸人立论之出发点与侧重点不同，所得之结论自然迥异。家庭之私与学校之公孰先孰后，传道之功与人伦之义孰轻孰重，殊难断定。质言之，孔庙祀典座位如何安放，触及道统与伦理之间内在冲突如何合理调解的根本问题。这一问题，也是夏敬渠无法回避而必须回应的。

另外，与孔庙一样，启圣祠入祀之人选是否合宜，亦存在争议。嘉靖十年（1531），启圣祠业已形成一套完整的祭祀体系，即以启圣公叔梁纥南面居中，以先贤颜无繇、曾点、孔鲤、孟孙氏东西相向配享，以先儒程珦、朱松、蔡元定从祀。万历二十三年（1595），以先儒周辅成增入从祀。雍正元年（1723），追封孔子先世五代王爵，将启圣祠更名为崇圣祠。②雍正二年（1724），以先儒张迪增入从祀③。然置蔡沈之父蔡元定于启圣祠，明人张养蒙认为不妥："蔡元定精诣卓识，早闻性道，与颜、曾之父不同。今从启圣，若以沈之故崇报其父，非所以彰元定之贤也。合将元定改祀文庙东庑。"④据清儒阎若璩之言，则石华峙亦持是议，以为蔡元定自有明道之功，与颜路、曾晳、程珦、朱松等借重其子者不同，宜改置于孔庙两庑从祀之列。⑤

王棠不满孟子之父配享，阎若璩则对周子之父从祀不以为然：

> 程珦、朱松从祀，程篁墩称其子之学开于父，一首识周濂溪于属吏之中，荐以自代，而使二子从游。一临没时，以朱子托其友胡籍溪，而

---

① 王棠：《孔圣祀典》，载《燕在阁知新录》，《四库全书存目丛书》子部第100册，济南：齐鲁书社，1995年，第240—241页。
② 清乾隆十二年敕撰：《钦定皇朝文献通考》卷七十四，《景印文渊阁四库全书》第633册，台北：台湾商务印书馆，1984年，第766—767页。
③ 《钦定皇朝文献通考》卷七十四，第770—772页。
④ 王圻：《续文献通考》卷五十七，第863页。
⑤ 阎若璩：《尚书古文疏证》，黄怀信、吕翊欣校点，上海：上海古籍出版社，2010年，第667页。

得程氏之学。且珦以不附新法退矣,松以不附和议奉祠矣。历官行己,咸有称述。若周辅成者,特以万历二十三年湖广抚按援珦、松之例以进。案潘兴嗣亲为茂叔友,又据其子所次行状撰墓文,并未及辅成行实一字,但云任贺州桂岭县令,赠谏议大夫而已。其云多善政者,疑后人傅会,非实。窃谓纵实,濂溪不由师传,默契道妙,学于其父何与哉?而援珦、松例邪?罢之为宜。①

阎氏根据朱子赞濂溪之语——"不繇师传,默契道体"②,以为周子之学与其父并无关系,与二程、朱子之学开于其父不同,因此主张罢黜周辅成之从祀。吊诡的是,阎氏对孟子之父却相当优容:"孟子之父孟孙氏,'孙'字宜去,方与庙庭亚圣之氏同。生平行实无考,以孟子之故迁配启圣祠,人无异议。"③既然孟子之父生平、行实俱付阙如,孟子之学与其父似乎亦无关联,何以对于孟孙氏之配享却无异议?归根结底,孟子传道之功更著于周子,父凭子贵,孟孙氏理应更尊于周辅成,阎氏之措辞背后显然隐含着这样的考量。

综上所述,启圣祠设立之初,即担负尊父权、明人伦的礼教功能。嗣后,作为与孔庙"主从祀"制度相应而生的"副从祀"系统④,启圣祠亦肩承崇德报功的学术使命。孔庙表彰接续圣学、传承道统的儒者,启圣祠即褒扬传道诸儒之父。且众先贤、先儒之父在启圣祠所占之位置,全然视乎其子在孔庙所处之地位。质言之,启圣祠之人选、位次问题,完全是孔庙人选、位次问题之连锁反应。自始至终,启圣祠皆依傍孔庙而生。

《曝言》中圣母公府之性质,实与启圣祠毫无二致,虽则一在尊圣父,一在崇圣母,然圣母之所以有此礼遇,追根溯源,亦依凭其子而致之。圣贤之父入祀之理由在于开其子道学之先,圣贤之母入选之原因亦与此类似。圣母公府大殿之横匾"胎教堂"三字,即已道破个中情实,设立圣母公府之初衷在于表彰圣母启

---

① 阎若璩:《尚书古文疏证》,第667页。
② 朱熹:《江州重建濂溪先生书堂记》,《晦庵先生朱文公文集》卷七十八,《朱子全书(修订本)》第24册,第3740页。
③ 阎若璩:《尚书古文疏证》,第669页。
④ 黄进兴教授早已指出孔庙与启圣祠的这一对应关系,参见黄进兴:《学术与信仰:论孔庙从祀制与儒家道统意识》,第230页。

蒙其子之功。

众位圣母济济一堂,和乐且湛,"所言皆帝王升降之原,所论皆性命危微之旨"(第一五四回,第2737页),言语之间,无非天道流行。当其时,陆九渊之母不忿其子被撤主黜祀,前来声冤,圣母们即借此机会一一表白各自胎教之内容:由尧、舜以至于程、朱,相传之心法概而言之即一"敬"字;由尧母以迄朱母,胎教之内容一以贯之亦惟一"敬"字。至文素臣之母,则引据孔子、曾子、子思、孟子之言,特地拈出一"学"字,以重提朱、陆异同这一学术公案,点明陆子静重悟不重学,等同禅说,非圣人之徒。尧母等因言:"某等胎教,必先主敬;子年髫龀,即教以学。今汝子肆而不敬,言悟而不言学,皆汝失教之过也!素父黜汝子之祀,毁汝子之书,所以遏邪说,卫圣道也,其功几与辟佛、老等。尚敢溺爱文过,妄有陈说耶?向太君前叩首服辜,姑免汝罪!"(第一五四回,第2737—2741页)陆子静之过错,归根结底,在于陆母之失教。然考诸史实,陆子静三岁时,其母饶氏即已谢世①,失教之责,不啻莫须有之罪名。夏氏之所以如此安排,与其说是无心之失,毋宁说是有意造作,以此反衬圣母胎教之功,理应入主圣母公府。而陆子静既得罪圣门,其母自然与圣母公府无缘。质言之,圣母公府与启圣祠一样,入祀之人选亦视孔庙而定。

圣母筵宴之际,也存在位置如何摆放的难题。据尧母之言,胎教堂设席一向序德先于序齿,然考虑纪太后、水夫人笃生圣君、贤相,一线孤悬、几近灭熄之圣道赖以复昌,是以,此次宴会破例序功而不序德。即"母以子显,德以功高"(第一五四回,第2735页),视其子功劳之大小而定其母位次之先后。如此一来,圣母公府又与启圣祠相同,座次之排放亦视孔庙而定。然启圣祠因配享、从祀之对象皆为儒者之父,尚不存在德、位冲突之问题,而圣母公府汇聚帝王之母、儒者之母于一堂,德、位冲突之问题显而易见。

大体而言,圣母系统可以分为既有德又有位之后妃与虽有德但无位之夫人两大阵营。前者以尧母为代表,包括舜母、禹母、汤母、文王母、武王与周公母、明孝宗之母纪太后;后者以至圣母为代表,包括孟母、程母、朱母、文素臣之母水夫人。至圣母的位置显然十分关键。先看至圣母与周家二后的座位顺序。尧母、舜母言:"至圣删述六经,垂宪万世,使历圣之道,如日中天,其功远过某等之

---

① 陆九渊:《陆九渊集》,钟哲点校,北京:中华书局,1980年,第481页。

子,序德序功,本该圣母首坐。因其执君臣之义,不肯僭本朝后妃,故列周家二后之下。"(第一五四回,第2736页)可知至圣母位在周家二后之下。这里其实牵涉到朱子论"斯道之统"的一个原则——"以同时言之,则斯道之统,臣当以君为主"①。即以同时而言,应遵守君臣之义,臣不能僭越其君。是以,即使至圣母笃生生民以来未有之圣人,也只能位居周家二后之下。再看至圣母与纪太后的座位顺序。尧母、舜母依孟母之言,欲列纪太后于至圣母之下,孟母等之上。然至圣母以纪太后虽不同时,终属后妃,不肯坐于纪太后之上。孟母言:"太祖谒圣庙、圣林,俱行弟子之礼;纪后于圣母,亦如弟子之于师,固无碍也!"(第一五四回,第2736页)以明太祖对孔子行弟子之礼为例,劝纪太后对至圣母执弟子之礼。这里又牵涉到朱子论"斯道之传"的一个原则——"以异世言之,则斯道之传,后圣当以前圣为师"②,即以异世而言,当秉持师弟之礼,弟子不可僭越其师。这样,即使纪太后贵为天子之母,还是应该位列至圣母之下。总之,时世相同则执君臣之义,时世不同则持师弟之礼。夏氏试图据此解决德、位冲突的问题。但是,君臣之义、师弟之礼其实无法化解德、位之矛盾。若严格遵循君臣之义,则纪太后当居至圣母之上;若完全遵照师弟之礼,则纪太后当处朱子母之下。事实上,纪后最终列坐何处,夏氏语焉不详。之所以如此,与其说是无心之失,不如说是故意回避。毕竟无论置纪后于何处,始终与君臣之义、师弟之礼两大原则相悖。质言之,德、位之冲突实际上始终无法调解。

如果说帝王之母与儒者之母的座次问题象征德与位之冲突,那么儒者之母内部的座次问题则象征言与功之紧张。尧母、舜母拟列水夫人于朱母之下,程母、朱母言:"妾等之子,虽稍有传注之劳,而辟异端,卫圣道,不过口舌之虚,较素父之实见诸行事者,迥不侔矣,如何敢占太君,望圣后收回成命!"(第一五四回,第2736页)程、朱之母皆以文素臣能将辟异端、卫圣道见诸行事,与程子、朱子徒有传注之劳,不过口舌之虚者天壤悬隔,因此不敢占水夫人之先。换言之,程子、朱子托之空言,有体而无用;文素臣则见诸行事,既有体复有用,迥然不同,水夫人理应越居上位。准此,若特别强调事功,前圣、后圣势必不能相安,即使双方同属儒者阵营。然依文素臣之言:"自幼诵习程、朱传注,与师事一般,无

---

① 朱熹:《四书或问·孟子或问》,《朱子全书(修订本)》第6册,第1015页。
② 朱熹:《四书或问·孟子或问》,《朱子全书(修订本)》第6册,第1015页。

弟子可儹先生之礼。"(第一五四回,第2737页)水夫人即持师弟之礼而居程母、朱母之下。以此观之,似乎言与功之矛盾,可凭师弟之礼而化解。然而事实并非如此,透过薪传殿文素臣神位之原本安排,及天子对文素臣之赏赐、封赠,即可发现言与功之紧张并未消除。有关论述,详见下文。

三、薪传殿与圣师祭、传心殿

夏氏道统观念另一引人瞩目之处即为道统谱系之确立。《曝言》末回如是描述:

> 敬亭领至一殿,见中悬匾额,是"薪传殿"三个大金字。内设伏羲、神农、黄帝、唐尧、虞舜、夏禹、商汤、周文王、武王、周公、孔子十一座神位,临末一位,红纱笼罩,隐隐见牌位上金书"明孝宗"三字。旁立皋陶、伊尹、莱朱、太公望、散宜生、颜子、曾子、子思子、孟子、周子、两程子、朱子十四座神位,临末一位,也是红纱笼罩,隐隐见牌位上金书"文子"字样。素臣方知何如、敬亭之意。①

文素臣梦至大人文国之薪传殿,见殿中供奉伏羲、神农、黄帝、唐尧、虞舜、夏禹、商汤、周文王、武王、周公、孔子、明孝宗十二座神主。旁列皋陶、伊尹、莱朱、太公望、散宜生、颜子、曾子、子思子、孟子、周子、两程子、张子、朱子、文子十五座神主。质言之,居中由伏羲以至于明孝宗以及旁立自皋陶以迄文子二十七位圣君、贤相、圣贤,即为夏氏理想的儒家道统传承谱系。

与梦境中的薪传殿相映成趣的是现实里的传心殿。清圣祖康熙二十四年(1685),"规建传心殿,位文华殿东。正中祀皇师伏羲、神农、轩辕,帝师尧、舜,王师禹、汤、文、武,南向。东周公,西孔子"②。明世宗嘉靖九年(1530),有所谓圣师之祀。"圣师之祭,始于世宗。奉皇师伏羲氏、神农氏、轩辕氏,帝师陶唐氏、有虞氏,王师夏禹王、商汤王、周文王、武王,九圣南向。左先圣周公,右先师

---

① 第一五四回,第2742—2743页。按:据上下文可以推知,两程子与朱子之间遗漏了张子——张载。
② 赵尔巽等撰:《清史稿》卷八十四,北京:中华书局,1977年,第2532页。

孔子，东西向。"①不仅祭祀人选毫无二致，祭祀地点亦同在文华殿东。无论清圣祖之传心殿，抑或明世宗之圣师祭，皆与经筵制度有关，专为天子之学而设。天子太学之祀，本自宋元之际的儒者熊禾。熊禾以为，伏羲、箕子等乃天子及公卿师式、取法之对象，天子之学宜尊祀之。"若孔子实兼祖述宪章之任，集众圣大成，其为天下万世通祀，则首天子，下达夫乡学。"以为孔子乃集大成者，自天子太学以至于郡邑乡校，理应皆以孔子为祭祀对象。②嗣后，明人宋濂复以此为据讽劝明太祖通祀孔子于天下。③明世宗则反其道而行之④，不仅删汰配享先王的贤臣后稷等，将传道之事视为帝王之特权与专利；且以周公为先圣居左，以孔子为先师居右，尊周公而抑孔子、以位抑德、以治统抑道统之心昭然若揭。⑤清圣祖则以孔子居左，以周公居右，特意倒置二人之位次，似乎有意缓和位与德、治统与道统之间的矛盾。⑥然清圣祖之用心与明世宗其实并无不同。据《清史稿》记载，清世祖顺治十四年(1657)，沿袭前明旧制举经筵，祭先师孔子于弘德殿，清圣祖康熙十年(1671)续举。⑦质言之，传心殿设立之前，经筵释奠礼的祭祀对象唯有孔子，孔子乃独一无二之万世帝王师。传心殿设立之后，伏羲、唐尧、夏禹等奄有天下者居中南向，坐享皇师、帝师、王师之名；孔子则降居旁立配享之列，身份、地位大不如从前。准此，清圣祖与明世宗一样，亦有扬治统抑道统之居心。

如前所述，圣母公府圣母之座次如何摆放，表面上是具体的礼节问题，实际上是抽象的礼义问题——道统传承中德与位、功与言孰重孰轻。薪传殿历圣之神位如何排列，也存在同样的价值评判问题。圣母公府筵宴之际，位次只有先

---

① 张廷玉等撰：《明史》卷五十，第1295页。
② 熊禾：《祀典议》，第54—55页。
③ 宋濂：《孔子庙堂议》，第1866页。
④ 《明史》则谓"世宗仿其意行之"，参见张廷玉等撰：《明史》卷五十，第1295页。
⑤ 高明士教授以为，明世宗主观上本欲借政治势力压制孔子，客观上却促使以孔子为代表的道统得到厘清而变得更加纯正，道统、治统至此截然有别，参见高明士：《隋唐庙学制度的成立与道统的关系》，《台大历史学报》，第9期(1982年)。
⑥ 黄进兴教授以为，清圣祖之传心殿，本自明世宗之圣师祭，但二者之意义迥然不同。具体论述，详见黄进兴：《清初政权意识形态之探究：政治化的道统观》，载《优入圣域：权力、信仰与正当性》，第75—105页；黄进兴：《道统与治统之间：从明嘉靖九年(1530)孔庙改制论皇权与祭祀礼仪》，载《优入圣域：权力、信仰与正当性》，第107—137页。
⑦ 赵尔巽等撰：《清史稿》卷八十四，第2532页。

后之分,并无主从之别;薪传殿则与此不同,神位有居中南向之主祭与旁列东西向之配享的区别。界限更加分明,等级更为森严,德与位、言与功之矛盾愈加尖锐,君臣之义、师弟之礼两大原则其实根本无法严格执行。

文素臣看罢薪传殿所设神主,暗自思忖:"我系何人,敢列坐先圣贤之末?孝宗莫非今天子万岁后庙号?亦岂能紧接至圣,南面而坐,俾皋、伊、颜、孟、周、程、张、朱俱列坐于旁耶?"(第一五四回,第2742页)似乎对薪传殿神主的排放次序表示质疑。尤其明孝宗直接孔子南面而坐,皋陶、伊尹、颜子、孟子、周子、二程子、张子、朱子却仅陪坐于旁。但是,如果明孝宗不该紧接孔子,究竟应当位于何处?倘若以师弟之礼而论,则明孝宗当处朱子之下。如此一来,明孝宗竟然要以皋陶等臣子、颜回等儒生为师法对象,显然与圣师祭、传心殿之礼制不合。假如以君臣之义而论,则明孝宗应居孔子之上。这样一来,孔子居然须向后世君王明孝宗俯首称臣,势必导致儒家道统理论之破产。总之,德与位之矛盾始终存在且难以化解,如果严格遵行君臣之义、师弟之礼两个原则,道统理论可能陷入矛盾、悖反之困境,进而危及、反噬道统理论自身。

明孝宗位列何处牵涉到德高于位还是位尊于德,文素臣位列何处则涉及言重于功还是功高于言。文素臣对薪传殿神主之位次表示不解的时候,景敬亭不仅说明了排位的理由,且透露了原本的顺序。"总缘除灭佛、老之功大了。前日设位时,董江都、韩昌黎两贤云,并欲置吾兄于周、程、张、朱之上哩!"(第一五四回,第2742—2743页)质言之,之所以这样排序,是因为明孝宗、文素臣除灭佛、老之大功。正因为文素臣除灭佛、老之功大,汉儒董仲舒、唐儒韩愈本拟置其于宋儒周敦颐、程颢、程颐、张载、朱熹之上。准此,事功成为判定位次先后、衡量儒者贤否的依据。按:崇祯十五年(1642),明愍帝以周敦颐、程颢、程颐、张载、朱熹、邵雍大有功于圣门,于是改周、程、张、朱、邵六子为先贤,设位于孔门七十子之下,汉唐诸儒之上。① 康熙五十一年(1712),清圣祖以朱熹有裨斯文之功最为宏钜,于是升朱子于大成殿配享,位列先贤卜子之次。② 宋儒六子尤其是朱子明道之功为帝国最高统治者认可,并以朝廷典章制度的形式予以确定,无疑为夏氏提供了经典依据。现实生活中,朱子既然可以凭借明道之功跃居汉唐诸

---

① 《崇祯实录》卷十五"崇祯十五年夏四月戊子",台北:"中研院"历史语言研究所,1962年,第428页。
② 《清圣祖实录》卷二百四十九"康熙五十一年壬辰二月丁巳",北京:中华书局,1985年,第466—467页。

儒之上；小说世界里，文白自然能够依靠行道之功凌驾宋儒五子之上。果真如此，则弟子可以僭越其师，显然与师弟之礼相悖。

历圣公府设宴，文素臣执师弟之礼而位列程、朱之下；薪传殿神主排序，文素臣亦位居程、朱之下。但这只是表面文章，夏氏之衷心底蕴，是以为文素臣之事功超越程、朱，即使颜、孟亦难以望其项背。透过天子之赏赐与封赠，即可明了夏氏之心事。先是，天子御题匾额、御制对联赐予文素臣，匾言"天下第二世家"，联曰"盛朝辅弼，功逾稷契伊周；圣道干城，业过关闽濂洛"（第一四三回，第2547页）。分明是说文素臣镇国之功，超过稷、契、伊、周等贤辅；卫道之绩，胜过周、程、张、朱等贤儒。厥功至伟，直追孔子，孔府既为天下第一世家，文府即为天下第二世家。接着，天子"赠文氏自迁居吴江始祖至六世祖为启贤侯，高、曾、祖、弥四代为启贤公，其原封卫圣、镇国公如故。水氏三代祖父为寿恩伯。荫文虎嫡孙世袭吴江县知县，如曲阜故事。初孙以后，二十四男之外，世袭五经博士四员"（第一四七回，第2623页）。一言以蔽之，文素臣所获之尊崇比孔子有过之而无不及。按：至清世宗雍正元年（1723），始有追封孔子先世五代王爵之典。① 文素臣先祖虽只封公爵、侯爵，不及孔子先祖之王爵显赫，然文氏不仅先世六代同封，且外祖三代亦并封伯爵，恩典之隆，孔子也望尘莫及。另外，至圣母对水夫人说："吾子所著之书，惟汝子能明之，亦惟汝子能行之。吾子汝子，如辅车之相依也，水火之相济也，盐梅之相和也。吾子孙世衍圣绪，汝子孙世卫圣道，两家复世结朱陈，师友姻缘，门第家风，臭味同而毛里属。异日相逢，当欢若平生，勿更拘拘为也！"（第一五四回，第2738页）此不啻说，文白乃孔子之惟一合法继承人。颜、曾、思、孟尚不能与之相提并论，周、程、张、朱更不足道也！

夏氏于薪传殿以孔子神主位于有德有位之圣帝明王之下，且加入皋陶、伊尹、莱朱、太公望、散宜生等贤辅及颜子、曾子、子思子、孟子、周子、两程子、张子、朱子等贤儒，又补入明孝宗与文素臣，这样的人选设定及位次设置与圣师祭、传心殿不同，与朱子建构之道统传承谱系亦有区别。② 夏氏之传道谱系呈

---

① 《清世宗实录》卷八"雍正元年癸卯六月己未"，北京：中华书局，1985年，第155页。
② 有关朱子构建道统之内涵及其意义的研究，参见陈荣捷：《道统与后继》，载《朱熹》，台北：东大图书股份有限公司，1990年，第247—260页；陈荣捷：《朱子与道统》，载《新儒学论集》，台北："中研院"中国文哲研究所备处，1995年，第101—138页；陈荣捷：《新道统》，载《朱子新探索》，上海：华东师范大学出版社，2007年，第287—291页；张亨：《朱子的志业——建立道统意义之探讨》，载《思文之际论集：儒（转下页）

现鲜明的治道合一之特征。夏氏如此设想道统谱系,大约与明末清初儒者关于理学道统论的话语有关。如管志道、费密以为孔子任文统不任道统,传道脉非传道统,不满宋明理学家将道统归诸匹夫,必欲将道统归诸君相。① 官方朱子学者如李光地、张伯行虽然未必认同道统乃帝王之专利的说法,却都以君师合一、治道合一这样的说辞将道统归诸康熙皇帝,甚至陆王学者如李绂亦以为康熙皇帝合治统、道统于一身。② 本来宋明儒者大多认可、接受孔子以降道、治出于二,道统之传在师儒的理学道统论,夏氏将分而为二的治、道又合二为一,可能即是出于兼顾上述两种论调的考量,尤其是夏氏家族本与李光地有学术渊源。③ 诚如黄进兴教授所说,当儒者以君师合一、治道合一的言论称颂统治者,且统治者俨然以作之君又作之师,既承继治统又接续道统的身份自居时,道统观念已然意识形态化,丧失了对于现实政治的批判性。④ 模糊治统、道统之界限或拉近政治理想与现实政权之距离,可能违背朱子建立道统之初衷,消解理学道统观之超越性,夏氏对此似乎缺乏应有之警惕与自觉。

另外,夏氏论道统特重事功,虽与孔庙从祀之原则——崇德报功若合符节,然夏氏所谓"德以功高"之"功"与崇德报功之"功"显然有别。本来评判崇德报功之"功"的内涵亦即孔庙从祀之标准随着朝代之更迭、学风之嬗变而或有不同⑤,但训释经籍之功一直是儒者从祀孔庙之核心标准,直至清文宗咸丰十年(1860)酌定孔庙从祀章程,仍然强调必须以"著书立说,羽翼经传,真能实践躬

(接上页)道思想的现代诠释》,北京:新星出版社,2006年,第218—267页;刘述先:《道统之建立与朱子在中国思想史上地位之衡定》,载《朱子哲学思想的发展与完成》,长春:吉林出版集团有限责任公司,2014年,第377—460页。

① 分别见管志道:《为孔子阐幽十事》,载《从先维俗议》,《四库全书存目丛书》子部第88册,济南:齐鲁书社,1995年,第380页;费密:《统典论》,载《弘道书》,《续修四库全书》第946册,上海:上海古籍出版社,2002年,第4—5页。
② 分别见李光地:《进读书笔录及论说序记杂文序》,载《榕村全书·榕村全集》卷十,陈祖武点校,福州:福建人民出版社,2013年,第256—257页;张伯行:《恭进濂洛关闽书表》,载《正谊堂续集》卷一,北京:中华书局,1985年,第173—174页;李绂:《丁酉记注跋》,载《穆堂初稿》卷四十六,《清代诗文集汇编》第232册,上海:上海古籍出版社,2010年,第612页。
③ 王琼玲:《夏氏先人对夏敬渠及〈野叟曝言〉的影响》,载《夏敬渠与〈野叟曝言〉考论》,第116页。
④ 黄进兴:《清初政权意识形态之探究:政治化的道统观》,第75—105页。
⑤ 参见黄进兴:《学术与信仰:论孔庙从祀制与儒家道统意识》,第185—260页;朱鸿林:《儒者从祀孔庙的学术与政治问题》,载《孔庙从祀与乡约》,第1—23页。

行"为根据。夏氏"德以功高"之"功"则专指"实见诸行事"的"除灭佛、老之功"。如前所述,圣母公府中,程、朱之母言二程、朱子"虽稍有传注之劳,而辟异端,卫圣道,不过口舌之虚",与文素臣之"实见诸行事者"相去甚远,因此不敢居水夫人之上。薪传殿里,因文素臣"除灭佛、老之功大",董江都、韩昌黎本欲置其于周、程、张、朱之上。再者,天子御制对联以"业过关闽濂洛"褒奖文素臣。在在显示夏氏之衷心底蕴,是以为传注经籍之功不能与除灭佛老之功同日而语。但是,明愍帝升周、程、张、朱、邵六子孔庙从祀之位,清圣祖升朱子于大成殿配享,理由皆是其人阐明圣学,厥功至伟。尧、舜之母亦认为孔子"删述六经,垂宪万世"之功远超唐尧、虞舜。若以为传注经籍不过是口舌之虚、空言无补,则绝大多数儒者都没有从祀孔庙、传承道统之资格。质言之,若过于推崇除灭佛老这样的事功而轻视传注经籍之功(小说中未言文素臣有训释经籍之作),不仅会出现前圣、后圣不能相安之局面,还会引发弟子僭越老师这样传道与人伦冲突之危机,甚至孔庙从祀制度、儒家道统理论之合理性亦有颠覆之危险,夏氏对此似乎也缺乏应有之警惕与自觉。

四、结语

综上所述,《曝言》末回以四世同梦终结整部小说,与《论语》以"咨命""誓师"、《孟子》以"无有乎尔"终篇相似,亦有微言大义存焉——夏氏意欲借此表达自己对儒家道统观念之理解与思考。水夫人梦中之圣母公府与文素臣梦中之薪传殿分别以现实里的启圣祠及圣师祭、传心殿为蓝本。孔庙因从祀、配享之分别导致儒者所处之地位不同,由此引发公道与私亲、传道与人伦冲突之情形,启圣祠设立之初衷即为化解这一矛盾。作为与孔庙"主从祀"制度相应而生的"副从祀"系统,启圣祠先贤、先儒之父所占之位置,完全倚仗其子在孔庙所处之地位。启圣祠之人选、位次问题,其实是孔庙人选、位次问题之连锁反应。圣母公府之性质与启圣祠一样,圣贤之父入祀启圣祠之理由在于开其子圣学之先,即父凭子贵;圣贤之母入主圣母公府之原因在于启蒙其子之功,即母以子显。圣母公府因汇聚德位兼备的帝王之母与有德无位的儒者之母,德、位冲突之问题显而易见。周家二后、纪太后与至圣母之座位如何安置,象征德与位之矛盾如何化解。水夫人与程子母、朱子母之位置如何摆放,象征言与功之冲突如何调解。夏氏援引朱子论"斯道之统"与"斯道之传"的两个原则,以"君臣之义"、"师弟之礼"为理据,试图解决上述问题。

圣师祭、传心殿源自熊禾天子太学祀典之议,但动机显然不同。熊禾之用心在于推尊孔子,明世宗、清圣祖之用意在于扬治统抑道统。薪传殿明孝宗之神主如何安放,象征德与位之矛盾如何化解。文素臣之神位如何排列,象征言与功之冲突如何调解。"君臣之义"、"师弟之礼"两个原则其实不能完满解决上述问题。夏氏大约是受明末清初学术风气之影响,建构的道统谱系呈现鲜明的治、道合一之特征。夏氏特别推崇"实见诸行事"的行道之功而轻视传注经籍的"立言"之功。对于无限拉近治统、道统之距离及过分强调事功,可能消解理学道统论之超越性,甚至导致道统理论之破产,夏氏缺乏应有之警惕与自觉。质言之,夏氏虽然坚持程朱理学之学术立场,也认可朱子建立的理学道统论,但夏氏绾合治统、道统之举措及偏重事功之行为,可能与朱子建构道统以抗衡治统之理念相悖,甚至可能动摇、颠覆朱子之道统理论。

Theory of Confucian Orthodoxy in *Yesou puyan*

Zhu Yanling

Abstract: The Novel *Yesou puyan* ("Humble Words of an Old Rustic" 野叟曝言) concludes with four dreams, which imply profound implications, especially Lady Shui (水夫人)'s dream about Government office of Shengmu (圣母公府), and Wen Suchen (文素臣)'s dream about Temple of transmission (薪传殿). By Lady Shui and Wen Suchen's dreams, the author Xia Jingqu (夏敬渠) presents the transmission system of the Confucian Orthodoxy, and expresses his understanding of the theory of Confucian orthodoxy. The figures in the Government office of Shengmu and the Temple of transmission, represent Xia's opinion of the essence of Confucianism and its development. The complexity of the arrangement of these figures signify some tensions in the theory of Confucian orthodoxy, such as the conflict between virtue and political position and the conflict between establishing articulation (立言) and establishing merit (立功). In order to solve these problems properly, Xia resorts to two principles from Zhu Xi (朱熹), i. e. ruler has priority over minister, and teacher has priority over student. Because Xia places great emphasis on merit, which is very different from Zhu's position, it is impossible for him to deal with the theoretical problems. Instead, the combination of the Way and the power will negate the priority of the Way, which will cause the self-negation of Zhu's theory of Confucian orthodoxy.

Keywords: Xia Jingqu, *Yesou puyan*, confucian orthodoxy, the lineage of sages and virtuous men

孔子故里的纠纷解决与权利的儒学容纳

伊 涛*

[摘 要] 传统儒学能否容纳自西舶来的权利观念,近年来又引发了争论,本文持肯定论。提出此种结论的例证,是出现在孔子故里的一项借儒调解举措和一件典型案例。调解作为纠纷解决的一种方式,原本就可以助益于儒家无讼观的达致,孔子故里恰恰诉诸送儒下乡,深究其里还可以发现迎儒下乡。送迎互动涵涉儒学渗透论和实践论,凸显着儒学的民间积累型质,蕴含在其间的儒学论说路数,意在借用精英思想的觉悟提升集体无意识。外来权利观念不仅可以被纠纷化解的儒学氛围所容纳,甚至还可以被儒家历来一直关注的历史经验所容纳,但极易成为不道德的遮羞布,通常只会成为当事人的备胎选项,促使传统的克己复礼框架实现古今演变。正是此种框架锁定了外来权利在中国的存身位置。

[关键词] 调解;历史经验;民间;无讼;克己复礼

自清末以来,中西交接,传统儒学能否容纳自西舶来的权利观念,始终存有

---

* 伊涛(1982—),男,山东淄博人,法学博士,山东师范大学法学院讲师,主要研究领域为权利儒学。

争议,近年来又发生了一场争论。① 有的学者认为,既然西方的若干权利理论早已指明任何人天生都具有作为人的基本权利,而不论古今中西,那么先秦儒家的原有论断何尝不能据此获得崭新的诠释。譬如,仁即人,意指把人当人看,就等同于承认任何人天生就是权利主体;义即宜,意指合宜或者正当,就等同于承认任何人都有权利受到公正对待。② 追溯至西方,思想家洛克曾在其《政府论》下篇多次使用权利话语解读《圣经》文意,但《圣经》中又何尝有过可以对译为权利的语词。同样的道理,传统儒家哪怕没有直接阐发权利意旨,但不意味着全然没有权利观念。③ 不难看出,此种论断无非是要倡导借西释中乃至以西溯中,让中西实现深度对接,同时还要依凭中与西的当今相遇借今释古乃至以今溯古,让今对古的延续获得通达展现。有的学者则认为,现代意义上的权利观念毕竟诞生在西方,借用西学阐发传统儒学难免会陷入时代错乱。④ 由此反观肯定论,所要表达的何尝不是中与西在本土的必然相遇,关键问题就在于,那样的相遇是否只能引出先秦儒学与权利的直接对接?需要反思的正是,若要避免陷入错乱,是否只能把儒学封锁在传统社会?有的学者指出,权利观念虽不是本土原产,但本土社会能够容纳它。⑤ 至此又不得不追问,能够容纳外来权利的难道只是本土社会?儒学自身是否能够为外来权利提供存身的位置?本文认为儒学的确能够容纳外来的权利,不妨以一件具体事例和案件作为例证展开探讨,第一部分首先展示儒学的出场曾借力于地方政府的助推。

一、孔子故里的借儒调解

经由古今转型,传统社会与儒学的原有绑定遭遇瓦解,儒学到底能否参与当代社会的制度建设,甚至是否早已彻底隐身于史,历来就是见仁见智的问题。

---

① 各种论断通常只是散见于相关著述中,最近几年,能够做出详实探讨,并且能够展开严谨的理论争鸣的,首推陈乔见先生和黎汉基先生。
② 陈乔见:《公私辨:历史衍化与现代诠释》,北京:生活·读书·新知三联书店,2013年,第198—199页。陈先生的相关探讨,还可参见《差等、度量分界与权利——荀子义概念中的正义观》,《孔子研究》,2018年第4期。
③ 陈乔见:《儒学中的权利重构及其意义》,《华东师范大学学报(哲学社会科学版)》,2019年第6期。
④ 黎汉基:《儒家的权利观念?——疑难与反思》,《天府新论》,2015年第5期。
⑤ 夏勇:《人权概念起源:权利的历史哲学》,北京:中国政法大学出版社,2001年,第194页。

无论其他地方是否依旧存留着人们对孔子和儒家的历史记忆,曲阜恐怕需要另当别论。习近平总书记于2013年11月视察曲阜时强调,国无德不兴,人无德不立,尤其儒家,自古以来就极为关注人的道德品格。如何化解我们在社会发展中遇到的道德失范问题,曲阜作为孔子的故里,可谓资源丰富。① 此番强调不仅包含着对孔子和儒家的历史记忆,更是凸显出了孔子和儒家与曲阜的地缘联系。其间的主旨关切正是,要勇于乃至敢于突破古与今的时空壁垒,让儒学在当代社会发挥出相应的作用。如何借用儒学化解道德失范问题,孔子故里应该首当其冲拿出有效的策略。

以贯彻落实总书记的此番重要讲话精神作为动力,曲阜市委市政府经过认真研究,于2014年4月初发布了相关文件,建议各村居成立名为"和为贵"的调解室,大力弘扬优秀儒家文化,依靠群众力量通过非诉讼渠道化解各类纠纷,并且倡导调解工作要以法为据,以理服人,以情动人。室内配备各种能够助益化解纠纷的标识标语。各村居调委会在村内选聘的调解员,应当具有一定的法律知识。调解纠纷不收任何费用,办公场所和工作经费由设立单位自行解决,确保小事不出村、大事不出镇,社会更加和谐。② 据《论语·学而》记载,孔门弟子有若曾言:"礼之用,和为贵。先王之道斯为美,小大由之。"调解室的冠名正是出自于此。因儒家、传统儒家文化和儒学皆以孔子和孔门弟子作为核心叙事人物,而且都以《论语》中的言论作为主要内容,并不存在实质性区别,就此可以做等同化处理。

显而易见,如何把总书记的讲话精神落实到具体的制度设计中,曲阜市委市政府把各类纠纷的发生视为社会上道德失范现象的一种主要表现或者集中体现,甚至直接把纠纷的发生归因于一方乃至双方当事人在道德上失范,方才想要借用儒学予以化解。缘何要在非诉讼调解上做文章,无疑需要关注调解与诉讼原本就具有极大的差异。诉讼的开展自当需要依法而行,即便法官会在法庭上展开不涉法律的情理言说,开庭和具体审案等诉讼程序的前后铺排仍是需要依法而行。尤其到了最终判决阶段,更是需要依据法律,岂能依据儒学做出判决,因而若要让儒学作用于纠纷化解,就只能诉诸非诉讼调解。

---

① 王大千:《走近孔子,习总书记表达了什么?》,《孔子研究》,2014年第2期。
② 参见《关于村村建立"和为贵"调解室的意见》(曲发[2014]11号)。

出台于2010年的《人民调解法》第21条有言,调解员调解纠纷应当坚持原则,明法析理,主持公道,点明了调解原本并不以言谈儒学作为必要。如果说其他地方的调解同样需要以理服人,以情动人,即情理言说难免会成为调解的题中应有之义,那么曲阜市委市政府打造的纠纷化解模式所具有的特色,就在于倡导调解员要借用儒学言说情理。加之墙上标语的内容若是出自《论语》等文本,那就更是把儒家所言视为情理乃至道德的组成部分,甚至不再考虑当代社会的道德和情理与传统社会的儒家所言是否等同。说到底,无论今如何不同于古,正是当下对历史依旧有所需求,方才滋生出了古为今用的叙事逻辑和应对策略。

更重要的是,作为纠纷解决的一种方式,调解其实未必不能发生在诉讼过程中,而且还可以表现为法庭内调解与法庭外调解。关键问题在于,无论是否需要让当事人置身法庭,通常都要由法官担任调解员,仍是不免大面积涉法。曲阜市委市政府所要助推的无疑是要让调解发生在民间,由双方当事人都认可的第三人或者村干部担任调解员。既然如此,何尝不能在当事人或者调解员的家中,甚至田间地头、街头巷尾进行,设立调解室的意义就在于,搭设出特定的空间,让当事人以身临其境的方式,全身心地投入与儒家面对面的氛围中。无论是否自觉接受墙上标语,都不能无视它的强势存在和高调渲染,在有意无意间即可把儒家所言植入自己的脑海,促使调解牢牢地绑定儒学,以至于不得不具有浓厚的儒学意蕴。室内的空间布置原本就不是随意的,见于《论语》等各种儒学文本,儒家所言纷繁复杂,浩如烟海,能够出现在标语上的毕竟只是其中的一部分。无法契合调解的那些,早已被过滤掉。不难看出,曲阜市委市政府的举措堪称送儒下乡,致力于让传统儒学与当下纠纷发生深度对接。

有必要提请注意的是,曲阜市委市政府还曾强调调解工作要以法为据,并且要求调解员具有法律知识,至此又点明了借儒调解并不是全然不涉及法律,因而高举儒学的意义其实只是想要为儒学的出场开拓空间和提供机会。法律上的制度描述若是以权利作为核心用语,那就是把儒学输送到了与权利共存的空间,致力于让两者相遇,甚至要通过空间布置让权利接受儒学氛围的容纳。鉴于当代中国的法治建设,包括纠纷解决在内,所凭借的资源主要诉诸舶来的权利观念,以此为背景,曲阜市委市政府所打造的借儒调解无疑颇具新意。无论是否具有推广的价值,都不能否认曲阜的做法足可以成为共商共讨的样本。借儒调解到底要如何化解纠纷,仅凭送儒下乡是否足以有效地发挥作用,不妨再借助于具体事例展开探讨。

二、纠纷解决的典型案例

据报道,借儒调解的举措问世不久就取得了极佳的效果,截至 2014 年 11 月中旬,全市各村居调解室调解和预防纠纷共计 420 件,其间还出现了一件在报道看来值得大书特书的典型案例。事情发生在小雪街道武家村,村民孔某家的一棵树的树枝,自然生长,延伸到了邻居家的屋檐上,捅破了瓦。邻居曾几三番告知孔某,怎奈始终无果,就自己动手砍断了树枝。孔某发现后,与邻居发生了争吵。双方来到了调解室,孔某看到了贴在墙上的标语"德不孤,必有邻",就想起了去年自己的老母亲在街上突发脑血栓,全靠邻居及时帮忙送到医院,方才挽回了生命,反思了一番自己的举动,备感羞愧,主动向邻居赔礼道歉,化解了纠纷。[①] 标语内容出自《论语·里仁》。显而易见,正是标语和一段帮救往事,在孔某案中起到了化解纠纷的作用。尽管标语并不是可以要求当事人做出某种行为的教义或者律令,更不是法律,但它的确成为了孔某考量自身行为的标准和参照。

具体说来,往事作为一种发生在过往的客观事实,无论何时何地都不会再发生改变,但在纠纷发生的过程中遭到了忽视乃至遗忘。当孔某面对标语时,便触动了记忆的神经,把它提取到了眼前,让它与纠纷发生了如同冰火的碰撞,终因标语对它具有明确的指涉性而发生了直指当下的结合。标语无疑成为了往事再现的引擎、媒介和记忆的支撑,而且堪比路标,引导着孔某做出了再次或者重新解读。在解读中,甚至可以将之视为对邻居的帮救行为做出的理论化表达,同时构成了反思自身及道德羞愧感的评判依据,彰显着当事人已经把儒家所言中的德字彻底视为可以用来考量当今之事的道德。

正如学者所言,作为一种常见的经验现象,人们有时会被平常遇到的某些事所打动。道德感动所强调的正是,要不断地身临其境和将心比心,在设身处

---

① 薛艳雯等:《山东省曲阜市:"和为贵"调解室调解纠纷 400 余起》,《人民代表报》,2014 年 11 月 18 日。

地的情境中,激发出道德自我。① 既然孔某感念邻居,势必就会将之视为有德之人,珠玉在侧,自己非但不曾主动砍树枝,反而还要不依不饶纠缠于区区树枝被砍,难免会被视为缺乏德性或者德行的具体表现,纠纷的产生终究是因为自己没有像邻居那样注重品行。自惭形秽的发生其实就是将自己与邻居做了比较,并且把邻居视为榜样式人物,受到了感召,以至于想要仿效,以便于同样成为有德之人。

何谓仿效,包含着模仿或者效法的意味,即模仿他人过去已经做出的成功范本。在起点上,指向行为的可复制性。其间的潜台词正是,他人能够做出的,我何尝不能做出,同样的行为可以出现在许多人的身上。在过程中,指向规范的可挪移性,即他人何以能够做出某种行为,必是因为受到了道德等规范的支撑,在我复制他人行为的时候,其实就是把支撑着他人行为的规范挪移到我的身上,而且可被挪移的规范能够在不同的人的身上产生等量齐观的效力,方才引致出了和支撑起了同样的行为。在终点上,指向人际交往秩序形态的重新整合,即我与对方以前如何交往不等同于眼下如何交往,经由行为复制和规范挪移,我的言行举止毕竟已经雷同于榜样式人物。榜样即便不曾在眼前,其实还可以在我的脑海中浮现,若是就在眼前,无疑能够让心中所思获得眼前所见的确证。如此一来,在孔某的认知中,儒家所言、帮救往事与当前的纠纷解决实现了严丝合缝的有效对接。相较于标语的出现极力凸显着送儒下乡,让帮救往事对接标语便是要迎儒下乡,标语与往事的并现涵涉着送儒下乡与迎儒下乡有所互动。

有必要强调的是,调解固然在孔子故里获得了助推,但曲阜市委市政府并不是要推行一项具有强制性的措施。当事人即便没有意识到可以前往县级市基层法院或者其派出机构乡镇法庭提起侵权诉讼,也未必不能从调解员那里获知,以便于充分考虑如何化解纠纷。更何况,本案的化解原本就是于法有据。出台于 2007 年的《物权法》第 84 条有言,应当按照利于生产、方便生活、团结互助和公平合理的原则处理相邻关系;第 92 条有言,应当尽量避免对相邻的不动产权利人造成损害,造成损害的,应当赔偿。至此就透露出了法律的确是要通过界定权利的方式调整相邻关系,即相邻双方皆为不动产权利人,不应彼此侵

---

① 王庆节:《道德感动与儒家示范伦理学》,北京:北京大学出版社,2016 年,第 26—27,31—33 页。

害。《民法典》第288条和第295条,亦有类似规定。

当事人缘何不曾借助诉讼伸张权利,无疑需要关注其间的利弊取舍。其一,在村内调解除了无需交费,还可以免于在村庄与法院之间奔波,能够降低纠纷解决的成本,完全不同于提起诉讼需要依据《诉讼费用交纳办法》交费,可以成为村内调解吸引案源的理由。其二,只要前往法院,所面对的法官属于法律职业人士,免不了会按照侵权诉讼的基本逻辑分析案情,以便于让当事人借用法律考量问题。因树枝被砍,孔某完全可以索赔,因房瓦被毁,邻居同样可以索赔,或者要求修缮,相互赔偿对方的损失,皆是有因有果。当事人若是坚持选择依法裁决,法官就更是会让双方展开对垒,以便于做出明确的权利界分,直至分出非此即彼式的胜与败。毫无疑问,帮忙救母的往事不可避免会被忽略,因为它与纠纷的发生无涉,说明诉讼的关注面难以与调解相比。只要有此忽略,浮现在法庭上的就只剩下了赤裸裸的纠纷。胜败裁决更是会促使当事人难免结下更深的仇怨,即诉讼能够让冲突和纠纷放大,完全不同于调解的作用指向在于尽力弥合矛盾。一言以蔽之,诉讼若是无法让当事人只得不失,甚至会导致弊大于利的后果,就构成了人们未必会选用它的强大理由。

正如学者所言,自西舶来的权利观念具有极强的斗争性,作用于人际交往难免会释放出巨大的冲击力,以至于它来到中国哪怕早已百年有余,但仍是不具有十足的破解力。[①] 在鳞次栉比的屋檐房舍原本就可以通过各种方式发生接壤的居住空间内,左邻右舍不可避免会时常相遇,其实唯有积极主动地保持关系和睦,方才是方便生活的长久之道,所需要的反倒是双方都能够适度地克制自己的强势主张,遇到纠纷时不宜让纠纷继续放大。当事人缘何不曾提起诉讼一旦可以立足于诉讼乃至权利本身找到原因,那就表明未必是因为受到了儒家的影响,因而仍需考量借儒调解到底具有怎样的意义。

曲阜市委市政府极力助推调解,但又强调调解不能远离法律,其实就是在宣示调解和诉讼属于纠纷解决的两套备选方案。助推调解的目标指向,无非是想要让调解尽量成为当事人的首要选项,借儒调解的意义就是让当事人借助于特定的空间氛围促使调解果真成为首选,以便于更好地促成双方关系和睦,即让关系和睦的达致受到借儒调解的加持。法律和权利固然能够被儒学氛围所

---

① 苏亦工:《天下归仁:儒家文化与法》,北京:人民出版社,2015年,第398—433页。

容纳,但它们难免会成为当事人的备用乃至后备选项,留待一方或者双方不再谋求关系和睦时,才会被选用。到了孔某案中,通过借儒调解,孔某发现自己与邻居存在着有德与无德的差距,的确积极主动地选择了克己显德,而不再扬己争权。如果说迎儒下乡所要迎接的未必只是标语上的儒家话语,其实还会指涉迎儒本身同样涵涉着某些儒学理念,那么送迎互动必然会展现出更加丰富的内容。借儒调解具有怎样的意义和权利缘何只是会成为后备选项,亦会获得更加深刻的原因解说。

三、送儒下乡与迎儒下乡

相较于送儒下乡所要输送的内容难免局限于标语所示,迎儒下乡所涵涉的儒学理念反倒会以标语所示作为滋生的起始。具体说来,据《孟子·梁惠王上》所言,老吾老以及人之老。孔母获救,如果不是肇因于邻居严格比对着孟子所言加以一五一十地落实,那就是基于自己心头泛起的情意而做出了与孟子所言相一致的救人事迹,即只要把老吾老的爱意推出去,对待他老就如同对待吾老。帮救的发生若是需要外在条件,抑或表现为邻居想要从孔某那里获得某种事物,即使依然能够在孔某的心里引发感动,恐怕不会再引发强烈感动。甚至可以说,唯有无条件,才足以感人至深。

孔某何其感念邻居固然得益于标语的提示,但又是通过反思往事而引致出来的。往事的发生无疑是在他进入调解室看到标语之前,何以关涉德行或者德性,与其说是在他进入调解室之后由标语赋予的,倒不如说是原本自带,否则还怎会出现标语与往事的对接,而标语毕竟只是对往事做了性质认定。若无往事,标语所言未必具有十足的有效性,当事人即便能够认可,恐怕仍是难以表达出心悦诚服的态度,于是可以说往事在孔某案中所起到的作用重于标语。无不表明,在孔某看来,邻居此前的帮救举动原本就属于儒家所说的有德之举,即邻居在此前就曾通过一举一动具体实践的方式操作着儒学理念。同样是得益于标语的提示,孔某意在仿效榜样,此番所思所行高度契合《里仁》中的另一句孔子所言,即见贤思齐。无论此言是否出现在了调解室内的墙上,至少没有以文字提示的方式进入孔某的眼目,但又完全自在于他的所思所行中,方才引出了有德之人与有德之人互帮互让而不至于相互孤立的交往状态。德不孤,必有邻,所要表达的意思正是如此。① 不难看出,有德有邻的最终达致不只是借力于标语的理论化提示,其实还曾借力于孔某通过所思所行具体实践的方式操作了一番见贤思齐的理念。

更有甚者,正如学者所言,区别于西方世界随时随地都能见到人与人呈现出相对之势,在中国社会则可时时处处见到人与人的彼此相予之情,儒家自古以来所要倡导的正是人与人之间应该有情有义。② 其中恰恰蕴含着人们致力于追求关系和睦的深刻机理,不妨继续通过中西比较的方式揭示出来。观诸西方,就不得不提西方文化的万源之源,即基督教。它致力于让西方人把安身立命的场域锁定在与上帝的对话中,因而人与人即便呈现为单子式的个体化存在,仍旧可以通过宗教信仰获得温情,足可以成为西方人原本就善于乃至乐于通过诉讼化解纠纷的重要原因。中国一旦不存在西方式的社会环境,人们难免就需要在密切的人际关系中寻求安身立命。无论他人如何存在,都将成为我的必然面向,理应谋求抱团取暖。作为儒学核心理念的仁,其实早已点明他人与我的共时性存在,尤其是它从人从二的造字结构,原本就能表明人在二人即人与人的关系中寻求定位。它的起源甚早,所具有的寓意在孔子问世以前的远古时期就早已完备。③ 在后来的社会发展中,并不曾发生实质性变异。到了孔子故里的孔某案中,双方当事人的所思所行未必不曾加持着仁的理念。尤其是邻居早已表现出了想要与周围邻里抱团取暖的意向,方才没有把孔母视为与自己全无任何关系的人。

以上种种,皆能说明儒学深深地扎根于人们的日常所思所行,哪怕人们从来不曾明确获知,恐怕都会在不经意间自然而然地就会对某些理念有所表达。相较于有德有邻的理念通过标语出现在了墙上,堪称儒学的显性出场,见贤思齐、老吾老以及人之老,还有仁的理念,潜含在当事人的所思所行中,则属于儒学的隐性出场。前者强调的是,要把儒家所言直接输送、灌输乃至渗透到调解中,规制和驾驭着当事人的思考,倡导下行路线,促使调解的实际操作成为儒学获得落实的具体接收地,不妨把儒学的此种展现逻辑称为渗透论。后者强调的则是,由日常实践到儒学的上行路线,即儒学理念通过日用常行即可实现随时

---

① 杨伯峻:《论语译注》,北京:中华书局,2009年,第40页。
② 梁漱溟:《中国文化要义》,上海:学林出版社,1987年,第88—94页。
③ 葛兆光:《中国思想史》(第一卷),上海:复旦大学出版社,2017年,第89—90页。

随地的正在生成,未必需要事先借据《论语》等文本,但又完全契合文本上的相关表述,不妨把儒学的此种展现逻辑称为实践论。尽管实践论不像渗透论那样易被发现,而且不曾像标语那样被刻意宣扬,略显弱势,但它实为一种客观存在。标语和往事的交织并现,其实不仅涵涉着渗透论和实践论一并出场,更意味着渗透论的落实获得了实践论的迎接。甚至可以说,正是因为下行路线要与上行路线一起发力,方才把来自《论语》和正在生成的儒学理念聚拢到了调解中,促使官方助推和民间接应发生了交集。

显而易见,当事人在纠纷解决中并非只是被动地接受通过书面文字输送到眼前的儒学理念,并且等待着标语往内心渗透,而是还会主动地借助于加持着见贤思齐等儒学理念的所思所行面对标语,非但不曾感受到压抑或者强迫,反而让自身的主体性获得了充分发扬。渗透论即是送儒下乡,实践论则指涉迎儒下乡,恰恰就是在有来有往的互动中,回应出了比标语内容更加丰富的儒学理念,并且促使各种理念以相互牵连的姿态在眼前和脑海中浮现,至此就显示出了当事人越发会以厚重的道德思考应对纠纷解决。况且送迎互动原本就可以补强当事人对道德的认知,助益于提升自身的道德品格,而且送儒下乡所送来的和迎儒下乡所迎来的皆是可以供当事人用来提升品格的儒学质料。

如果说调解能够增益于当事人的道德守护,那么诉讼就会对道德守护产生减损效应。邻居的救人事迹就发生在身边,孔某一旦刻意回避,其实就是对道德叙事表达出了排斥、无视乃至麻木的态度,最终就放弃和割舍了对自身道德潜能的挖掘。若是前往法院扬己争权,恐怕就会被邻居诟病为只顾眼前利益而不顾往日情意,在他自己看来,更会伤及对有德行为的考量和思齐式积极争取,说明扬己争权极易产生借用权利贬低道德的效果。[①] 需要强调的正是,权利主张的提出尽管能获得法律的支持,貌似光彩,实则会成为不道德的遮羞布。通过调解化解纠纷反倒可以避免道德贬低,这构成了当事人积极接受调解的深层次理由。渗透论和实践论或者送迎互动于史有据,甚至加持着某种历史经验,不仅可以用来更加深刻地考量儒学到底以怎样的机理出现在当代社会,更是可以展示出外来权利除了可以被儒学氛围所容纳,还能否被儒学本身容纳。

---

① 类似说法,可参见冯象:《政法笔记》,北京:北京大学出版社,2012年,第10页。

四、送迎互动的历史经验

观诸传统社会,最能体现渗透论逻辑的当是隋唐以后的科举考试制度,即它何尝不曾借用外在于儒学的力量,把儒家的四书五经等文本置于前,把人们的所思所行置于后,由前向后渗透。尤其读书人,若要顺利通过考试选拔而入仕,就必须接受儒学的驾驭。据《周易·贲卦·彖传》所言,观乎人文,以化成天下。由谁来观乎人文,又由谁来化成天下,肯定是人,否则人文岂能自身观乎自身。正是人要化成天下,才要观乎和借用人文,意味着文化就是人化。借用人文固然是指人要接受人文的规训,但人观乎人文强调的则是人以主体性驾驭人文,至此又体现出了实践论的逻辑。实践论所指涉的无非是儒学理念原本就栖息在各代人的日常所思所行中。综合来看,儒学曾以实践论与渗透论的双重构设置身于传统社会。

儒学理念以儒学文本作为载体,的确可以让人们易于获知,但儒学理念并非只以文本作为载体。据《论语·述而》记载,孔子曾坦言自己"述而不作,信而好古"。尤其仁字,学者指出,它固然起源甚早,却从来没有被哪位思想家放到多高的位置,正是孔子,把它提升到了儒学核心理念的高度。① 仁字的意旨既然早已存在,孔子所信所述指向的必然是儒学以历史经验作为载体。据《论语·子张》记载,孔门弟子子夏曾言,"博学笃志,切问近思,仁在其中矣",表明儒家具有博学情怀,有的学者甚至提出了圣人学于众人的观点。② 在《论语·公冶长》中,孔子曾言:"敏而好学,不耻下问。"学于众人和敏而好学指向的无疑是以众人的日用常行作为审视对象,指明了人们的日常所思所行中本来就蕴含着儒学理念,至此不妨用"集体无意识与精英思想的觉悟"一语来概括孔子的儒学论说路数。

何谓路数,无非是指聚焦于自己的目光所及,展开相应的探索和思考,最终做出理论表达的进路和策略。何谓集体无意识,是指祖先或者民族的原有心理中囊括着一套预先形成的行为模式,无需刻意强调,哪怕只是通过日用而不知

---

① 参见杨伯峻:《试论孔子》,载《论语译注》,北京:中华书局,2009年,第16页。
② 章学诚:《文史通义》,北京:中华书局,2008年,第120页。

的状态,都会被后人继承下来。① 普罗大众未必能够乃至完全没有必要意识到儒学理念存在于眼前的所思所行中,对此加以阐发的正是精英,精英因具有某种知识储备而区别于大众。凡是具有一定的儒学知识,能够敏而好学,敏锐地觉察到眼前的所思所行高度契合某种历史经验,再基于对儒学的体悟,识别出其中蕴含着儒学理念,并且自觉地表达出来,甚至能够写作儒学理论的人,都可以被视为儒学精英。精英的阐发立足于自身的思想觉悟,觉悟便是觉察和体悟的合一。孔子总能觉悟到别人所觉悟不到的事物,凸显着他作为精英思想家的分量。其他人即使不具备那样的才智学识,倒是不妨借用那样的论说路数,而且还可以借助于《论语》等文本,因为孔子基于自身的觉悟而提出的论断一旦出现在文本上,就实现了转识成智,即由他自身的觉悟认识变成了公共智慧,因而可以借助于文本中记述的内容,前去比对着发现和确认眼前的所思所行中潜含着哪些历史经验和儒学理念。

正如孔某案所展示出来的那样,既然当代中国人依旧致力于维护人际关系和谐,而且各种所思所行高度契合儒学文本上的相关表述,那就表明某些儒学理念在古往今来的历史进程中一直在被传承。文本足可以担当沟通古今的媒介,通过它,所要沟通的正是古代中国人与当代中国人的所思所行,古与今恰恰还能在文本之外实现跨越时空的延续。渗透论和实践论固然都依赖文本,但具有不同的指涉,前者直接加持着文本,意在让文本中的内容走出文本,涵涉着来源意义上的文本依赖,后者则涵涉着裁定意义上的文本依赖,不致力于设定任何条件,可以让实践免遭来自文本的单方面驾驭,以便于展现得更加丰富多彩。两者的互动和各自所指涉的内容其实未必只能出现在孔子故里,但孔子故里的借儒调解恰恰让它们以极其显性的方式表现了出来。尤其是渗透论的出现,即便不能认为曲阜市委市政府曾以传统社会的科举制度作为模仿对象,恐怕仍是在有意无意间运用了科举式的历史经验,以至于要把儒学文本中的理念直接送入调解室。

据《论语·先进》记载,孔子曾有一言,"莫春者,春服既成",春字意指季节。《诗经·鲁颂·閟宫》有言,"春秋匪解,享祀不忒"。传统注疏有云,言春秋"犹

---

① 荣格:《寻求灵魂的现代人》,苏克译,贵阳:贵州人民出版社,1987年,第165—172页。

言四时"①,即一年四季。春秋一词在此实为表示时间乃至频率的概念范畴,借助于它,最能表达清楚某些儒学理念每时每刻都栖息在人们的所思所行中,而每时每刻的逐步延伸就形成了自古至今的历史。《论语·子罕》记有这样一词,"达巷党人",常见注解把达巷释为党名,达巷本身则是名字叫做达的街巷。②借用巷字,可以表达清楚儒学理念以人们穿行在其中的民间街巷作为存身的空间载体。据《论语·季氏》记载,孔子有言,"天下有道,则庶人不议",在《里仁》中又说,"士志于道,而耻恶衣恶食者,未足与议"。议与不议的主体包括大众和精英。精英置身街巷,除了参与议论,还要对大众的日用常行加以儒学反思,并非只能成为向民间灌输儒学的传声筒,更要为存留在普罗大众所思所行中的儒学理念代言。各方巷议的内容同样可以用春秋一词指代。据《史记·孔子世家》记载,孔子曾言,"后世知丘者以春秋,罪丘者亦以春秋"。据《孟子·滕文公下》所言,"世衰道微,邪说暴行有作,臣弑其君者有之,子弑其父者有之,孔子惧而作《春秋》"。《春秋》一书自带褒贬裁断,就如同纠纷化解包含着讼与不讼的褒贬抉择。

毋庸讳言,完全可以用"春秋巷议"一词来指涉和涵盖儒学自古至今具有怎样的传承机理,即正是古往今来的普罗大众在日常的所思所行中创造出了儒学理念,精英的贡献在于提出儒学理论。区别于儒学理念是指人们在日常中表达出来的某些思考,儒学理论则是针对那些思考做出的理论化表达。前者无需人们去刻意展示和发现,只要那样想了或者那样做了,即可获得呈现,后者无疑囊括着如何发现和阐发前者的技法。尤其前者,以极其鲜活的姿态彰显着儒学在古今民间具有持之以恒的生命力,甚至早已成为了活生生的历史文化遗存,还彰显着人们的某些具体感受原本就属于原生态的儒学理念,继而可以把民间视为儒学的存留地,凸显着儒学具有民间积累的型质。何谓民间,尽管古今有别,但只要把它视作官方乃至儒学文本的对应面,那么它在古今社会所指涉的便不会存在实质性差异。正是在儒学理念和儒学理论古今传承的过程中,遇上了外来的西学。既然权利观念早已参与了人们是否致力于维护人际关系和谐的裁断,那就意味着它其实早已被儒家历来一直关注的历史经验所容纳。既然历史

---

① 郑玄笺,孔颖达疏:《毛诗注疏》,上海:上海古籍出版社,2013年,第2085页。
② 钱穆:《论语新解》,北京:生活·读书·新知三联书店,2005年,第221页。

经验原本就蕴含着儒学理念,接下来就需要探讨儒学本身会给外来的权利提供怎样的存身位置。

五、纠纷解决的历史经验

正如学者所言,中国社会缘何未能孕育出一套雷同于西方的权利观念,就在于自古以来一直高度重视人际和谐,不尚争斗。[①] 关键问题就在于,不尚争斗并不等同于不会发生任何纠纷。据《史记·孔子世家》记载,孔子一则曾在鲁定公时期担任大司寇,职责所在,必会接触到大量的争讼案件,二则在位听讼,文辞有可与人共者,弗独有。据《论语·颜渊》记载,孔子曾言,"听讼,吾犹人也。必也使无讼乎!"犹人二字,表明孔子和其他人都以无讼为求。诸如此类,说明在孔子所在的时代乃至以前,早已形成以无讼为求的历史传统。既然如此,那又该如何化解纠纷?

据《史记·五帝本纪》和《韩非子·难一》记载,历山之农者侵畔,河滨之渔者争坻,舜曾前往耕焉渔焉,布教德化,历山之人皆让畔,雷泽之人皆让居。显而易见,舜裁断争讼的目标导向在于促和,教化的意义波及,并非只是在眼前实现了息讼,更是可以引致日后无讼。此类策略,在先秦以后仍是屡见不鲜。比如说,据《后汉书·吴延史卢赵列传》记载,东汉时期,吴祐出任胶东相,民有争讼者,辄闭阁自责,然后断其讼,以道譬之,或身到闾里,重相和解。自是之后,争隙省息,吏人怀而不欺。尽管舜和吴祐之举未曾被史书直接冠以调解的称谓,但布教德化和重相和解中蕴含着以调促和的基因。甚至可以说,调解正是一种致力于达致无讼的儒家式纠纷化解方式。

正如学者所言,通过调解化解纠纷,早已成为中国社会自先秦以来的一贯传统。[②] 迄至当今,曲阜市委市政府助推非诉讼调解,难免会产生追求无讼的指向效应,就构成了对传统儒家无讼观的遥相呼应。无不表明,在孔子以前的时代和孔子所在的时代,直至当代,如何化解纠纷,存在着相同的、一再发生的、持续存在的历史经验。无讼为求和以调促和,置身不同的历史时期,既是一种

---

① 夏勇:《人权概念起源:权利的历史哲学》,北京:中国政法大学出版社,2001年,第196—197页。
② 梁治平:《寻求自然秩序中的和谐》,北京:中国政法大学出版社,2002年,第229页。

跨代性存在，又是一种共时性存在。更重要的是，调解早已被《人民调解法》等法律确定为纠纷解决制度，并非只能出现在孔子故里。即便它出现在了其他地方，而且无论人们是否已经明确意识到它属于儒学范畴，它的每一次出现，其实都会在儒学实践论的层面上携带着自身的儒学基因。孔子故里一旦助推调解，究其内里就是在助推儒学，明确提出借儒调解所能产生的效果，至此就主要表现为两大方面：其一，能够让原本就属于儒学的事物越发具有儒学色彩和意蕴；其二，意在让儒学通过渗透论的逻辑参与到当代的制度建设中。那样的参与是否可行和能否有效化解纠纷，恰恰在孔某案中获得了检验。

到底该以怎样的规范设定和秩序框架调处人际交往，历史上同样早已积累下了丰厚的经验。据《左传·昭公十二年》所言，克己复礼。孔子更是强调，"克己复礼为仁，一日克己复礼，天下归仁。为仁由己，而由人乎哉？"何谓礼，据《论语·八佾》所记，孔子谈论季氏时曾说，八佾舞于庭，是可忍，孰不可忍。只有天子才可以欣赏八佾舞于庭，身为大夫的季氏原本只能享用四佾，一旦享用八佾，无疑属于严重的僭越礼制。就此看来，礼是一种外在于人的规范，仅凭它来约束人的行为并不可靠，但又不能让它彻底消失，否则更会引来全盘失控，因而仍有必要回复至依礼而行。何谓克己，则是指通过诉诸于内的省察引来接应于外的自我克制。孔子曾言，"内省不疚，夫何忧何惧？"，点明了内省是何等重要，孔子又说，"吾未见能见其过而内自讼者"，并且在《论语·子罕》和《论语·卫灵公》中各说过一次，"吾未见好德如好色者"，点明了仅凭克己来约束人的行为同样并不可靠，即便德目昭彰，仍是难以确保人们会发自肺腑地真心喜爱，并且全盘接受。既然如此，无论克己与复礼如何相互涵涉，到底是让外在的礼渗入内心而作用于克己，还是要由内在的省察引来外在的复于礼，恐怕都需要诉诸于内外结合，方可确保免于产生各种负面效应。据《论语·为政》记载，孔子又言："道之以政，齐之以刑，民免而无耻；道之以德，齐之以礼，有耻则格。"相较于政和刑皆属于外在于人的事物，德和礼则是一内一外。透过民免而无耻与有耻则格的对比，无疑能表明，唯有德和礼的内外结合才可以使人举止得体。

经由古今转型，内外结合的框架早已有所演变，但变中亦有不变。借据孔某案来看，孔某选择克己显德，克己的形成肇始于内省，显德的出现则肇始于外在标语的唤醒，同样表现出了内外结合的逻辑。更重要的是，诉讼与调解原本同时处在备选位置，留待人们选用，调解一旦成为首选，诉讼就成了被后置的备胎选项。搭配着此番位置设定,道德与权利同样会展现出孰前孰后的位置排序。区别于礼和礼治曾在传统社会主导着人们的日用常行,当代社会所要显扬的则是法治和法律,意味着法律和权利早已顶替了礼的位置,于是促使传统的克己复礼演变成了道德与法律和权利的结合。就如同道德可以同时表现为内在于人心的意识和外在于人的规范,尽管法律和权利来自国家立法,但它们同样能渗入人心,展现为法律意识和权利意识。如此一来,通过助推调解的方式在当代达致无讼,所要凭借乃至依赖的便是道德与法律和权利的内外结合。说到底,传统的克己复礼可以开显出三部分构成,除了克己和复礼以及两者的相互涵涉,还包括一内一外的构设。此种构设至今犹在,而且克己依旧光鲜,有所演变的其实只是其中的复礼部分。恰恰正是传统的克己复礼框架,锁定了外来权利在中国的存身位置,而且传统框架本身亦通过接纳外来事物的方式实现了创新性发展,促使本土原产事物和外来事物实现了重组。

总而言之,传统框架具有极强的生命力和适应能力,何止能够在当代社会获得显现,甚至还能够涵涉古今和中西。权利的外来和礼的式微,更是映衬出了中西层面的你来我往和古今层面的此消彼长。权利观念携带着自身的斗争性基因入华,表面上看去无论如何都难以与本土一贯于崇尚人际和谐的社会环境合拍,但中国社会具有极强的包容性,早已促使本土事物和外来事物实现了包含着差异和矛盾的共存。尤其儒学,最能助力于本土社会的尚和氛围,貌似会对权利外来表达出排斥,实际上却未必如此,反倒正是它极力强调的无讼为求和以调促和,促使中西差异并不会对本土事物和外来事物的共存构成致命的威胁。具体纠纷的发生固然背离了克己复礼,但不意味着归仁无望。只要不再继续激化矛盾,诉诸于调解,仍能实现归仁无讼。调解所要加持的正是为仁由己,并非是要强立严束,否则反不为美,因而只可在如何注重调解和如何调解的问题上肯定曲阜市委市政府的做法,不可在更大的范围内给予过多赞扬。若是一味执着于调解,阻止当事人前往法院提起诉讼,恐怕就会引起不满。为仁由己的实现,搭接着中国人自古以来一直崇尚和谐的历史经验,通过道德与权利的内外结合化解纠纷同样涵涉着历史经验的再现。历史经验缘何如此可靠,不只是因为它作为一种存在于过往的事物,已经在过去经受过指涉性和有效性层面的检验,更是因为它置身于当代,在自身有所演变的同时再次经受了检验。

Settlement of Disputes in the Hometown of Confucius and Confucian Acceptance of Rights

Yi Tao

Abstract: In recent years, there has been a debate about whether Traditional Confucianism can accommodate the concept of rights introduced from the western countries. This paper carries a positive conclusion. The illustration of this conclusion is a mediation action adopting Confucianism and a typical case in the hometown of Confucius. Mediation, as a way of dispute resolution, could have been beneficial to the realization of the Confucian concept of Non-Litigation. Confucius's hometown merely resorted to sending Confucianism to the countryside. And with further studying we can also find that Confucianism was welcomed by the countryside. The interaction between sending and embracing Confucianism involves its inherent theory of penetration and practice, and highlights the accumulated quality of Confucianism among the people. The Confucian theories contained, in the interaction, are intended to enhance the collective unconscious by using the Consciousness of elite thoughts. Concept of rights introduced from western countries can not only be accommodated by the Confucian approach of dispute resolution, but also by the historical experience that Confucianism has always been concerned about. However, they easily become a fig leaf for immorality and usually only become an alternative option for the parties concerned, which has promoted the ancient and modern evolution of the traditional framework of restraining oneself and thus restoring the rites of the society. It is this framework that ascertains the existence of foreign rights in China.

Keywords: mediation, historical experience, among the people, non-litigation, restrain oneself and thus restore the rites

新差序格局中的君子之道及其界限[*]

曾海龙[**]

[摘 要] 传统的"君子"和"君子之道"概念主要表达一种理想人格和理想政治,其预设了个体之间的差异与社会层级。作为一种文化心理结构的"君子"和"君子之道",与传统的"差序格局"相互强化,影响着传统社会的治理方式。传统"差序格局"下的经济活动受到伦理秩序的强力制约,并不能形成一个独立运行的结构。随着社会化大分工和市场经济的引入和建立,中国社会形成了以社会精英为圆心的"新差序格局"。"新君子"则是"新差序格局"中出现的行业精英和社会中坚,既有传统"君子"概念的意涵,也包含对专业水平与职业成就的肯定。与传统社会经济活动受到伦理约束不同,市场经济活动因其主体之间的非熟人关系有着相互平等的内在要求,从而与传统经济活动的主体关系有了根本的差别,这就需要检视传统的"君子之道"在"新差序格局"中的局限。

[关键词] 新差序格局;市场经济;新君子;君子之道

---

[*] 基金项目:国家社科基金后期资助一般项目"儒学的现代性建构研究"(20FZXB068)。

[**] 曾海龙(1981—),男,湖南邵阳人,哲学博士,上海大学哲学系讲师,主要研究领域为中国现代哲学、中西比较哲学。

"君子之道"作为儒家的人格理想,曾对传统中国的社会秩序与政治治理产生了重要的影响,强化了本有的"差序格局",在现时代作为一种文化心理结构也依然起着不可忽视的作用,并成为"新差序格局"的重要元素。然而,现代社会尤其是市场经济运行的底层逻辑相比传统社会已经发生了根本性的变化,我们在倡导"君子之道"的同时,也需要正视其可能产生的问题,从而界定其在现代社会秩序建构中的界限。

一、"君子之道"与传统社会秩序

现存文献中,"君子"一词最早出现在《周易》。《易·乾》:"君子终日乾乾。"《易·坤》:"君子有攸往。"《周易》经文中出现"君子",说明"君子"一词的使用应该在商代甚至更早。《诗经》中"君子"多见,表明"君子"一词在周代已经被广泛使用。而关于"君子"的涵义,历来解说纷纷。根据汉及以前的文献,"君子"一词最初的涵义应该是指掌握统治权力的人或处于管理地位的人,引申而为"地位高的人"或"名望大的人"。《礼记·玉藻》云:"古之君子必佩玉,……君子无故,玉不去身。"表明庶民百姓是无缘"君子"之称的。故王力先生认为最初君子是贵族统治阶级的通称。《论语》中被孔子直接称为"君子"的,有卫国大夫蘧伯玉、三桓之一的孟氏传人南宫适、官至"单父宰"的宓子贱。季康子虽然品行很差,但孔子在与他谈话时照例称他为"君子"。这说明在春秋时代及其以前,"君子"主要是权力、身份和地位的标志。孟子说:"无君子莫治野人,无野人莫养君子"(《孟子·滕文公上》),表明到战国时期,"君子"一词还有此种意涵。也就是说,普通老百姓,品格再高尚,也不会被称为"君子"。可见,"君子"一词,最初主要是对权力阶层的特称,其政治意涵较多。

人们对为政者的道德品格期待,又使"君子"一词在原初表示权力地位的基础上附加了对道德人格的要求与期待。孔子曰:"为政以德,譬如北辰。"(《论语·为政》)为政之道乃"君子之道"。可见孔子认为政之道的与"君子"或"君子之道"有着紧密的联系。《论语》中"君子"一词一共出现107次,"君子之道"虽然仅出现3次,但其中有关"君子"的言论,又莫不与"君子之道"相关。辜鸿铭曾说:"孔子全部的哲学体系和道德教诲可以归纳为一句话,即君子之道。"①所谓"君子之道"就是在道德方面成就君子的途径。孔子及其之后的儒家,因特别重德的缘故,对"君子"和"君子之道"阐发,改变了周代及其以前以权力地位论"君子"的涵义。更因后世以"有德而无位"尊称孔子为"素王",使"君子"概念逐渐剥落了权力的意涵,成为有道德品格的人的代称。当然,出于人们对于当权者的道德品格期待,为政者与"君子",为政之道与"君子之道",在理想的层面上可以被视为内涵高度重合的概念。

儒家传统中"君子"概念的权力地位与道德品格内涵的结合,很大程度上基于儒家对"为政之道"的论述。而"君子"概念的主要内涵由权力地位为导向向道德品格为导向的过渡,则表明了理想政治和现实政治之间的某种张力。对儒家而言,理想政治就是道德的政治。因此,中国历史上凡遇改朝换代,夺权者或统治者寻求统治合法性的途径莫不从道德论述入手,无论是统治者渲染前朝的"无德"或造反者认为当政者"无德",还是寻求自我的"天命",无不是在迎合人们对于为政者的道德期待。即便是在王朝中兴时期,这种建构统治合法性的论述也一直在进行着。人们对夏商周三代的更替,也多是从统治者"失德"和上位者"尚德"来进行叙事的,如孟子就将上古三代更替的原因归于"仁"与"不仁","三代之得也以仁,其失天下也以不仁"(《孟子·离娄上》)。

《论语》、《孟子》中"君子之道"既表现了对于理想政治和为政者理想人格的期待,也对后世的政治运作产生了重要的影响。当权者理想的"为政之道"就是"君子之道",使得理想政治与"君子之道"在某种程度上成了同一语。孔子以"仁者爱人"、"泛爱众"阐发了君子人格和"君子之道"的第一要义,为政的目标是"天下归仁"。孟子说:"以不忍人之心,行不忍人之政,治天下可运之于掌上。""行一不义,杀一不辜,而得天下,皆不为也。"(《孟子·公孙丑上》)传统儒家对"君子之道"之理想政治的重要意义,不言而喻。虽然历代王朝的建立者多以武力得天下,然而以道德论述来建构统治的合理性与权力的合法性,都是必要之举。

"君子"概念后来多指道德品德高尚的人,这便与政治产生一定程度的分离。《论语》对"君子"的讨论则兼具"德"与"位"两义,而更偏重于"德",乃因孔

---

① 辜鸿铭:《中国人的精神》,海口:海南出版社,1996年,第50页。

子有德而无位,更为后来儒家的道统论述提供了基本范式。《论语》多论及"士"和"君子"。"士"的原初含义是指成年男子或官名,"君子"则为贵族男子之通称,有时也会与小人或野人对举。而在《论语》中,士和君子的概念有时基本上是重叠的,士是有志于成为"君子"的读书人。《论语》里除了君子与小人或野人相对而言的场合外,君子与士这两个概念多数时候可以换用。至春秋战国,作为最低级贵族的士渐成"四民"之首,"士"与"君子"的伦理意涵也开始加强。后来荀子说:"士君子不为贫穷怠乎道。"(《荀子·修身》)韩愈说:"士君子言语行事,宜何所法守也?"(《昌黎集·讳辨》)。此外,亦有所谓"士大夫"之名,但"士大夫"拥有官职,"士君子"则未必。总体来说,"士"与"君子"的合用或通用表明"君子"概念是对儒家理想型人格的概括。"士志于道",即致力于"君子之道"。孟子更提出"无恒产而有恒心者,唯士为能"(《孟子·梁惠王上》),"君子所性,仁义礼智根于心"(《孟子·尽心上》),进一步彰显了"君子"概念的道德品格。后世有所谓"素王"与"素君子"之称,前者如孔子,因其"有德而无位";后者是指有道德才华可以为官却不得不混迹于乡野的人。

可见,"君子"和"君子之道"无论就其发端而言,还是就其历史脉络而言,都与政治治理和个人道德理想相关。传统社会区分士农工商层级,士与"君子"、"君子之道"密切相关,甚或是其同义语,因士的道德追求及其从事的政治活动须以"君子之道"为理想。而商人的社会地位并不高,更有"无奸不商"的说法,表明商人或商业活动与"君子"或"君子之道"基本无缘。而"重农抑商"的反复出现也与统治者重视以道德理想来巩固政治治理密切相关。

需要特别指出的是,儒家将"君子"作为一种理想人格,本身预设了"君子"与"小人"纵向对列的格局。儒者或"君子"只有在与"小人"纵向对列与差等关系中才能获得其本有的意义。传统社会中,儒家与以宗法和宗族结构为主的治理体系密切相关,个体深受儒家和宗族制度的影响,却不能说每个个体都有成为儒者或成就儒家主张的"君子"人格的可能。"为政之道"与"君子之道"内涵的高度重合,更使得"君子之道"不是一个普遍可能的概念。即便"君子"一词在后世有着更重的道德意味,但"君子"、"心忧天下"的内在要求使得其自身不能成为普遍的个体追求。"君子"一词就其原初的内涵而言,是指当权者或为官者,是一个与庶民相对的概念。后来"君子"一词多指有德者,一定程度上改变了原初的内涵。但儒家关于德与政的同一性论述(内圣开出外王),也只是将

"君子"的内涵扩展为有天下社会关怀的特定人物。除了儒家墨家等积极入世的学派外,我们很难在其他的学派和宗教那里见到对"君子"或"君子之道"的论述。在墨家退出历史舞台后,"君子之道"几乎成了儒家之道的代称,"君子"和儒者也几乎成了同义语。以君臣、父子、夫妇为核心形成的儒家伦理秩序,与"君子"、"小人"对列的纵向格局,在概念论述和政治社会治理过程中相互强化,形成了牢不可破的政治与道德体系。这种格局构成了传统中国社会的基本底色,至今仍在影响中国的社会结构和治理体系。

二、"君子之道"与"差序格局"

费孝通曾经以"差序格局"概念描述中国传统乡村的基本结构,并称之为"乡土中国",已经广为人知。在费孝通描述的"差序格局"中,政治尊卑、血缘等伦理关系构成了传统社会的基本纽带。在这一纽带中,"君子"与"小人"的纵向对列格局上也是传统"差序格局"的一部分,它预设并不断强化社会结构中的"差序",且这种"差序"具有普遍性和永久性。君臣、父子、夫妇为核心的"差序格局"乃基于"亲亲"与"尊尊"两条基本主线。"君子"与"小人"的纵向对列格局则主要基于"尊尊"的理念,也受"亲亲"理念的影响。"君子"为尊,"小人"行尊。无论是官员还是乡贤,相对于百姓而言都可为"君子"。家庭或宗族的长者,相对于其他成员而言是为"君子"。

费孝通所言的传统"差序格局"所基于的血缘和伦理关系纽带,在近一百多年来,随着宗法制度的解体、社会治理方式的改变以及经济活动方式的变革,已经发生了很大的变化。传统社会中主要以家庭和血缘为主要纽带的"差序格局"已经被一种"新差序格局"所取代。费孝通对此看得非常清楚,他说到:"在我们社会的急速变迁中,从乡土社会进入现代社会的过程中,我们在乡土社会中所养成的生活方式处处产生了流弊。陌生人所组成的现代社会是无法用乡土社会的习俗来应付的。"①

新形成的社会格局虽然在特征上与传统的"差序格局"不尽相同,但其实质还是一种"差序"。比如,我们现在普遍所用的"干部"与"群众"概念,就是"君

---

① 费孝通:《乡土中国》,北京:北京大学出版社,2012年,第16页。

子"与"小人"概念的同义语。比如,经济生活中成功的企业家和商人可被视为"君子",与此相对应的"消费者"在这种对列关系中可视为"小人"。又比如,影视明星可被视为"君子",其粉丝则为对列关系中的"小人"。诸如此类,不胜枚举。时至今日,传统以"亲亲"、"尊尊"为基础的"差序格局"概念相对弱化,而以"君子"、"小人"的对列格局为基础的"差序"依然在不断地产生新的"差序",为"君子"与"君子之道"概念增添新的内涵。为与传统的主要以"亲亲"、"尊尊"为纽带的"差序格局"相区别,我们可这种新的"差序"所形成的社会格局称之为"新差序格局"。这种"新差序格局"相比起传统的"差序格局"而言,除了伦理性的纽带外,还有更多的政治、经济和社会关系的纽带。"新差序格局"中的"君子"可以称为"新君子",与传统的"君子"概念相比,"新君子"概念主要针对特定的对列格局,比如官员之于群众,影视明星之于"粉丝",知名专家学者之于受众。

"新差序格局"和"新君子"概念是传统"差序格局"和"君子"概念在现代社会的变种。与传统的"君子"概念主要以道德性内涵为主不同,"新君子"在传统的"君子"概念意涵的基础上,增添了一种经济地位和社会角色等功能性内涵。或者说,"新君子"不仅是指有影响力的政治人物和受人尊重的道德楷模,还涵盖了各行各业的社会精英与社会中坚。前者与传统"君子"概念的道德内涵基本一致,后者则大大扩展了"君子"概念的专业化特征。"新君子"概念的内涵扩展主要着眼于现代的社会结构和经济结构,从而与传统的以熟人社会为基础的"君子"概念相区别。

儒家传统的"君子"概念主要作为一个道德性或政治性内涵的概念,主要在一定的权力结构和伦理关系结构中显现其意义。在传统社会,一个道德品格出众的"君子",只有在熟人结构中才可能展现。传统的"五伦"关系是一个熟人结构。在这种熟人结构中,个人品性被他人了解是其被认为是"君子"的必要条件。一个人的优秀的道德品格被众人了解,才可能被人称为"君子"。进而,一个人道德名声在外,即便他所不熟悉的人,也会称其为"君子",这种关系可被称为单向度的熟人结构——行尊的一方对为尊的一方熟悉。也就是说,传统社会中作为有道德品行的"君子",除了在"五伦"关系中被认可之外,也因其品性被口耳或文字相传到"五伦"之外的群体——基于这些群体对其单向度的熟悉,他对传播对象而言也是熟人。这种单向度的熟人结构不仅对于保"君子"的道德品性涵义有积极作用,对于"君子"的政治意涵也同样如此。政治人物理所当然是公众人物,也是基于公众对其也有着某种程度的熟悉。而政治人物作为"君子"或为尊者,只需要基于大众对其单向度的熟悉便可。也就是说,政治人物与公众形成的也主要是一种单向度的熟人结构。无论如何,"君子"的社会意义在于其被公众所熟悉或承认。传统"君子"概念在这种双向或单向的熟人结构中有了其公共性的意义。

传统"君子"概念对应于传统的"差序格局","新君子"概念则对应于"新差序格局"。传统"君子"概念的公共性意涵在道德和政治领域表现得最为明显。而"新差序格局"相比传统的"差序格局"而言,除了传统的展现传统的血缘和政治等伦理关系外,还有更多的文化和经济等公共性意涵。"新君子"概念亦是如此,在传统"君子"概念以道德性内涵为主的基础上,扩展到经济、文化等社会领域。其中,商品经济或市场经济对确立"新君子"概念具有决定性的意义。随着市场经济要求的专业化分工的产生,原有士农工商的层级区分失去了应有的道德涵义。专业化分工使各种行业的从业人员并无道德品格上的高下优劣之分。除了熟人关系结构中的个人品格评判,人们更多地是从其专业水平和职业成就来评判一个人的社会地位。官员、学者、企业家、明星等等,大都被视为"新差序格局"中的"新君子"。这与原来单纯从政治权力和道德品格角度评判有了很大的拓展。个人的道德品格不再被视为评判的"君子"的唯一标准,甚至不是最重要的标准。这种"新君子"概念的功能性意涵也在一定程度上对传统儒家"君子不器"的观念进行了修正。

然而,"新君子"的出现并不改变当前中国社会结构的"差序"本质。首先,家庭作为传统的血缘共同体的关系强度虽有所弱化但依然有效,以家庭为主的集体个人主义在当今社会依然有着强大的力量,家庭成员往往在经济和社会资源方面依附于其中的佼佼者,形成一个个小的"差序"结构。其次,单位、公司等社会组织存在小的权力中心和排他主义倾向,两者相互作用形成组织内部和组织与组织之间的"差序"结构。再次,社会交往和经济活动中的领导与下属、朋友、师生等关系相互交织,发展出各种形态的圈子,圈子与圈子之间又有心理与利益的亲疏远近。可见,这种"新差序格局"的形成有血缘、经济利益、权力、文化、地域等多方面的原因。"差序"结构又反过来强化了人们的"差序"心理,塑造了稳定的文化心理结构,深刻地影响着当今社会的社会治理、经济活动。有学者指出:"在市场经济条件下,差序格局并没有消失,反而实现了自身的创造性转换,形成了基于理性意志的新差序格局。理性意志与新差序格局的悖论性组合,使得中国的现代化道路变得至为艰难和漫长。"①这里的理性意志与自然意志相对应,前者是指基于"亲亲"、"尊尊"等伦理关系形成的共同意志,后者是基于由个体分工和利益关系构成的抽象"社会",以期在社会中重塑情感、道德、价值等团结的纽带。"新差序格局"中,以伦理为纽带的"差序"结构与以利益为纽带的"差序"共存,共同影响着中国的现代化道路。

三、现代中国依然是"差序格局"

传统社会以"亲亲"、"尊尊"为基础的"差序格局",主要是一个基于血缘和熟人形成的社会体系。在这种社会结构中,血缘关系和个体的品行产生了社会交往的基本信用。因此,伦理关系和道德人格对于人们的行为有着很强的约束作用。而伦理关系的强约束,在政治和血缘关系中尤其有效。一方面,为政者的治理方式受以"君子之道"为道德理想的制约,不得不尽量满足人们的道德期待——善待百姓本身是统治者一种最基本的道德品格,"治乱循环"本身就开启了"由乱而治"的可能。另一方面,基于血缘和熟人关系的社会交往,也必然遵循基本的道德准则。同样,传统社会的经济交往也主要在熟人之间进行,并无普遍抽象的市场主体观念。"君子爱财,取之有道",不仅对"君子"的有效,也是对几乎所有社会个体有效。个体的道德信用破产,便无法在以熟人关系为主的社会关系中立足。

因中国古代的经济活动更多地在熟人之间进行,个人的道德信用或政治社会地位在经济交往过程中起到了重要的作用。这种情况下,经济活动在很大程度上受伦理原则的影响,而不是遵循完全意义上的利益原则。一个人在与他人进行经济活动时,其地位和利益保障往往会因其社会地位与道德品行有较大的差异。朝廷或官府主导的经济活动,也因政治权力的介入,更多地是一种政治权力运作。其更多地是着眼于保障政府的财力与政治治理体系的稳固,而不是纯粹的经济活动。比如,明代盐的专卖模式及其运作体系的变化就主要是基于

---

① 肖瑛:《差序格局与中国社会的现代转型》,《探索与争鸣》,2014年第6期。

不同时期朝廷税收和财政的考虑①。在这种经济活动中,交往关系经常受到权力和伦理关系的干预,主体之间并没有十分明确的横向对列关系,因而交往对象的地位通常并不平等,并不能形成平等的交往主体,更没有形成一种可供普遍遵循的市场交换准则。换句话说,中国传统的经济活动也是基于伦理和政治权力形成的"差序格局"的一部分。因这种经济活动本身受伦理和政治的强力制约,传统社会未能内生出类似现代市场经济的交换准则。而现时市场经济中的种种问题,也与这种"差序格局"的因素有关。

与"差序格局"中的纵向对列关系不同的是,发源于西方的现代市场经济中的经济活动或经济交往要求遵循经济主体之间的平等原则,并建立起横向对列关系。在这种格局下,才有可能在经济活动中排除经济因素之外的影响,以促成公平有效的交易环境。另外,随着资本出现,其逐利的本性在很大程度上消解了个人道德品格在经济活动的作用,甚至于政治的运作都需要在某种程度上服从资本逐利的逻辑。基于以公司法人为主体的经济交往活动并不关心特定个体的个人特质。个人被卷入市场,所有的经济活动都需要遵循经济利益最大化的逻辑。在现代市场经济条件下,人们的交往范围和交通方式也有了大幅的扩展,不仅传统的"五伦"关系在经济活动中作用大大减杀,经济交往中的熟人圈子相对而言也大幅萎缩,基于血缘和熟人结构交往产生的信用约束力越来越弱。客观来说,从"差序格局"的纵向对列格局向基于平等的横向对列格局过渡,是市场经济的内在要求。

现代中国在努力建立市场经济的同时,因各种原因的影响,并没有能够确立起完全平等的市场主体,即没有在市场经济中确立一种平等横向的对列格局,传统的"差序格局"转变成了"新差序格局"。在这种"新差序格局"中,市场主体之间没有完全平等的地位,依然在某种程度上保留了"君子"、"小人"的角色伦理。与传统社会以"差序格局"和熟人社会以伦理关系和个人品格确立的"君子"与"小人"的纵向对列格局相比,"新差序格局"中的"君子"与"小人"之分也有一套"客观"的标准。以道德品格判定"君子"、"小人"需要基于个人对于自身品格的塑造以及人与人之间的相互了解,也就是基于伦理关系。市场经济条件下,人们社会交往的无限扩展意味着以道德品格为基础判定"君子"、"小人"

---

① 参见黄仁宇:《十六世纪中国之财政与税收》,北京:生活·读书·新知三联书店,2001年,第五章"盐的专卖"。

的原则不再具有普遍的有效性。于是,这套"客观"的标准,只能诉诸于权力、名望和经济地位。传统以伦理关系和道德品格为判定"君子"、"小人"标准,演变成了市场经济条件下以权力、知识、名望和经济地位为判断"君子"、"小人"的标准。这种格局中的市场经济,"君子"经常干预经济活动,"小人"的经济利益经常在经济活动中受到"君子"的侵害。

总之,现代中国市场经济的建立与发展,依然不改中国社会依然是"差序格局"的基本底色,却又因熟人社会的瓦解导致道德品格评判的缺位,给经济活动造成了很大的困扰,并给社会治理带来了一定的挑战。一方面,随着社会交往的扩大,社会关系的扩展,使得原有的熟人社会的交往方式和治理规则不再如前那般有效,传统的"君子"品格在现代社会交往中并不起决定性的影响;另一方面,传统的"君子"、"小人"的对列格局以及由此产生的"新差序格局",使得抽象的个体平等的理念无法落地生根,市场主体之间的平等关系也无从建立,更遑论由此产生普遍个体信用。既然以"君子"、"小人"对列产生的"差序格局"依然还是中国社会的底色,却又因伦理关系和道德评判的弱化失去了强有力的外在约束,我们就不难理解本来应基于以个体平等的市场经济活动机制在当下中国社会出现的种种问题。"权力崇拜"、"金钱崇拜"、"消费欺诈"、"投资骗局"等种种问题在熟人社会解体和伦理关系缺位后应运而生,乃至于"杀熟"现象也屡见不鲜。

四、"君子之道"的现代界限

在现时,社会精英已然成为"新君子"。以此为圆心,涵盖社会各方面的"新差序"已经成为当今的主要社会结构,这种结构正在左右并将长期左右中国的社会治理。因此,对君子之道与社会治理的关系就需要重新思考。杨国荣指出,君子与小人之间的比较和区分,从不同方面突出了传统视野中君子人格的具体内涵及其特点,但从现时代看,其社会机构不同于传统社会,其人格形态常常涉及公民权利,考察君子这一传统人格在现代的意义,需要联系公民等现代社会的人格形态。① 这种思考对于市场经济中的主体尤其重要。总体来说,传统的"君子之道"在市场经济中有着极大的局限性,很大程度上妨碍着公平市场

---

① 杨国荣:《君子人格:历史内涵与现代意义》,《江汉论坛》,2020年第3期。

环境的形成。因此,不能以传统的"君子之道"为市场经济的治理之道。

中国传统社会基于政治和伦理两个方面的强约束,"君子"、"君子品格"以及由此产生的纵向对列格局保证了政治治理的有效性和社会运行体系的基本稳定,可见"君子之道"作为一种理想的品行不仅对个体的道德完善具有积极的意义,对政治治理也有不可替代的积极作用。而市场经济的建立需要一种平横向对列格局,如何将传统的"君子之道"所产生的"差序格局"限定在一定范围,并尽可能将其排除在市场经济活动中之外,并在市场经济中建立一种横向的对列格局,就显得十分必要。

就政治治理而言,"君子"与"小人","干部"与"群众"的纵向对列格局或"差序格局"依然是现代社会治理体系包括选举政治的基本特点。基于人们对当政者道德品格和能力水平的期待,提倡"君子之道"依然有其积极的意义。无论是在传统的治理体系中,还是现代政治的运作机制中,当政者作为公众人物,其政治行为和大众福祉密切相关,其个人能力和品格受大众的检视实乃自然之事,现代政治的运作机制和发达的信息技术也对这种机制的运行也起着很好的辅助作用。当政者对"群众"而言依然是单向度的"熟人","干部"是"君子"或"新君子",群众是"小人"。"干部""密切联系群众","群众"团结在"干部"周围乃是政治上的自然之事。可见,"君子之道"依然是政治人物需要追求的"为政之道",即便在西方社会也莫能例外。

就个体而言,熟人圈子的相对萎缩、传统伦理关系相对弱化依然不改传统的"君子之道"对于安身立命的根本价值。个人之于父母兄弟姐妹朋友,员工之于单位领导同事,自不待言,传统的伦理关系依然在起着决定性的作用。在社会领域中,成功的商人、知名的学者与演艺明星等与政治人物一样,对社会大众而言也是单向度的熟人,作为公众人物,他们的行为和品格自然会成大众检视的对象,对全社会而言,他们依然是"君子",须以"君子之道"为理想品行以满足大众对其的道德期待。否则,个体依然很难安身立命。

需要进行检讨反思的主要集中于经济生活。传统社会的经济交往主要在熟人之间进行,经济交往也更多地是基于伦理规则,经济生活本身是传统"差序格局"的一部分内容,个人品格是经济生活的基本信用。现代市场经济活动则要求改变这种基于血缘和伦理的交往方式。随着专业化的分工和商品信息的大规模流通,原来熟人之间所遵循的那套经济交往体系被打破了,基本以伦理准则和个人品格为基础的经济交往方式在很大程度上已经失去了其应有的效果。经济组织的建立更使得经济交往的主体成为了法人,伦理关系和个人品格在经济生活中不再有主导的地位。基于量化的客观评判标准亟需取代原有的熟人之间的信用关系。且,市场经济体系建立基于经济生活中的主体的平等地位,无平等经济关系的建立,则无法形成公平有效的市场经济体系。不难看到,经济生活中的依附关系(诸如内幕交易、利益输送、经济主体的权利不平等等)给市场经济带来了消费欺诈、投资欺骗、维权困难等一系列问题。这些问题又与"新差序格局"中本有的问题相互强化,对社会治理形成了巨大的挑战。

特别需要说明的是,企业家或商人与市场的活动主体必须分开来看。企业家或商人以"君子之道"为理想品行,与市场经济主体遵循市场规则是两回事。商人是"新差序格局"中的具体个体,不同个体之间有品性的差异是一种正常现象。市场主体则是一个抽象的概念,内涵了与之平等的交往对象。这与"君子"或"新君子"概念完全不同。由于市场经济中的资本追求利益最大化的本性,现代市场经济活动并不遵循道德和伦理的原则,或者说遵循的是非道德伦理原则。个人的道德品质与在对市场经济活动主体并无必然的联系,甚至于,个人乃由资本和利益所支配。马克斯·韦伯所描绘的资本主义精神,就是"从牛身上榨油,自人身上赚钱"[1],并认为这是资本主义的独特伦理。因此,市场经济中的规则应该是一种基于法律对于所有主体共同的强约束。这乃是由于,经济活动中的主体从根本上来说是一种抽象的彼此平等的主体。

企业家或商人就其作为公众人物而言,"君子"品行是大众对其的一种普遍的要求。人们对公众人物的道德期待存在普遍性,无论其是成功的企业或商人还是明星,是政治领袖还是知名学者。人们期待成功的企业家或商人与政治人物和其他公众人物一样,有一种"超乎私人关系的道德观念"[2],以"君子之道"为品行理想来需要满足人们对其作为公众人物的道德品格期待。可见,"君子之道"对于成功的企业家或商人而言,其必要性更多地基于其是一个公众人物,而不是基于其作为市场的主体。而就其作为市场的主体而言,则只需要遵循所有市场主体本应遵循的规则。更何况,现有的市场主体更多的是公司法人,市

---

[1] 马克斯·韦伯:《新教伦理与资本主义精神》,彭强、黄晓京译,西安:陕西师范大学出版社,2002年,第23页。

[2] 费孝通:《乡土中国》,第30页。

场主体之间的活动原则是经济利益原则，而非道德伦理原则。即便市场主体试图塑造自身道德形象，目的也还是在实现其经济利益。因此，经济活动规则必须基于是由法律的强制，而不能基于所谓"君子之道"约束。从另一个角度来讲，企业家和商人个人的影响力（无论是经济实力上的还是个人声誉上的）过度扩展反而会影响经济主体之间的平等地位，进而损害经济规则（比如大公司的过度垄断，普通消费者面对大公司维权困难）。另外，经济生活与政治运作的不同之处在于：当政者相对处于一种层级上的天然"优势"地位——在同一个政治体系中并不存在一个与其相对的当政者，而经济生活中需要也应当寻求所有经济主体的平等——这无论是传统的"差序格局"还是已然形成的"新差序格局"都无法提供的。

传统的"君子"和"君子之道"概念产生于"差序格局"，反过来又进一步强化这种格局。在政治领域和个人安身立命方面，因权力和个人品质的"差序"特性及不同个体之间永恒的能力品格差异，君子之道作为理想的道德品格对于完善政治社会治理与满足人性的道德期待有着不可替代的意义，因而具有永恒的价值。而基于西方近代以来的以原子个体平等为基础的市场经济，需要市场活动的主体之间遵循横向的平等对列原则，从而与各种"差序"相区别。而"君子"与"小人"的对列格局乃是纵向的，其本质上也是一种"差序格局"。现时中国社会在原有"差序格局"的基础上形成了"新差序格局"，但依然不改"差序"的基本底色。中国现代社会治理的基本矛盾之一就在于"新差序格局"与市场经济要求主体平等之间的矛盾。"君子之道"作为政治上"为政之道"和熟人圈子的品格要求，在现代社会依然有其不可替代的作用，但如果将这一作用无限扩大，尤其是扩大到经济活动中，则不但无效，且会对现代社会治理尤其建立公平有效的市场经济体制产生非常消极的作用。

小结

总体而言，中国社会依然存在着各种差序，这种差序又相互交错，彼此嵌套，形成了"新差序格局"。这种"新差序格局"虽与传统的"差序格局"不尽相同，但就其性质而言，依然是一种"君子"、"小人"相对的纵向对列格局。在当下，作为政治治理、社会伦理的"君子"、"小人"之对列依然有其积极的意义，且有助于社会结构的稳定与良性治理的形成。但就市场经济而言,"君子"与"小人"的纵向对列则会妨碍公平市场环境的形成,又在某种程度上妨碍着社会的良性治理。"君子之道",作为一种永恒的道德理想,本身就预设了"差序"的存在,既然如此,就须将其排除在要求主体平等的市场活动之外。或许,我们可以期待一种严格恪守界限的"新君子之道",为"新差序格局"下的市场经济发展与社会治理提供有益的规则保障。

Doctrines of the Nobleman and Its Boundary in New Differential Pattern

Zeng Hailong

Abstract: Since preconceiving distinctions between individuals from different classes, the traditional concepts of "Nobleman" and "Way-to-be-Nobleman" mainly express an ideal personality and politics. As a kind of cultural psychological structure, it reinforces each other with the traditional differential pattern, affecting the governance of traditional society. Restricted by the strong power of ethics, the economic activity under the traditional "Differential Pattern" cannot develop into an independent structure. Due to the division of labor and market economy established, a "New Differential Pattern" with social elites centering has formed in Chinese society. "New Nobleman" represents the elite of the all walks of life and they are nucleus in the society under the "New Differential Pattern". It is obviously that the concept of "New Nobleman" not only preserve the previous meaning of nobleman, but also contains recognition of professionalism and professional achievements. Compared with ethical constraints in traditional society, market economic activities have inherent requirements of mutual equality due to the non-acquaintance relationship between the subjects, which is fundamentally different from those in traditional economic activities. Therefore, it is necessary to examine the application limit of the traditional "Doctrines of Nobleman" in the "New Differential Pattern".

Keywords: new differential pattern, market economic, doctrines of the nobleman, new nobleman

经学研究

哲学研究

太宰春台经学思想探析

*盛邦和**

[摘　要]　日本徂徕学派抵制宋儒理学关于孔子学说的注解与再释，主张阅读原著及古典经书，与儒家始祖作直接沟通。太宰春台属徂徕弟子，徂徕后续经学派的代表。本文拟对太宰春台作思想分析。

[关键词]　徂徕学派；宋儒理学；太宰春台；经学思想

读原著及古典经书，与儒家始祖作直接沟通，以晓识"古义"。古学派以"复古"为旗帜，鄙弃宋儒，斥其为伪学，从而与崇信朱子的德川主流意识旨趣有别。[①] 古学派源自山鹿素行的"圣学"，此为日本"古学"的开山，以后古学分为两支：其一为古义学派，以伊藤仁斋为代表。[②] 又有古文辞学派，也称萱园古学

---

*　盛邦和(1949—　)，男，江苏靖江人，历史学博士，华东师范大学中国现代思想文化研究所教授、中央民族大学社会发展研究所首席教授。主要研究领域为史学理论及史学史、中国与日本思想史学、东亚思想史论。

① 凡一个时代开场，必奉行一种主体思想，以配合有形的政治统治，对全社会实行有效的思想整合，以此利于执政的长治久安与社会的稳定发展。德川时代推崇朱熹思想，即朱子学为国家学说。

② 这个时代又出现国学派，所持思想与朱子学及古学格格不入。开创者为契冲(1640—1701年)，经贺茂真渊(1697—1769年)继承发展，至本居宣长(1730—1801年)集大成。国学派以《古事记》、《日本书纪》及《万叶集》为经典，推崇神道与本土文化，对汉学持批判抵御态度。国学著名学者还有荷田春满、平田笃胤等。

派,荻生徂徕(1666—1728年)为其领军。太宰春台为荻生徂徕弟子。徂徕逝后,学派分出文学派和经学派,太宰春台是经学派的首领。本文拟对太宰春台作思想分析,论其经学体系表现以下几方面特点:一、对"古道"的推崇及对宋学的贬抑;二、注重实际的经济政治论;三、"唯上智与下愚不移"的教育观;四、与荻生徂徕的分与合。

一、对"古道"的推崇及对宋学的贬抑

太宰春台(1680—1747年),日本德川时代著名儒学者。萱园古学派的重要代表。太宰名纯,字德夫,人称弥右卫门。春台是号。又因邸宅紫芝园,别号紫芝。他写《经济录》,署名"本姓平手氏",是因为追溯到他的祖先,本姓"平手"。从谱记系图上看,五代祖平手政秀,曾就职于织田氏的门下。本能寺之变后,子孙移往能登地方住下,家族中多数于加贺藩家老横山氏门下做事。

春台的父亲名辰,是加贺平手氏第三子,后过继给太宰氏家做养子。太宰姓氏由此而来。辰成人后,任职于信浓国饭田城主崛氏家,任铁炮队头领,受禄二百石。春台生于饭田,九岁时父亲因故去职,一家人不得不移住江户城,过着浪人生活。[①] 因出身武士家庭,从小所受的教育使太宰春台养成质朴耿直的性格。

太宰春台儿时即跟随父亲学《孝经》、《论语》等儒学经典,后入中野拽谦私塾学习。拽谦为朱子学者,于江户开塾。春台在这里打下学问根底。十五岁时入仕但马出石藩主忠德门下服务,称病辞职,遭拒绝。二十一岁时未得藩主同意擅自离职。藩主不满,遂颁禁锢令,命十年间不得转仕别处。这使得春台在很长时间里处于失业状态,过着穷迫无奈的生活。1711年,出石藩主的禁锢结束,春台回到江户。在中野塾同门安藤东野的引导下,入著名学者荻生徂徕门下。春台向先生出示平时所撰诗文,深得赏识。同学者有服部南郭、山县周南等,皆为萱园高足。太宰一生贫寒,然专心治学。留给后人的著作有《经济录》、《论语古训》、《六经略说》、《辨道书》、《圣学问答》等。

---

① 尾藤正英:《太宰春台的人及思想》,载赖惟勤校注:《日本思想大系37·徂徕学派》,东京:岩波书店,1972年,第490页。

太宰推崇"古道",也劝人遵守。这古道,就是原典意义上的六经旨意、孔孟之道。他不满后世儒家对古道的诠释与改造,进而鄙弃这些俗儒所撰的作品。他强调古道尊严,指其始出即已涵盖真理,而后世儒家的言论文献,都是对古道的误读与讹传。"孔子没,圣人道由古而今,二大厄也。一曰秦始皇焚书坑儒,一曰宋儒说理。"①自从孔子去世之后,古道遇到两个特大的灾难,一是秦始皇焚书坑儒,一是:"宋儒说理",即朱熹"理学派"出现,对孔子原典的错误解读与亵渎伤害。他感叹道,对于焚书坑儒,举世而知其误,责其罪,而对于"宋儒说理",世人却不知其错,相反受其蒙蔽,沉溺而不自知。其实,秦火焚书,无法将华夏诗书焚尽灭绝。虽遭焚毁,也不过是野火春草,虽毁而再生。书是烧不完的,有人烧书,就有人藏书,且先人之道,既载于书简,也传于口耳,至于汉起代秦,孔学复出复兴。

古道是先王之道,先王之道在六经,六经原是先王治理天下的工具。也就是这个原因,人们把六经说为"六艺"。所谓艺者,含工具、方法的意思。六艺,是一个配套体系,须综合学习使用,缺一不可。缺其一,无以治国。且六艺间不可相互替代,不可以《诗》代《书》,不可以《礼》代《乐》,也不可以《易》代《春秋》。宋儒"义理"之学兴,情况发生变化,上述道理,无人明晓,无以实行。在宋儒看来,何必通六经之全,只要在六经之内,择一经而专,即可修身、齐家、治国、平天下,无所不能。"每说一经,辄以为圣人之道,尽于斯矣",宋儒有病,此其病矣。"程伊川治《易》,胡文定治《春秋》,朱晦庵治《诗》,皆因此而坐失其道"。此类情景,让人想起释氏治佛经,"执一经,浮屠之道,尽在此也",与宋儒相较,何其相似乃尔。②

太宰春台引《史记》以证己说:太史公有"六艺者,折衷于孔子"的说法。折衷,即是非判断。论说六经之道,必以孔子之"古道"定是非,必以孔子之说为准绳,分别善恶邪正别无他法,一从孔子。这是后世儒家必须遵从的法则。他指出,有所谓"礼"者,有所谓"义理"者,这是两个不同的概念。礼者,先王所制定,后人当遵循不误。义理不同,各人所见,杂沓相异,甚难划一而定权威。一则以义理说人,一则以义理责我,聚讼纷纭,共识难求。这里"礼"是孔子原典"古

---

① 太宰春台:《圣学问答序》,载赖惟勤校注:《日本思想大系37·徂徕学派》,第58页。
② 太宰春台:《斥非·附录》,载赖惟勤校注:《日本思想大系37·徂徕学派》,第181页。

道","义理"是宋儒歪门邪道,太宰崇"礼"而贬"义理",是对宋儒思想的进一步批判。

在论说"古道"的同时,太宰又倡说区别于宋儒的独自"义理"观。他说:"理"如木之纹路,纹路即理路,即理也。木之纹路为木理,玉石之纹路,为玉纹、玉理。石纹则为石理。其他如人之肌肤、鸟兽鱼鳖之筋肉也概有纹路。是故万物有纹,万物有理。① "道"和"理",具有密切的关系,道在前,理在后,有道方有理。道具有至高无上的统领地位,而理从属于道。天下有道,理可以被识别。无道,理沉溺于混沌而无法识别。道又有古道、今道的区别,只有古道是真正的道。宋儒"说理",弃"古道"而释天下之"理",犹盲人摸象,空忙而无结果。道是真实的存在,而"理为虚",古人轻虚言而重实际。朱熹及宋儒说理,拨弄簧舌,巧说虚"理",缥缈虚无,直悖先王之道。②

太宰春台进一步解析"古道"内蕴,提倡古道"人情"说。他在《读朱氏诗传》中说:"夫《诗》者,人情知行于言者也。三百篇其尽之矣! 天下人情,于何不有? 君子诵《诗》,不出户庭,可以知天下人情,知天下人情,然后可以施政于民,此《诗》之所以有用于政事。"③人情者,自古以来,不分吾国他国,皆无大异,言其大要,则为"好恶"二字。《大学》云:"民之所好,好之。民之所恶,恶之。此之谓民之父母。"从古道"人情说"出发,太宰演绎以下道理:君上者因有护民爱子之心,人称民之父母。君上爱民,如父母之爱子。知民之好恶,不悖其情,而谓仁政。人情好恶,犹物理之顺逆,因畏人心不服,而不稍有悖逆。若其不服,倾天下力不能胜之。④ 显然,太宰所谓"人情",其实就是"民情",民众之心情、公众之舆论,或者称之为"舆情"。君上施政要以民情、舆情为关注目标,顺乎民心而"而不稍有悖逆",由是国泰民安。

二、注重实际的经济政治论

太宰治学重经济论。他注目礼义的物质基础,认为风尚不振,在于贫困,人

---

① 太宰春台:《经济录》,赖惟勤校注:《日本思想大系37·徂徕学派》,第23页。
② 太宰春台:《读朱氏诗传》,《朱氏诗传膏肓》第11卷,第7页,引自洪楷萱:《毛奇龄与太宰春台对朱熹〈诗集传〉之批评比较》。
③ 太宰春台:《读朱氏诗传》,《朱氏诗传膏肓》第11卷,第1页。
④ 太宰春台:《经济录》,赖惟勤校注:《日本思想大系37·徂徕学派》,第25页。

因富足而知礼,因潦倒而犯法,力主发展经济,助成社会道德的提升。他强调土地为致富之本,鼓励开荒种地,增殖财富。他不反对工商实业,认为农工商并举,方可开拓财源。他要求制定合理的赋税制度与金融规则,以使税收适量,物价平稳。

太宰春台说中国古典《尚书》有《禹贡》篇,述水利、画地域、居人民,是乃经国之本。又说《尚书·大禹谟》,所言三事,一曰正德,二曰利用,三曰厚生矣。治钱谷之政,利用厚生之道也。① 在太宰看来,孔子之学实为经世济民之学,上溯至周代之学,也以实学为本。他说:《论语》记子贡问政,孔子答曰:"足食足兵,民信之矣。"又武王为政,所重民食丧祭。圣人之经济,昭昭然载于六经,如中庸云"文武之政,布在方策"是也。

太宰回顾战国历史,得出以下的感想:当周世之衰,有齐桓公用贤者管仲而成霸业。管仲之政富国强兵,虽不及二帝三王之治,但相齐桓公,合诸候九,匡天下于一,而有其功。及周之末,诸子百家起。申不害,韩非之徒,从刑名法术游说世主,虽非圣人之道,也为"经济之一端"。太宰论中国历代经史,政治、经济、文化数端,总于经济一端详加叙论。钱谷之政,人民利病所系,故尤重之。太史公考古往今来,于经世济民,所论者多。如是之后,凡作国史者,皆效仿之。如班固作《前汉书》,所论经济者精详。② 太史公所书,诚万史之法。

太宰又说:"自古以来,无辅臣,用独智,终难成人主之伟业。具学问而通达古今,明天时而察事理,知运势而晓人情,且能谙经济之道者,举卑贱,辅佐论道,议政事而立不易之定法,何患天下不治。"凡经济者,必稽古而师古,《尚书》云:"唐虞稽古",说的是尧舜师古。尧舜既有师法古代之先例,况后人乎,可不师古?他强调立政者应有其大体,不以古道为本,政之大体岂能知之。所谓立政大体,无论古今,无论吾国他国,一概无异,"立政必师古也"。③

太宰在其所著书中常作中日政治情况比较,如比较中日地域管理制度:日本古代"未曾立法创制,诸侯未建,郡县未置,洪荒草昧,历数百年。其后与异国交通,见中华既建郡县,也效法定国郡之制。国中立国司,郡里立郡司。"④纵观

---

① 太宰春台:《经济录》,赖惟勤校注:《日本思想大系37·徂徕学派》,第18页。
② 太宰春台:《经济录》,赖惟勤校注:《日本思想大系37·徂徕学派》,第19页。
③ 太宰春台:《经济录》,赖惟勤校注:《日本思想大系37·徂徕学派》,第28页。
④ 太宰春台:《经济录》,赖惟勤校注:《日本思想大系37·徂徕学派》,第20页。

中国史,秦始皇定"郡县制",国以下设郡,各郡设守、尉及监。郡以下设县。至汉代立州、郡、县三级制度。州超越郡,为一级行政单位。至唐朝又有道路制度。如唐太宗将全国设为10道:关内、河南、河东、河北、山南、陇右、淮南、江南、剑南和岭南。以10道分管府、州358个,县1551个。日本曾从中华学来"郡县制",变化有异,结果不同。①

春台提出独到的"封建论",他说读《文选》,至曹元首"六代论"、陆士衡"五等诸侯论",必凝目细读,知其皆言封建之利、三代之治。唐代柳宗元著《封建论》,论分封建国本非圣人本意,乃不得已为历史大势所迫。肯定郡县制代替分封制是历史必然,极言郡县制度之便利,其言谬也。② 在他看来,日本以郡县治国,至室町后期,藩镇强盛,守尉据其地,豪杰崛起于四方,兵争不已,遂成战国。而神武受命,奋其英武,统一海内,于是以其地降者,因封之。且又将各方要地,封侯于子弟及有功者,以作王室藩屏。就此形成诸侯三百,宛然如三代制度。③ 他情不自禁地直呼:"美哉。"④

太宰春台觉得,天下之患莫大于夷狄入侵,国家受难。国家之幸,莫大于国君取信于民而亲。而要一个国家做到去患有幸,必取法圣人之制,分封诸侯以建国。这样做的结果,推恩报功,于国族示以恩信,于有功给予报偿,使亲者更亲,贤者更贤,由此人心安定,国基巩固。⑤

太宰认为:郡县制度肇始于秦朝,自汉以后,百代因袭。其安置官职,管理地方的方法,各个朝代虽有不同,然而有一点是相同的,即派过去的官吏在当地任职,一般不会超过十年,时间少的甚至个把月就调离了。⑥ 一个官员赴任某地,宛似游客行于旅途,即使想在任职期间做点事,也无奈时间过短,心意不定,最终因循守旧。纵有爱民之心,也鲜见成效。与此不同,诸侯在他分封的小国,往往以国为家,不会出现苟且当前,不为永久之计的情况。⑦

孔子说,"如有王者,必世而仁",若是一国王者,必投以世代精力,方可收仁

---

① 太宰春台:《经济录》,赖惟勤校注:《日本思想大系37·徂徕学派》,第21页。
② 大久保利谦等编:《史料的日本史》近世编,东京:吉川弘文馆,1955年,第197页。
③ 大久保利谦等编:《史料的日本史》近世编,第197页。
④ 大久保利谦等编:《史料的日本史》近世编,,第197页。
⑤ 大久保利谦等编:《史料的日本史》近世编,第197页。
⑥ 大久保利谦等编:《史料的日本史》近世编,第197页。
⑦ 大久保利谦等编:《史料的日本史》近世编,第198页。

政的效果。又说:"善人为邦百年,亦可以胜残去杀矣。诚哉是言也!"即善人治理国家,历一百年,方可战胜残暴,去除杀戮。此言不假!① 春台如是说:早在先王之世,诸侯得茅土之封,促使他们作如下思考:其地是我的国家,其人是我的臣民。有了这样的思考,自然就会专心勤谨,去从事他的国政。他会立社稷宗庙、营都邑城市,努力把该做的事情做好。也会制田里、修沟渠,处处为民着想。他会与邻国相商,划定疆域,然后与民共守。友邻相好,互不相扰,相亲而安。邻国入寇,也不至于灭亡。纵使国亡,民心未亡,复国再兴的希望犹在。此其何也?乃"士恶辱其先,民重离其乡"是也。

作为社会上层的君子士人,其可恨而反对的,是辱没先王。作为社会基层的众多人民,其最看重而难以接受的,是离乡弃土。先王不可辱,乡土不可离。国家一旦有难,社会上下,必然奋力有为,雪耻复国。一个国家面临强敌,若要团结一致,最可靠的不是发号施令,而是不辱先王、不弃土地的决心。这个精神的萌生与成长,与分封制有关。国君世代主政同一个国家,培养了国民对先王土地的诚情。②

他论中日在立国号方面各有不同。"中国夏、商、周三代以后,每有王者兴,其必立一代之国号,如秦、汉、魏、晋、宋等。"这些国名,许多是战国时出现的列国名号,底定天下,则立为一统之国号。元太祖蒙古人取天下,因"夷狄"而知耻,不用蒙古名号,而另立国号为"元"。至于清朝,鞑靼人也,取天下后,沿用元代旧例,另立国号为"清",取天下皆清,而后一新之意。与中国不同,在日本则出现别样气象,"日本"为本国本名,一成不变,没有出现中国那样的屡换国名的情况。日本武家执政,历朝更迭,而"日本"国名不变,天皇的最高名义不变,此所谓"万世一系"。③

太宰又通过比较中日文字用途,说明两国皇帝权威与社会等差构造的些微变化。他说日本有常用字"御"字,此"御"字,按中华本土字义,是驾驭的意思。驾驭也叫御车。马车有四匹马拉动的驷马马车,也有五马、六马之车。坐在车上,执缰驾驭的人称为御者。在中国,皇帝御天下,御字也有了特别的含义,如果加在一个名词的前面,总与至高无上的"天子"有关。譬如天子的衣服称御

---

① 大久保利谦等编:《史料的日本史》近世编,第198页。
② 大久保利谦等编:《史料的日本史》近世编,第198页。
③ 太宰春台:《经济录》,赖惟勤校注:《日本思想大系37·徂徕学派》,第12页。

衣、御服。食物称御膳。座席为御座。器物为御物。总称是御用之物。其他如出御、入御、还御之类的词语,也只限于与天子有关方可使用。日本不同,自古以来使用"御"字,随意而用,不分君臣,不别贵贱,无不当之处,更不会有僭越妄为的感觉。①

太宰崇尚所谓无为而治、垂拱天下的统治方法。他认为,无为有二,一为圣人之"无为",一为老子之"无为"。他记《论语》中孔子的话语说:"无为而治者,其舜也。"圣人无为,舜治天下,定官职,重用大禹、稷、契、皋陶、伯益、夔、龙、伯夷等圣贤为官人,任万机于群臣,而为君者在上无事也。君上无为之心,如日月映照国土,明察臣下之勤惰、忠与不忠、天下治否、兆民安否。《尚书》曰:"垂拱而天下治"。《中庸》亦曰:"笃恭而天下平",皆说无为之意也。②

太宰认为,学习中国管理好国家,还须审时度势,顺应"时势"。他强调说:既当知其理,也当明其势。按常理,火不胜水,火遇水则熄。然水若小水,火若大火,则水不能救火,此为势也,火势强也。风能助火之燃烧,然风吹灯烛之火,则灭烛火。火势不及风也。油之助火,然数石之油覆于火之上,则火灭也。事之势也。③水流低处,若其为激流,则可上高处,势所然也。又如坚木打钉,施以重石,难入也。小锤击打,即时可入,此也势也。④

太宰又论治天下国家者,须知"易"道。学《易经》,当知其易之大道。易道有三纲,谓时、数、阴阳。知此三者则易道明。易之原理,本起始于读数。天一地二,天三地四,天五地六,天七地八,天九地十,河图之数也。易者,因河图之数而作。"一三五七九天之数,二四六八十地之数。积一三五七九,二十五也。积二四六八十,三十也。合天地之数,五十五也。伏羲因此数而作八卦。"⑤在太宰看来"易经至理,云天地万物,皆有其数。就人而言,生死祸福浮沉有其数。万物中,鸟兽鱼鳖之生死,及至草木荣枯,也概有其定数。"⑥

---

① 太宰春台:《经济录》,赖惟勤校注:《日本思想大系37·徂徕学派》,第11页。
② 太宰春台:《经济录》,赖惟勤校注:《日本思想大系37·徂徕学派》,第31页。
③ 太宰春台:《经济录》,赖惟勤校注:《日本思想大系37·徂徕学派》,第23页。
④ 太宰春台:《经济录》,赖惟勤校注:《日本思想大系37·徂徕学派》,第24页。
⑤ 太宰春台:《经济录》,赖惟勤校注:《日本思想大系37·徂徕学派》,第37页。
⑥ 太宰春台:《经济录》,赖惟勤校注:《日本思想大系37·徂徕学派》,第38页。

三、"唯上智与下愚不移"的教育观

太宰春台相信孔子的话:"有教无类",但又深感孔子以下的话也是对的,即人有君子小人之分,君子为上智,小人为下愚,"唯上智与下愚不移"。两种人的先天之性是无法改变的,同样坐在一起接受教育,上智之人,不待教而自知,下愚之人,教而不知。就最后结果而言,上智日日进步而聪明有为,下愚懵懂无知且荒失一生。除以上两种人之外,茫茫人群中又有一种人,称为"中庸"。太宰引子产的话说:"人心之不同,如其面也",千人千面,千人千性,然大体而言,人分三类。① 人既分上中下三种,那么就要择上智之才,精心施教。太宰教育的目的,是磨砺人才,使上智之潜质充分展示,从而经形与质的改造与人格提升,终成其为有益于社会的上等之人,即太宰心目中真正的"君子"。

太宰春台这样表达他的教育观:自生民以来,有君子,也有小人。君子负有责任,即对小人的治理,而小人则治于君子,依靠君子而生活。"君子有君子之道,小人有小人之道。君子小人各尽其道,而天下治"。君子行小人之道,固不可也,反之小人行君子之道,也属不当,"小人而好君子之道者,不犯上作乱,必失身破家。"民可使由之,不可使知之,然于民亦须施教,教育他们孝悌、忠信、勤俭、畏法的重要。这些是道德的底线,缺其不可。然而,高深的道德原理,就不必对他们说了。比如儒家经典,与他们的现实生活没有直接关系,说了听不进,听了也不懂,岂不是徒费口舌。"为之说经,非其所宜也",不如不说。也有热心的儒者,出于好心,想使天下人咸知君子之道,就在街上筑起讲堂,招徕大众,天天讲经说道,结果效果不佳,徒劳无功,就是因为这些儒者不晓上述道理,"徒知教民,而不知民也各有其道"。②

在论及一个人的外在的君子容仪与内在之礼义之心时,太宰春台也一定意识到,这两个方面同时重要,因有内在之礼义,方有外在之容仪。犹如凡事物皆有形、质的区别,因有其质方有其形,而形是质的外在表现。然而,他对人格的外在表现,又是格外留意。他论如何识人用人,总得先从外形作初步的判别,而

---

① 太宰春台:《圣学问答》,赖惟勤校注:《日本思想大系37·徂徕学派》,第68页。
② 太宰春台:《斥非》,赖惟勤校注:《日本思想大系37·徂徕学派》,第147页。

后逐步深入，识其本质。在他所著《圣学答问》中，甚而把外在容仪放在至高的位置，教人重视，不由一点放松。"圣人之教自外而来之术，立身行先王之礼，处事用先王之义，外而具君子之容仪者，斯为君子，不必问其人内心之如何。"①看得出来，春台也在论及知与行的关系。其外之容仪、立身、处事，为行。其内之君子之心则为知。从外在之行，而判识内在之知，从这点上立言，外在的行先于内在的知，行重于知，未见其行，何见其知。同时，在太宰那里，"圣人之教"成为"自外而来之术"，既非"天理之学"，也非"心性之学"。太宰说这番道理，其目的还是把他的学问与宋儒理学区别开来。

作为人才的理想标准，太宰强调"君子不器"。他比较中国唐代诗人的才情、气度与事业，作以下的评价：唐人作诗之多者，莫如杜子美，次则白乐天。子美好记时事，故有"诗史"之称。乐天亦好记时事，而不及子美之雅驯，徒以日常口语为诗而已，虽多至千首万首，亦何足观哉，唯长恨、琵琶二歌较佳而已。他接着有了结论："子美虽称诗圣，然终于此耳，一生更无他事业，则亦犹二王之终身于书，顾长康终身于画，不免为曲士，何望不器之君子乎？"②这是说，杜甫虽有"诗圣"的美名，而他一生的事业格局，也仅此而已。他的学问局限于诗歌之一隅，而并没有读经研史方面具有重要的创获，在经世济民方面提出杰出的见解。犹王羲之、王献之只是书法家，顾恺之仅为画家，杜甫对国难民瘼虽有关注，可惜仅以诗人终世。显然，在太宰心目中有一个"不器之君子"的模式理想，亦即读书人当具鸿鹄之志，指点江山，规划天下，而不应该像器具那样，作用仅限于一个具体的方面。器者，形也。有形即有度，必有限，必满盈。器者工具也，必被动，必被用。故君子之思不器，君子之行不器，君子之量不器。纵观诗人杜甫一生行止又怎能够达到这个要求呢？

"终身读书而不晓六经之旨，不知圣人之道，名为文士耳。于鳞呕出心肝而死，元美卒事浮屠于小祇园而终焉。俱无功业之足称于世，岂不可悯哉？余常为此愤懑，好古君子盍小省焉。"③太宰说：于鳞呕心沥血、元美卒事浮图，可惜都没有建立功业，仅是文士，这是因为他们虽读六经，却不知六经旨意。而六经旨意的根本是教人气象宏阔，而为"不器"之君。

---

① 太宰春台：《圣学问答》卷下，《日本伦理汇编》六，明治三十五年(1902)，第274页。
② 太宰春台：《诗论》，《日本诗话丛书》第四卷，日本东京文会堂书店，1919年，第292—293页。
③ 太宰春台：《诗论》，《日本诗话丛书》第四卷，第296—297页。

四、与荻生徂徕的思想分合

后世学子通常把太宰看作徂徕高足,承继徂徕衣钵第一人,然而他们之间的关系,并不是那么融洽无间。徂徕把太宰这位不怎么听话的学生,视为食盘中的"鸡肋",食之无味,弃之可惜。从先生角度来看,太宰在心中的地位不是很高,或者说是可有可无。

太宰在讲述自己与先生徂徕关系时,也一样耿耿于怀。他在给同门服部南郭的信中这样说:"纯(太宰的名)在社中,碌碌无为。先生(徂徕)对于我,不过视鸡肋而已。……于先生所为,纯时有不悦,常与之争。此为不被先生所取之缘由也。先生好著兵书,言刑名以干诸候,纯也讥之。"这里道出先生徂徕视学生春台为"鸡肋"的原因。太宰平时对先生学问常有不满,且不顾师道尊严,敢于发出不同声音。先生好兵法,著兵书,又在著述教学中,大讲刑名之学,春台不以为然,甚至流露讥讽的态度。①

太宰在他所写的《紫芝园漫笔》中又说:先生(徂徕)志在進取,重才取人,未以德行作主要标准。二三门生,也习闻师说,专以文学是讲,于德行而不屑也。"是以徂徕之门,跅驰之士多,及其成才,亦不过是文人而已。"徂徕学风其弊于此。外人既以此讥讽先生,纯(太宰春台自称)于先生也有不满,此乃先生视吾为"鸡肋"之所以也。书云:知之未艰,行之唯艰。焉所知乎?

可见,太宰春台对徂徕门下之下弊,早有察觉,一一非难,尤其对徂徕与他的学生,言行不符,知行不一的治学缺陷,果敢批揭。也就是这样的特立独行,引来导师的不快与微词,也使他在徂徕同门师友中常处于孤寡难堪的地位。②太宰春台在给南郭先生的信里,继续表白道:我春台作为徂徕先生的学生,未尝不倾心问学。昔时,子路为孔子所不悦,实则子路所为乃为孔子御侮。窃虽愚鲁,也可用孔子师徒关系自比也。

从来的研究,每当论及太宰与其师相处,都会引用上面太宰的话语,以证门生于导师诚意尚存。确实,太宰在诸多文字中,虽对老师言行有所指摘,然而并

---

① 尾藤正英:《太宰春台的人及思想》,赖惟勤校注:《日本思想大系37·徂徕学派》,第487页。
② 尾藤正英:《太宰春台的人及思想》,赖惟勤校注:《日本思想大系37·徂徕学派》,第488页。

非表示在重要学术观点上,两人相对而立,更没有对导师做出"谢本师"的表示。同样,作为学派领军的荻生徂徕,也最终爱才惜才,没有把太宰逐出学门。从这个意义上说,太宰春台依然是徂徕学派中人。他的种种学术观点仍然与徂徕思想发生内在联系,而其不同处,正是对徂徕思想的"纠谬"与补充。①

比较徂徕与太宰的思想,可以发现两人都注重"道",然而在如何认识道及实现道的问题上,所持理念迥异。在徂徕看来,道可以自然地实现,不需外界力量的强制与催化,更无须丝毫的压迫。道是人的本能,与生俱来,储存于人的体内,浮现于人的脑际,稍加启发即可油然而生。与此不同,在太宰看来,道存在于外界,而不在人心之中,且与未经教化的人心相悖。若要道的实现,不能用内省方法,反身求己,从内心把它呼唤出来。相反,必需外界强加力量,努力干预,非此不能体验真正的道,不能将道变成行为的规范。显而易见,两人对道德的实现,一个自然无为,一个严格自律,由此体现各自的特色。②

十七世纪的中日学术都逐步从理学的旧轨转向实学的新路,这样的"转轨"是中日思想由古代向近代转型的重要特征。这个时期,中国出现顾炎武、王夫之、黄宗羲等重要思想家。在日本,则有以荻生徂徕、太宰春台为代表,从"古学派"中走出的"徂徕学派"。太宰春台推崇"古道",贬抑"宋学";讲求实际,经世致用。如此"实学"精神都值得肯定。他与荻生徂徕学风作派虽有差异,大处着眼,却发现是走在同一个方向上。人们对太宰的教育精神与方法似有争议,然而既为一种"思想考古",展示"瑕疵",可期纵览古人生平精神之全程。

Study on Dazai Shundai's Thoughts on Confucian Classics

Sheng Banghe

Abstract: The Ogyu Sorai School in Japan boycotted the Neo Confucianism in song Dynasties, opposed their annotation and interpretation of Confucius'theory, and

---

① 尾藤正英:《太宰春台的人及思想》,赖惟勤校注:《日本思想大系37·徂徕学派》,第490页。
② 尾藤正英:《太宰春台的人及思想》,赖惟勤校注:《日本思想大系37·徂徕学派》,第503页。

advocated reading the original works and communicating directly with Confucius and Mencius. Dazai Shundai was a student of Ogyu Sorai. After his death, Dazai Shundai became the representative of the Confucian classics school. This paper would make an ideological analysis of Dazai Shundai.

Keywords: Ogyu Sorai, Dazai Shundai, Neo-Confucianism in Song Dynasty, Confucian classics

《毛传》《郑笺》以"古者"为辞解《诗》与儒家文明典范的建构*

陈斯怀[**]

[摘　要] 《毛传》《郑笺》多次以"古者"作为提示性的词语引出对《诗经》的解释,这是一种具有引述功能的形式化修辞,由"古者"引领的内容大多于文献有据、于古有征。《毛传》的"古者"之辞与"三《礼》"和"《春秋》三传"关系密切,以《礼记》最为突出。《郑笺》的"古者"之辞一方面延续《毛传》的特点,另一方面融入郑玄的时政之感,与之联系最紧密的典籍是《周礼》和《礼记》。《毛传》《郑笺》把"古者"建构成一种礼乐昌明、制度完备的文明典范,表现出鲜明的尊古观念,寄寓的是儒家的社会理想。

[关键词] 《毛传》;《郑笺》;《诗经》;尊古观念;文明典范

---

* 基金项目:河北省社会科学基金一般项目"《毛诗传笺》的诗学观念研究"(HB20ZW011)。
** 陈斯怀(1978—),男,广东汕头人,文学博士,河北师范大学文学院副教授、硕士生导师,主要研究领域为先秦两汉文化与文学、汉魏六朝宗教与文学。

《毛传》《郑笺》是解释《诗经》的经典之作，历来备受重视，①探索它们的学术渊源是众多研究的取径之一。② 以"古者"为辞引出对《诗经》的解释，这是《毛传》《郑笺》多次采用的表述方式，而"古者"是古籍中习见的词语，它引发的内容究竟只是泛指和假托之辞，还是确实于文献有据、于古有征，这是一个有待厘清的问题。考察这个问题，大体可以归入探索学术渊源的范畴。本文希望考述清楚《毛传》《郑笺》以"古者"为辞的切实情况，进而揭示它们建构起来的"古者"的形态和文化内涵，以及由此承载的尊古观念。尊古观念在先秦两汉时期已构成绵延不息的文化传统，在秦朝曾引发灾难性的"焚书"事件，对后世的《诗经》阐释、文学观念、文化建构等而言也是一项重要的传统资源。

一、《毛传》以"古者"为辞与早期文献

　　以"古者"为辞对《诗经》进行阐释，这是《毛传》采用的引人注意的一种解经方式。确切而言，这种方式见于对《周南·葛覃》《召南·羔羊》《邶风·静女》《鄘风·干旄》《郑风·子衿》《齐风·东方未明》、《小雅》的《鱼丽》《车攻》《正月》、《大雅》的《生民》《烝民》《瞻卬》12首诗的解释。辨析《毛传》以"古者"为辞的具体内容，大体分为三种情形。

　　第一种一共有8则，从表达的意思到文字表述都有早期文献与之相应，这些文献在时间上要么早于《毛传》，要么与《毛传》约略同时，这意味着《毛传》所述"古者"的内容或者以它们为据，或者同属一个系统来源，应有早期文献作为依据。

　　《毛传》对《小雅·鱼丽》一诗的一段解释值得注意，这段"古者"之辞与各种早期文献都存在交叠，其文曰：

---

① 历代《毛传》、《郑笺》研究情况参见陈锦春：《毛传郑笺研究史纲》，山东大学2013年博士学位论文。
② 参见梁锡锋：《郑玄以礼笺〈诗〉研究》，郑州大学2004年博士学位论文；刘毓庆：《〈毛传〉的"战国遗孤"角色及其理性精神》，《文艺研究》，2007年第11期。潘季英：《〈毛传〉说诗探源》，重庆师范大学2008年硕士学位论文；孙海龙：《郑笺对三家诗的接受、融合与创新》，东北师范大学2013年硕士学位论文；谷丽伟：《〈毛传〉与河间古文诸经关系考》，《东北师大学报（哲社版）》，2014年第1期。以上诸作都致力于《毛传》或《郑笺》学术渊源的研讨。

> 古者不风不暴,不行火。草木不折不操,斧斤不入山林。豺祭兽然后杀,獭祭鱼然后渔,鹰隼击然后罻罗设。是以天子不合围,诸侯不掩群,大夫不麛不卵,士不隐塞,庶人不数罟,罟必四寸,然后入泽梁。故山不童,泽不竭,鸟兽鱼鳖皆得其所然。①

以上文字与《礼记》多有重合,其文为:"天子不合围,诸侯不掩群。……獭祭鱼,然后虞人入泽梁;豺祭兽,然后田猎;鸠化为鹰,然后设罻罗;草木零落,然后入山林。昆虫未蛰,不以火田,不麛、不卵,不杀胎,不殀夭,不覆巢。"②两者在内容上互相呼应,存在明显的亲缘关系,相似的文句还见于《礼记·曲礼》《月令》。贾谊《新书》的《礼》篇也有文字与此高度近似,他是汉初礼制改革的草创者,其礼学继承荀卿一脉,而《荀子·王制篇》论圣王之制不失时就与《毛传》有相同之处。《吕氏春秋·孟春纪》《季秋纪》也有部分文字和观念跟《毛传》相应。可以推断,《毛传》的"古者"之说有充分的文献依据,这些早期文献之间交错分合,形成互相呼应而又复杂的面貌。

关于《小雅·车攻》一诗,《毛传》也有一段较长的解释,但不是以"古者"引领整段文字,而是把它放在最后一句,其文为:

> 一曰乾豆,二曰宾客,三曰充君之庖,故自左膘而射之,达于右腢,为上杀。射右耳本,次之。射左髀,达于右𩩻,为下杀。面伤不献。践毛不献。不成禽不献。禽虽多,择取三十焉,其余以与大夫、士。以习射于泽宫,田虽得禽,射不中不得取禽。田虽不得禽,射中则得取禽。古者以辞让取,不以勇力取。③

"古者以辞让取,不以勇力取"虽然被置于末尾,但这显然是对前面田狩之事的概括,整段内容都属于"古者"统摄的范围。陈奂《诗毛氏传疏》说:"经言'庖盈',传因推广乾豆、宾客,此《礼记·王制》及《春秋》桓四年《公羊》《榖梁传》

---

① 毛亨传,郑玄笺,孔颖达疏:《毛诗正义》卷九,《十三经注疏(整理本)》,北京:北京大学出版社,2000年,第707页。
② 孙希旦:《礼记集解(上)》卷一二,沈啸寰、王星贤点校,北京:中华书局,1989年,第334—335页。
③ 毛亨传,郑玄笺,孔颖达疏:《毛诗正义》卷一〇,第765页。

田狩之事,皆有其文。"①这三处文献与上引《毛传》确实可以互相印证,但不能涵盖《毛传》的主体内容,与《毛传》相似的其实还有另一段记载。《穀梁传》昭公八年云:"御者不失其驰,然后射者能中。过防弗逐,不从奔之道也。面伤不献,不成禽不献。禽虽多,天子取三十焉,其余与士众,以习射于射宫,射而中,田不得禽,则得禽,田得禽而射不中,则不得禽,是以知古之贵仁义而贱勇力也。"②不只描述田狩的文字与《毛传》相近,而且用以概括田狩活动的结尾"古之贵仁义而贱勇力"与《毛传》的总结性文字"古者以辞让取,不以勇力取"意思基本一致。将《穀梁传》桓公四年和昭公八年两处文字结合起来,差不多就是《毛传》解释《车攻》所述"古者"的主体内容。

《穀梁传》昭公八年与《毛传》相应的这段文字出现"古之"这样近似"古者"的词语,类似情况还见于《毛传》解释《周南·葛覃》两次以"古者"为辞及其相关文献。其一为:"古者王后织玄紞,公侯夫人紘綖,卿之内子大带,大夫命妇成祭服,士妻朝服,庶士以下各衣其夫。"③孔颖达《毛诗正义》揭示此处用的是《国语》所记敬姜之言。其二为:"古者女师教以妇德、妇言、妇容、妇功。祖庙未毁,教于公宫三月。祖庙既毁,教于宗室。"④孔颖达认为这是来自《仪礼·昏礼》和《礼记·昏义》,陈奂《诗毛氏传疏》又补充《周礼·天官》作为其来源。《国语》所记敬姜之言是一段较长的文字,其主体部分以"昔"字引发,以"古之制也"收束,而《礼记》原文则直接以"古者"引出。

这样看来,《毛传》关于《大雅·瞻卬》的一段解释就格外引人注意,其文为:

> 古者天子为藉千亩,冕而朱纮,躬秉耒。诸侯为藉百亩,冕而青纮,躬秉耒。以事天地山川社稷先古,敬之至也。天子诸侯必有公桑蚕室,近川而为之,筑宫仞有三尺,棘墙而外闭之。及大昕之朝,君皮弁素积,卜三宫之夫人、世妇之吉者,使入蚕于蚕室,奉种浴于川,桑于公桑,风戾以食之。岁既单矣,世妇卒蚕,奉茧以示于君,遂献茧于夫人。夫人曰:此所以为君服与!遂副袆而受之,少牢以礼之。及良

---

① 陈奂:《诗毛氏传疏(貳)》卷一七,滕志贤整理,南京:凤凰出版社,2018年,第565页。
② 钟文烝:《春秋穀梁经传补注(下)》,骈宇骞、郝淑慧点校,北京:中华书局,2009年,第615页。
③ 毛亨传,郑玄笺,孔颖达疏:《毛诗正义》卷一,第38页。
④ 毛亨传,郑玄笺,孔颖达疏:《毛诗正义》卷一,第40页。

日，后夫人缫三盆手，遂布于三宫夫人世妇之吉者，使缫，遂朱绿之，玄黄之，以为黼黻文章。服既成矣，君服之以祀先王先公，敬之至也。①

孔颖达揭示这段文字出自《祭义》。按之《礼记·祭义》，其中有三段相连的文字，分别以"昔者天子为藉千亩"、"古者天子诸侯必有养兽之官"、"古者天子诸侯必有公桑蚕室"开头，②抽掉中间一段即可组成《毛传》的样子。《礼记》的三段文字分别出现"昔者"、"古者"这样的词语，不仅整体内容与《毛传》一致，连以"古者"为辞这样的方式都是相应的，可见彼此关系之密切。既然和《毛传》的"古者"之辞相应的早期文献有时也有"古者"或与此类似的表达，那么，《毛传》以"古者"为辞不仅于文献有据，而且，这些互相关联的文献很可能存在一个更为久远的渊源。

《毛传》解释《郑风·子衿》《齐风·东方未明》《大雅·生民》也都以"古者"为辞而有早期文献与之相应。其文分别为："古者教以诗乐，诵之歌之，弦之舞之。""古者，有挈壶氏以水火分日夜，以告时于朝。""古者必立郊禖焉。玄鸟至之日，以大牢祠于郊禖，天子亲往，后妃率九嫔御。乃礼天子所御，带以弓韣，授以弓矢，于郊禖之前。"③孔颖达、马瑞辰、陈奂已揭示这些"古者"之辞各有依据，不是虚泛之说。

第二种一共有3则，以"古者"为辞的《毛传》呈现出有所不同的情况，目前没有发现从文字表述上可与之直接对应的早期文献，但是它们所述之事能够找到相关的记载，大体可以判断《毛传》所言还是有所依据的，不是假托之辞。

其一是《毛传》解释《邶风·静女》："古者后夫人必有女史彤管之法，史不记过，其罪杀之。后妃群妾以礼御于君所，女史书其日月，授之以环，以进退之。生子月辰，则以金环退之。当御者，以银环进之，着于左手；既御，着于右手。事无大小，记以成法。"④以"古者"引领的女史彤管之法相当详细，不像是《毛传》泛述。虽说无法找到更早的直接对应的文献，但孔颖达引述《周礼》"女史"之职以证女史记事确有其事，陈奂引刘向《五经要义》关于"女史彤管之法"的一段话，

---

① 毛亨传，郑玄笺，孔颖达疏：《毛诗正义》卷一八，第1480页。
② 孙希旦：《礼记集解（下）》卷四六，第1222—1223页。
③ 毛亨传，郑玄笺，孔颖达疏：《毛诗正义》卷四，第367页；卷五，第395页；卷一七，第1239—1240页。
④ 毛亨传，郑玄笺，孔颖达疏：《毛诗正义》卷二，第205页。

内容与《毛传》相似,认为"此亦西京旧说,与毛传互有详略"。① 陈启源《毛诗稽古编》引董仲舒之言曰:"彤者,赤漆耳。史官载笔,故以彤管,用赤心记事也。"从而推论:"仲舒去古未远,所闻必有据。又武帝时,《毛诗》未行,而仲舒之论'彤管'与《诂训传》相合,不足为确据乎!"②女史之职和彤管记事其来有自,《毛传》称举的"古者"情形应是一个曾经存在的传统。其二是《毛传》解释《鄘风·干旄》:"古者,臣有大功,世其官邑。"孔颖达疏:"《左传》曰:'官有世功,则有官族。邑亦如之。'是有功之臣得世官邑也。"③所引为《左传》隐公八年的内容,文字与《毛传》有所不同,但表现的是相同的制度。其三是《毛传》解释《小雅·正月》:"古者有罪不入于刑,则役之圜土,以为臣仆。"④孔颖达引述《周礼·大司寇》和《司圜》说明《毛传》所述"古者"情形,文字上无法直接对应,而从《周礼》描述的内容看,确实存在一致性。圜土是早期监狱的名称之一,《竹书纪年》有夏帝芬"三十六年,作圜土"⑤的记录。《墨子》记载:"傅说居北海之洲,圜土之上,衣褐带索,庸筑于傅岩之城。"⑥傅说此时的身份是胥靡,被罚服役筑城,圜土就是拘禁他的地方。可见,《毛传》以"古者"为辞解释《正月》虽然在文字上找不到直接对应的文献,但所述之事有所依据。

第三种一共有2则,《毛传》虽以"古者"为辞,但找不到直接或间接与之相应的线索。一是《毛传》解释《召南·羔羊》:"古者素丝以英裘,不失其制,大夫羔裘以居。"二是解释《大雅·烝民》:"古者诸侯之居逼隘,则王者迁其邑而定其居。"⑦两者分别涉及服饰和城邑制度,从《毛传》其他以"古者"为辞皆有所据的情况看,这么重要的环节可能不是凭空虚设,而是渊源有自,暂且存疑。

以上分析可见,《毛传》以"古者"为辞解《诗》,大部分带有引述的性质,不是泛泛的假托之辞。《毛传》引述的"古者"有如下早期文献与之相应:《周南·葛覃》(《国语》《仪礼》《周礼》《礼记》)、《邶风·静女》(董仲舒《答牛亨问》)、《鄘

---

① 陈奂:《诗毛氏传疏(壹)》卷三,第139页。
② 陈启源:《毛诗稽古编》卷三,《景印文渊阁四库全书》第85册,台北:台湾商务印书馆,1986年,第376页。
③ 毛亨传,郑玄笺,孔颖达疏:《毛诗正义》卷三,第244—245页。
④ 毛亨传,郑玄笺,孔颖达疏:《毛诗正义》卷一二,第829页。
⑤ 王国维:《今本竹书纪年疏证》卷上,《海宁王忠悫公遗书三集》石印本,1928年,第9页。
⑥ 孙诒让:《墨子间诂(上)》卷二,孙启治点校,北京:中华书局,2001年,第68—69页。
⑦ 毛亨传,郑玄笺,孔颖达疏:《毛诗正义》卷一,第99页;卷一八,1438页。

风·干旄》(《左传》)、《郑风·子衿》(《墨子》《礼记》)、《齐风·东方未明》(《周礼》)、《小雅·鱼丽》(《荀子》《吕氏春秋》《礼记》《新书》)、《小雅·车攻》(《礼记》《穀梁传》《公羊传》)、《小雅·正月》(《竹书纪年》《墨子》《周礼》)、《大雅·生民》(《礼记》)、《大雅·瞻卬》(《礼记》)。"三《礼》"和"《春秋》三传"是与《毛传》引述"古者"关系最密切的经典,尤以《礼记》最为突出。《毛传》和《礼记》多有契合之处,这很可能与河间献王及其周围的儒生群体有关。① 河间献王好古文,以其为中心形成西汉前期研习古文诸经的重镇。毛苌传承的《毛诗》在河间立为博士,而河间儒生群体又整理了大量的古文《礼》文献,两者之间正相交叠。很巧的是,与《毛传》以"古者"为辞相应的早期文献中也不乏"古者"之类的表述,而《礼记》正是这些文献中使用"古者"一词最多的,达到30多次。相比之下,"三《礼》"的另外两《礼》与之明显不同,《仪礼》很少使用"古者"、"古"这样的词语,也没有出现像"昔"这样表示往日、久远的词汇。《周礼》完全不见"古者"一词,"古"也只用到1次,"昔"出现了4次。这是一个耐心寻味的现象,似乎意味着《仪礼》《周礼》本身记载的就是较为古老的内容,或者是有意要以自身为准则,所以无须称述更早的礼制。

二、于典有据与时政之感:《郑笺》的"古者"之辞

东汉郑玄笺注《毛诗》,对《毛序》《毛传》和《诗经》本文都有解释。他在《六艺论》中自述宗旨说:"注《诗》宗毛为主。其义若隐略,则更表明。如有不同,即下己意,使可识别也。"② 既尊崇毛公的解释,以发挥毛公之义为主,又适当表明自己的不同见解。《毛传》以"古者"为辞解《诗》的方式在《郑笺》中得到延续,运用上既有继承也有所变化。《郑笺》以"古者"为辞见于对《召南·采蘋》《王风·大车》、《魏风》的《十亩之间》《硕鼠》、《豳风》的《七月》《东山》、《小雅》的《采薇》《菁菁者莪》《大东》《鼓钟》《楚茨》《甫田》《大田》《裳裳者华》《鸳鸯》《采菽》《都人士》《绵蛮》《何草不黄》、《商颂·玄鸟》20首诗的解释。

---

① 参见谷丽伟:《〈毛传〉与河间古文诸经关系考》,《东北师大学报(哲社版)》,2014年第1期。该文探讨了《毛传》与《左传》、《周官》、《礼记》的密切关系,认为彼此的结合点正在河间献王对古文诸经的重视与整理。
② 皮锡瑞:《六艺论疏证》,《师伏堂丛书》,光绪乙亥刻本,第24页。

既然《郑笺》尊崇毛公对《诗经》的解释，这里就先说郑玄以"古者"为辞解《诗》延续《毛传》的一面。与《毛传》一样，《郑笺》所述"古者"从文字到意思的表述有多处与早期文献相应。郑玄笺释《召南·采蘋》《魏风·十亩之间》《魏风·硕鼠》《豳风·七月》《小雅·菁菁者莪》《小雅·楚茨》诸诗，分别有云："古者妇人先嫁三月，祖庙未毁，教于公宫；祖庙既毁，教于宗室。教以妇德、妇言、妇容、妇功。教成之祭，牲用鱼，芼用蘋藻，所以成妇顺也。""古者一夫百亩。""古者三年大比，民或于是徙。""古者，日在北陆而藏冰，西陆朝觌而出之。祭司寒而藏之，献羔而启之。其出之也，朝之禄位，宾、食、丧、祭，于是乎用之。""古者货贝，五贝为朋。""古者于旅也语。"①孔颖达已逐一指出这些内容与《礼记》《周礼》《司马法》《左传》《仪礼》相应，陈奂也引许慎《说文解字》和《淮南子》高诱注以证《郑笺》所述"古者"之事。关于《小雅·楚茨》，《郑笺》还说到："古者先王之政以农为本。"②马融《阳嘉二年举敦朴对策》云："臣闻《洪范》八政，以食为首，《周礼》九职，以农为本。"③他以《尚书》《周礼》为据，说明古时王者为政，以农为本。郑玄是马融的学生，此处的"古者"之说可能受到老师的影响，或者直接源于《尚书》《周礼》等早期典籍。《郑笺》的"古者"之辞还涉及读音问题，郑玄笺释《豳风·东山》"蜎蜎者蠋，烝在桑野"及《毛传》说："古者声寘、填、尘同也。"④这三个词被放在一起的直接契机是围绕"烝"字展开的训释。结合《毛传》对《豳风·东山》《小雅·常棣》《大雅·桑柔》《大雅·瞻卬》和郑玄对《小雅·南有嘉鱼》相关词语的训释，烝、尘、填都有"久"的意思，"寘"同"填"，足见"寘、填、尘"是同声兼同义。这还能从《尔雅》找到依据，《尔雅·释言》有"烝，尘也"之说，其《释诂》又云："曩、尘、伫、淹、留，久也。"⑤《东山》还有一句"烝在栗薪"，《郑笺》云："古者声栗、裂同也。"⑥虽然未能找到相应文献线索，但从同一首诗相类的解释看，应该不是假托之辞。

---

① 毛亨传，郑玄笺，孔颖达疏：《毛诗正义》卷一，第86页；卷五，第431页；卷五，第436页；卷八，第593页；卷一〇，第736页；卷一三，953页。
② 毛亨传，郑玄笺，孔颖达疏：《毛诗正义》卷一三，第947页。
③ 严可均校辑：《全上古三代秦汉三国六朝文》第1册，北京：中华书局，1958年影印本，第567页上。
④ 毛亨传，郑玄笺，孔颖达疏：《毛诗正义》卷八，第609页。
⑤ 邵晋涵：《尔雅正义（上）》，李嘉翼、祝鸿杰点校，北京：中华书局，2017年，卷三，第225页；卷二，第131页。
⑥ 毛亨传，郑玄笺，孔颖达疏：《毛诗正义》卷八，第612—613页。

以上9则以"古者"为辞的《郑笺》有8则可以找到文字和意思表述上直接与之相应的文献,继承的是《毛诗》的解《诗》方式。更需要注意的是,《郑笺》以"古者"为辞在于典有据的同时,还融合了郑玄对汉代流行的政治观念和现实政治的体验,加入自己的时政之感,①这是《郑笺》援古为证中承载的新变,郑玄甚至通过加入个人的阐释而在某种程度上建构了"古者"。以下6则《郑笺》具体呈现了以"古者"为辞笺释《毛诗》既于典有据又融入时政之感的情况。

郑玄笺释《王风·大车》"大车槛槛,毳衣如菼"及《毛传》曰:

> 古者,天子大夫服毳冕以巡行邦国,而决男女之讼,则是子男入为大夫者。②

此处认为诗句描写的对象是"子男入为大夫",引述"古者"的内容是为了给这个判断提供依据。《周礼·春官·司服》载:"子男之服,自毳冕而下如侯伯之服。"③子男入仕天子,任为大夫,依然可以按子男身份穿着毳冕,这估计就是《郑笺》的思路。陈启源认为《毛传》《郑笺》应是渊源有自,他说:"毛谓服毳冕以决讼,当本于师说,或古制尔耳。康成好以礼释《诗》,而不易此《传》,必有见也。"④《礼记》即有"命司徒循行县、鄙,命农勉作,毋休于都"⑤之说,《史记》也载:"召公巡行乡邑,有棠树,决狱政事其下。"⑥汉代也有遣使巡行的制度和举措。郑玄笺释《大车》所言"古者"既融合他对各种早期文献的理解,又包含他关于汉代现实政治的经验。

关于《小雅》的《采薇》和《何草不黄》,《郑笺》都有"古者师出不逾时"⑦之说。这种说法已见郑玄之前的多部典籍。《荀子》曰:"不屠城,不潜军,不留众,师不

---

① 王承略先生认为郑玄阐释经典的总体特点之一是"时事特色","郑玄有一种力矫时弊、针砭现实的使命感和责任感","既做一代博学大儒,又在治学中关注现实政治和国计民生"。参见王承略:《郑玄与今古文经学》,济南:山东文艺出版社,2004年,第108—111页。
② 毛亨传,郑玄笺,孔颖达疏:《毛诗正义》卷四,第314页。
③ 孙诒让:《周礼正义(六)》卷四一,王文锦、陈玉霞点校,北京:中华书局,1987年,第1660页。
④ 陈启源:《毛诗稽古编》卷五,《景印文渊阁四库全书》第85册,第397页。
⑤ 孙希旦:《礼记集解(上)》卷一六,第445页。
⑥ 司马迁:《史记(修订本)》卷三四《燕召公世家》,第5册,北京:中华书局,2013年,第1866页。
⑦ 毛亨传,郑玄笺,孔颖达疏:《毛诗正义》卷九,第689页;卷一五,第1111页。

越时。"①《穀梁传》隐公五年载:"伐不逾时,战不逐奔。"②用语不完全一致,但表达的意思相同。《韩诗外传》有"太平之时,民行役者不逾时"③之语,又引《周颂·酌》为说,将"师出不逾时"之意与《诗经》联系在一起。《盐铁论》载:"古者,无过年之繇,无逾时之役。今近者数千里,远者过万里,历二期。长子不还,父母愁忧,妻子咏叹,愤懑之恨发动于心,慕思之积痛于骨髓。此《杕杜》《采薇》之所为作也。"④这是昭帝时文学之士与大夫论辩所说的话,已经把《采薇》的创作与"师出不逾时"对接起来,和《郑笺》相近。《白虎通》载:"古者师出不逾时者,为怨思也。天道一时生,一时养。人者,天之贵物也,逾时则内有怨女,外有旷夫。《诗》云:'昔我往矣,杨柳依依;今我来思,雨雪霏霏。'"⑤此处所引诗句出自《采薇》,而且"古者师出不逾时"在文字上与《郑笺》完全一样。《盐铁论》《白虎通》和《郑笺》谈到"师出不逾时"这种情形都以"古者"为辞,彼此关系密切,这种关于兵役制度的说法其来已久。《盐铁论》《白虎通》分别是西汉昭帝、东汉章帝两次重要会议的记录整理,"师出不逾时"可以视为汉代流行的政治观念。郑玄身历的正是社会动荡、战争频发的时期,对这种观念自有更为深切的体会,他笺释《诗经》两次对此加以揭示,足见其关切。

汉代流行"阴阳和"、"风雨时"的美政观念。《汉书》载汉武帝元光五年策诏诸儒:"盖闻上古至治,画衣冠,异章服,而民不犯;阴阳和,五谷登,六畜蕃,甘露降,风雨时,嘉禾兴,朱草生,山不童,泽不涸。"公孙弘对策说:"故阴阳和,风雨时,甘露降,五谷登,六畜蕃,嘉禾兴,朱草生,山不童,泽不涸,此和之至也。"⑥"阴阳和"、"风雨时"两者被君臣视为上古至治的体现。武帝举贤良文学之士,董仲舒对策说:"阴阳调而风雨时,群生和而万民殖,五谷熟而草木茂。"⑦元光元年,董仲舒《雨雹对》也说:"此圣人之在上,则阴阳和风雨时也。"⑧"阴阳和,风雨时"是汉武帝时上下一致的对美好政治的理解。这种观念在汉代一直延续,

---

① 王先谦:《荀子集解(下)》卷一○,沈啸寰、王星贤点校,北京:中华书局,1988年,第279页。
② 钟文烝:《春秋穀梁经传补注(上)》,第47页。
③ 韩婴撰,许维遹校释:《韩诗外传集释》卷三,北京:中华书局,1980年,第102页。
④ 王利器:《盐铁论校注(定本下)》卷九,北京:中华书局,1992年,第520页。
⑤ 陈立:《白虎通疏证(上)》卷五,吴则虞点校,北京:中华书局,1994年,第209页。
⑥ 班固:《汉书》卷五八《公孙弘卜式倪宽传》,第9册,北京:中华书局,1962年,第2613、2616页。
⑦ 班固:《汉书》卷五六《董仲舒传》,第8册,第2503页。
⑧ 严可均:《全上古三代秦汉三国六朝文》第1册,第257页上。

汉元帝初元二年诏书曰:"盖闻贤圣在位,阴阳和,风雨时,日月光,星辰静,黎庶康宁,考终厥命。"①郑玄对此也有所表述,他笺释《小雅·大田》"有渰萋萋,兴雨祈祈,雨我公田,遂及我私"云:

> 古者阴阳和,风雨时,其来祈祈然而不暴疾。其民之心,先公后私,令天主雨于公田,因及私田尔。此言民怙君德,蒙其余惠。②

这里的"古者"是郑玄针对诗句直接做出的解释,他将《大田》这几句诗看成对古时生活的呈现。郑玄之所以有此解释,并非完全由《诗经》文本而来,而是同时融入早已流行的"阴阳和,风雨时"的观念。至于"公田"、"私田"之说,除《诗经》本身已有体现之外,《孟子·滕文公上》、《春秋穀梁传》宣公十五年和《汉书·食货志》都写到古代的井田制,对公田、私田皆有论述。郑玄笺释《大田》,一方面从《诗经》文本出发,将诗句内容解释为古时生活的呈现,另一方面,所述"古者"之事从文字到观念都受到已有文献和汉代流行的政治观念的影响。

郑玄解释《小雅·緜蛮》及《毛序》说:

> 古者卿大夫出行,士为末介。士之禄薄,或困乏于资财,则当赒赡之。③

"卿大夫出行,士为末介"在其他文献中没有明确记载,但可以从《仪礼·聘礼》《礼记·聘义》中找到相关依据。郑玄精熟"三礼"并为之做注,此处所述"古者"应是他根据礼书内容推演、概述而来,有他个人的阐释存于其间。关于士禄问题,《礼记》载:"诸侯之下士视上农夫,禄足以代其耕也。中士倍下士,上士倍中士。"④相似说法又见《潜夫论》:"其班禄也,以上农为正,始于庶人在官者,禄足以代耕,盖食九人。诸侯下士亦然。中士倍下士,食十八人。上士倍中士,食三

---

① 班固:《汉书》卷九《元帝纪》,第1册,第281页。
② 毛亨传,郑玄笺,孔颖达疏:《毛诗正义》卷一四,第996—997页。
③ 毛亨传,郑玄笺,孔颖达疏:《毛诗正义》卷一五,第1093页。
④ 孙希旦:《礼记集解(上)》卷一二,第314页。

十六人。"①虽然写到士禄的标准,但没有出现郑玄所说的士禄薄少或困乏应加以赒赡的情形。只能从最低级的士获得的俸禄足以代替耕作进行推想,正常情况下士禄不至于薄少或让士陷入困乏之境。《潜夫论》说"明君临众"要做到"务节礼而厚下","使皆阜于养生而竞于廉耻也",②既然要"阜于养生",那么士禄要是寡薄或士陷于困乏,应该做的就是提高待遇。俸禄太少正是郑玄面对的现状,与他同时的崔寔、仲长统都谈到这个问题。崔寔的《政论》反复强调俸禄太少的危害和提高俸禄的重要性,其文有云:"今所使分威权、御民人、理讼狱、干府库者,皆群臣之所为,而其奉禄甚薄,仰不足以养父母,俯不足以活妻子。"③仲长统的《昌言》谈到君子居位应该得到厚禄,不能要求君子清贫自守,只顾道德约束而没有财富支持,文中说到:"夫选用必取善士,善士富者少而贫者多,禄不足以供养,安能不少营私门乎?"④士禄问题关系士人切身利益,局中人常有深切体会,郑玄关于士禄的表述,一方面有文献可据,另一方面结合了当时社会的政治现状,其中也不乏他自身的生活经验。⑤

《郑笺》的"古者"之辞甚至在阐释中存在自我作古的情况。郑玄解释《商颂·玄鸟》及《毛序》曰:

> 古者君丧,三年既毕,禘于其庙,而后祫祭于太祖。明年春,禘于群庙。自此之后,五年而再殷祭。一禘一祫,《春秋》谓之大事。⑥

孔颖达指出郑玄在笺释《玄鸟》《周礼》《礼记》时有三次关于禘祫之礼的说明,其中两处直接认为这是春秋鲁国的礼制,郑玄以《春秋》记事为依据,推演成《鲁礼禘祫志》。郑玄的禘祫之说缺乏经典的成文记载,带有明显推演和建构的因素,

---

① 王符著,汪继培笺,彭铎校正:《潜夫论笺校正》卷四,北京:中华书局,1985年,第166页。
② 王符著,汪继培笺,彭铎校正:《潜夫论笺校正》卷四,第172页。
③ 崔寔撰,孙启治校注:《政论校注》,北京:中华书局,2012年,第146页。
④ 仲长统撰,孙启治校注:《昌言校注》,北京:中华书局,2012年,第297页。
⑤ 《后汉书·张曹郑列传》载:"玄自游学,十余年乃归乡里。家贫,客耕东莱。"郑玄在诫子书中也说:"吾家旧贫,……家今差多于昔,勤力务时,无恤饥寒。"参见范晔:《后汉书》卷三五,第5册,北京:中华书局,1965年,第1207—1210页。郑玄特别强调家贫以及后来经济相对好转,显然体会到经济状况对个人的影响,他对士禄问题的注意,与自身的这种体验不乏关联。
⑥ 毛亨传,郑玄笺,孔颖达疏:《毛诗正义》卷二〇,第1696页。

成为礼制史上争论不休的话题。钱玄的《郑玄〈鲁礼禘祫志〉辨》分析《春秋》7则鲁君祭事,认为:"郑氏《禘祫志》中所举禘祫之事,大部分为推测不实之辞,《春秋》并无其文;即《春秋》有其文,亦大都非记丧毕禘祭。"①他考辨出郑玄的禘祫之说受到《公羊传》和《礼纬》的影响,两书所记禘祫之礼,西汉时已有多人信从,到东汉成为官方施行的礼制。与郑玄所述"古者"禘祫相关的内容见于《公羊传》鲁文公二年和《礼稽命徵》,除了"五年而再殷祭"一句相同,其他只能说是讨论的事情相应。郑玄此处所用"古者"之说既以早期文献和现实政治经验为基础,又加入个人的阐释,已是后来者的一种建构。

整体而言,《郑笺》以"古者"为辞解《诗》,一方面延续《毛传》于文献有据、于古有征的引述性质,一方面又有新变,有时加入郑玄对汉代政治观念的理解和现实政治体验,形成一种既于典有据又不乏时政之感的认识,有一部分蕴涵建构的性质。以带有引述性质的"古者"而言,与之相应的早期文献如下:《召南·采蘋》(《礼记》)、《王风·大车》(《周礼》《礼记》《史记》)、《魏风·十亩之间》(《周礼》《礼记》《司马法》)、《魏风·硕鼠》(《周礼》)、《豳风·七月》(《左传》)、《豳风·东山》(《尔雅》《毛传》《周礼》)、《小雅》的《采薇》《何草不黄》(《荀子》《穀梁传》《盐铁论》《白虎通》)、《小雅·菁菁者莪》(《说文解字》、《淮南子》高诱注)、《小雅·楚茨》(《尚书》《周礼》《仪礼》)、《小雅·大田》(《孟子》《穀梁传》《汉书》)、《小雅·采菽》(《周易》《礼记》)、《小雅·緜蛮》(《仪礼》《礼记》《潜夫论》)、《商颂·玄鸟》(《公羊传》《周礼》《礼记》《礼稽命徵》)。《郑笺》引述的"古者"依然以"三《礼》"和《春秋》三传"为重,《礼记》仍是表现最为突出的经典,但《周礼》上升到与《礼记》同样显著的地位。郑玄对《周礼》的重视跟他整体的礼学认知有关,华喆就认为:"郑玄将《周礼》奉为礼学圭臬,依据《周礼》确定周礼,成为其礼学的核心,也是他注经时主要的文献依据。"②虽然从《毛传》到《郑笺》中间隔着三百多年,可供郑玄参考的文献范围扩大,而且郑玄及其老师马融又是东汉日渐兴起的今古文兼通、融汇诸子新学风的典型,但是与《郑笺》的"古者"之辞相应的早期文献却基本没有溢出儒家范围,博通的郑玄眼中的"古者"终归是以儒家为宗。

---

① 钱玄:《郑玄〈鲁礼禘祫志〉辨》,《古籍整理研究学刊》,1994年第5期。
② 华喆:《礼是郑学:汉唐间经典诠释变迁史论稿》,北京:生活·读书·新知三联书店,2018年,第30页。

三、儒家文明典范的建构与尊古观念

《毛传》《郑笺》所谓的"古者"涵括多方面的内容,涉及社会生活的各个领域和不同阶层,所谓的"古者"指向的不是一种原始、素朴的状态,而是从个人到国家、天下都处于高度文明的水平。以"古者"为标志,《毛传》《郑笺》在对《诗经》的解释中建构的是一种礼乐昌明、制度完备的文明典范,这种典范承载着儒家所尊崇的理性精神与人文教养。

先看《毛传》描述的"古者"内容,概况如下:1. 王后至庶士之妻的服饰之制,以及准备成婚的女师教育和女子修养(《周南·葛覃》)。2. 大夫的服饰之制(《召南·羔羊》)。3. 女史的记事之法与后妃群妾进御君王的礼节(《邶风·静女》)。4. 有功之臣的食邑制度(《鄘风·干旄》)。5. 诗乐之教(《郑风·子衿》)。6. 挈壶氏管理时间的职能(《齐风·东方未明》)。7. 夫人恭敬的德行(《齐风·鸡鸣》)。8. 山林川泽的管理和渔猎之制,范围涉及天子到庶子(《小雅·鱼丽》)。9. 天子和诸侯的田狩之礼(《小雅·车攻》)。10. 圜土劳役制度(《小雅·正月》)。11. 天子和后妃主导的郊禖之制(《大雅·生民》)。12. 王者迁徙诸侯的城邑制度(《大雅·烝民》)。13. 天子、诸侯的藉田之制,夫人、世妇的蚕桑之制(《大雅·瞻卬》)。

再看《郑笺》描述的"古者"内容,概况如次:1. 准备成婚的女师教育和女子修养(《召南·采蘋》)。2. 大夫巡行邦国与讼狱之制(《王风·大车》)。3. 田亩制度(《魏风·十亩之间》)。4. 户口和财物等的考核制(《魏风·硕鼠》)。5. 藏冰及其使用(《豳风·七月》)。6. 文字声韵(《豳风·东山》)。7. 兵役制度(《小雅》的《采薇》《何草不黄》)。8. 货币制度(《小雅·菁菁者莪》)。9. 赞美天子施予之恩(《小雅·大东》)。10. 礼乐得宜,君子守信(《小雅·鼓钟》)。11. 王政以农为本和乡射饮酒之礼(《小雅·楚茨》)。12. 丰年农政(《小雅·甫田》)。13. 天气物候与政治,田亩制度(《小雅·大田》)。14. 指称明王的时代(《小雅》的《裳裳者华》《都人士》)。15. 君王的马政措施(《小雅·鸳鸯》)。16. 天子赐命诸侯之礼(《小雅·采菽》)。17. 卿大夫聘问之制和士禄问题(《小雅·緜蛮》)。18. 禘祫之礼(《商颂·玄鸟》)。

上述内容涵盖从天子、后妃、诸侯、夫人,到大夫、士、庶人等各个阶层,涉及

政治、经济、文化的多个环节,很难归入到相对简明的某个领域,只能说它们主要体现的是礼乐、制度的各种规定和状况,体现了人类社会发展出来的理性与人文因素,这是一种文明的典范形态。蒲慕州认为战国各种文献的论述中,"'古人'可以等同于圣王贤君,'古者'一词则已成为一个抽象的、渺不可稽的理想时代"。① 由于"古者"指向的是久远的过去,这是一个宽泛模糊的概念,不管是基于真实的历史或者虚幻的想象,各人所谓的"古者"样貌未必一致。同样是以肯定、赞美的姿态描写往昔的生活,也完全可以像《庄子》所言:"昔者容成氏、大庭氏、伯皇氏、中央氏、栗陆氏、骊畜氏、轩辕氏、赫胥氏、尊卢氏、祝融氏、伏牺氏、神农氏,当是时也,民结绳而用之,甘其食,美其服,乐其俗,安其居,邻国相望,鸡狗之音相闻,民至老死而不相往来。若此之时,则至治已。"②这是吸收《老子》"小国寡民"的思想而成,呈现的是一种自然的、素朴的社会形态。如果说此处是以"昔者"而非"古者"引领,那么不妨再看《庄子》另一段话:"古者禽兽多而人少,于是民皆巢居以避之。昼拾橡栗,暮栖木上,故命之曰有巢氏之民。古者民不知衣服,夏多积薪,冬则炀之,故命之曰知生之民。神农之世,卧则居居,起则于于,民知其母,不知其父,与麋鹿共处,耕而食,织而衣,无有相害之心,此至德之隆也。"③这是以"古者"树立起来的另一种社会形态,这样的社会显得原始、简单,没有复杂的职业和工作分化,也没有复杂的人际礼仪、社会网络,人与人、人与万物处于天然和谐的状态。道家崇尚自然无为,重视素朴寡欲,《庄子》以"古者"为言树立起来的正是体现这种精神的社会形态,而这显然与《毛传》《郑笺》以"古者"为辞体现的文明典范处于相对立的两极。虽是对立的两极,但在彼此那里,却各是被肯定和赞美的典范。

  与此不同,也有将"古者"描述成原始、素朴的状态,但不是从肯定和赞美的立场出发的,《管子》和《韩非子》都有很典型的表述。《管子》云:"古者未有君臣上下之别,未有夫妇妃匹之合,兽处群居,以力相征。于是智者诈愚,强者凌弱,老幼孤独不得其所。"④这样的"古者"显然是一种较为原始、野蛮的状态,它还有待进一步发展为等级有别,讲究人与人之间各种礼仪和法度的社会。《韩非

---

① 蒲慕州:《历史与宗教之间》,上海:复旦大学出版社,2020年,第196页。
② 郭庆藩:《庄子集释》第2册,王孝鱼点校,北京:中华书局,1961年,第357页。
③ 郭庆藩:《庄子集释》第4册,第994—995页。
④ 黎翔凤:《管子校注(中)》,梁运华整理,北京:中华书局,2004年,第568页。

子》论述古今异势,不能执古以御今,谈到:"古者丈夫不耕,草木之实足食也;妇人不织,禽兽之皮足衣也。不事力而养足,人民少而财有余,故民不争。是以厚赏不行,重罚不用,而民自治。"①"古者"被描写成人口少,生存资源丰富,生活简单的状态,《韩非子》不是在对此进行肯定,而是为了揭示往昔社会的简单自有其条件,不足以作为当今治理国家的依据。

概言之,先秦两汉以"古者"为名义至少树立起三种不同的社会形态。《毛传》《郑笺》的"古者"是一个具有理性精神与人文教养的社会,树立的是一种文明典范,代表儒家的观念。与儒家相反的是一正一负两种看法,《庄子》描述的"古者"是一个简单、素朴的社会,它以赞美的态度肯定其中体现的自然和谐、清静无为,代表道家的观念;《管子》《韩非子》也是将"古者"描述成一个原始、素朴的社会,但关注的是其初级、野蛮的特点,带有贬抑的意思,代表法家的观念。

《毛传》《郑笺》把"古者"树立为文明的典范是一种自觉的、有意识的做法。首先,《毛传》《郑笺》鲜明地表达了对"古者"的赞美。《毛传》解释《大雅·瞻卬》时写到古者之制云:"以事天地山川社稷先古,敬之至也。"又说:"服既成矣,君服之以祀先王先公,敬之至也。"②两次把描述的"古者"情形判定为"敬之至也",采取的是充分肯定的态度。《郑笺》解释《小雅·大东》,一则云:"喻古者天子施予之恩于天下厚。"二则云:"此言古者天子之恩厚也,君子皆法效而履行之;其如砥矢之平,小人又皆视之、共之无怨。"《小雅·鼓钟》的笺释又说:"古者,善人君子,其用礼乐,各得其宜,至信不可忘。"③还有《小雅》的《裳裳者华》《都人士》两则《郑笺》都清楚地将"古者"看成是"明王时也"。

其次,以"古者"为文明的典范在《毛传》《郑笺》中还表现为陈古刺今。谭德兴《汉代〈诗〉学研究》论及"两汉《诗》学方法",第一项就是"陈古讽今"的方法。他一方面以《毛序》为例揭示"陈古讽今"是汉儒对《诗经》艺术表现手法的解读,一方面从两汉用《诗》方式入手,指出汉代诏书和汉儒称引《诗经》多为陈古讽今。④《毛序》对陈古刺今的观念确实有多次明晰的表述,例如"陈古以刺今大

---

① 王先慎:《韩非子集解》,钟哲点校,北京:中华书局,1998年,第443页。
② 毛亨传,郑玄笺,孔颖达疏:《毛诗正义》卷一八,第1480页。
③ 毛亨传,郑玄笺,孔颖达疏:《毛诗正义》卷一三,第912、941页。
④ 参见谭德兴:《汉代〈诗〉学研究》,贵阳:贵州人民出版社,2003年,第269—279页。

夫不能听男女之讼焉","陈古义以刺今,不说德而好色也"等,①"古"与"今"不仅是时间差异,而且有优劣是非之别,"古"被视为正面的典范,成为否定"今"的一面镜子。《毛传》《郑笺》承继《毛序》的观念,其陈古之所以能刺今,正在于"古者"是以文明典范的身份出现。《毛传》以古者诗乐之教解释《子衿》"纵我不往,子宁不嗣音",将"嗣"训释为"习",②古昔的诗乐之教与现今的不习音乐构成否定式的对比,"古者"诗乐教育的兴盛显然是一个正面的参照系。《毛传》以古者挈壶氏之职解释《东方未明》"折柳樊圃,狂夫瞿瞿",同时写到:"折柳以为藩园,无益于禁矣。瞿瞿,无守之貌。"③古者挈壶氏守职,而今则狂夫无守像柳枝难以起到藩卫作用,古者正以其正面形象构成对今日的批判。《郑笺》的表现更加鲜明,郑玄解释《十亩之间》,直接以"古者一夫百亩"和"今十亩之间"进行对比,得出"削小之甚"的认识。关于《何草不黄》,《郑笺》以"古者师出不逾时"和"今则草玄至于黄,黄至于玄"对比,揭示诗歌表达的是对当时兵役繁重、行役超期的批评。《毛序》《毛传》《郑笺》承载的是先秦两汉《诗》学的一种重要解读传统,④它们多次以陈古刺今的观念解《诗》,显然是有意识地将"古者"树立为文明的典范。

以"古者"为文明典范体现了《毛传》《郑笺》的尊古观念,这种观念在《诗经》里已经存在。《雅》《颂》对祖先光荣往昔的追述和赞美就不乏尊古的意思,而像《烝民》"古训是式,威仪是力",《载芟》"匪且有且,匪今斯今,振古如兹",《那》"自古在昔,先民有作",⑤诸如此类的文字已经是直接的尊古表述。《毛传》《郑笺》的尊古观念可以溯源到《诗经》自身,但又不能仅至于此。谭德兴探讨两汉《诗》学的"陈古讽今"时指出:"崇古在两汉时期逐渐成为一种社会文化心理。"⑥这个判断可以扩展开来适用于先秦两汉,诚如蒲慕州《先秦两汉的尊古思维与政治权威》所论,尊古思维西周时已经出现,至春秋战国成为流行观念,到两汉

---

① 毛亨传,郑玄笺,孔颖达疏:《毛诗正义》卷四,第314、344页。
② 毛亨传,郑玄笺,孔颖达疏:《毛诗正义》卷四,第367页。
③ 毛亨传,郑玄笺,孔颖达疏:《毛诗正义》卷五,第395页。
④ 王洲明先生认为《毛序》是从先秦至秦末汉初,经过不断累积形成的通过论《诗》体现儒家思想的一部典籍,"追求《诗》的本事化和政治化","基本完成者为鲁人大毛公亨"。《毛传》主要作者是毛亨,而毛苌对之有所补充、修订。参见王洲明:《关于〈毛诗序〉作期和作者的若干思考》,《文学遗产》,2007年第2期。
⑤ 毛亨传,郑玄笺,孔颖达疏:《毛诗正义》卷一八,第1434页;卷一九,第1599页;卷二○,第1686页。
⑥ 谭德兴:《汉代〈诗〉学研究》,第278页。

而"尊古与好古的传统由建立而巩固"。①《毛传》《郑笺》以"古者"为辞主要是吸收并且参与了此种观念的建构。先从与《毛传》《郑笺》所述"古者"关系密切的《礼记》和《春秋》三传说起,《礼记》30多次提及"古者",主要是以之讲述理想的礼仪制度。《春秋》尊古,如董仲舒所言:"《春秋》之道,奉天而法古。"②"《春秋》三传"继承了这种观念,经常以"古者"为据谈人论事。再扩大范围看,《尚书》多处以"曰若稽古"、"古人有言曰"成文,显然是尊古的典型。先秦诸子也多有尊古的体现,《论语》数次记载孔子自述个人"好古"的特点,《墨子》常以"古者圣王"行文,构造的是古昔的理想。延至秦汉,以古为尊的言行更是一股强大的潮流,仅以《史记》《汉书》所记以"古者"为辞论政、追摹古昔的言论就不在少数。《秦始皇本纪》记博士淳于越的话说:"事不师古而能长久者,非所闻也。"这种师古的观念代表当时不少儒生的看法,引起秦始皇的重视,在李斯的建议下产生焚书和"有敢偶语《诗》《书》者弃市,以古非今者族"的灾难性后果。③王充在《论衡》中尖锐批评当时风气说:"世儒学者,好信师而是古,以为贤圣所言皆无非,专精讲习,不知难问。"④可见,《毛传》《郑笺》以"古者"为辞解《诗》的背后有一个强大的尊古观念环境在起作用。

以"古者"作为提示性词语引出有所依据的内容,这样的解《诗》方式实际上带有形式化的修辞功能。同样是有所依据,《毛传》有两种表述方式,一种是以"古者"为辞,一种是直接采用已有的资源加以解释,没有任何提示性的标识。后者在《毛传》中并不罕见,像《毛传》采用《公羊传》昭公二十五年的文字解释《鄘风·载驰》,以《孟子·告子下》的文字解释《小雅·小弁》,用《左传》襄公七年公族穆子之语解《小雅·小明》等,都是既没有以"古者"引出,也没有点明来自何种典籍。与《毛传》相比,《郑笺》多出一种表述方式,即具体写清楚依据的典籍名称。明确援引经典在《郑笺》中随处可见,这是汉代经学盛行下引经据典风气在经典解释中的反映。王逸《楚辞章句》、赵岐《孟子章句》、高诱《吕氏春秋注》和《淮南子注》等差不多产生于郑玄所处的时代,也都喜欢引经据典,同时,也都存在有所依据地以"古者"为辞解释经典的情况。在汉代的经典训释中,所

---

① 蒲慕州:《历史与宗教之间》,第184—224页。
② 苏舆:《春秋繁露义证》,钟哲点校,北京:中华书局,1992年,第14页。
③ 司马迁:《史记(修订本)》卷六,第1册,第321、322页。
④ 黄晖:《论衡校释(附刘盼遂集解)》第2册,北京:中华书局,1990年,第395页。

言有据至少表现为三种方式,一是以"古者"为辞,二是明确引经据典,三是直接援用而没有任何提示。《毛传》《郑笺》以"古者"为辞不仅含有表示引述的形式化修辞功能,而且,它们突显的是"古"的性质而不是具体依据的典籍,这是尊古观念在经典训释中的典型体现。

总之,《毛传》《郑笺》以"古者"为辞解《诗》不是泛辞和假托,而是一种具有引述功能的形式化修辞,借此引出的内容大多于文献有据、于古有征,《郑笺》还在其中加入时政之感,它们实际上赋予"古者"这个习语以充实的内涵和可信度。《毛传》《郑笺》把"古者"树立成一种礼乐昌明、制度完备的文明典范,表现出鲜明的尊古观念,寄寓的是儒家的社会理想。由于《诗经》在经学和文学方面都具有崇高的地位,而《毛传》《郑笺》在经典阐释史上又是典范之作,所以,这种以"古者"为辞解《诗》的方式既参与和推动先秦两汉时期尊古、陈古刺今观念的流行,又为后世的《诗经》阐释、文学创作与批评、文化建构等提供尊古、复古观念等重要的传统资源。

The Use of "Gu Zhe" in *Mao Zhuan* and *Zheng Jian* as a Term to Explain *The Book of Songs* and the Construction of a Model of Confucian Civilization

Chen Sihuai

Abstract: *Mao Zhuan* and *Zheng Jian* repeatedly used "Gu Zhe" as a suggestive term to elicit the explanation of *The Book of Songs*. This is a formal rhetoric with a function of quotation. The contents led by "Gu Zhe" are mostly based on the literature, and there are evidences in ancient times. Some of them in *Mao Zhuan* are closely related to San Li and the *Three Commentaries on The Spring and Autumn Annals*, especially *The Book of Rites*. On the one hand, the contents led by "Gu Zhe" in *Zheng Jian* continued the characteristics of *Mao Zhuan*, on the other hand, they integrated Zheng Xuan's feel of current affairs. *Zhou Li* and *The Book of Rites* are the most closely related classics with them. *Mao Zhuan* and *Zheng Jian* built "Gu Zhe" into a model of civilization with prosperous rites and music and perfect system, showing a distinct concept of respecting the ancient, and embodying the social ideal of Confucianism.

Keywords: *Mao Zhuan*, *Zheng Jian*, *The Book of Songs*, concept of respecting the ancient, a model of civilization

《乐记》"礼乐之说"章"设—说"辨讹

王虹霞　林桂榛**

[摘　要]《乐记》"礼乐之说"非"礼乐之悦（释/怿）",非"礼乐之说（言/谈）",更非"礼乐之脱"等,此于《乐记》章句的文义及语法不通。据《乐记》上下文及《荀子·乐论》对应的"礼乐之统"等,可确凿推定《礼记·乐记》《史记·乐书》"礼乐之说"的"说"字实乃"设"字之讹（設→說）。《周易》"先张之弧,后说之弧"句,古人即屡云"说与设通",设说二字形近而讹也。"礼乐之设,管乎人情"系《乐记》论礼乐之总纲,唐张守节注《史记·乐书》说"为《乐记》通天地,贯人情,辨政治"极是。"礼乐之设"即"礼乐之施"、"礼乐之立"等义,"礼乐之设,管乎人情"就是立礼乐、置礼乐以主掌人情之义,此与《荀子·乐论》"礼乐之统,管乎人情"同。古人不仅明说"礼乐之统",也明说"礼乐之设",如唐孔颖达疏《乐记》、元翟思忠《魏郑公谏

---

* 基金项目：国家社科基金一般项目"中国早期乐论基本范畴之研究"（15BZX044）、山东省社科规划一般项目"江文也音乐思想之研究"（15CWYJ19）。

** 王虹霞（1971— ）,女,河南尉氏人,艺术学博士,河南财经政法大学中原礼乐文化研究中心研究员,主要研究领域为中国古代乐论；林桂榛（1974— ）,男,江西兴国人,哲学博士,曲阜师范大学研究员,主要研究领域为先秦儒学。

续录》、明郑纪《东园文集》、清罗有高《尊闻居士集》等。

[关键词]　乐记；管；统；说（說）；设（設）

《礼记·乐记》曰："乐统同,礼辨异,礼乐之说,管乎人情矣。"此句与《乐书》及荀子《乐论》相似,该句在《礼记·乐记》、《史记·乐书》、《荀子·乐论》分别作：

（1）乐也者,情之不可变者也。礼也者,理之不可易者也。乐统同,礼辨异,礼乐之 说 , 管 乎人情矣。穷本知变,乐之情也;著诚去伪,礼之经也。礼乐偩天地之情,达神明之德,降兴上下之神,而凝是精粗之体,领父子君臣之节。（《礼记·乐记》）

（2）乐也者,情之不可变者也;礼也者,理之不可易者也。乐统同,礼别异,礼乐之 说 , 貫 乎人情矣。穷本知变,乐之情也;著诚去伪,礼之经也。礼乐顺天地之诚,达神明之德,降兴上下之神,而凝是精粗之体,领父子君臣之节。（《史记·乐书》）

（3）且乐也者,和之不可变者也;礼也者,理之不可易者也。乐合同,礼别异,礼乐之 统 , 管 乎人心矣。穷本极变,乐之情也;著诚去伪,礼之经也。……（《荀子·乐论》）

司马迁《乐书》、荀子《乐论》与《乐记》"乐统同,礼辨异,礼乐之说,管乎人情矣"句的文字差别一在是"管"字还是"贯"字,二在是"说"字还是"统"字。

"管乎人情"、"贯乎人情"的差别是"管—贯"通假,"贯"是"管"之假借字。唐《慧琳音义》卷四十五"贯邑"引《考声》云"贯,管也"。此处"×乎人情"句应从《荀子·乐论》及《礼记·乐记》,因为"贯"没有"管"义,"管乎人情"即主管、主掌人情义。

何谓"贯"？ "贯"字本是串钱之声,引申为贯通、积累,从"贯"的"惯"即积累之义。《说文·毌部》曰"以绳穿物谓之贯",清代黄生《义府》卷下曰："以缗穿钱曰贯,故有相续不绝之义。"**何谓"管"？** 《说文》曰："管,如篪,六孔,十二月之音,物开地牙,故谓之管。"《说文》又曰："龠,乐之竹管,三孔以和众声也,从品仑,仑理也,凡龠之属皆从龠。"桂馥《说文解字义证》曰:"《诗》'左手执龠',传云'龠,六孔'。馥谓六孔者管也,本书'管如篪,六孔,以和众声也'者。"管是吹管,从竹,有乐孔之竹器,后延伸指竹管状之物。

古人又释"管"为"键也"、"管键也"、"管键者也"、"所以出键者也"、"鑰与管同物,皆为搏键之器"、"锁籥,其牡曰楗,其牝曰管",又引申为"即关也"、"即锁"、"关主曰管"①,此皆是由竹管引申管状的锁匙之物,又引申为关键、主宰之义等。《汉书·食货志》"管山林之饶"颜师古注曰"管,主也",《史记索隐》引高诱曰"管,典也",《资治通鉴》胡三省注曰"管,掌也"。王引之《经义述闻》卷十四曰"管者,典也,主也……管库之士谓主此库者耳"。"典"亦有"主"、"掌"、"职"之义。所以"管"有主、典、掌、职之意,此今"管理"、"管制"之"管"。《荀子·儒效》"圣人也者,道之管也",杨倞注曰"管,枢要也",杨倞又注《荀子·富国》"不富不厚之不足以管下也"曰"犹包也",此亦是"主"义而已。

郑注"管乎人情矣"句曰"管,犹包也",孔疏曰"'礼乐之说,管乎人情矣'者,言礼乐所说义理,包管于人情。乐主和同,则远近皆合。礼主恭敬,则贵贱有序。人情所怀,不过于此,是管人情也。""管乎人情"之"管"释为"主"、"掌"比释为"包"更合适,不是礼乐包罗人情,而是礼乐主掌人情之义,此即《乐记》"礼以道其志,乐以和其性"、"礼节民心,乐和民性"之义(此两句"性"字本作"声"字,声近而误也,详见另文专论)。

所以,"贯乎人情矣"即"管乎人情矣","贯—管"是同音字假借,字义还是"管"字义。那么"礼乐之×"究竟是《乐记》、《乐书》的"说"字还是荀子《乐论》的"统"字呢?"说—统"两字的差别如何解释呢?郑玄并未注"礼乐之说"的"说"字,而孔疏则曰:"'礼乐之说,管乎人情矣'者,言礼乐所说义理,包管于人情。乐主和同,则远近皆合。礼主恭敬,则贵贱有序。人情所怀,不过于此,是管人情也。"此是解"礼乐之说"为"说礼乐"即"言礼乐"义,意思是礼乐有不同,但言礼乐则必包管人情之义。宋陈旸《乐书》卷二十二释"乐统同,礼辨异,礼乐之说,管乎人情矣"大体同孔疏,陈旸曰:

乐出于天地之和,莫适而非同;礼出于天地之别,莫适而非异。乐

---

① 宗福邦等主编:《故训汇纂》,北京:商务印书馆,2003年,第1680页。

之统同,非求同于乐也,因其自同本和以统之而已。礼之辨异,非求异于礼也,因其自异别宜以辨之而已。同有所统,异有所辨,**而礼乐之说盖有所不能忘焉**。 然礼乐**法而不说**,亦不过管乎人情者而已。荀卿曰:'乐合同,礼别异,礼乐之统,管乎圣人矣。'盖统之必有宗,故言管乎圣人,**说之不过乎人情,故言管乎人情**。 是人情者,礼乐之管,而圣人又人情之管也。

《乐记》"说"字凡3见,除"礼乐之说"章外,还有另外2见,兹一并罗列如下:

(1) 散军而郊射,左射狸首,右射驺虞,而贯革之射息也;**裨冕搢笏,而虎贲之士**说剑**也**;祀乎明堂,而民知孝;朝觐,然后诸侯知所以臣;耕藉,然后诸侯知所以敬——五者,天下之大教也。

(2) 故歌之为言也,长言之也。说之,**故言之**;言之不足,故长言之;长言之不足,故嗟叹之;嗟叹之不足,故不知手之舞之,足之蹈之也。

(3) 乐也者,情之不可变者也。礼也者,理之不可易者也。乐统同,礼辨异,**礼乐之**说,**管乎人情矣**。 穷本知变,乐之情也;著诚去伪,礼之经也。

郑玄不注"说剑",孔疏曰:"说剑者既并习文,故皆说剑也"。此解今读起来仍不清晰,不知孔疏此"说"是"言"、"谈"义还是他义。此"说剑"当是《淮南子·俶真训》中"势利不能诱也,辩者不能说也,声色不能淫也"的"说"字之义,故《四部丛刊》宋本《淮南子》里有汉许慎之注曰:"诱,惑也,进也。说,释也。"

《乐记》里的"说剑"即是"释剑"之义,类似于今"脱"字。唯有"释剑"义与前后"射息—知孝—知臣—知敬"共同构成尚文之"五教",尤其与前面"射息"相连相关。"裨冕搢笏,而虎贲之士说剑也"的意思是崇尚衣冕笏礼则虎贲之士释剑(脱剑),正与上下文义相同。郑注曰:"裨冕,衣裨衣而冠冕也。裨衣,衮之属也。搢,犹插也。贲,愤怒也。"孔疏曰:"裨冕,入庙之服也。搢笏,插笏也。虎贲,言奔走有力如虎之在军。""虎贲之士说剑也"即"虎怒之士释剑也"。

故《礼记·乐记》的"说剑"即"脱剑",此又同《礼记》里的《檀弓上》"说骖"、《檀弓下》"说齐衰"、《曾子问》"说衰与奠"、《文王世子》"不说冠带"、《玉藻》"说笏"、《少仪》"说屦"、《少仪》"说绥"、《杂记上》"说輤"、《杂记上》"说车"、《丧大记》"说髦"、《丧大记》"说纊"、《间传》"不说绖带"、《乡饮酒义》"说屦升坐"等"说",实皆"脱"字之义。"说—脱"相通,未知是因为形声相同,还是"说"本有"脱"义,按《说文》则"说"本有"脱"义。

《说文》曰:"说,说释也,从言兑,一曰谈说。"徐锴《说文解字系传》曰:"臣锴曰:说之,亦使悦怿也,通论详矣。"《说文》段注曰:"说释即悦怿,说悦、释怿皆古今字。许书无悦怿二字也。说释者,开解之意,故为喜悦。采部曰:释,解也。"郑玄注《礼记·乐记》"说之,故言之"曰:"说,音悦,和。"此释同《论语》首句"学而时习之不亦说乎"之"说"。《礼记·乐记》于"歌之为言也"章,孔疏曰:"'故歌之为言也,长言之也'者,言歌之为言,引液其声,长远而言之。'说之,故言之'者,此更覆说歌意,前境有可说之事来感己情,则言之。'言之不足,故长言之'者,直言之不足,更宣畅己意,故引液长言之也。"

《乐记》"礼乐之说"当然不是"礼乐之悦"或"礼乐之释"义,更未必是"礼乐之谈说"。然笔者根据《乐记》上下文及《荀子·乐论》对应"礼乐之统"之字义,推定《礼记·乐记》、《史记·乐书》"礼乐之说"的"说"字乃"设"之讹也。"说—设"繁体本作"說—設",形近,易字讹,且有先例。如《周易·睽卦》上九曰:"睽孤,见豕负涂,载鬼一车,先张之弧,后说之弧,匪寇婚媾,往遇雨则吉。"清惠士奇《礼说》卷六曰:"'**先张之弧,后说之壶**',古说与设通。"清惠栋《九经古义》卷一曰:"'先张之弧,后说之弧。'《释文》云:'下弧字本亦作壶'。诸家皆作壶,今作弧者,声之误也。……后'说之壶',案《礼说》云:**古说与设通**。"王树枬《费氏古易订文》卷二曰:"传云:壶,瓠也。案《礼说》云:**古说与设通**。"清顾广誉《觉非盦笔记》卷二亦引《礼说》"**古说与设通**"之证。

以"谈说"之类解"礼乐之说"之"说"字实谬,此"说"当是"设"字误。**"礼乐之说,管乎人情矣"即"礼乐之设,管乎人情矣",唯设置礼乐以管理人情才是最合理的,才符合《礼记》该章及全书文义**,也方体现儒家思想。**"礼乐之设,管乎人情",可谓《乐记》论礼乐之总纲**。唐张守节注《史记·乐书》曰"为《乐记》通天地,贯人情,辩政治,故细解之",此"贯人情,辩政治"判断极是。人情是中心,良好政治及良治是目标。《乐记》"先王本之情性,稽之度数,制之礼义"及司马迁《礼书》"缘人情而制礼,依人性而作仪"之义,王充《论衡·本性》曰"情性者人治之本,礼乐所由生也,故原情性之极,礼为之防,乐为之节",则皆可谓即"礼乐之设,管乎人情"之翻说。

古人训"设"为"施也"、"犹施也"、"施设也"、"施陈也"、"陈也"、"置也"、"置立也"、"谓置设"、"谓制置"等,故"礼乐之设"就是"礼乐之施"、"礼乐之立"等义,"礼乐之设,管乎人情"就是立礼乐、置礼乐以主掌人情之义,此与荀子《乐论》"礼乐之统,管乎人情"相同。而礼乐之设置当本乎人情人性及当教化人情人性的道理①,正是"礼乐之设,管乎人情"或"礼乐之统,管乎人情"的儒家思想之要义。

"统"字有"理也"、"摄理也"、"治也"、"制治也"、"总也"、"总览也",故今有"统治"、"总统"之词,属近义或同义两字构词。"统"是如此义,故"礼乐之统"就是"礼乐之治"、"礼乐之制"、"礼乐之统摄"的意义,所以《乐记》"礼乐之说,管乎人情"即《乐书》"礼乐之说,贯乎人情",其"说"字无疑是"设"字之误而已,且它们显然都是化自《荀子·乐论》"礼乐之统,管乎人情"句而已。

《荀子》多言"统",全书"统"字凡 25 见,而"设"凡 19 见,"统"多于"设"字,且含义深刻,如"礼义之统"、"仁义之统"、"略法先王而不知其统"、"总方略,齐言行,壹统类"、"忠信以统之"、"修修兮其用统类之行"、"法先王,统礼义,一制度"、"举统类而应之"、"知通统类"、"礼义无统"等。

《乐论》、《乐记》、《乐书》该处文字的差异处见下:

(1) 乐也者,和之不可变者也;礼也者,理之不可易者也。乐合同,礼别异,礼乐之统,管乎人心矣。穷本极变,乐之情也;著诚去伪,礼之经也。墨子非之,几遇刑也。明王已没,莫之正也。愚者学之,危其身也。君子明乐,乃其德也。乱世恶善,不此听也。(《乐论》)

(2) 乐也者,情之不可变者也。礼也者,理之不可易者也。乐统同,礼辨异,礼乐之说,管乎人情矣。穷本知变,乐之情也;著

---

① 林桂榛、王虹霞:《〈乐记〉之"乐"》,《光明日报》2019 年 11 月 23 日。

诚去伪,礼之经也。礼乐偩天地之情,达神明之德,降兴上下之神,而凝是精粗之体,领父子君臣之节。(《乐记》)

(3) 乐也者,情之不可变者也;礼也者,理之不可易者也。乐统同,礼别异,礼乐之说,贯乎人情矣。穷本知变,乐之情也;著诚去伪,礼之经也。礼乐顺天地之诚,达神明之德,降兴上下之神,而凝是精粗之体,领父子君臣之节。(《乐书》)

《乐记》、《乐书》该处的文字差别只是当传写古《乐记》的文字差别而已,而古《乐记》化自《乐论》无疑,《乐论》的"和—理"、"合—别"、"统—管"、"穷—极"对说或并说明显要胜于《乐记》"情—理"、"统—辨"、"说—管"、"穷—知"之对说或并说,也胜于《乐书》"情—理"、"统—别"、"说—贯"、"穷—知"之对说或并说。而且《乐记》、《乐书》改"礼乐之统"为"礼乐之设(说)",则于同句其他地方改有"统"字,即《乐论》"乐合同"被改为"乐统同"。

古人不仅说"礼乐之统",也说"礼乐之设"。孔疏《乐记》"夫豢豕为酒,非以为祸也……故酒食者所以合欢也;乐者所以象德也;礼者所以缀淫也……乐者,圣人之所乐也,而可以善民心,其感人深,其移风易俗,故先王著其教焉"处曰:"**此一节明言礼乐之设不得其所则祸乱兴,故先王节其礼乐以防淫乱也。**"(宋卫湜《礼记集说》卷九十五引之)元翟思忠《魏郑公谏续录》卷下有曰:"太常少卿祖孝孙奏请所定新乐,太宗曰:'**礼乐之设是圣人缘物设教以为撙节,治政善恶岂此之由?**'御史大夫杜淹对曰:'前代兴亡,实由于乐'。"明郑纪《东园文集》卷三曰:"礼乐之设,所以飨郊庙、宴臣僚,其事为至重也,故唐虞之时伯夷寅清而典礼,后夔直温而典乐,慎重之意何其至哉?"清罗有高《尊闻居士集》卷二曰:"礼乐之设,诗书易春秋之教,所以养人之微、达人之微者。"

[附]释《乐记》"乱"范畴提要

表高潮的音乐术语"乱"在先秦两汉多见,如《论语》、《乐记》、《楚辞》及《乐府诗集》所记"关雎之乱"、"武乱皆坐"、"乱曰"等。传统训诂上,"乱"的基本古义是繁乱、治理,然于此二义如何派生及其与"乐乱"何关系,前贤周谷城、杨荫浏等征引或提出的解释未必可靠(反义为训、训本义为亲近等)。"乱"本字"亂"右部"乚"同于"乳"字(金文🐛,小篆🐛)右部"乚",乃弓形人体之变写;"亂"字音义来自其左部"𤔔"符,郭沫若、周谷城说"𤔔"即金文"🐛",而"🐛"即"🐛"又即今之"䜌(䜌/㣇)"(从䜌之字皆与亂同韵)。《说文》说"䜌(䜌)"古文作"🐛",又说"𤔔"古文作"🐛",可见"䜌—🐛—🐛—𤔔"一也(🐛上的两幺衍作门,𤔔字"爫幺门"下"又"符似手形🐛),且如同古字"🐛、🐛"皆人手执串铃抖动之象(见笔者《"樂"字形、字义综考》释樂幺符指建鼓之铃及糸丝本指铃旒),其声音高潮、情态繁乱二义从此出。《论语》中 15 见"乱"字 14 见即从该二义,1 见唯独被释作"治"义的"亂"字当如朱熹曰"本作乿,古治字也",实因"乿—亂"形近而讹。"乿"古字"🐛"(爫+絲)乃以手理丝之象(抽丝/织丝?),故表治理或好秩序,而"治"古字又作"🐛"(即乿),乿治一也,乿亂讹也。《论语》"予有乱臣十人……才难不其然乎"、《孟子》"孔子成《春秋》而乱臣贼子惧"两"乱"实异,前者由"乿(治)"而讹。厘清"乱"字本义及"乿—亂"形讹或假借,"乱"诸义项尤"乐乱"概念才可瞭然。先秦常见"治—乱"二字对言成词,其"治"义本即丝集丝顺义,其"乱"义本即铃集而铃乱义,《荀子·不苟》"君子治治,非治乱也……君子者,治礼义者也,非治非礼义者也……故去乱而非治乱也,去污而非修污也"亦涉及"治—乱"本义,即本义治是编织丝线,社会治是编织礼义,且治本无乱、乱非本顺,故曰去乱而非治乱,故曰"国乱而治之者,非案乱而治之之谓也,去乱而被之以治故去乱而非治乱也,去污而非修污也"、"治之为名,犹曰君子为治而不为乱,为修而不为污也"。(详细正文待另刊)

Discussion on "shè"(设) and "shuō"(说) in the Chapter "礼乐之说" of *Yue Ji*

Wang Hongxia   Lin Guizhen

Abstract: 说(shuō)in "礼乐之说" in *Yue Ji* should not be interpreted as "悦"(yuè, enjoyment), or "说"(shuō, theory), or 脱(tuō, taking off), which are all inconsistent with the literary meaning and the lexicology of *Yue Ji*. Based on the context and the "the Rule of Rites and Music" from Xunzi's *Yue Lun*, it can be inferred that 说(shuō) in "礼乐之说" should be interpreted as "设" (shè, Establishment). It was popular among ancient Chinese scholars that "说" (shuō, theory) is the equal to "设" (shè, Establishment). Therefore, "设" (shè, Establishment) was misinformed into "说" (shuō). "The establishment of Rites and Music governs human feelings and hospitality" is from *Yue Ji*. "Establishment of Rites and Music" is equivalent for "Enforcement of Rites and Music" and "Forming of Rites and Music". "The establishment of Rites and Music governs human feelings and hospitality" echoes with the "The rule of Rites and Music governs human feelings and hospitality" from Xunzi's *Yue Lun*. "The Rule of Rites and Music" and "the Establishment of Rites and Music" were both used openly by ancient scholars like *Kong Yingda* of Tang Dynasty, Zhai Sizhong from Yuan Dynasty, Zheng Ji from Ming Dynasty, Luo Yougao from Qing Dynasty.

Keywords: *Yue Ji*, govern, rule, shuō, Establishment

论张謇《周易音训句读》释例及其易学

张 浩 孙劲松*

[摘 要] 张謇在以状元身份兴办实业之前,汲汲于科举近二十载,有非常深厚的儒学根底,即便是从事实业,也不忘儒者的本心,可以说张謇的儒学思想对其开创的实业成就有重大的作用。本文就张謇儒学思想,尤其是张謇一生唯一的一部易学专著《周易音训句读》作专门的考察,可以看出张謇对于《周易》用力之勤,其基础之扎实,及其对清代考据学方法的推崇。考据学的方法和易学方法论深刻地影响了张謇的精神世界和心灵世界,成为支撑他成就辉煌事业的内在动力。

[关键词] 张謇;周易;训诂;体例

张謇(1853—1926)是清末著名的实业家、教育家,生前身后,盛名卓著,在江苏南通等地被称为"南通王"。他一生积极参与中国近代化的转型实践,是中国近代工业化的开拓者和先驱者。同时,他也是一位汲汲于"科举入仕"的传统士大夫,先后多次科考,最终在42岁时状元及第。对于处于"过渡时期"的中国

---

* 张浩(1989—),女,湖北洪湖人,武汉大学哲学学院博士研究生,主要研究领域为易学、儒学。
孙劲松(1973—),男,安徽怀远人,武汉大学国学院副院长,哲学学院教授,博士生导师,主要研究领域为易学、佛学。

传统士大夫而言,他们的社会实践活动常常遮蔽了他们身份中传统的面向,而传统的一面又常常有意无意地影响着他们的社会活动,张謇亦不例外。

一、张謇与《周易》

张謇自小就接受桐城派"治经读史为诗文之法"的训练和熏陶,儒学功底深厚,涉猎广泛,一生却尤钟爱于《易》。据《张謇年表》记载:同治四年乙丑(1865年)时年12岁的张謇就已经熟读完《论语》、《孟子》、《诗经》、《尚书》、《周易》、《孝经》、《尔雅》等儒家经典,跟随西亭宋郊祁先生学习诗文①。

1891年(清光绪十七年),时年张謇38岁,即将步入不惑之年,他完成了一生中唯一一本集中校注的儒家经典:《周易音训句读》。1891年年内,他在日记中多次记录《周易音训句读》成书前后的过程。1891年4月25日:"仍治《易》音训字句。"5月19日:"治《易经音训字句》成。"7月9日:"《易》咎皆与道、造韵,咎当读若皋。《说文》䚷、櫜,《广雅》䔿,皆从咎得声。"7月10日:"久有韭、几二音。"7月23日:"钞《周易音训字句》成。"尤其在1891年7月间,分别两处记录了对《周易》中个别字读音的拿捏和思考,说明他在钞写过程中仍在反复的修改,可见,他将《周易》注解的工作看得很重要,另一方面也说明他对《周易》用力之勤,基础之扎实。

1901年,张謇写成了他早期宣传变法思想的代表作《变法平议》一文,此文深受《周易》"不易、变易、简易"三易原则的影响,《周易》的思想已经自觉不自觉成为了他维新变法思想取法的资源。其文言:"夫法所以行道,而法非道;道不可变。而法不可不变。日月星辰曜明而无常度;布帛菽粟,饱暖而无常品。法久必弊,弊则变亦变,不变亦变。不变而变者亡其精,变而变者去其腐,其理固然。"②社会制度和自然界的事物一样,就像日月盈亏,星辰升陨,没有不变的道理。如果应时趋势,主动顺应这种时势,那么可以变更淘汰社会制度中腐朽糟粕的东西;如果被动的响应这种时势,就会丢失原本值得保留下来的精华的东西。所以张謇认为法必须变,而且还得主动的去变。

---

① 陈红晓:《张謇:中国现代纺织业开拓者》,北京:中国财政经济出版社,第265页。
② 国家清史编撰员会·文献丛刊:《张謇全集》第4卷,上海:上海辞书出版社,2012年,第62页。

《周易》一书不仅仅是张謇维新变法思想取法的资源,而且也是其一生行为处事的絜矩之道。张謇晚年非常重视《周易》中"守正"的思想,他认为,"著天道之盈虚,审人事之消息,赅物象之变化者,莫备于《易》"①。《易经》是一本周备论述天道、人事、物象盈虚、消长、变化的书,包含了作《易》者的忧患意识和"圣人之进退存亡得丧而不失正"的道理。因此,在日用伦常中,只要做到了"守正"的准则,就能在纷繁复杂的时事中,不随波逐流,不激进偏颇。他曾告诫其儿:"世道日趋于乱,人心亦趋于恶,君子处之,唯有中正恬淡。"②要求其儿张孝若学习君子之道,以"中正"处事。

　　由此可见,《周易》一书在张謇一生各个阶段对其为学、为文、为人所产生的重大影响,也从另外一个侧面窥见出张謇注解《周易音训句读》一书的历史因缘和内在动机。

二、张謇《周易音训句读》注解释例

　　张謇《周易音训句读》一书的注疏体例与当时维新启蒙思潮大肆所宣传的西学思想潮流大异其趣,他回归儒学经典,选择音韵、训诂、句读小学的方式作经典诠释的工作,有别于传统的经学注疏"先注后疏、疏不破注"的方式。他大量吸收清人音韵训诂、汉代经学注疏成果,注疏一体,旁证博引,以述申义,时而间接引用,时而直接引用,时而转述、总结名家注疏内容,参以己意。

　　其次,张謇《周易音训句读》注解体例大致可分为三个部分,第一个部分为卦名的释音、释义、卦名的考订,第二部分为以卦气说解释此卦的阴阳消息变化,第三部分按照卦辞、爻辞的先后顺序,依次选择重点字作音、义、考订、句读的训诂工作。

　　又,张謇《周易音训句读》依李光地"《周易折中》从古文篇第,《注疏》用王弼本,亦无'乾传'二字"③。之所以无"乾传"二字,是与张謇对《周易》经传的理解关联在一起。他引张惠言的说法:"《彖》、《象》、《文言》分附各卦,以《集解》注文

---

① 国家清史编撰委员会·文献丛刊:《易经尊朱序》,《张謇全集》第6卷,第437页。
② 国家清史编撰委员会·文献丛刊:《函电(下)》,《张謇全集》第3卷,第1535页。
③ 国家清史编撰委员会·文献丛刊:《周易音训句读》,《张謇全集》第6卷,第168页。

往往通属,非虞本,然德明用王弼本,以《彖》、《象》、《文言》从经,故云'乾传'"。①他认为,《彖》、《象》、《文言》附在各卦后,是李鼎祚《周易集解》的做法,非虞氏易的做法。虽孔颖达、陆德明遵从王弼的注疏本,但张謇不同意王弼将《彖》、《象》、《文言》从属于经的做法。从张謇的注解体例来看,他将《彖》、《象》、《文言》放在了《易传》中作注,与《易经》原文分开,主张《彖》、《象》、《文言》不属于经文,经传分治,遵从"经二卷、传十卷,复孔氏之旧同"的做法。

最后张謇《周易音训句读》的体例,与其他名家《周易》注疏先经后传的次序不同,他将《易传》注解放前,《易经》注解在后。按照汤一介先生的理解,《易经》是一部卜筮之书,人民通过占卜的方式向"天"问吉凶祸福,而《易传》则是一部会通天人的书,阐明"天道"、"人道"之理。经传虽各有侧重,但卜筮与易哲学之间也有着深刻的内在关联。张謇将《易传》放在《易经》前先行注解可能与其更加重视儒家《易传》中"天道"、"人道"之义理有关,遵循"天道"而知命,而知"进退存亡得丧无定之故",寻求"人道"之"守正"之法。

现以张謇《周易音训句读》上经30卦为分析蓝本,直观展示张謇注解引用的情况,依次具体论述。

(一)所引注解朝代分布情况

张謇《周易音训句读》(上经)注解引用(包括直接引用、转引)朝代分布,除唐代、明代以外,张謇引用自汉代、魏晋、宋代、清代的注疏分别达十五家之多,其中引用汉代注疏共计约277条,魏晋注疏约80条,唐注疏约36条,宋注疏约47条,明注疏约6条,清注疏约110条。注解引用非常庞杂,不拘泥于汉宋解易的门户之见,博采众说。

(二)引汉、魏晋两朝注疏情况

张謇《周易音训句读》(上经)引汉代注疏名家居前5的分别是虞翻(29%)、郑玄(18%)、许慎(12%)、马融(11%)、子夏易传(8%)。引魏晋注疏名家居前5的分别是王弼(28%)、王肃(18%)、《董氏章句》(9%)、《荀爽九家注易》(9%)、蜀才(8%)。其中有今文经学家、有古文经学家、有今古文皆通的经学家。有主卦气说,不讲阴阳灾异的虞翻、荀爽;有主义理,略于象数之学的王肃;有以老庄玄学解易的王弼;有精于易象数之学的孟喜、京房。

---

① 国家清史编撰委员会·文献丛刊:《周易音训句读》,《张謇全集》第6卷,第168页。

从具体引用文本内容来看,张睿《周易音训句读》主要采纳的是汉代自京房以来的象数之学和卦气说,解释体例也大多依据京房、郑玄、荀爽、虞翻、干宝等经学家。张睿在《周易音训句读》中,对《周易》上经三十卦卦象的解释均主虞翻的卦气说。张睿在对乾卦卦象进行解释时说:"此八纯卦,象天。虞云:消息四月(后言阴阳消息皆虞义)。"①上经三十卦中无一遗漏,全部保留了虞翻的卦气说。张睿引虞翻注《易》,吸收孟喜卦气说和京房八宫卦说所作的解释,将每一卦都看作是一年十二月阴阳消息变化的过程。

其次,张睿在注解《周易音训句读》一书,虽然采用了京房、孟喜、虞翻等今文经易学的卦气说,但同时也吸收了王弼、马融、王肃等一些古文经学家费氏易学的解释特点。

从个别字词的考证上看,选两例为证。一《坤卦》,张睿在《周易音训句读》一书中,将坤卦卦名写作"巛",认为"巛,本又作'坤',为'古文','坤'为今字","巛"字是依从清代卢见曾《雅雨堂刻本》而来。② 张睿认为,坤为今字,巛为古文,引《说文》巛为坤之假借为证,批评《广韵》张冠李戴,以假借字为本字。

二《离卦》九三爻:"日昃之离"的"昃"字。张睿引用了不同注疏者对于"昃"字的不同写法,如(宋)王嗣宗本作"仄",孟喜本作"稷",《说文》引《易》作"昗"等。③ 张睿认为"仄"、"稷"、"昗"均为古文假借字,在隶书中写作"昃",即今字,应当写成古字"昃"。

从注疏引用来源来看,张睿直接或间接的引用"十翼"的内容注经。如比卦"比,《彖》云辅也,《序卦》云比也。"如剥卦"《彖》云:剥,剥也。"如临卦"《序卦》云大也。"另一方面张睿还引用"十翼"中的内容作为句读的参考。如师卦九二爻,张睿引孔颖达疏:九二爻中"吉"放在上下句断句皆可,但因为《象传》中省略了"无咎"二字,那么"吉"就只能和上句放在一起断句,因此断句为"在师中吉",作为王弼"在师中,吉无咎"断句的参考。又如贲卦卦辞,张睿转引《注疏考证》"亨小之义,《彖传》二句中分著之"之言(指《彖传》中"亨,为柔来文刚,分刚上而文柔,为小利有攸往"),作为既济卦"亨小"合而断句之参考。④

---

① 国家清史编撰委员会·文献丛刊:《周易音训句读》,《张睿全集》第6卷,第169页。
② 国家清史编撰委员会·文献丛刊:《周易音训句读》,《张睿全集》第6卷,第169页。
③ 国家清史编撰委员会·文献丛刊:《周易音训句读》,《张睿全集》第6卷,第184页。
④ 国家清史编撰委员会·文献丛刊:《周易音训句读》,《张睿全集》第6卷,第179页。

因此,张謇对汉代、魏晋诸家注疏的引用圆融采纳,客观直述,既吸收京房、虞翻、郑玄等今文经易学大师的卦气说,也兼采古文费氏易的一些注疏特点,但却没有参杂王弼、马融等古文经学家用老庄哲学解《易》的痕迹。

(三)引唐、宋明注疏情况

张謇《周易音训句读》(上经)对唐代《周易》注疏成果的引用主要来源于陆德明、孔颖达、李鼎祚三人,孔颖达《周易正义》偏向于玄学派的义理、李鼎祚《周易集解》偏重于汉代象数之学,但都是唐代总结性的易学注疏,从另一个侧面,也反映出张謇注解兼容并包的特色。张謇对宋明《周易》注疏成果的引用主要来源于程颐、朱熹二人。

张謇对于"易"的理解,本于朱熹《周易本义》,"易"有交易、变易之义。他同时引虞翻注《周易参同契》、《说文解字》中阴阳之间的关系来补充解释"易"之交易、变易义。① 从张謇引用注疏内容可以看出,他认为《易》"著天道之盈虚,审人事之消息,赅物象之变化",揭示出世界变化,万物发展的规律。在对汉代象数易学的引用上,限于八宫卦说和卦气说,强调《周易》中阴阳两个概念的消息变化。

张謇对《周易》经传的作者以及源流的认识基调是遵从朱熹,在《周易音训句读》的上经序言、彖传序言中,明确引用朱熹《周易本义》序,并表示"今从之"。在具体的文本注解中,张謇常常是用"程《传》、朱《本义》同"将程朱易学的解释放在宋明理学的框架内,突出程《传》、朱《本义》释易的相同之处。即便程、朱训释的不同,张謇通过其他注疏的引用参考,没有突出程、朱训释的差异性。比如随卦上六爻爻辞"王用亨于西山",张謇注:"亨,王弼训通,程训盛,陆、虞、朱《本义》、项世安并作'祭飨'之'飨',古文作亨。"有王弼的训诂在前,程朱训诂的差异性,程颐训诂的问题也没有凸显出来。对于程颐训诂明显的望文生义的地方,张謇也没有直接指出,从豫卦九四爻"簪"的训释很容易看出。张謇认为"簪"的释义应遵循郑玄的解释"簪,速也"。"簪"的写法,虞翻写作"戠",京房写作"撍",王引之认为"撍"是正字,"簪"是假借字,但不管写法怎样,"簪"的字义是确定的。张謇引"侯果(唐)始有冠簪之训,晁景迁(宋)云,古者冠礼未有簪

---

① 国家清史编撰委员会·文献丛刊:《周易音训句读》,《张謇全集》第6卷,第168页。

名"①,认为从唐代侯果才开始出现"冠簪"这种解释,唐以前没有这种解释,古时候冠礼就没有带簪之说。程颐在注解"簪"时即将"簪"理解为簪子,实与朱子的解释大相径庭,但张謇也没有直接指出。

朱子曾经指出过,《程氏易传》"不说《易》文义,只说道理极处",与《易》之本义不和,三百八十四爻只作三百八十四件事解,因此朱子作《本义》是恢复《易》之本义。张謇曾在《易经尊朱序》中说道:"其立于学官传于今者,王注、韩注、孔疏而外,则有宋朱子《本义》。朱子之学本于程《传》,程《传》言理,切于人事。《本义》尝云程《传》备矣,即不复引申疏解,而其疏解者,盖补苴所未逮也。当时言《易》者众,能参天道,明人事,而切于日用行习者,孰右朱子。夫《易》惟微惟奥,诂训者多凿而拘,解说者多虚而诞,其尤甚者浸流于谶纬术数,小哉小哉!弼攻极弊,自标新学,其注独冠古今。晋之顾夷已有难义,要未足为弼病也。而朱子《本义》历四代无有能诘难者,盖学必有体有用,力求为己,非仅笺注传说也。"②张謇认为朱子的《周易本义》是对《程氏易传》的"补苴所未逮",更加注重《程氏易传》、《周易本义》之间对于"道理极处"之理的把握和体认,因此在注解过程中,强调程朱解释的相同之处,有意无意地回避二者之间解释的差异。

而另一方面,在《周易音训句读》文本的注解中,张謇对程朱的解释又常常是汉、清经师的补充说明,以汉、清经师的解释为主,宋明理学家的解释为辅,打破"汉宋之争"的门户之见,反对学术上的党同伐异。1893年,张謇在《移建象山书院记》中言:"夫陆子之学,其要在于严义利之辨,审念虑之动,去意见之私,而其效在于家帅其教,乡化其行,当官而举其职,告君而致其忠。而其原,在于使人各明其本性。其言虽与朱子往往不合,而有讲论辩难弗明弗措之心,无异同门户嚣然不靖之气,岂非所谓百虑而一致,同归而殊途哉。蔽者不察,暧暧姝姝,据朱子一时各有所当之言,乘慈湖杨氏涉近禅理之隙,集矢象山,哄为大诟。"③他认为朱陆二人的理论"百虑而一致,同归而殊途",其最终的结果都是为了"家帅其教,乡化其行,当官而举其职,告君而致其忠"。

(四) 引清代注疏情况

张謇《周易音训句读》(上经)引用清代注疏名家居前 5 的分别是惠栋

---

① 国家清史编撰委员会・文献丛刊:《周易音训句读》,《张謇全集》第 6 卷,第 176 页。
② 国家清史编撰委员会・文献丛刊:《易经尊朱序》,《张謇全集》第 6 卷,第 437 页。
③ 国家清史编撰委员会・文献丛刊:《移建象山书院记》,《张謇全集》第 6 卷,第 229 页。

(26%)、王引之(20%)、焦循(17%)、毛奇龄(10%)、段玉裁(7%),基本引自清代乾嘉学派朴学大师。其中惠栋属于乾嘉学派吴派成员,王引之、段玉裁属皖派成员。吴派博采、阐述汉人古训或唯汉学是从,是典型的汉学家。皖派依据古训,断其是非,不盲从汉儒训诂,主张由训诂而明义理。张謇在文本转引注疏中,兼采吴皖两派的研究成果。

从张謇具体引用的注疏文本内容来看,张謇的考据方法全面吸收和继承了由惠栋开创的乾嘉朴学的考据方法,"文须指明何所出","义必指明何所本"。张謇引用的注解每一条都严格标明出处,在《周易音训句读》上经(30卦)中,随处可见直引、转引的注音、释义、句读都标明"某某云",或者"某某据某书云"等等,对于清人中有遗漏的出处,张謇也标明出处。比如张謇在注解大畜卦六五爻爻辞"豶豕之牙"的"牙"时,补充了惠栋释"牙为杙也"的出处来自于陆佃。①

张謇还大量吸纳乾嘉学派采用字书进行文字考证,识字审音的考据方法。其中引用《说文解字》33处,《经典释文》12处,《广雅》5处,《尔雅》3处,《字林》3处,《广韵》2处,《方言》1处。如张謇释蒙卦初六爻"以往吝",张謇引用《说文解字》中对于《易》引用作为"以往遴",遴,行难也。同时转引孙星衍的评价,孙星衍认为,《周易》中的"往吝"、"往见吝"、"以往吝",应当作"遴"字,不是悔吝之字。从而得出《说文解字》中作"以往吝"者,为后人所增,非《周易》原文之字。②

在审音方面,如剥卦六二爻"剥床以辨"之"辨"的审音。马融、郑玄认为辨,音办,指的是脚以上的部分,而张謇同时引王引之的判断作为参考,王引之认为古声中辨与蹁通,"辨"应当读作"蹁",蹁为膑的转声,膑,指膝端也。③ 因而"辨"的不同发音,即对应身体的不同位置。

同时,张謇《周易音训句读》也大量吸收了清代考据名物、制度等的各种知识,注解经文。比如观卦卦爻辞"盥而不观荐"何意？张謇引马融的解释:"盥者,进爵灌地以降神也,祭祀之盛莫过初盥(祭祀之始)降神,及荐(祭祀之熟练时)简略,则不足观。孔子曾言:禘自既灌而往者,吾不欲观之矣。"④认为盥礼比较隆重,荐礼比较简略,因此"观盥不观荐"。同时转引惠栋引《穀梁传》的说

---

① 国家清史编撰委员会·文献丛刊:《周易音训句读》,《张謇全集》第6卷,第182页。
② 国家清史编撰委员会·文献丛刊:《周易音训句读》,《张謇全集》第6卷,第171页。
③ 国家清史编撰委员会·文献丛刊:《周易音训句读》,《张謇全集》第6卷,第180页。
④ 国家清史编撰委员会·文献丛刊:《周易音训句读》,《张謇全集》第6卷,第178页。

法,"常视为视,非常为观",区分"视"与"观"。又引用"观灌而不观荐,乃禘礼配天之祭,禘行于春夏,物未成熟,荐礼独略,故不足观"①。引惠栋的解释进一步说明为什么盥礼比较隆重,荐礼比较简略,荐礼一般在春夏之际举行,而农作物还未成熟,因此荐礼祭祀比较简略,辅助对于经文的理解。

张謇虽然在注疏引用上崇尚由惠栋开创的文字考证、识字审音之法,重视清代汉学的成果,但也非完全以古人之是非为是非,对惠栋的注疏也有一定的批评。比如师卦初六爻释"律",惠栋释"律",依据《兵书》中"王者行师,出军之日,太师吹律合音"②,认为"律"为古音六律。张謇转引王引之的说法,批评惠栋之说为非,认为"律"应当释为"法也"、"常也",认同朱子、王引之的看法。

张孝若曾在《南通张季直先生传记》一文中提及,其父(张謇)信服朴学。他说:"我父亲对于明末清初诸儒的朴学、理论和行事,都十分的推重,认为"学问固不当求诸瞑想,亦不当求诸书册。惟当于日常行事中求之。"(颜习斋先生语)适合了他的见解……所以认为朴学是讲真理实用,确能回复儒理的本真,扫除道学的虚顽。"③张謇批评宋明道学的虚妄,认为清代朴学是"讲真理实用"的学问,能够补偏救弊,恢复儒理的本真面目,扫除宋明道学的虚妄,因此对于乾嘉学派的注疏方法都非常的推崇,在著书为文、立身行事也都积极践行。张謇理解的朴学不仅仅是方法意义上的朴学,还有"实学"经世致用之学的意义。

三、张謇《周易音训句读》其书定位及其影响

通过对张謇《周易音训句读》(上经)三十卦的分析,可见张謇并不认同宋明理学义理解易的方法。他认为乾嘉以来,惠栋开创的考据学方法才是恢复儒学本真面目的客观、科学的方法。正是因为张謇推崇清代朴学,自然而然对于汉学有某种亲近感,对于汉代象数之学也并不排斥,保留了虞翻易学中八宫卦说、卦气说。从清代学术史演变来看,张謇的注疏无疑受到了乾嘉考据学"余威"的影响,力图恢复《周易》古经的原始面貌,另一方面也是其自主认同考据学方法论的结果。他对"最近世"学术思想史中关注的"程朱陆王"、"汉宋问题"、"今古

---

① 国家清史编撰委员会·文献丛刊:《周易音训句读》,《张謇全集》第6卷,第178页。
② 国家清史编撰委员会·文献丛刊:《周易音训句读》,《张謇全集》第6卷,第172页。
③ 张孝若:《南通张季直先生传记》,上海:中华书局,1930年,第314页。

文问题"在《周易音训句读》中做出了融会汉宋、今古文的解答,区别于维新派,具有积极的意义。

当然,张謇治周易不仅仅限于训诂考据,也期于通经致用,张謇在实业方面的巨大成就证明其易学"致用"方面达到极致。张謇不仅仅治《周易》,而且朴学方法论和易学方法论深刻地影响了张謇的精神世界和心灵世界,成为支撑他成就辉煌事业的内在动力。

On the Style of *Zhouyi Yinxun Judou* by Zhang Jian and His Speculation on the Ever-changing

Zhang Hao　Sun Jinsong

Abstract: Before starting the industry as a champion, Zhang Jian had learned from the imperial examination for nearly 20 years. He had a very deep Confucian foundation. Even if he was engaged in industry, he did not forget the original intention of Confucianists. It can be said that Zhang Jian's Confucianism has a great impact on the industrial achievements. This article examines Zhang Jian's Confucianism, especially Zhang Jian's only book in his life, *Zhouyi Yinxun Judou*. It can be seen that Zhang Jian has worked hard on *Zhou Yi* and has a solid foundation. He greatly advocate textual research methods in the Qing Dynasty. The methodology of textual research and *Zhouyi* had a profound impact on Zhang Jian's spiritual and spiritual world, which became the internal driving force for his brilliant career.

Keywords: Zhang Jian, *Zhouyi*, textual research, style

审美之境

審美之情

海峡两岸新时期女性乡土书写新貌

杨　森

[摘　要]　一直以来乡土文学在两岸文坛都占据着及其重要的地位,自上世纪八十年代末九十年代初,随着两岸社会的变化以及新世代作家的成长,乡土文学也进入了新时期新阶段。尤其需要值得注意的现象在于,此时女性乡土作家的崛起,较之于传统的男性乡土书写,女性的乡土写作呈现出了不同的样态。本文将选取包括付秀莹、陈淑瑶、陈雪几位海峡两岸的女性乡土作家,进而讨论女性乡土书写更着重于从微观历史着手,以白描的日常叙事手法刻画了乡村的真实风貌。同时,以女性敏锐的触觉与笔法捕捉了人物的日常情感状态,并透过身体书写刻画了一群徘徊在城市/乡村的边缘女性。

[关键词]　海峡两岸；女性；乡土；身体

一直以来,乡土文学在中国海峡两岸文坛都占据着及其重要的地位,而自

---

* 基金项目：广东省教育厅创新人才类项目"自然灾害与台港澳文学书写研究"(2021WQNCX021)；广州社科项目"穗港澳文学的灾害书写研究"(2021GZGJ242)。

** 杨森(1989——　),男,广东中山人,文学博士,广东财经大学人文与传播学院讲师,研究方向为华文文学。

上世纪八十年代末九十年代初,随着两岸社会的变化以及新世代作家的成长,乡土文学也相应发生了转变,进入了新时期乡土文学阶段。台湾方面的代表作家有陈淑瑶、陈雪、甘耀明、吴明益、童伟格等,大陆方面则有叶炜、叶凤群、付秀莹、梁鸿。阎连科、莫言、贾平凹、黄春明等传统乡土作家在后期的创作中也出现了明显的转变。此时传统的乡土作家不再恪守鲁迅、沈从文式的乡土创作,而是融合了神话、寓言等手法,开启了"第三条道路"乡土文学的探索。①过往的乡土书写多以男性作家为主体,因此对于乡土社会的书写仍停留在传统的男性视阈内。尤其对于乡土女性的刻画,更多是作为男性权力社会下的附庸品。

进入上世纪九十年代尤其是新世纪以来,随着两岸"70后"乡土女性作家的崛起,这样的现象也开始出现了扭转。对此,本文将聚焦大陆的梁鸿、付秀莹,台湾的陈淑瑶、陈雪等几位新生代女性乡土作家,展开讨论。同时这几位"70后"乡土女性作家尽管都出身乡村,但全都拥有高校教育背景,由于她们都接受了学院体制下完整的知识体系,对于女性与乡村有着更为清楚的认知,因此在写作时可以结合自身的情感与知识体系,采用一种比较抽离式的态度面对自己成长的土地。这也使得这些女性乡土作家在书写乡土时,避免陷入了简单的歌颂或是批判乡土的二元对立。赵园曾将五四以来对于乡土的描写分为两派:"上承古代田园诗的传统,写偏于静态、稳定的乡村,而注重均衡匀称的形式,追求美感的纯净,以及主张写革命化的乡村或破产中的乡村。"②对此阎连科也曾指出:"中国的乡土文学,大致分为鲁迅和沈从文两个派别。"③认为其中一条脉络是从陶渊明开始,到后来的李渔、周作人,再到沈从文以及汪曾祺、孙犁等作家,对乡土主要采用的是赞歌式书写,而另一条脉络则是以鲁迅为代表的站在高位对乡土的启蒙式书写。尽管这种划分略显粗糙,但从中国乡土文学的整体发展历程来看,却也有一定的道理。因此新时期女性乡土作家也有意与传统的乡土书写方式保持距离,并试图开辟一条新的路径,以女性敏锐的视角重新进入乡村。

---

① 杨森:《乡土文学第三条道路的探索:阎连科的"神实主义"写作》,《江西社会科学》,2018年第4期。
② 赵园:《地之子》,北京:北京大学出版社,2007年,第114页。
③ 阎连科:《发现小说》,台北:印刻文学生活杂志出版社,2011年,第39页。

一、乡土白描与日常叙事

由于两岸这批新时期女性乡土作家都出生于1970年代,成长于1980年代,不管是较之于早年阎连科、莫言笔下那种徘徊于饥饿和其他伤痕之间的大陆乡土,还是黄春明笔下刻画的笼罩在日据时期阴影中的台湾乡土,这批新生代的乡土作家成长于平稳的"小时代"。对她们而言写作更多是从个人经验出发,正如付秀莹所说:"我们这一代人写作的意义,可能正来自于'经验写作',来自于我们每个人独特的、不可复制的日常经验。"①因此这批两岸女性乡土作家在进行乡土书写时,更多是从自身的生命历程出发,着眼于日常生活叙事。新时期乡土文学也与"后现代主义"有一定的关系,相比于传统的乡土文学,更多是采用一种轻盈的书写方式,对传统的大历史叙述进行解构。同时,这也与乡土社会在两岸的处境有关,正如陈晓明所说:"乡土中国在整个现代性的历史中,是边缘的,被陌生化的、被反复篡改的、被颠覆的存在,它只有碎片,只有片段和场景。"②因此面对这样一种破碎的乡土社会,两岸的乡土女性作家也摆脱了传统乡土书写中的宏大叙事,转而以日常生活叙事的方式重新回归乡村。"日常生活"成为了新时期女性乡土书写的文本主体内涵,不管是付秀莹的《陌上》还是陈淑瑶的《流水账》,都是在言说乡土民间的日常生活。海默尔对"日常生活"进行了理论性的梳理,指出了日常生活的基本样态:"日常生活(中性地)指出生活中我们一再重复的行为,一再游历的旅程,以及我们久住的空间。日常生活所指出的这些特色,均确确实实地编织了我们一天又一天的生活。日常性的生活,其特别之处就在于它没有特别之处。精确地说,日常生活总是被忽略的、不显眼的、不突出的。"③付秀莹的《陌生》以白描的方式为读者还原了"芳村"的全景,以电影蒙太奇的方式建构了人物众生相,同时书中食物成为了重要的意象,不管是增产媳妇做的韭菜盒子、小米粥、香椿鸡蛋,还是耀宗媳妇做的韭菜鸡蛋馅儿饺子,作者写的都是寻常百姓家的日常食物。不管遇到再大的

---

① 宋学清:《如何讲述新的中国乡村大故事——以付秀莹〈陌上〉为例》,《扬子江评论》,2018年第3期。
② 陈晓明:《乡土叙事的终结和开启——贾平凹的〈秦腔〉预示的新世纪的美学意义》,《文艺争鸣》,2005年第6期。
③ 海默尔:《日常生活与文化理论》,用群英译,台北:韦伯文化出版社,2005年,第1页。

事,人们都先填饱肚子再说,也展现了中国人"民以食为天"的基本生活观念。

全书的章节之间并不存在完全必然的联系,正如宋学清指出,全书采用的是"散点透视"的方式,每一章展现的是不同的主人公与迥异的生活样态。全书没有完整的故事情节,更不会有让人感到震惊或是耸人听闻的戏剧冲突,此时的乡村没有了早年乡土叙事中的那种极致苦难与惨烈的权力争斗,更多的只是鸡毛蒜皮的东村长西家短的日常生活。然而作者也正是以此为我们展现了当下最为真实的乡村社会,尤其是在商品化的消费主义时代,乡村面对现代资本主义的入侵,人们被金钱利益冲昏了头脑,此时金钱至上牢牢占据着人们的观念。跟早期乡土社会重视教育不同,此时人们反过来将靠赌博发财的扩军称为"能人",而对于读书有了更加实际的考虑:"嫂子笑道,念个博士出来,还得找工作,买房子,跟人家军力他们比起来,一个花,一个挣,里外里,差了多少钱呀。"①较之于买房娶媳妇等实际问题,透过知识改变命运似乎已经不再是那么迫切的事情。早期的乡土文学中,不管是路遥的还是后来阎连科、莫言的作品中,都大量书写了农村人依靠知识和教育进入城市改变身份的故事,包括作家本人也是这样实现了身份的转变。相比之下,付秀莹笔下的乡村则有了很大的改变。一旦读书不能马上转换成可见的经济利益,便被村民视为无用之物,因此当乡村教师刘兰月试图劝阻村民——不让孩子辍学时,遭到的却是村民的一顿抢白:"村里能有几个考上大学的? 就算是考上了,家里头没人没势的,工作也难找。还不如出去打个工,早点挣下钱,早点娶媳妇要紧。妇人冷笑道,文化吃香? 你们倒有文化,怎么在这小屋子里白水煮面条吃? 村子里那些个大老板们倒是睁眼瞎,个顶个金山银山的,几辈子享不尽的福。"②可以看到,此时金钱成为了村民唯一的逻辑,正如齐美尔敏锐地看到金钱成了概括一切值得追求目标的通用语:"人们将货币——一种获得其他物品的纯粹手段变为最终的目的,目标被手段所遮蔽,真正的目标不断地退到意识的地平线,最终沉入地平线。"③

这也就不难理解人们何以为了追逐利益,甚至不惜以牺牲乡村的环境与自身健康为代价。书中刻画了皮革厂污染对乡土环境的破坏:"这地方做皮革,总也有三十多年了。这东西厉害,人们不敢喝自来水不说,更有一些人,不敢进村

---

① 付秀莹:《陌上》,北京:十月文艺出版社,2016年,第339页。
② 付秀莹:《陌上》,第339页。
③ 齐美尔:《金钱、性别、现代生活风格》,顾仁明译,上海:华东师范大学出版社,2010年,第10页。

子,一进村子,就难受犯病,胸口紧,喘不上气,头晕头疼。小子这是舍着命挣钱哪。也不知道,往后上了年纪,有没有什么不好。如今村里人,年纪轻轻的,净得一些个稀奇古怪的病的,难说不是这个闹的。"①从中可见被金钱资本异化的村民,在盲目的金钱狂热面前已然顾不上自身的健康,而付秀莹正是借由这些病态的身体隐喻乡村的疾病,正如作者在第十九章的引子所写:"人们病了,先生给人们看病。村庄病了,谁给村庄看病。"付秀莹正是由此为读者展现了当下的乡村图景,此时的乡村早已不是乌托邦的存在,城市所存在的问题,乡村同样也有,甚至较之于城市有过之而无不及。正如刘文祥指出自1990年以来,疾病书写已经逐渐成为了乡土文学的主流,这背后也蕴含着作家对于乡土社会存在种种问题的忧思,并借由疾病将内心的愤懑与无奈展现出来。"乡土的处境使人们认识到它的有限性,正如人们对自己健康的认识一样,乡土一样也是会生病的,乡土已经不再与真理、历史等宏大话语结合,乡村已经不能够代表什么,只能够代表它自身——一个虚弱的、被征服的历史主体。"②

另一方面,台湾女性乡土作家陈淑瑶在《流水账》中同样也以白描的方式,记录了澎湖岛上的人与事。《流水账》与《陌上》一样,每一章节都为独立,并没有连贯的故事情节。作品同样采用了日常叙事的方式,详实地记载了澎湖岛上居民的生活样态,当中既有田间少男少女美好的初恋,也有民间民俗庆典的展现,也包含了村里人松土播种、除草浇肥、摘瓜剥豆的田园生活,描绘的都是一些再琐碎不过的日常生活样态,整部作品都是由无数的日常片段编织组合而成。正如蓝鲍尔所说:"我们的世界观不只是被大型的公共事件所形塑,还包括那些最熟悉而被忽略的日常生活面向,并且被人们长期漠视。日常生活这个概念常常会被用来指涉中下阶层,既然中下阶层是默默无名的,那么日常生活的表现方式,就不会如传统英雄史诗般的形式来呈现。"③因此全书以许多详尽的细节,勾勒出了一部"每天都是起床上学吃饭睡觉玩,就没有别的事,就真的没

---

① 付秀莹:《陌上》,第249页。
② 刘文祥:《被释放的疾病:1990年代以来乡土小说中的疾病书写》,《深圳大学学报(人文社会科学版)》,2019年第6期。
③ Laurie Langbauer, *Novels of Everyday Life: The Series in English Fiction, 1850 - 1930*, Ithaca: Cornell University Press, 1999, p. 5.

有别的事嘛"的"流水账"。① 这也正是一种微观视域,背后隐含了作者的小历史观,这也是对传统男性乡土书写的大历史的解构。正如李阳春指出:"小历史观把过去所谓单线大写的历史(History),分解成众多直线小写的历史(histories);把那个'非叙述、非再现'的历史(history),拆解成了一个个由叙述人讲述的历史(his-stories),多元化的、个人化的小历史观逐渐取代曾经的主流权威的大历史观。"②因此两位乡土女性作家选择这样一种日常生活作为书写对象,也是有意在与传统的大历史乡土书写保持距离,将书写的焦点放在被大历史所遮蔽的小人物身上。

相比于上文讨论的相通之处,二者的乡土书写也有差异之处。相较之下陈淑瑶的《流水账》比付秀莹的《陌上》更为温情,小说的笔调十分淡雅,以一种地方志的书写方式展现了澎湖岛的人物景观。例如小说的篇目命名都是十分具体的时令或是对象,如以年节时令(农民历、春水、清明、秋来、大寒、年等)、地方实景与实物(腌、瓜枕子、农耕队、吉贝、林投与瓜山、扫墓、鲤鱼刺、筏、青香瓜等)、家事和心事(借、父与子、新牛、赶猪、暗恋、雷醋、玉殒、别等)来取名。同时,作品中夹杂了大量的方言用语,人物对话几乎都保留了原有的闽南话语。例如:"我一厝内的人蚜蚜爬,就守在这奉待汝一人喔?死?我若死汝就快活啊,看汝欲找谁人呷一嘴烧一嘴冷?贤仔?哼!伊迌真仔若咸龟咧!"③作者正是透过方言书写,最大程度地还原了人们乡间的生活样态,以此展现人物的悲喜苦乐和爱欲纠葛。"杂语"特色也构成了台湾新时期乡土书写的重要特征之一,这也给读者的阅读过程中带来了一种陌生化的体验。此外,《流水账》中许多处都书写了台湾澎湖地区的乡土民间民俗,例如"雷醋"一章记载了祭祖时为什么要摆七对筷子,"农民历"中以农民历来算姓氏的笔画,从而查吉凶,"灰"描绘了拜神烧香和烧金纸的流程。作品中不管是杂语的使用,还是乡间民俗仪式具体详细的展现,都是作者有意而为之。陈淑瑶作为新时期女性乡土作家,接受了系统的学术训练,因此在现代性的参照坐标下,在进行书写乡土时表现的并不是传统意义上的天然乡土,也不是侨寓在城市或异乡中的记忆乡土。作者

---

① 陈淑瑶:《流水账》,北京:中国友谊出版公司,第137页,2011年。
② 李阳春、伍施乐:《颠覆与消解的历史言说——新历史主义小说创作特征论》,《中国文学研究》,2007年第2期。
③ 陈淑瑶:《流水账》,第317页。

在这里大量挪用民俗仪式，正是在构建一个"现代乡土"符号。

台湾在上世纪六十年代就开启了城市工业化进程，因此城市—乡村二者的辩证关系，也是台湾新时期乡土作家一直在深入思考的问题。安德森在《想象的共同体》中就讨论了"印刷资本主义"的兴起，大众透过报纸新闻的阅读，不再需要面对面交流，于是就能通过集体阅读行为产生互动交流。而到了十九世纪，随着蒸汽船、汽车、飞机、相机、计算机和电话的发明，世界也随之变成了"全球村"，尤其是在汽车速度的影响下，"城镇市区只是一个压缩物"①。乃至到了今天的网络信息媒体时代，四海之内皆如近邻，21世纪汹涌的全球化潮流也不断地模糊着传统的地域边界。这在台湾的乡土社会有着较为直观的展现，不管位于多么偏远的乡间，都可以看到麦当劳、肯德基、星巴克、全家、711便利店等全球连锁商店的身影，这些连锁店正在逐渐取代具有地方特色的各式商店，这也正是全球化潮流下文化同质化的反映，此时乡村/城市的边界线愈发模糊。同时正如陈惠玲所指出："现代性论述强调资本主义的普世化、全球化，因此将乡土描绘成狭隘、不变，以便最终消灭乡土，将它们吸纳在现代性之下。"②因此在现代性逻辑底下，乡土永远是边缘的存在，只有等待现代城市的开发改造乃至取代。这对于生活在乡土社会的人们来说，也由此产生了一种漂泊不定的无根之感，不管身居何处都无法找到自己的身份属性。陈淑瑶在乡土书写中大量地挪用民俗仪式，正是因为"民俗仪式"是最具有可辨识度的地方乡土特性，是一种赋予群体身份认同感的共同核心传统。正如叶舒宪在《宝岛诸神》中谈论民间民俗与台湾社会之间的关系时指出："现代人受到更多冲击和不顺意，或是生活上的挫折，或经济不景气的缘故，更容易寄托于民间信仰。民间信仰与台湾人生活密切结合也是事实。民间信仰是多数台湾人安全感的依附。"③因此陈淑瑶正是透过民间民俗的书写，重新赋予了乡土民间的地方主体性，建构了一个具有符号意义的"现代乡土"，并可借此表征"群体的身份感"。人们也正是在这种身份感中寻找到自我安身立命之所在，同时这也是某种程度上作者透过

---

① 阿帕度莱：《消失的现代性：全球化的文化向度》，郑义恺译，台北：群学出版有限公司，2009年，第39—41页。
② 陈惠玲：《从生产乡土到科幻乡土——台湾新世代乡土小说书写类型的承继与衍异》，《国文学报》，2014年第6期。
③ 叶舒宪：《宝岛诸神：台湾的神话历史古层》，广州：南方日报出版社，2011年，第392页。

写作所达成的"返乡之旅"。

二、女性情感与身体性别

台湾学者邱贵芬指出:"台湾文学里的'乡土'想象中,一是残留着纯朴传统的乡愁乡土,一是在现代化潮流中下层劳动人民受到压榨的乡土;八〇年代后半的女性乡土文学却与此相异,抑止了传统及乡土的浪漫化,表现出乡土的复杂面向。"①这样的评价也部分地适用于大陆女性乡土文学,随着女性乡土作家的崛起,此时的乡土意涵出现了更为复杂的转变,尤其在于人物主体的转移。可以看到不管是付秀莹还是陈淑瑶、陈雪的作品,过往乡土文学中一般作为男性附庸的女性角色,此时成为了当中的主角,女性的生存样态、生命体验成为了小说的主体。尤其是一种对女性人物细节"瞬间"情感状态的书写刻画,这也是女性作家的叙事美学特长。《流水账》中,村里的用心婶在回家途中遭遇车祸去世了,作为男性的阿公听到以后,只是回了一句"生死有命,富贵在天",便草草慰藉乡亲了事,阿妈却深受此事影响,久久不能平复心情。作者在此并没有直写阿妈的人物状态,而是以书写景物的方式将画面定格:"阿妈将母猪生产的胎衣包扎紧再装进麻袋,找到了一个大小适中的水坑,把麻袋里的东西放进水坑,再找些石块牢牢紧紧地压住……她往岸上走了一段路,突然想起用心婶,长叹一声,回首望海上看,已记不得刚刚把胎衣埋在什么地方了。"②作者在此将时间空间化,外在的实物与人物的内心状态产生了一种连接,展现了一瞬之间阿妈对生命逝去、人生无常的感叹。这也是女性细腻心思转瞬间的展现,也许是每一个不留神的片刻、某个发愣的刹那,抑或是没有意义的、空白的片刻。

另外一幕中,阿母帮意婶婆拔睫毛:"她想起十多年前还年轻的时候,意婶婆帮她挽面的情景。悄悄睁闭眼来,看见她的皱纹恍若几十年晃眼过去了。她用食指抵住上眼皮,拇指撑开下眼皮,红红黏黏的眼眶之中,眼白混浊,湖心沉寂,光秃秃的,没有半点风景,看不见自己映照在里头。"③这里展现了在帮意婶

---

① 邱贵芬:《女性的"乡土想象":台湾当代乡土女性小说初探》,载邱贵芬:《中介台湾·女人》,台北:元尊文化有限公司,1997年,第125页。
② 陈淑瑶:《流水账》,第48页。
③ 陈淑瑶:《流水账》,第129页。

婆拔睫毛的过程中,阿母联想起年轻时候同样是拔睫毛的情景,突然醒悟自己嫁来澎湖,转眼间已经几十年过去了,身为一个女人的最美好的年华都是在这座岛上度过,这也是女性对时光流逝、青春不在的刹那感受,以及女性生命和岛屿之间的特殊联系。尽管这不是什么惊天动地的大事,却也是作为女性在某个人生过程中的一种感悟与思考,尤其是女性对于青春流逝有着更为敏感的认知。这样一种对女性瞬间生命体悟的书写,在付秀莹的《陌上》中也时常可见。精打细算的婆婆翠台,面对家里复杂的婆媳关系,以及和丈夫根来的各种矛盾,还有芳村的种种人情世故,平日原本坚强甚至有些强势的她,却在一瞬间内心最柔软之处被触动了:"淡淡的晨光从窗子里探进来,好像是要晴天了。屋子里一半明亮一般暗淡,竟仿佛是不同的两番天地。翠台盯着那电话机看,叹了口气,恍恍惚惚往外走。雨点子被霞光染过,十分耀眼夺目,翠台仰起头,有一滴不偏不倚,正好落在她的眼睛里。她一面咬牙骂着,一面拿手背去擦。却是越擦越多,越擦越流,怎么也擦不清了。"[1]两位女性作家都精准地把握住了女性人物的精神状态,准确地捕捉到了女性的"当下"与"瞬间",展现了人物在某个不可言说片段中的思绪与情绪波动,并以散文式的技法,透过对景物的书写来呈现人物的内心状态,这也正是女性乡土作家对情感的敏锐把控之处。

另一方面,则在于女性的乡土身体经验书写,透过身体的书写展现了乡村女性的人生处境。付秀莹的《苦夏》和《翠缺》都写到了农村女童被男性长辈侵犯的情景,作者在这里采用了十分写实的笔调,还原了丫豆儿被伤害时的场景:"丫豆儿还没有来得及答应,就被全叔一把抱到怀里,他把手伸进她的裙子里,丫豆儿吓得说不出话来,这叫什么游戏? 全叔喘着粗气,说别怕别怕,丫豆儿还是说不出话,只是浑身颤抖。全叔把她抵在炕沿上,像一座山一样压下来。"[2]这也包括翠缺面对成年男性时的无力与无奈:"她真的害怕了。转身想跑,被大战一把抱住了。懵懵懂懂中,她感觉那根秫秸像刀一样刺入她的身体,她感到自己被劈开了。"[3]同时,由于大战是村里的"能人",翠缺的反抗显得更加徒劳无功,因此受到的凌辱是双重的。作者在这两个短篇小说中,以写实的笔法直面书写女性身体被侵害的情景,展现了女性在乡土社会中的一种边缘处境。面

---

[1] 付秀莹:《陌上》,第64页。
[2] 付秀莹:《花好月圆》,北京:中国言实出版社,2014年,第118页。
[3] 付秀莹:《花好月圆》,第142页。

对成年男性的施暴,翠缺和丫豆儿都只能默默忍受,这也凸显了乡村性教育的缺失。

此外付秀莹也借由身体状态展现了乡土女性游离徘徊在乡土和城市之间的迷茫与不安。《红了樱桃》中的樱桃作为一名平平无奇的女大学生,毕业以后留在北京一所私立学校教书,面对男性官员连赞的追求,樱桃一直保持着女性的端庄,并没有和连赞发生过多的肉体关系。但随着连赞的退出,樱桃作为大龄"剩女",不得不面对人们更多的打量目光。尽管樱桃深知,所谓的"剩女"称号背后实则是男性中心话语:"一个女人,在适当的年纪不把自己嫁出去,不是心理变态,就是生理畸形,是罪过,更是难题。"[1]因此当再度面对新的男性追求者——高校老师唐不在时,樱桃失去了固有的端庄,面对唐不在的诱惑,樱桃爆发了压抑多年的强烈性欲:"她疯狂地咬他,像一架钢琴,键盘裸露着,一碰就响,一碰就轰鸣,就尖叫,任性地,放荡地,无法无天地。为什么不呢?这么多年的压抑克制,她是受够了。她热烈、娇媚、放纵,像一个真正的荡妇。"[2]这样的情欲爆发带来的却只能是更深的空虚,一场极致的放纵之后,樱桃最终还是回归到了孤身一人的状态,如同一个孤魂野鬼。樱桃这样一种无处安放的身体,代表的正是这批从农村进入城市的女性,她们渴望留在城市进入上层社会,但现实的残酷让她们不得不在城市和乡村之间痛苦徘徊。因此面对母亲劝她回到故乡,樱桃发出了绝望的自白:"她要报仇!她要报仇!母亲、姐姐,还有那些亲人们,她们没有来过北京,没有在北京待过,没有受过北京的欺侮。故乡那一个小村庄,她是绝不再回去了。不是不回,是回不去了。与其一辈子老死在一个小圈子里,愚昧、麻木地活着,不如在北京这个该死的城市跌跌撞撞地试试运气。"[3]这也正是以樱桃为代表的这批城乡边缘女性的困境,一方面在城市受过多年现代教育,思想与眼界已经完全被城市同化,因此已经无法重回父母辈的故土生活,对于乡土甚至有着一定程度的抗拒。另一方面,受限于房价、薪资等许多现实因素,始终无法真正融入都市生活,因此不得不游离于城乡之间。然而这样一种无根漂泊的状态,也给这批乡土女性带来了巨大的迷茫与彷徨。

与樱桃有着相似背景的,还有台湾女作家陈雪的"自传三部曲"中的陈春

---

[1] 付秀莹:《六月半》,陕西:陕西新华出版传媒集团,2017年,第106页。

[2] 付秀莹:《六月半》第109页。

[3] 付秀莹:《六月半》,第111页。

天,陈春天作为在夜市卖场长大的女孩,同样是游离在乡土和城市之间的边缘人。相比于城市文明,夜市本身就是一种异质性的存在,正如余舜德指出:"夜市作为台湾传统文化的象征,具体地展现了乡土文化、价值观、人际关系而受到欢迎;另一方面,也被视为非正规的经济活动场域,是为破坏城市景观与经济秩序、不该存在的落后现象。"①中国台湾的夜市处境有点类似于中国大陆的城中村,一方面既保有了本土文化的特性,同时又具有了商业广场的功能,夜市一般位于城市的郊区,主要贩卖低廉的仿冒皮包等服饰,在现代资本逻辑中必然被视为落后的存在。陈春天的家庭靠的正是在这个具有落后象征的夜市里卖衣服为生,其生活状态正如作者自己所描述的,"她想起自己吉普赛人般的生活形态,或许那就是自小养成的,一种随处迁徙却也处处可以安身立命的性格,打游击似的"②。却也因为自小过着这样一种动荡不安的生活,让陈春天对于乡土/城市/家庭始终抱着错综复杂的情结。陈春天对自我的认知就是从身体的扭曲变形开始的,因为自小就在夜市叫卖的缘故,使得她声音从原本的甜美动人变成了常年沙哑,"她几乎可以看见喉咙深处有个什么在日渐败坏"。"日渐败坏"也预示了女主角的身体状态走向,而母亲甚至让已经进入青春期的女儿在夜市直接脱衣洗澡,此时身体已经开始发育的女主角不得不面对来自各式成年男性奇异的目光,当中包含了强烈的男性凝视(male gaze)③,女主角深刻感受到了自己的身体成为了被窥视的物件。

因此在这种羞耻心面前,女主角开始拒绝洗澡,而是选择在公共厕所简单擦拭身体,然而在这个无法洗澡的过程中"几乎闻到自己的身体正在逐渐发酸发臭……就像她逐渐腐败的身体"④。正是由"败坏"到"发酸发臭"再到"腐败"的身体样态,可以看到陈春天将自己的身体视为"不洁",而随着对自我身体的抗拒,也让她开始了身体的自虐:"她用毛巾绞住自己的颈子,一圈又一圈,缠紧,打结,然后双手加重力气,逐渐感到无法喘息,女孩设法平躺在地板上,闭上

---

① 余舜德:《空间、论述与乐趣——夜市在台湾社会的定位》,载黄应贵主编:《空间、力与社会》,台北:"中研院"民族学研究所,1995年,第392页。
② 陈雪:《桥上的孩子》,北京:新星出版社,2012年,第105页。
③ 劳拉·莫薇(Laura Mulvey)通过分析凝视快感,指出观看者之所以沉迷于凝视,在于凝视可以使观看者(主体)得到一种掌控被观看者(客体)的快感,而这个主体往往是男性。李台芳:《女性电影理论》,台北:扬智文化,1997年,第80页。
④ 陈雪:《桥上的孩子》,第105页。

眼睛,静静地等待。"①对于陈春天而言,夜市成长的乡土经验中不仅有身体不洁带来的耻辱,更有一种精神上的创伤,同时作为一部自传体小说,作品也展现了作者陈雪的创伤,因此这也是一种创伤书写。这样一种创伤体验具有延迟性效果,这样的延迟性干扰会不断加强对创伤时刻的记忆/提取,并且会不断回溯、反复回头确认,如同梦魇一般。这种回忆方式也正是本雅明所谓的自发性的"非意愿性回忆"②。正如赫曼对创伤性体验的描述:"亦即一方面对该事件恐惧,因而感情麻木;另一方面却又不断被其干扰,不得不重温该事件。"③因此成年后的陈春天/陈雪,在一个个辗转不能成眠的夜晚陷入痛苦,即使成年以后也不得不面对创伤经验对身体带来的持久性伤害:"常年处在莫名的病痛之中,头痛脚痛背痛腰痛眼睛痛喉咙痛月经痛,上医院像在逛百货公司,身体像一块破布拖拉着。"④身体的疼痛也隐喻了人生处境,即使后来脱离乡土/夜市独居于台北,也依然无法找到自身的归属。尽管和不同的男性情人发生性关系,但是在一场场狂欢之后迎来的是更大的虚空。陈春天透过对身体疾病的书写,借此将新时期台湾乡土积攒的问题暴露了出来,作者将对于台湾新乡土社会的忧虑转化为了作品人物的疾病,因此身体疾病也可视为乡村的隐喻。陈雪/陈春天展现了徘徊在城市/乡土的边缘女性处境,也展现了其矛盾的认同,尽管对于夜市/乡土有着如此梦魇一般的记忆,可是对于幼年经历的人、事、物仍有着不可磨灭的记忆,尤其对于乡村的爷爷更是有着深深的眷恋之情。

前文提到的樱桃也是如此,尽管对老家农村发出了恶毒的咒骂,但也怀着羡慕与眷恋:"这个时候,樱桃不免羡慕起她姐姐来。她的姐姐、还有母亲,他们平平安安地嫁人、生子,在一个小地方,从生到死。一辈子,他们是笃定的。笃定的人生,就少了许多彷徨和无助吧。在生活了一辈子的村庄,在村后的泥土里,在庞大的亲戚祖坟中,安然长眠。这个时候,称得上'如归'吧。在这苍茫未知的人世,仅仅这一点点确定,是多么珍贵,又是多么叫人心安。"⑤不管是樱桃充满困惑的呐喊,还是陈雪/陈春天,都可以看到这些徘徊在城乡边缘的女性的

---

① 陈雪:《桥上的孩子》,第145页。
② 本雅明:《说故事的人》,林志明译,台北:台湾摄影工作室,1998年,第146页。
③ 朱蒂斯·赫曼:《创伤与复原》,杨大和译,台北:时报文化,1995年,第9页。
④ 陈雪:《桥上的孩子》,第149页。
⑤ 付秀莹:《六月半》,第109页。

迷茫与无助。一方面她们认同祖辈的乡村生活方式,另一方面她们却始终无法真正融入城市。陈雪和付秀莹正是透过这样一种对女性的身体书写,展现了这群边缘女性复杂的情感纠葛。

结语

本文透过"乡土白描与日常叙事"、"女性情感与身体性别"两个层面,探讨了海峡两岸新时期女性乡土作家的乡土书写新貌。较之于传统男性乡土作家着重于宏观历史,女性乡土作家更着重于对微观历史的书写,以一种白描的手法还原了乡村日常生活。付秀莹的《陌上》构筑了一个充满日常琐事的大陆乡村社会,并且由于现代资本的进入,人们的思想观念有了很大的改变。此时金钱成为了衡量一切的参照物,人们对于知识不再那么尊重,因为知识并不能马上转换成实际利益。人们甚至不惜放弃自身的健康以追求财富,付秀莹正是透过病态的身体隐喻乡村的疾病。陈淑瑶的《流水账》则以"流水账"的方式,记载了发生在台湾澎湖岛上的人与事。以日常叙事手法书写了种种琐事,当中包含着微观视域下的小历史观。陈淑瑶在进行乡土书写时,为了最大程度还原真实的话语场景,直接使用了闽南方言,以一种"杂语"的形式进行写作。书中记载了大量民俗庆典仪式,陈淑瑶正是透过民间民俗的书写,重新赋予了乡土民间的地方主体性,从而建构了一个具有符号意义的"现代乡土",这也是某种程度上作者透过写作所达成的"返乡之旅"。

在男性乡土书写中,女性一般作为附庸,不同的是,在女性作家笔下,女性角色成为了当中的主角,女性的生存样态、生命体验成为了小说的主体。陈淑瑶和付秀莹两位女作家以细腻和敏锐的笔法,准确地捕捉到了女性的"当下"与"瞬间",展现了人物在某个不可言说片段中的思绪与情绪波动。同时,对于身体的观照也成为了两岸女性乡土书写的重点。付秀莹透过书写乡村女性被性侵,展现了乡村暴虐的一面。此外,不管是付秀莹笔下在"北漂"的樱桃,还是陈雪笔下在夜市成长、在台北生活的陈春天,借由这两位无处安放身体的女性,展现了一群游走在城市/乡村的边缘人的无奈。一方面无法认同父辈的生活方式、重回乡村,另一方面也无法真正融入都市生活,因此不得不在城乡间迷茫地徘徊与游离。

Female Vernacular Writing in the New Era: A Glance at Both Sides of the Taiwan Strait

Yang Sen

Abstract: For a long time, vernacular literature has occupied an important position in the literary world on both sides of the Taiwan Strait. Since the late 1980s and early 1990s, with the changes of the society on both sides of the Taiwan Strait and the growth of the new generation of writers, vernacular literature has also changed correspondingly and entered the stage of vernacular literature in the new period. In particular, we should pay attention to the phenomenon that the rise of female vernacular writers at this time, compared with the traditional male vernacular writing, female vernacular writing presents a different state. This paper will select Fu Xiuying, Chen Shuyao and Chen Xue, who are female vernacular writers on both sides of the Taiwan Strait, and then discuss the female vernacular writing. It focuses on the micro history and depicts the real style of the countryside with the daily narrative technique of white line drawing. At the same time, it captures the daily emotional state of the characters with women's keen sense of touch and brushwork, and depicts a group of marginal women wandering in the city/countryside through body writing.

Keywords: both sides of the Taiwan Strait, female, vernacular, body

傅聪以中国精神论西方音乐家*

李 忠 陈喜红**

[摘 要] 肖邦、德彪西、莫扎特三位西方古典音乐大师都为傅聪所重视,并为傅聪以中国精神、中国审美意境所贯通与诠释。傅聪以"故国之情"、"李后主词"来理解肖邦作品、肖邦精神,并以中国山水画来比拟肖邦音乐的自由自在与出神入化之境。傅聪以"无我之境"、"人物两化"来诠释德彪西作品、德彪西精神,认为德彪西音乐有着中国古典精神中"天人合一"一般的审美意境。傅聪以老庄的"大象无形"、"物我两忘"比拟莫扎特境界,甚至将莫扎特比作朴素、天真、诗意的李白,又因莫扎特的同情悲悯心与善于艺术变化比作"贾宝玉加孙悟空"。因得益于中国古典文化的深厚滋养,故傅聪能自由而准确地领会贯通西方古典音乐大家的艺术精神,以致于他说"肖邦音乐里面包含着中国画"、"德彪西的音乐根本就是中国的音乐"、"中国人应该比任何民族更懂得莫

---

* 基金项目:山东省社科规划项目"傅雷傅聪父子音乐观之研究"(17CWYJ05)、青岛市社科规划项目"《傅雷家书》与社会主义核心价值观比较研究"(QDSKL1801120)。

** 李忠(1971—),男,山东牟平人,山东科技大学艺术学院副教授,主要研究领域为音乐美学;陈喜红(1972—),女,河南荥阳人,山东科技大学艺术学院副教授,主要研究领域为音乐教育。

扎特"等。

[关键词] 傅聪；肖邦；德彪西；莫扎特；中国精神；意境

　　傅聪是最早获得国际影响力的中国钢琴家。早在1953年,19岁的傅聪就参加举办于罗马尼亚首都布加勒斯特的"第四届世界青年与学生和平友谊联欢节",并取得了第三名的好成绩。1955年,21岁的傅聪又被选拔赴波兰首都华沙参加"第五届肖邦国际钢琴比赛"。凭借着精湛的技艺和对肖邦音乐的深刻理解,最终斩获第三名,并摘得了尤为珍贵的最佳"玛祖卡"表演奖。自此,傅聪成功登上国际古典乐坛,开始了绚丽辉煌而又充满挑战的职业钢琴家生涯。

　　傅聪融通中西的文化背景,历经大半个世纪的丰富舞台经验,虽历尽沧桑却依然赤子之心不改的卓越人格,以及他对艺术、音乐、钢琴表演的远见卓识,受到国际古典音乐界的普遍赞誉。美国《时代周刊》称傅聪是"当今时代最伟大的钢琴家之一",玛塔·阿格里奇等多位著名钢琴家撰文感谢傅聪给予他们艺术上的启迪,盛赞傅聪"是我们这个时代伟大的钢琴家之一",说傅聪"他对音乐的许多见解卓尔不群,而且应该作为年轻一代音乐家的指导准绳"[①]。

　　傅聪钢琴表演艺术的鲜明特色,体现在他用独特的中国文化精神和内涵,诠释西方音乐史上那些著名作曲家的经典音乐作品。音乐学家魏廷格先生指出:"西方音乐既非产生自中国,也非为中国而产生;因此,将某种中国文化精神融入西方音乐的表演,势必是一条艰难、奇妙、创造性的道路。在中国第一位清醒地认识到这条道路的存在,自觉踏上这条道路并取得重大成果的钢琴家,就是傅聪。"[②]这种说法,与傅聪早年给父母写的家书中的个人自白完全一致:"我的东方人的根,真是深,好像越是对西方文化钻的深,越发现蕴藏在我内心里的东方气质。"[③]

　　早在上世纪七十年代,香港《纯文学》月刊邀请傅聪就西方作曲家和音乐作品进行漫谈,把西方作曲家和中国古代文学家、思想家的艺术境界相对应。他形象地把贝多芬比喻成杜甫,把舒伯特比喻成陶渊明,把莫扎特比喻成李白,把后期的莫扎特比喻成庄子。"肖邦……完全是李后主。德彪西的意境,如王国

---

① 傅敏:《傅聪,望七了》,天津:天津社会科学院出版社,2004年,第6页。
② 魏廷格:《西方音乐表演艺术中的中国文化精神》,《钢琴艺术》,1997年第6期。
③ 傅敏:《傅聪,望七了》,第325页。

维所写的最高境界——人物两化。"①傅聪从小接受的是中西融通的文化教育，一方面学习希腊精神和意大利文艺复兴，一方面学习孔孟、《左传》、《晏子春秋》等。长期的熏陶与体悟，使傅聪在诠释西方音乐的时候，自然而然地就会投去独特的中国文化精神的眼光。他不仅不同地在看着，也看到了不同的东西。

一、论"故国之情"的肖邦

对于波兰作曲家肖邦（1810—1849），傅聪总体上认为肖邦的艺术与精神世界是以"故国之情"为核心的缠绵无尽的深沉与忧愁，并且认为自己的经历与感受（或体验）与肖邦有相似或同感。他说："肖邦呢，好像是我的命运，我天生的气质，好像肖邦就是我。……我弹肖邦的音乐，就觉得好像自己很自然的在说自己的话。"②

提起傅聪总会想到肖邦，他的名字几乎是同肖邦联系在一起的。第一，傅聪是凭借着在第五届肖邦国际钢琴比赛中取得第三名和最佳"玛祖卡"表演奖的卓越表现而顺利登上国际钢琴舞台的。第二，傅聪有着与肖邦相似的个人命运。1831年，由于波兰国内战火连绵，肖邦寓居巴黎后，终生没有回到深爱着的祖国。傅聪虽然于1958年以优异的成绩从华沙音乐学院顺利毕业，但由于国内的特殊政治形势无奈出走英国，此后整整20年没有回到祖国的怀抱。第三，傅聪与肖邦都对自己的祖国怀有深厚的感情。翻开《傅雷家书》或者任何一本肖邦传记，他们都以各自的方式表达着对亲人的思念，对故土的眷恋，渴望着早日回到祖国母亲的怀抱。因此，当傅聪演奏起肖邦的音乐，就更加地感同身受。傅聪接受美国《时代周刊》采访时曾说："波兰文里有一个字［杂］'Zal'代表流放的乡愁、追悔、心碎，和焦急的盼望，这是我自中国长期流亡以来，体验得极多的事。"③已故音乐学家于润洋先生也曾对"Zal"一词的内涵做过相似的分析："肖邦曾用一个很难准确译成中文的波兰词汇'Zal'来表述他的心绪和情感体验，它意味着一种难以言喻的、充满抑郁的'遗憾'之情。这'遗憾'之情既是针

---

① 叶永烈：《傅雷与傅聪》，北京：作家出版社，1995年，第208页。
② 傅敏：《傅聪，望七了》，第203页。
③ 周凡夫：《傅聪组曲》，台北：大吕出版社，1990年，第71页。

对他个人遭遇的,更是针对他的祖国、民族的命运的。"①我们有理由相信,虽然傅聪与肖邦时空永隔,但他们却情义相通、心心相印。

傅聪说:"肖邦音乐最主要的就是'故国之情',再深一些的是一种无限的惋惜,一种无可奈何的悲哀,一种无穷的怀念。"在傅聪看来,南宋亡国之君李后主的词就淋漓尽致地表现了这种无尽的伤感与无奈。因此,熟读后主词,就能深刻领会肖邦音乐的精髓。"我觉得后主的词,实在是活生生的肖邦,尤其是他当了亡国之君,无限怀念故国时,……特别的无可奈何的悲哀、忧伤,永远在那儿思念,然后又是永远也得不到的!"②

傅聪在分析肖邦某些音乐作品时,甚至还用具体的词句或意境加以阐释。肖邦的《波罗乃兹幻想曲》(作品61)总让傅聪联想到岳飞书写的《前出师表》,认为这首幻想曲开始的forte-piano(强-弱)有一种古代战场上的肃杀之气,有一种"苍山如海,残阳如血"的永无尽头的辽阔之感,是一种很高的、史诗般的境界,而不是像有些人弹得所谓Chopinesque的那种娘娘腔的东西。"在这个引子里,好像岳飞一个人在沉思冥想,心潮起伏,非常悲壮,那儿有好多问号。"傅聪在演奏肖邦《E大调夜曲》(作品62-2)最后一段时,就觉得像极了欧阳修《蝶恋花》的诗句"泪眼问花花不语,乱红飞过秋千去"的境界。"特别是'乱红'颜色的感觉真实极了!每次我弹这个曲子就是那个感觉。"③傅聪对肖邦音乐的独特阐释,既有助于中国人通过理解中国诗词的情感和境界理解肖邦音乐的内涵,也通过中国文化的关照,赋予了西方音乐更加丰富的精神内涵和审美境界。

肖邦音乐的和声丰富饱满,也有着不易觉察而又无处不在的对位复调,与巴赫鲜明的复调风格迥然不同。一般人演奏肖邦,往往只注重旋律声部,却忽视了其他声部的旋律线条。傅聪说:"肖邦音乐是上头有个美丽的线条,下头还有几个美丽的线条,无孔不入,有很多的表现。"傅聪常把肖邦这种虽不显著却又无处不在的对位艺术比作中国的山水画。"肖邦音乐里面包含着中国画,特别是山水画里的线条艺术,尤其是黄宾虹山水画里的艺术,有那种化境、自由自在的线条。"④人心相通,人文相通,傅聪对于肖邦所作的中国文化精神的诠释

---

① 于润洋:《从海德格尔阐释梵·高的〈农鞋〉所想到的》,《人民音乐》,2002年第5期。
② 傅敏:《傅聪,望七了》,第81、61页。
③ 傅敏:《傅聪,望七了》,第280、282页。
④ 傅敏:《傅聪,望七了》,第81—82页。

与解读,为中西音乐文化的融汇贯通找到一把钥匙,为我们理解不同地域不同民族的文化,开启了新的视角和眼光。

二、论"无我之境"的德彪西

对于法国作曲家德彪西(1862—1918),傅聪评价他有东方悠然飘逸精神的意韵。傅聪说:"德彪西呢,是我的文化在说话。"① 他认为德彪西音乐的根是东方文化,是"无我之境",是"寒波澹澹起,百鸟悠悠下"的境界。傅聪表示,他在演奏德彪西音乐的时候最放松,从来没有紧张感,就是因为那是他的文化在说话。

我们翻开西方音乐史,通行的说法是,德彪西音乐的风格受到了法国印象派绘画和象征主义诗歌的影响,因此一般音乐史书都称德彪西是印象派作曲家。傅聪不认可这样的评价,"我觉得印象主义的名字,将德彪西限制了。"② 傅聪认为,东方文化和西方文化有一个很大的不同,西方文化是向前发展的,东方文化则不断向后看,总是觉得从前是黄金时代。傅聪认为瓦格纳的音乐创作代表了西方音乐文化达到了顶点。德彪西在年轻的时候,也曾一度是瓦格纳的信徒,痴迷瓦格纳,追捧瓦格纳。"然而德彪西最后否定了瓦格纳,走了完全相反的路。"③

傅聪认为,德彪西的作品《意象》就具有东方文化向后看的特点。《意象》第一卷《纪念拉莫》,就像中国人回忆起岳飞、李白、杜甫一样。而《意象》第三卷的《月光荒庙》,法文的原意是指月亮落在荒原的古庙,也是对古代事物的想念。所以傅聪说:"德彪西的音乐有更高的境界,从西方走到东方,是历史的偶然,法国人没有这样的灵魂。"④

中国近代著名学者王国维在他的《人间词话》中,把"境界"分为两种,一曰"有我之境",二曰"无我之境"。"有我之境,以我观物,故物皆著我之色彩。无我之境,以物观物,故不知何者为我,何者为物。"傅聪认为,德彪西的音乐好像

---

① 傅敏:《傅聪,望七了》,第203页。
② 周凡夫:《傅聪组曲》,第89页。
③ 傅敏:《傅聪,望七了》,第142页。
④ 周凡夫:《傅聪组曲》,第89页。

中国画,画上几朵花,就像看到无限的花,没有边界,"德彪西的曲子永远没有开头,也没有结束的味儿,是无中生有,又消失于无。"因此,傅聪认为德彪西的音乐"美学观点、创作原则,根本上就是中国的。他的意境一如王国维所写的最高境界:人物两化。"①

德彪西曾以多种方式公开表示反对标题音乐。令人匪夷所思的是,他的音乐作品往往都有标题,这不是自相矛盾吗?傅聪认为这一点儿都不矛盾,为什么呢,因为德彪西作品中的那些所谓的标题都是拟人手法化的,都有着人的灵魂,就好像中国古人讲的风花雪月一样。比如说德彪西《前奏曲》第一集中的第二首作品——《帆》,傅聪认为,这里的帆并不是那种写实的,"是那种拟人化的,把人变成了帆,有点'百鸟悠悠下,寒波澹澹起'的感觉,是无我之境和物我两忘的境界。"又比如德彪西的另一首作品《月色满庭阶》,傅聪认为这首曲子中的"阶梯"(terrace)"明明就是我们中国月下的庭阶,一片夜凉如水,庭阶就是月亮的观众。"把没有生命的庭阶,写成有鲜活的生命,有丰富的感情,这都是中国诗词中常见的意境,这意境完全是中国人的境界。李后主也有"待月池台空逝水"的句子,"池台"本无生命,却也懂得"待月",这都是拟人化的,是人物两化、物我两忘的境界。傅聪无限感叹道:"中国人一向对大自然非常敏感,大自然是中国人的宗教,而德彪西,不知何故,竟在这里与我们相接了。"②

傅聪进一步分析了德彪西音乐创作的发展过程,更清晰地说明德彪西音乐创作的美学基础是东方文化。傅聪说,德彪西创作的作品 Estampes《版画》,因为毕竟是具象的"版画",还比较容易理解。但后来创作的作品 Images《意象》,就具有很强的抽象意味了。但令人感到奇怪的是,这两首曲子的标题,虽然都放在作品的前头,但是作品《版画》没有加括号,而作品《意象》却加的有括号,感觉有点可有可无的意思。到了第三个阶段更加奇特,他创作的作品 Preludes《前奏曲》,标题全部放在了曲子后面,然后再加上一个括号,再加上很多点,好像告诉你可以这样,也可以那样。可以是这个东西,也可以是那个东西,随便你怎么想都可以。傅聪认为这个做法跟创作中国画一样,画完主要内容之后,再在画作上面或后面题上一些字。

---

① 傅敏:《傅聪,望七了》,第 298、212 页。
② 傅敏:《傅聪,望七了》,第 298、213 页。

后面更妙,德彪西在《前奏曲》之后创作的作品 Etudes《练习曲》,全部都是线条,傅聪认为这就像中国古典绘画艺术到达了最高境界,不再画具体的形象,都抽象为单纯的笔意了。傅聪进一步认为,虽然德彪西的钢琴音乐色彩缤纷、斑斓多姿,但是要对它进行管弦乐配器再创作,却让作曲家们头疼不已。虽然德彪西的钢琴音乐丰富多彩,但这些音乐的色彩是抽象的,并不是真的五颜六色。就好像中国绘画中的黑与白,就是因为黑白是中性的,所以各种可能性会更大,虽然意象朦胧,却也可以展开丰富多彩的、更加广阔的联想空间。有的时候德彪西在一个节里,音符本来就不多,分作两行来写,就已经足够,但德彪西偏偏要分成三行来写,看上去有点疏疏落落,能感觉到一股荒凉之气,在视觉上德彪西都有意无意间顾及到了。"这些完全与中国诗画同一原理,化成一起,再加上哲理。所以我常说,我们中国,We don't have to have another composer, we already have one(我们没有必要再有一个作曲家,我们已经有了一个)。"①

因为"人我两化、物我两忘"的"无我之境"是典型的东方文化审美境界,傅聪认为西方人很少有人真正理解德彪西。"他们弹来弹去不过是在弹 impressionistic postcard(印象派明信片)而已。"以至于傅聪经常发出感叹:"不是我在演奏德彪西的音乐,而是我的文化在演奏德彪西的音乐……我觉得德彪西的音乐根本就是中国的音乐,完全是中国的美学……他的音乐真的是体现了天人合一的美学。我想这是唯一可以解释为什么我演奏德彪西的音乐时,就可以放松,就是说好像跟我文化的根完全是合为一体的。"②

三、论"天人合一"的莫扎特

对于作曲家莫扎特(1756—1791),傅聪评价他富有中国古人所说"大道至简、大象无形"的境界。他说:"莫扎特是什么呢?那是我的理想,就是我的理想世界在说话。"傅聪认为,中国道家书《老子》的"大则远,远则逝,逝则返",把最高的艺术境界都讲尽了。最完美的菩萨塑像,或是意大利画家达·芬奇的名作,或是古希腊的精美雕塑,都给我们以这样的感觉。傅聪举达·芬奇的名画

---

① 傅敏:《傅聪,望七了》,第214页。
② 傅敏:《傅聪,望七了》,第212、64页。

《蒙娜丽莎》为例,"觉得很高很高,很远很远,可又觉得非常亲切,好像她就为你一个人笑的。"① 傅聪认为这就是真正伟大的艺术!

在傅聪看来,莫扎特就是最完美地体现了这种艺术境界和艺术高度的作曲家。傅聪认为莫扎特《降 B 大调钢琴协奏曲》(k. 595)第二乐章开头的那个主题,完全超脱了一切喜怒哀乐的情绪,"一片恬静,一片和平,一片和谐!……那就是'大则远,远则逝,逝则返',那么简单,又那么博大……"②

在傅聪看来,中国的文字也都是莫扎特式的。比如"明"字,左边一个太阳,右边一个月亮,小孩子都看得懂,似乎是很稚气,很天真,但它却最富象征性,有着最高境界的诗意。傅聪说:"我所以称它为莫扎特式的,就是最朴素、最天真、最富有想象力、最有诗意的,不过中国人的精神世界老早就达到了这种境界,而欧洲艺术史上只有几个高峰才达到,就像莫扎特。"③ 傅聪也是因为这个原因,常常把莫扎特与李白相提并论。李白的诗句"床前明月光,疑是地上霜,举头望明月,低头思故乡",就是非常简单,但同时也非常具有诗意。傅聪比喻后期的莫扎特像庄子,愈发超脱,达到了无我之境。在傅聪看来,莫扎特《第 27 钢琴协奏曲》(K. 595)就是超凡脱俗、臻入化境的伟大作品。

傅聪还常常把莫扎特形象地比喻为"贾宝玉加孙悟空"。傅聪认为,莫扎特的音乐非常博大,里面有一种大慈大悲的同情心。"他从来不说教,没有一点点讲道德的味道,从不讲道德不道德这种事情,他对什么都同情,这一点就跟贾宝玉一样。"之所以说莫扎特又是孙悟空,是因为孙悟空有七十二变,拔下一根汗毛就能够变化出各种各样的东西。莫扎特也是这样,随便给他一个动机或主题,马上就能谱写出优美动听的音符。此外,因为孙悟空既是神,又是人,又是兽,能够上天入地,"莫扎特也是从地下到天上,他的音乐是那么自然,又是那么简单,好像每个小孩子都可以随口跟着唱,然而他的音乐的境界又是那么高,那么纯洁。"④

此外,所有莫扎特的作品中,还有一点让傅聪感觉非常具有中国文化精神的东西,那就是一面在演戏,一面又同时在看戏。这在莫扎特的歌剧创作中,无

---

① 傅敏:《傅聪,望七了》,第 206 页。
② 傅敏:《傅聪,望七了》,第 206 页。
③ 艾雨:《与傅聪谈音乐》,北京:生活·读书·新知三联书店,1997 年,第 87—88 页。
④ 傅敏:《傅聪,望七了》,第 63 页。

论是喜剧内容还是悲剧内容，都表现得尤为显著。"他是在真情实感的演戏，同时是艺术上的升华，在看戏，就是能入能出。同时在里头又同时在外头。"中国传统的戏曲表演也强调"入乎其内，出乎其外"，既表现得情真意切，真挚动人，又很明显地是在表演，在演戏，在感情投入的同时，也能从戏里跳出来。在傅聪看来，这就是中国文化中"天人合一"思想在艺术表演中的体现，是一种至高无上的艺术表演境界。莫扎特的音乐和中国传统文化在这里相遇相知了。从这个意义上来说，中国人理应比其他民族的人们更加理解莫扎特。因此傅聪说"莫扎特本来就是'中国的'。"[1]英国的《泰晤士报》盛赞中国钢琴家傅聪是当今世界古典乐坛最受欢迎、最有洞察力的莫扎特作品演奏家。这是对傅聪先生深刻理解并精彩演绎莫扎特的高度推崇与肯定。

四、有"民族灵魂"的傅聪

傅聪1955年参加第五届肖邦国际钢琴比赛的时候，和他同台竞技的七十四名选手来自世界各国，都有着令人惊艳的比赛演出经历。和他们相比，傅聪的音乐资历"竟是独一无二的贫弱。"最终，凭借着良好的控制和对肖邦音乐灵魂的深刻领悟，名不见经传的傅聪不仅获得了第三名的佳绩，并毫无争议地摘得了最佳玛祖卡表演奖的桂冠，傅聪成为了比赛场上的一匹黑马，一颗耀眼的钢琴新星。来自英国的评委路易士·坎特讷也高度评价傅聪的演奏："傅聪的《玛祖卡》真是奇妙，在我简直是一个梦，不能相信真有其事。我无法想象那么多的层次，那么典雅，又有那么好的节奏，典型的波兰玛祖卡节奏。"来自意大利评委、著名钢琴家阿高斯蒂对傅聪说："只有古老的文明才能给你那么多难得的天赋，萧邦的意境很像中国艺术的意境。"[2]

从第二届开始一直担任肖邦国际钢琴比赛评委的著名女钢琴大师、七十岁高龄的巴西评委塔里番洛夫人当面夸赞傅聪有非凡的才华，一方面对音乐非常敏锐细腻，有着异乎寻常的精致而微妙的色觉，一方面还有慷慨激昂、热烈而又悲壮的气质。塔里番洛夫人特别强调，傅聪的诠释蕴含着少有的细腻与高雅的

---

[1] 傅敏：《傅聪，望七了》，第63、81页。
[2] 傅敏：《傅聪，望七了》，第333页。

意境,这在《玛祖卡》中表现得淋漓尽致,称傅聪演奏的是最具天才式的《玛祖卡》。塔里番洛夫人说:"这是有历史意义的:一个中国人创造了真正的《玛祖卡》的表达风格。"①

中国青年钢琴家傅聪在肖邦国际钢琴比赛上的巨大成功,引起国内外音乐界的广泛关注和讨论:一个中国青年人为什么能够对西方音乐有这样深刻的理解?肖邦的音乐风格连西方钢琴家都视若危途,为什么傅聪的诠释却深得评委青睐?傅聪的父亲、著名学者、大翻译家傅雷先生对傅聪的教育倾注了大量心血,除了钢琴学习外,他从中西方古典文化中汲取营养,全面促进傅聪的人格养成、文化熏陶、艺术品格、精神境界的提升。傅雷先生同意阿高斯蒂评委的评价,认为傅聪取得成功的重要原因之一,受益于中华传统文化的熏陶与滋养。中国古典戏剧、绘画、诗歌,都讲究典雅自然、雍容有度,讲究乐而不淫、哀而不伤,这也正是所有高雅艺术的通则。傅雷先生特别强调:"只有真正了解自己民族的优秀传统精神,具备自己的民族灵魂,才能彻底了解别个民族的优秀传统,渗透他们的灵魂。"②

傅聪在华沙音乐学院的恩师、波兰钢琴家杰维茨基教授(Drewiecki,1890—1971)对傅聪钢琴演奏艺术的提升,以及深刻理解和领会肖邦精神起到了至关重要的作用,傅聪在给父母的家信中说:"没有更能使我感到高兴的,就是从他的口中说出来我的艺术是中国的艺术;对了,假如我的艺术有着一些比较难得的品质的话,那就是我是古老的伟大的祖国的忠实的儿子。"③在国际古典乐坛上驰骋了大半个世纪的傅聪,从来都不仅仅是看乐谱上面标记出来的音符,而是走进文化的深处,去探寻音乐艺术的真谛。在傅聪看来,"有时候,一个外来的人,就是从另外一种文化来的人,假如他本民族的文化根扎得很深的话,能够在另一种文化中看到一些问题,这些问题却是'身在此山中'的本民族的人不一定看得到的。"④

钢琴大师霍洛维茨在一次采访中说道:"东方人弹琴都像猴子,只会模仿。

---

① 傅敏:《傅聪,望七了》,第333页。
② 傅敏:《傅聪,望七了》,第333页。
③ 叶永烈:《傅雷与傅聪》,第187页。
④ 傅敏:《傅聪,望七了》,第202页。

可傅聪是个例外。"①西方的音乐评论家们也说,听傅聪先生弹琴,能够明显地感受到是一个中国人在演奏。他们认为,傅聪的演奏与一般西方钢琴家迥乎不同,有着截然不同的文化背景,但听起来又很自然,并没有感觉是强加于他们的②。中国传统文化博大精深,长久的熏陶与滋养,无形中就化作了一种直觉,带给傅聪不一样的音乐想象力和艺术境界。我们中国人学习研究西方音乐文化,绝对不是装腔作势地、强加地表现一些我们的东西。从更高层次来说,应该是用东方文化去丰富西方音乐,推动人类文化的进一步发展。

正如傅聪所说:"假如一个东方人有很深的东方文化根底,长久受到东方文化的熏陶,这样当然在诠释西方艺术的时候,无可抗拒的,自然而然的,一定会有一些东方文化的因素。这也就是我们东方人可以对西方艺术作的一种贡献。"③

Fou Ts'ong's Use of Chinese Traditional Cultrual Terms in Discussing Western Musicians

Li Zhong　　Chen Xihong

Abstract: Valued by Fou Ts'ong, the three masters of Western classical music, Chopin, Debussy, and Mozart, have been interpreted with the Chinese spirit and Chinese aesthetic mood. Chopin's works and his spirit are understood with "the feelings of homeland" and connected with "Li Yu's Poems". The freedom and supernatural state of Chopin's music are compared with Chinese landscape paintings. Describing Debussy's works and his spirit with "selfless state" and "double characterization", Fou Ts'ong believes that Debussy's music presents a general aesthetic conception of "the harmony between man and nature" in Chinese classical spirit. Fou Ts'ong describes Mozart's realm as "a semblance great, the shadow of a shade" and "forgetting everything" advocated by Lao Zhuang. He even compares Mozart to the poet Li Bai who is artless, innocent, and poetic, and regards Mozart as a composite of Jia Baoyu and Sun Wukong

---

① 施雪钧:《傅聪,黑白键上50年》,《世界杂志》,2005年第10期。
② 鲍蕙荞:《我是一个中国人!——傅聪访谈录(上)》,《钢琴艺术》,2006年第2期。
③ 傅敏:《傅聪,望七了》,第103页。

because of Mozart's compassion and capacity of artistic change. Thanks to the profound nourishment of Chinese classical culture, Fou Ts'ong is able to understand the artistic spirit of Western classical musicians freely and accurately, as he argues that "Chopin's music contains Chinese paintings", "The basis of Debussy's music is Chinese Music", "Chinese people should know Mozart better than any other nation", and so on.

Keysords: Fou Ts'ong, Chopin, Debussy, Mozart, Chinese spirit, artistic conception

诗歌翻译中的译者中心论*

汪莹 钟锦**

[摘 要] "诗不可译"①的论断使译者在诗歌翻译中处于被动的境遇。但生态翻译学的"译者中心论"为译者指明了在诗歌翻译过程中所处的核心地位。本文通过比较分析两位译者及其译品,从翻译生态环境、翻译策略和方法以及译者素质和能力三方面,探讨译者的主导作用在诗歌翻译过程中的具体表现。

[关键词] 译者中心;生态翻译;黄杲炘;黄克孙

译者中心论是生态翻译学的核心观点之一。生态翻译学将翻译定义为"以译者为主导、以文本为依托、以跨文化信息转换为宗旨,翻译是译者适应翻译生态环境而对文本进行移植的选择活动"。② 简言之,翻译过程是译者适应和选

---

* 基金项目:教育部人文社会科学研究一般项目"中国旧体译诗文献纂集与研究"(19YJAZH119)。
** 作者简介:汪莹(1984—),女,浙江江山人,上海旅游高等专科学校旅游外语学院副教授,主要从事翻译理论、英语教学研究。钟锦(1973—),男,辽宁岫岩人,华东师范大学哲学系副教授,主要从事康德哲学、中西人文学科会通研究。
① 钱钟书:《七缀集》(修订本),上海:上海古籍出版社,1994年,第147页。
② 胡庚申:《生态翻译学:建构与诠释》,北京:商务印书馆,2013年,第234页。

择的过程。译者为中心的翻译适应选择论强调:"正是由于译者的不同'适应'和译者的不同'选择'才产生了不同的译品。"①由此可见,在生态翻译学研究范式中,译者不再隐身,不再是原文的"仆人",而是处于翻译过程的核心地位,其适应和选择主导着整个翻译过程,决定着文本移植的成败和译本的"生存"与"长存"。

"这里译者'适应'的是原文、原语和译语所呈现的'世界'(即翻译生态环境);译者'选择'的是对翻译生态环境的适应度和对译本最终的行文"。② 译者为适应翻译生态环境过程而做出对翻译策略和方法的选择。译者中心理念突出了"译者素质作为翻译批评的重要参考指标。"③因此,翻译生态环境、采用的翻译策略和方法以及译者的素质和能力左右着文本生命是否能在译语生态环境中得以延续和发展。本文将立足于这三个方面,通过比较两位当代译者的诗歌翻译,探讨译者的主导作用在诗歌翻译过程中的具体表现。

一、翻译生态环境

从宏观上讲,翻译生态环境是"影响翻译主体生存和发展的一切外界条件的总和。"④它包括"与翻译活动有关的自然经济环境、语言文化环境、社会政治经济环境等。"⑤具体到翻译过程,译者所处的翻译生态环境是"原文、原语和译语所呈现的'世界',即语言、交际、文化、社会,以及作者、读者、委托者等(即'翻译群落')互联互动的'整体'。……它既是制约译者最佳适应和优化选择的多种因素的集合,又是译者多维度适应与适应性选择的前提和依据。"⑥

这里涉及了两大关键的生态系统,即原语生态系统和译语生态系统。它们有着各自的语言系统、文化系统和交际系统。翻译的过程就是译者将文本从原语生态系统移植到译语生态系统的过程。在这过程中,译者"首先要'适应'翻

---

① 胡庚申:《关于"译者中心"问题的回应》,《上海翻译》,2011年第4期。
② 胡庚申:《生态翻译学:建构与诠释》,北京:商务印书馆,2013年,第234页。
③ 胡庚申:《生态翻译学:建构与诠释》,第215页。
④ 胡庚申:《生态翻译学:建构与诠释》,第88页。
⑤ 胡庚申:《生态翻译学:建构与诠释》,第88页。
⑥ 胡庚申:《生态翻译学:建构与诠释》,第90页。

译生态环境,然后要依据翻译生态环境决定对译文的'选择'。"①也就是说,译者无论在做"选择性适应"还是"适应性选择"时,他所依据的都是所处的翻译生态环境。下面,我以黄克孙和黄杲炘两位译者对《柔巴依集》第一首的翻译为例,论述根据不同的翻译生态环境,不同译者做出的适应和选择也存在差异。

原文:②

WAKE! For the Sun, who scatter'd into flight
The Stars before him from the Field of Night,
  Drives Night along with them from Heav'n, and strikes
The Sultán's Turret with a Shaft of Light.

黄杲炘译:③

醒醒吧! 太阳已把满天的星斗
赶得纷纷飞离了黑夜的田畴,
  叫夜色也随同星星逃出天空;
阳光之箭已射中苏丹的塔楼。

黄克孙译:④

醒醒游仙梦里人,
残星几点已西沉。
羲和骏马鬃如火,
红到苏丹塔上云。

柔巴依是波斯的古典四行诗体。每首诗中,第一、二、四行押尾韵,或四行

---

① 胡庚申:《从"译者中心"到"译者责任"》,《中国翻译》,2014年第1期。
② 爱德华·菲茨杰拉德:《柔巴依集》,黄杲炘译,西安:陕西师范大学出版总社,2016年,第148页。
③ 爱德华·菲茨杰拉德:《柔巴依集》,第149页。
④ 奥玛珈音:《鲁拜集》,黄克孙译,南京:译林出版社,2012年,第17页。

都押韵。波斯天文学家、数学家、诗人欧玛尔·海亚姆以此诗体作诗。诗集在19世纪中叶被英国诗人爱德华·菲茨杰拉德译成英文并取名 *The Rubaiyat of Omar Khayyam*(《欧玛尔·海亚姆的柔巴依集》)。译文出版后,大获成功,为世人瞩目。英文原诗保留了柔巴依的行数和韵式,属每行十音节五音步的格律诗。菲氏的《柔巴依集》语言古朴自然,呈现了古代波斯带有异域风情的景象,彰显了海亚姆非凡的想象力和他对宇宙的洞悉,对人生的困惑以及对名利的轻蔑。

黄杲炘和黄克孙两位译者从语言维、文化维到交际维都在原语生态的适合和译语生态的选择构建上大相径庭。

首先,黄杲炘先生于上世纪80年代发表译作《柔巴依集》。当时,翻译生态环境中盛行"将语言转换性视为翻译最重要的本质特征"[1]的翻译理念。黄先生深刻地认识到"译诗就值得在忠实于原作内容的同时,也追求形式上的逼真。"[2]如译例所示,黄杲炘先生的译文采用了白话格律诗体,再现了原诗的语言风格,保留了英诗的行数和韵式,特别是和菲诗一样,为凸显第三行的韵式不同,空出了首字格。内容上,完整移植了原诗的意象如"太阳"、"星斗"、"黑夜"、"阳光之箭"和"苏丹的塔楼"。可以说,从语言维和文化维上,译文在译语生态环境中重构了原语的生态。

其次,英诗汉译经百年发展,形成了"以顿代步"的翻译传统。"以顿代步"是指"每行译诗的顿数与原诗的音步数一致,以尽可能相似地再现原诗的节奏。"[3]此外,"汉语是适应性很强的语言"[4]是译语生态环境一个显著的特征。通过多年的翻译实践,黄杲炘先生得出结论:"汉语中用一种与英语原作相近又相应并相当准确反映原诗格律的形式,有可能不多不少,正正好好的容纳下原作的全部内容。"[5]从例子中可看出黄先生适应并选择了"以顿代步"这一白话译诗传统,以5顿代替原诗中的5音步,并且利用汉语韵步少,表达灵活的特

---

[1] 刘云虹:《试论文学翻译的生成性》,《外语教学与研究(外国语文双月刊)》,第49卷第4期(2017年)。
[2] 黄杲炘:《是否有可能"超越"原作——谈英语格律诗的汉译》,《中国翻译》,第24卷第6期(2003年)。
[3] 杨德豫:《用什么形式翻译英语格律诗》,载杨自俭、刘学云编:《翻译新论》,武汉:湖北教育出版社,1994年,第93页。
[4] 黄杲炘:《〈英语爱情诗一百首〉前言》,《外国语》,1993年第4期。
[5] 黄杲炘:《追求内容与形式的逼真——从看不懂的译诗谈起》,《中国翻译》,第23卷第5期(2002年)。

征,更近一步发展了这项传统,即以 12 字代替原诗 10 音节,开"以字数代替音节数"的先河。从生态翻译学的视角观之,译文将原诗的格律成功地从英语的生态环境移植进入了汉语的生态环境。黄杲炘版《柔巴依集》的不断重译,6 万行译诗的成就恰恰证明了兼顾字数和段数,反映原诗格律的翻译策略在翻译生态环境中"适者生存"和"生生不息"。

再来看黄克孙的译文。黄克孙先生在上世纪 50 年代翻译 Rubaiyat。当时,黄克孙所在的美籍华人圈中诗词氛围浓厚。"年轻时,黄克孙就参与诗社活动,唐德刚等人在纽约组织'白马文艺社',黄教授也去凑个热闹。"[①]黄克孙先生对中国古典诗词这一译语环境的适应度之高使他自然地和原诗产生了共鸣。"奥玛珈音的许多形象是'似曾相识'的。第一、四行诗体,马上使我联想到七言绝句。费氏韵律优美的译文更加强了这个联系。……奥玛珈音的诗意,使我想到孔子说的'逝者如斯夫,不舍昼夜。'也使我想起庄子说的'吾生也有涯,而知也无涯。'"[②]这种共鸣在原语生态和译语生态中构建起了一道桥梁,让他摒弃对原诗格律亦步亦趋的翻译,而是在语言、文化和交际三个维度上选择了适应译语读者的翻译。如译例所示,原诗将太阳拟人化,驱散了群星,赶走了黑夜,特别是 a shaft of light(阳光之箭)巧妙的隐喻表述,展现了太阳东升之时辉煌夺目之景。黄译采用了七言绝句诗体,创造性地选择了中国古代神话的日神意象——"羲和"。"羲和骏马鬃如火"不仅勾勒出了日出东方的恢弘灿烂气势,做到与原诗异曲同工,而且那样奔放的想象将原诗流美的诗意和浓郁的诗味在译文中得到充分地再现。"黄克孙七绝汉译在台湾取得了成功。……台湾文科学生背得出的大有其人。"[③]可以看出,黄克孙的文言译本的接受度是相当高的。

二、翻译的策略和方法

生态翻译学认为,译者对翻译生态环境的适应性选择和选择性适应表现在

---

① 何华:《诗人,也研究物理》,《书城》,2017 年第 1 期。
② 奥玛珈音:《鲁拜集》,第 5 页。
③ 邵斌,缪佳:《互文性与诗歌衍译——以菲茨杰拉德和黄克孙翻译〈鲁拜集〉为例》,《外语教学理论与实践》,2011 年第 4 期。

他/她在翻译过程中采用的策略和方法。"一个成功的译者会重视'生态作用',接受'生态适应',进而能动地在不同的翻译生态环境中选择不同的翻译策略和标准来实现自己的翻译目的。同时,译者又在翻译生态系统的适应与选择过程中,创造出各种各样的翻译策略和技巧,形成丰富多彩的真知灼见,进而能动地调节、操纵、建构和促进生态翻译环境的变化。"①黄杲炘和黄克孙两位译者在适应不同的翻译环境中,选择并创造了各自的翻译策略和方法。面对同样的原文文本,黄杲炘选择高度依归于原语生态环境,黄克孙尽量依归于译语生态环境。如下列这首诗:

原文:②

  They say the Lion and the Lizard keep
  The Courts where Jamshyd gloried and drank deep;
   And Bahrám, that great Hunter — the Wild Ass
  Stamps o'er his Head, but cannot break his Sleep.

黄杲炘译:③

  据说杰姆西得意豪饮的宫廷
  如今成了猛狮和蜥蜴的宫禁;
   而巴拉姆的头上野驴在跺脚,
  也没有把这伟大的猎手惊醒。

黄克孙译:④

  华表丹墀一例空,
  荒凉台榭走蛇虫。

---

① 胡庚申:《生态翻译学:建构与诠释》,第224页。
② 爱德华·菲茨杰拉德:《柔巴依集》,第164页。
③ 爱德华·菲茨杰拉德:《柔巴依集》,第165页。
④ 胡庚申:《生态翻译学:建构与诠释》,第243页。

> 虎踪今遍英雄墓，
> 无复惊闻李广弓。

对原生态的"依归"是生态翻译学阐述的主要翻译策略。"为了维持与平衡原文和译文的'基因'和'血液'，使原文的基因和血液在译文里依然流淌并得到体现，作为生态翻译的策略选择，译者可以采用高度'依归'式的翻译策略处理文本。"[1]

黄杲炘先生认为诗歌的格律是诗歌的"基因"和"血液"。黄先生在他的多篇译论中强调格律是诗歌的"命脉"和"骨架"[2]，是诗歌"音乐性"[3]、"民族性、时代性"[4]的体现，是"诗歌作品成为精品的要素"[5]。译诗的关键是"尽可能准确地反映原作格律"。[6] 因此，黄杲炘先生选择高度适应和依归原语生态环境，在译诗方法上首先提出并践行了"三兼顾"的译法，即：兼顾原诗的韵式、诗行顿数与字数。"让译诗每行的顿数、字数分别与原作每行的音步数、音节数相等和相应，再加上韵式与原作韵式一致。"[7]从上述的例子可以看出，黄杲炘的译文将柔巴依这种中亚色彩的诗体完整地转换成白话诗歌的格律。特别需要指出的是，菲茨杰拉德在首句中加入了英文头韵修辞（"the Lion and the Lizard"）。在多个版本的《柔巴依集》译文中，只有黄杲炘的译本巧妙地采用相同偏旁的汉字（猛狮和蜥蜴），造出同形的效果来转译英文的头韵。

依归原语生态的"三兼顾"译法还被黄杲炘先生运用到"仿生"翻译中。所谓"仿生"翻译，是指"模仿自然界的、自然生态的形状，对某些特定文本的特殊翻译处理，以此体现出译文的'自然化'和'生态化'的创意、意象或风格"[8]如黄先生翻译的英国诗人 Roger McGough 的一首诗：

---

[1] 奥玛珈音：《鲁拜集》，第51页。
[2] 黄杲炘：《突破英诗汉译的"传统"》，《中国翻译》，2013年第2期。
[3] 黄杲炘：《〈英语爱情诗一百首〉前言》，《外国语》，1993年第4期。
[4] 黄杲炘：《是否有可能"超越"原作——谈英语格律诗的汉译》，《中国翻译》，第24卷第6期（2003年）。
[5] 黄杲炘：《追求内容与形式的逼真——从看不懂的译诗谈起》，《中国翻译》，第23卷第5期（2002年）。
[6] 黄杲炘：《追求内容与形式的逼真——从看不懂的译诗谈起》，《中国翻译》，第23卷第5期（2002年）。
[7] 黄杲炘：《译道上的管窥过客——"自选集"前言》，《东方翻译》，2020年第4期。
[8] 胡庚申：《生态翻译学：建构与诠释》，第287页。

原诗：①

40-Love

middle	aged
couple	playing
ten-	nis
when	the
game	ends
and	they
go	home
the	net
will	still
be	be-
tween	them

黄译：②

3比0

中	年
夫	妇
打	网
球	打
完	后
回	家
那	球
网	仍
隔	在
他	们
中	间

① 黄杲炘：《英语诗汉译研究——从柔巴依到坎特伯雷》(修订本)，武汉：湖北教育出版社，2007年，第157页。

② 黄杲炘：《英语诗汉译研究——从柔巴依到坎特伯雷》(修订本)，第157页。

原诗不仅在内容上描写也在形式上仿照中年夫妻打网球的情景。中间竖线既代表了球网也隐射了他们内心的隔阂。诗人将单词安排在竖线的两侧,以便读者在阅读时如同观看球赛一般可"左顾右盼"。黄译通过兼顾了原诗的行数,对应译文字数与原诗音节数,在译语的生态环境中重构原诗的形美,在语言维、文化维、交际维以及美学价值上达到了原语生态与译语生态的平衡。

不同于黄杲炘先生看重诗形,黄克孙先生视诗歌的"灵感与精神"[1]为文本的"基因"和"血液"。他指出:"费氏的译文吸引了、迷住了世代的读者。原因很简单:费氏写的是诗,是在英国传统文学标准上站得住的好诗,他借奥玛珈音的灵感精神而重新创作。结果是词藻优美、可以传诵的诗章。……我很向往费氏的诗,它构出的境界,往往在心中涌现。它的诗情,通过中文传统,很自然地就化为七言绝句。"[2]在译诗中,黄克孙先生采用了高度适应和依归译语生态环境的策略,不仅将柔巴依翻译成七言绝句,而且大幅改换了诗歌意象。上述译诗中,用中国古代"李广射虎"的典故来代替波斯王杰姆西狩猎的传说,可谓"以典译典"。黄克孙先生将他这种翻译方法称为"衍译"。清华大学罗选民教授认为"衍译"是"在尊重原诗固有形式的前提下,译者充分发挥诗人的才能,浸润在两种不同的语言和文化之间,孵化新的诗作,其译作在精神上与原作一致,但诗歌已脱胎换骨,没有留下翻译的'挣扎'痕迹,即达到钱锺书先生所说的'化境'。"[3]从译例中我们也可以发现,通过"衍译"法,黄克孙先生选择打破原文形式的限制,发挥自身的能动作用,在文言生态语境中重构原诗中的蛮荒景象,同时也透出了原诗想要表达的盛衰无常的感叹,达到了与原诗同样的审美效果。除了例文外,黄先生的许多译诗都是通过依归译语生态环境的"衍译"法,"遗貌取神",既表达了原诗的情思又打动了译语读者的心灵,融合了原诗作者、译者和读者的视域,使译文超越了对原文的简单复制,是对翻译"附属性"观念的颠覆,在译语环境中"复活"了原诗的世界,赋予原诗全新的价值,使文本生命在译语环境中得到了延续和发展。

从对黄杲炘和黄克孙的翻译策略和方法的比较,我们可以看出,虽然两位

---

[1] 奥玛珈音:《鲁拜集》,第4页。
[2] 奥玛珈音:《鲁拜集》,第2页。
[3] 罗选民:《衍译:诗歌翻译的涅槃》,《外语教学理论与实践》,2012年第2期。

译者的对翻译环境的适应和选择迥然不同,但他们共同之处在于:都能充分意识到作为译者在翻译过程中的主导作用。这种主导意识使两位译者都充分尊重原语的生态环境,深刻理解了原语内在的生态结构,精确把握了文本的可译性,践行了译者维护、协调和平衡原语生态和译语生态的责任,因此,两位的译文都是文本移植的成功典范,都做到了"原作的生命之花在其译作中得到了最新的也是最繁盛的绽放"[①]。

三、译者的素质与能力

生态翻译学认为,"译者素质"主要包括"译者以往的成绩、阅历、能力、诚信度、知名度等。译者素质具体体现在译者对跨文化的敏锐度、对翻译主题的熟悉程度、对翻译生态环境的判断能力、对'市场'的洞悉程度,以及他/她的背景知识、翻译经验、工作态度等等。"[②]"译者中心"论强调了翻译的质量与译者素质和能力密切相关。如黄杲炘和黄克孙两位正是高素质的译者,都有很强的选择能力和适应能力,译品的整合适应选择度自然不低。

黄杲炘先生是位多产而且严谨的译者。他翻译了数百位英美诗人的两千多首作品,共出版27个英汉对照版本,其中有些译著是国内首个译本,甚至是唯一的汉译本。译诗的同时,黄先生在权威刊物发表大量的文章论证"三兼顾"译法的合理性和必要性。黄先生对翻译精益求精,大多数译文都经过反复修改。如下文列举的Robert Frost的小诗Dust of Snow[③],二十年间经黄先生三次改动,显然每一次都比上一次更向原诗的格律和意义靠拢。他的译著曾以最高得票获第四届优秀外国文学图书奖一等奖。他的文集荣获中国大学出版社图书奖首届优秀学术著作奖一等奖。

原诗:	第一次翻译:	第二次翻译:	第三次翻译:
Dust of Snow	一蓬雪花	一蓬雪花	一蓬雪花

---

① 本雅明:《译作者的任务》,张旭东译,香港:牛津大学出版社,2012年,第103页。
② 胡庚申:《生态翻译学:建构与诠释》,第241页。
③ 黄杲炘:《译诗的演进》,上海:上海译文出版社,2012年,第277页。

The way a crow	一棵铁杉树上	在铁杉树上	铁杉树上
Shook down on me	栖着一只乌鸦，	栖着的乌鸦	栖着的乌鸦
The dust of snow	它呀，竟然那样	竟朝我就那样	朝我竟那样
From a hemlock tree	洒我一身雪花；	抖一蓬雪花——	抖一蓬雪花
Has given my heart	这使我的心情	使得我心情	使我的心情
A change of mood	起了一种变化；	起了种变化	发生改变
And saves some part	把一天中的部分	把一天的部分	让先前的悔恨
Of a day I rued.	从懊丧里救下。	从懊丧救下。	没持续一整天。

黄克孙先生的译诗能"比美 FitzGerald 原译"①归功于他本人深厚的国学功底和诗人气质。他不仅翻译了《鲁拜集》，还出版了诗集《沧江集》、《梦雨集》和诗文集《平居有所思》。他说："《鲁拜集》的翻译，我的出发点是作诗第一。"黄先生对文言译诗的精准把握，使他的译文处处泛着天才的光芒，赋予了原诗在译语的世界里鲜活的生命力。有评论家说："黄克孙像译过拜伦的苏曼殊，早就可以列入国史的文苑，《鲁拜集》更可登堂入室进入文学史，也就是成为中国文学的一部分"。②

两位翻译家和他们的译品的关系很好地诠释了"译者中心论"中译者与文本的关系：一个优秀译本的产生离不开译者本人的良好素质和卓越能力；一个译者只有通过输出高质量的译文才能被世人认可，享受"中心"地位。因此，"译者中心论"既是对译者在翻译过程中享有的权利的维护，又是对译者责任的明晰。

以上通过对两位译者及其译作的比较分析，揭示诗歌翻译中的"译者中心"论的具体表现，即："译者中心"论提出了译者对于诗歌翻译生态环境的适应和选择的重要性，尊重了译者的创造性劳动，指出了译者在翻译过程中的核心地位，同时也强调了译者在翻译中应承担的责任。译者只有明确了自身的权利和义务才能在翻译中"不遮盖原作，不阻挡原作的光辉，而是允许仿佛经过自身的

---

① 语见爱德华·菲茨杰拉德：《鲁拜集》，黄克孙译，台北：书林出版公司，1989年，封底。
② 李奭学：《得意忘形：翻译、文学与文化评论》，北京：生活·读书·新知三联书店，2007年，第13页。

媒介强化的纯语言更为充分地照耀原作。"①

Translator-centeredness in Poetry Translation
Wang Ying　Zhong Jin

Abstract: The argument that "poetry is untranslatable" puts translators in a dilemma in poetry translation. Thanks to Eco-Translatology, its "translator-centeredness" concept points out the positions of translators in the process of poetry translation. Through comparing and contrasting two translators and their translations, this paper aims to explore the roles of translators play in the process from three perspectives of translation ecology, translation strategies and methods, and translators' quality and ability.
Keywords: translator-centeredness, Eco-Translatology, Huang Gaoxin, Kerson Huang

---

① Walter Benjamin, "The Task of the Translator," *Theories of Translation*: *An Anthology of Essays from Dryden to Derrida*, Rainer Schulte and John Biguenet (eds.), Chicago and London: The University of Chicago Press, 1992, pp. 79 – 80.

青年学者论坛

青年学者论文集

一套《荀子》式的恶的理论：
以礼义及"群居和一"为基础

王瀛昉[*]

[摘　要]　荀子性恶论的探讨历来已多。在荀子人性论的探讨上，我们可见有纯粹性恶说、性恶伪善说、性朴说等多种说法；但性恶中关于恶的概念的问题却往往较少有人提及。荀子性恶究竟指的是何种意义的恶？性恶只是指代一种结果上的恶吗？本文将对这部分的问题作一探讨，并透过对礼义的心知之弊与"群居和一"两者归纳得出《荀子》书中关于一种关于恶的界定理论，借此为更好地理解日常生活中人们关于恶的所指对象提供帮助。

[关键词]　荀子；恶；礼义；蔽；群居和一

性恶论一向是荀子研究的一个重点，当然这有很大程度的原因是以孟子视域为主的儒学研究的原因。孟子唱性善，而荀子道性恶，这是两者之间最为明显的分歧或争端，且《荀子·性恶》本就是以孟子作为其设想中最主要的论敌。

---

[*] 王瀛昉(1994—　)，男，重庆人，香港中文大学哲学系博士候选人，主要研究方向是中国哲学和比较政治哲学。

从宋代理学明确孟子的儒学正统地位之后,就不断有学者试着以孟子视角的反面,即性恶作为出发点以整理《荀子》的理论架构,当代又出现了对《荀子》"性恶"的纯粹性恶、性有善有恶、性恶伪善、性朴等不同的解释方式。不过,这些对性恶的理解往往是在人性论视域下建立的。但事实上荀子的性恶一说不单止是一种人性理论,从其展开的论述来看,也同样反映了一种对于恶的认识。这一认识可以使得我们就此建立一套荀子式的恶的理论,从而对当下关于恶的理解有所贡献,而这也是本篇论文的主要目的。就此,本篇论文将先对荀子性恶表述作一解释梳理,随之借此以提出一套荀子式的恶的界定理论,并对其独特之处稍作说明。

一、群居和一及荀子对恶的理解

在《荀子》书中,恶这一观念的重要性不仅在于它是人性所表现出的特质,从而成为了求诸善的个体致诚修身的原因;也同样在于它与荀子理想中的社群结构之间的密切关系。甚至,荀子直接从社群的角度解释恶,《荀子·性恶》云:"然则从人之性,顺人之情,必出于争夺,合于犯分乱理,而归于暴。故必将有师法之化,礼义之道,然后出于辞让,合于文理,而归于治。用此观之,人之性恶明矣,其善者伪也。"[①]从这里可以看出,恶从人性特质层面到实现一共有三个步骤:"争夺"、"犯分乱理"和"归于暴"。第一和第三个步骤便于理解,它们之间看上去似乎也可以直接连起来;但荀子却在这两个步骤之间选择放置了关乎社群层面"犯分乱理"作为关联前后的重要一环;且在其随后的关于"其善者伪也"的描述当中,提出的用于纠治恶的"师法之化,礼义之道"也与人的社会性相联系。因此,本文认为或许有必要在进一步讨论荀子的恶的理论之前,先就《荀子》当中社会的起源和"分"的问题作一简要说明。

在《荀子》书中《富国》篇的起始部分,荀子描绘了其所设想的最初的社会乃至政府的形成过程。荀子率先明确了人群内在的相同点和差异点,"万物同宇而异体,无宜而有用为人,数也。人伦并处,同求而异道,同欲而异知,生也。皆有可也,知愚同;所可异也,知愚分。势同而知异,行私而无祸,纵欲而不穷,则

---

① 王先谦撰,沈啸寰、王星贤点校:《荀子集解》,北京:中华书局,1988年,第434—435页。

民心奋而不可说也"①。人们虽然在对外界事物的认知能力以及个体行为方式上有差距,但有着相同的欲求。假若仅仅是各自凭着各自的认识以行为,很容易因为一致的欲望对象而彼此展开争夺,导致不能和睦相处。

荀子把这种"行私而无祸,纵欲而不穷"所可能导致的混乱归结为没有完整的行政执法机构,"无君以制臣,无上以制下,天下害生纵欲。欲恶同物,欲多而物寡,寡则必争矣";但同时荀子又指出,除了完整的行政执法机构维持秩序外,也需要考虑到一个人欲求物的多元性,"百技所成,所以养一人也。而能不能兼技,人不能兼官。"人所享受的物质乃是整个社会不同个体不同工作成果的集合,而一个人没有能力去适配所有的工种。因此,荀子得出结论,"离居不相待则穷,群居而无分则争;穷者患也,争者祸也,救患除祸,则莫若明分使群矣"②。

"明分使群"是荀子提出的解决办法,埃里克·哈里斯(Eirik Harris)与佐藤将之都认为荀子在这里所强调的"分"就是把资源、劳动、权利及义务在社会内合理分配的依据。③ 人们需要群居以克服在自然界的生存挑战,但人们有太多的欲望,而自然资源并不足够,因此在一定的分配方式基础上建立的社会很自然地形成了。而很显然,《荀子》书中"分"的这种分配方式并不是纯粹描述性的,而是具有规范性的意义,并非任意一种分配方式都可以是"分"。《荀子·王制》曾对这种"分"做了一定程度上的解释。

在《荀子·王制》中,首先荀子指出了人较之其他的物种而言的特殊性,"水火有气而无生,草木有生而无知,禽兽有知而无义,人有气、有生、有知,亦且有义,故最为天下贵也"④。其他的物种只有气、生、知而没有义,人凭借有义而获得了更高的地位。尽管除了义之外,人有很多能力反而不如禽兽,但义弥补了这些差距,荀子接着说:"力不若牛,走不若马,而牛马为用,何也? 曰:人能群,彼不能群也。人何以能群? 曰:分。分何以能行? 曰:义。故义以分则和,和则一,一则多力,多力则强,强则胜物;故宫室可得而居也。故序四时,裁万物,

---

① 王先谦撰,沈啸寰、王星贤点校:《荀子集解》,第175—177页。
② 本段引文出处同上。
③ 见 Sato Masayuki, *The Confucian Quest for Order: The Origin and Formation of the Political Thought of Xun Zi*, Leiden: Brill, 2003, pp. 352 - 353; Eirik Harris, "Xunzi's Political Philosophy," *Dao Companion to the Philosophy of Xunzi*, Eric Hutton(ed.), L. Dordrecht: Springer Netherlands, 2016, pp. 96 - 138。
④ 王先谦撰,沈啸寰、王星贤点校:《荀子集解》,第164页。

兼利天下,无它故焉,得之分义也。"

从这里来看,《荀子》中的"分"除了可用于资源的分配之外,也使得人们的劳动分工可以以一定的方式结合,并在其基础上形成群体,借此可以充分利用万物并面对自然界的挑战。而"分"的制作及践履依赖于人用来将自身和动物相区分的"义"。

但人们如何能认识到自身所具有的"义"的内容,又如何以人自身所具有"义"作为基础以"明分"呢?似乎这不是多数人能自然达到共识的范畴,否则也不会有《荀子》之前提到的争端了。就此,《荀子·荣辱》谓:"然则从人之欲,则势不能容,物不能赡也。故先王案为之制礼义以分之,使有贵贱之等,长幼之差,知愚能不能之分,皆使人载其事,而各得其宜。然后使谷禄多少厚薄之称,是夫群居和一之道也。"①荀子认为答案是先王制作了大家应该共同恪守的礼义,并以此作为制分的依据。

对于荀子而言,这里的礼义是圣王所制定的用于合理、客观地反映差等的准则,可以与人自身所具备的"义"相呼应。人凭借其自身所有的"义",能够理解并接受依据圣王礼义所制定的分。不过由于礼义及在其意义下形成的分只是一系列标准、准则,不能构成完整的制度,因此先王还需要根据礼义及分,制作出一套礼法来。不同时期的礼法之间是有差异的,譬如周初先王之制和尧舜之制就不完全相同。但作为礼法根本的分却是一致的,因而《荀子·王霸》谓"农分田而耕,贾分货而贩,百工分事而劝,士大夫分职而听,建国诸侯之君分土而守,三公总方而议,则天子共己而已矣。出若入若,天下莫不平均,莫不治辨,是百王之所同也,而礼法之大分也。"②

因此,作为群居生活基础的分是一致的,无论制度怎么变化。那么,"犯分"显然就是一种对"群居和一"原则的潜在的挑战了,因为荀子并不打算承认有多种其他的分可以作为替代品。这种挑战会导致群居秩序的破坏,"而归于暴",丢弃文明,而回归野蛮了。在社会层面上导致野蛮暴力的竞争或冲突,可以客观表现为上文所引《富国》篇的"离居不相待则穷,群居而无分则争;穷者患也,争者祸也,……强胁弱也,知惧愚也,民下违上,少陵长,不以德为政"③。

---

① 王先谦撰,沈啸寰、王星贤点校:《荀子集解》,第70—71页。
② 王先谦撰,沈啸寰、王星贤点校:《荀子集解》,第214页。
③ 王先谦撰,沈啸寰、王星贤点校:《荀子集解》,第176页。

这便是《荀子·性恶》中所讲的"从人之性,顺人之情"所导致的混乱,若按原文"用此观之,人之性恶明矣,其善者伪也",可见荀子似乎认为这已可以用于说明性恶了。而将荀子这一对恶的理解作一重新表述,可解释为"一个人顺从自己的性,造成违反群居和一准则情形的便是恶"。

但这个说法显然还不完善,究竟什么是"顺从自己的性"呢?按《荀子·性恶》开篇所说"今人之性,生而有好利焉,顺是,故争夺生而辞让亡焉",若就"好利"而言,似乎荀子得出的性恶实质上是指向欲望的;但如果以此方式理解,却可能会面临一些问题。首先,单凭欲望本身是否足以造成恶的结果呢?艾文贺(P. J. Ivanhoe)曾指出一个例子,一个偷梨吃的人并不一定有偷梨的欲望,他可能只想吃梨。而吃到梨本身是无所谓善恶的。① 既然如此,驱使这个人为了满足吃梨的需求而去偷梨的因素不见得最终能被归于欲望。第二,就《荀子》全书来看,荀子并不主张舍弃代表欲望的情性。因此《荀子·非十二子》同时批评了"纵情性"的它嚣、魏牟与"忍情性"的陈仲、史䲡,且《荀子·正论》又指责了子宋子的"人之情欲寡不欲多",并肯定了圣王以人的情性制定赏罚的模式。似乎,对于荀子而言,情性并不是作为恶的存在物而需要完全舍弃的对象,只要其能控制在合适的范围内得以表达即可。

若就此来看,这似乎如同柯雄文(Antonio Cua)说的那样,荀子所说的恶,只是一种结果的恶,一个人想吃梨并没有善恶可言,但是为了吃梨而去偷东西则造成了恶。② 那么荀子的恶的理论似乎变成了"破坏群居和一原则的后果就是恶"。但如果是这样的话,荀子又怎么能够得出"性恶"的结论呢?虽然一些早期的学者,譬如胡适、郭沫若等多认为荀子这种性恶的说法,只是描述性的,或者修辞意义上的,并非真正要去论证性恶。但如果是这样的话,《性恶》篇接下来为什么还要去刻意反驳《孟子》的说法呢?

邓小虎则不同意这种仅限于结果恶的观点,特别强调"顺"在其中的意义,认为性恶的含义是人在不加限制的情况下,会作坏事的一种自然趋势。③《荀

---

① Philip J. Ivanhoe, *Confucian Moral Self Cultivation*, Indianapolis: Hackett Publishing, 2000, p. 40.

② Antonio Cua, *Human Nature, Ritual, and History: Studies in Xunzi and Chinese Philosophy*, Washington, D. C.: CUA Press, 2005, pp. 3–38.

③ Tang Siufu, "Xing and Xunzi's Understanding of Our Nature," *Dao Companion to the Philosophy of Xunzi*, pp. 165–197.

子·荣辱》中曾指出"人之生固小人,无师无法则唯利之见耳","人无师无法,则其心正其口腹也"①。邓小虎据此认为,荀子的观点是在没有师法的情况下,人们用于知道明理的"虚一而静"的心就像口腹一样,会被欲望及与其相联系的自然趋势所主导。虽然人最初的性质无所谓善恶,但这种自然趋势会使得人可以走向作恶事的方向,乃至引导人走向作恶的途径。

但这种自然趋势究竟应如何理解呢?庄锦章曾提出一种观点,试图抛弃用本质主义方式理解荀子性恶的径路。庄锦章认为,性不是《荀子》当中人最核心的要素,这里的性恶只是用于与礼义之伪所带来的善相对照,用以指出不接触礼义、不学习礼义的情形。②

相比于邓小虎而言,庄锦章的方式不再需要对最初的性质以及自然趋向作更多的界定和区分。这种方式避免了进一步发掘"顺是"含义的困难,也同时可能更近乎荀子原意。《荀子》书中所谓的"生之所以然者谓之性"、"不事而自然谓之性"、"性者天之就也,情者性之质也,欲者情之应也"等对性的描述皆偏向于自然整体的层面,而情、欲等因素只是性在某些方面的具体体现。本文在这里并不是想将荀子完全等同为成中英所说的系统哲学家或者是机体主体者,③但至少在性的这一方面,荀子似乎从没有对性给出一个更为细致全面的正面描述,而是倾向于将其与伪以及人力可为的部分作一对立。

《荀子·性恶》又云:"圣人积思虑,习伪故,以生礼义而起法度。"可见前文荀子提出的克服性恶以师法圣王所学的内容,亦正是礼义法度。因此,既然推动礼义法度才是荀子性恶论所旨在的目的,我们与其对性作一个不甚精确的概括;何不反向地把顺从"生之所以然者"的性所导致的自然趋势理解为一种无礼义法度状态下的自然产物呢?至此,我们可以把荀子对恶的这一理解重新解释为:"一个人在无礼义法度状态下出于其自身固有的原因,造成违反群居和一准则情形的是恶。"但在对这一理解进一步展开前,这里我们还需要讨论一种额外的情形。

---

① 王先谦撰,沈啸寰、王星贤点校:《荀子集解》,第64页。

② Chong Kim-Chong, "Xunzi on Human Nature," *Confucian Ethics in Retrospect and Prospect*, Shen Qingsong and Shun Kwong-loi (eds.), Washington, D. C.: CRVP, 2008, pp. 93 - 112.

③ 成中英的说法可见 Cheng Chung-ying, "Xunzi as a Systematic Philosopher: Toward an Organic Unity of Nature, Mind, and Reason," *Journal of Chinese Philosophy*, Vol. 35 No. 1(2008): 9 - 31.

精神病人也可能会造成残酷暴力的血腥事件,但对此,人们却不见得一致地会将其视作恶。究其原因来看,这个精神病人可能行为不能完全自主,因而在某些情形下会被认为并不是一个完整的人,甚至只是一个生物学意义上的人。当然,这其中还牵扯了一些别的问题,例如依此意义而言,这个精神病人做的任何好事似乎也不应该被视作行善,不过很多时候似乎人们并不倾向于承认精神病人不可能作好事这样的观点,这可能和人们总是倾向于承认更多的善和更少的恶有关。但无论怎样,一个总是做好事的精神病人似乎比一个总是做坏事的精神病人更好,而且不止是因为做好事的精神病人可能在某些方面实质上帮助了正常人的原因。同样从生存权利而言,故意杀死一个精神病人似乎并不比杀死一个非精神病人在道德层面上相对更好;尽管精神病人显然不能和正常人拥有完全相同的自由。

不过荀子书中没有涉及对精神病人、完全喝醉的人等非完全自主状态下的行为主体、或者没有"义"的人作一系列的讨论,本文亦不打算对这一系列问题再作更为详尽的分析,因为这也并不是该篇论文的重点。但为了避免可能引起的分歧,荀子对恶的理解或者可以再作进一步的修改或限定,从而成为:"一个具有完整道德能力的人在无礼义法度状态下出于其自身固有的原因,造成了违反群居和一情形的是恶。"

至此,我们可以基本完成了对荀子这一步的性恶论证的重新表述。当然如果要基于荀子关于恶的这一理解而表述成一项当代意义下的恶的理论,其中还有一些表述上的问题。首先是这一理解当中还有两个《荀子》书中专有的用词,一是"礼义法度",二是"群居和一"。相比于礼义法度,群居和一显然更为清晰明白,其意义正如前文所提到的那样,人们各得其宜,和睦共处。这一用词或许不必再作更为多余的翻译;而理解礼义法度,其所存在的主要问题是荀子并没有给出一个完整的礼义法度的内容大纲,尽管我们可以从先秦文献中找到一些相关的资料,但恐怕不能详尽,而且先秦的礼义法度于当今而言亦未必能适用;其次,由此而引申的无礼义法度状态又应当如何进行重新表述?它在《性恶》篇似乎原本是指向没有师法、无知于礼义法度的情形,但明知于礼义法度而违反礼义法度的情形,似乎也不应被排除在恶的范围之外。而就此关于荀子这一理解再理论化的表述问题,本文将在接下来这一节再作更为具体的讨论。

二、《荀子》式的恶的理论及其意义

上文已经就荀子在《性恶》篇中对恶的理解作了一个重新表述,"一个具有完整道德能力的人在无礼义法度状态下出于其自身固有的原因,造成违反群居和一准则情形的便是恶",但如果想就此得出一套关于恶的理论,其中关于礼义法度和无礼义法度状态的问题还需要重新进行厘清。此外,就荀子这一理解而言,这似乎只说明了"一个具有完整道德能力的人在无礼义法度状态下出于其自身固有的原因,造成的违反群居和一准则的行为"蕴含了恶;但假设要得出一套关于恶的理论,或许我们还需要考量,假若反过来说,恶是不是都是"一个具有完整道德能力的人在无礼义法度状态下出于其自身固有的原因,造成的违反群居和一准则的行为"呢?

就礼义法度而言,前文已经述及,礼义乃是制定大家所需恪守的"分"的依据,而礼法则是在礼义及分的基础上设计的制度准则。因此,我们要对荀子这一关于礼义法度的理解作一当代化的诠释,或许可以将其重新表述为公共价值及公共性准则,而这也可以被视作是公共道德规范的主要体现及其所构成的内容。

至于无礼义状态是否包含明知于礼义法度而违反礼义法度,或者曲解礼义法度的情况,尽管在《性恶》篇来看,接受师法之化和礼义之道之后,人便能够由原初性恶的状态改变为"正理平治"的状态;但《解蔽》篇又指出"欲为蔽,恶为蔽,始为蔽,终为蔽,远为蔽,近为蔽,博为蔽,浅为蔽,古为蔽,今为蔽。凡万物异则莫不相为蔽,此心术之公患也"①,人可能因为心知能力受蔽而不能正确意识到"大理"或礼义,且《荀子》全书有许多篇章都在强调为善修身还需要额外一套工夫。

《荀子·解蔽》谓"心不知道,则不可道,而可非道。人孰欲得恣,而守其所不可,以禁其所可……心知道,然后可道;可道然后守道以禁非道",又谓"心者,形之君也,而神明之主也,出令而无所受令。自禁也,自使也,自夺也,自取也,

---

① 王先谦撰,沈啸寰、王星贤点校:《荀子集解》,第388页。

自行也,自止也"①。荀子试图通过心知解释人的实践理性及相关的能力,指出了心在认识及实践活动中的主导地位,特别正确认识道的这一层面上有着无可取替的作用,只有在心知道的前提下,人才能正确区分道与非道,并依据于道以正确地方式行动。在此意义下,无论是明知礼义法度而违反礼义法度,还是曲解礼义法度,都可以被理解为"出令而无所受令"的心知受蔽。这也正是桀、纣之行与商汤、文王之行迥异的原因,"桀蔽于末喜斯观,而不知关龙逢,以惑其心,而乱其行。桀蔽于妲己、飞廉,而不知微子启,以惑其心,而乱其行","成汤监于夏桀,故主其心而慎治之……文王监于殷纣,故主其心而慎治之"②桀、纣的心知能力因佞臣而导致惑乱受蔽,从而导致行为悖乱;而商汤、文王以心为主,谨慎修治,不为受蔽,才能使得其行为合乎礼义。因此,我们在此可以再将"无礼义法度状态"重新理解为"对公共性价值及公共原则的心知之弊"。

另外,《荀子·性恶》也同样反过来对性恶的表现作了一个表述,"古者圣人以人之性恶,以为偏险而不正,悖乱而不治,故为之立君上之势以临之,明礼义以化之,起法正以治之,重刑罚以禁之,使天下皆出于治,合于善也"③较之"合于犯分乱理,而归于暴"而言,恶蕴含的实际意义"偏险而不正,悖乱而不治"似没有太大的差异,仍然属于违反群居和一准则。且就荀子来看,后者的形成原因亦不能离于对礼义法度的认知缺乏或者认识偏差,因而"明礼义以化之,起法正以治之"则足以达到纠治的效果。不过"归于暴"似乎多是体现在后果上,而"偏险而不正"则可能只指涉个体的行动动机或者心理状态。

由于本文关注的是荀子对恶的理解,关于违背这种群居和一的恶是更基于人的欲望,抑或更基于行为的动机或后果,在此笔者仅持一种中立的看法。但至少我们或许不应将实际后果外的心理层面排除在荀子这一恶的理论的概括范围外。那么简要而言,我们可以将当代意义下的荀子式的恶的理论重新解释为:恶即是指代一个具有完整道德能力的行为主体由于其自身对公共性价值及公共原则的心知之弊,在完全自主的前提下实际造成或倾向于造成违背"群居和一"的情形。

---

① 王先谦撰,沈啸寰、王星贤点校:《荀子集解》,第394—395页。
② 王先谦撰,沈啸寰、王星贤点校:《荀子集解》,第388页。
③ 王先谦撰,沈啸寰、王星贤点校:《荀子集解》,第439页。

事实上,"群居和一"的准则体现在整个社会组织的运行程度、各个个体就其角色职责的完成程度以及人们对于各项行为的接纳程度等方面,试图容纳整个群体成员的视角,这意味着一些行为虽然没有直接受害者或者直接受害者不是具有理性能力的人,但也可能会破坏"群居和一"。譬如一个人变态虐待动物或者恶意破坏自然资源、人文景观的行为,也可能不为群体所接受而影响到"群居和一"的形成。同时,尽管在礼义价值及其所含意义上所构成的道德规范是用于维护"群居和一"的方法,但亦非必然能保证"群居和一",且达到"群居和一"的目的有时亦不必然依赖于礼义。而只有同时由于心知之蔽而违背礼义价值且又实质上破坏"群居和一"的情形才会被视作恶。

譬如《荀子·仲尼》中所描述的齐桓公即是不全然蹈于礼义、但不破坏"群居和一"的一个典型。齐桓公"内行则姑姊妹之不嫁者七人,闺门之内,般乐奢汰,以齐之分奉之而不足;外事则诈邾袭莒,并国三十五"[1],但其行为整体在荀子看来,仍然可以是"有天下之大节者",使得齐国"贵贱长少,秩秩焉"。虽不及王道,但齐桓公也成为了五霸之首。不过由于齐桓公违背礼义,只能是"小人之杰",而不入"大君子之门"。

而一种导致破坏"群居和一"准则的行为,也同样可能契合于礼义价值,汤武革命便可以作为这类情形的例子。以周武王为例,在牧野之战中商周发生了大规模的残酷战争,造成了大量死亡,《尚书·武成》中将其情形描述为"血流漂杵"。在儒家传统中,周武王的行为显然是合乎礼义的,但战争造成了对大量家庭的伤害、社会组织的破坏。

对此,孟子曾由于其对仁的理解不能与行为后果分割,因而无法接受《武成》篇的说法,"尽信《书》不如无《书》,吾于《武成》,取二三策而已矣。仁人无敌于天下,以至仁伐至不仁,而何其血之流杵也?"[2]。但对于荀子而言,由于礼义价值与"群居和一"的保证方法不必全然相等同,这种情形则更容易接受,这既反映在《荀子》书中出现多次的"上可以王,下可以霸"的话语中对霸者的宽容,也反映在其肯于承认"文王诛四,武王诛二,周公卒业,至于成王则安以无诛矣",除了周灭商的战争外,也指出了周文王武力讨伐密国、阮国、共国、崇国的

---

[1] 王先谦撰,沈啸寰、王星贤点校:《荀子集解》,第106页。
[2] 赵岐注,孙奭疏,廖名春、刘佑平整理,钱逊审定:《孟子注疏》,北京:北京大学出版社,1999年,第381页。

史实及周武王杀纣及妲己或恶来的事。①

为了更好地理解礼义价值和"群居和一"的维持之间的关系,或许我们还可以再作一个类比。当代的实证法学派曾将社会道德规范分作批判性道德(critical morality)和实在道德(positive morality)两类。② 这种两分方式出自于哈特(H. L. A. Hart)之手,在他来看,前者是由公认的道德原则经过理性验证及社会批判而形成的道德规范;而后者则偏向于在文化传统、风俗习惯、社会惯例下形成的道德规范。③

接下来我们可以就具体实例作一讨论。至少就我们现在来看,堕胎并不是一件违反批判性道德的行为,应该得到允许。但在十九世纪中期到二十世纪中期的英国,堕胎违反了当时基督教背景下的实在道德,这也体现在了英国法律当中。1861年英国颁布的人身侵害法案(Offences Against the Person Act 1861)第58条和第59条禁止了通过药物和工具导致妇女流产的行为。其规定

---

① 杨倞指出了两个说法,一个说法依据《史记》中的"武王斩纣及妲己",另一个说法依据《尸子》中的"武王亲射恶来之口,亲斫殷纣之颈,手污于血,不温而食"。然杨倞是唐代人,其所见原文与今本《史记》稍有出入,但其意相同;而《尸子》本佚,今辑本即取材于此,无从再考。详见《荀子集解》,108页。

② 事实上现代意义上的实在道德(positive morality),最早出现在奥斯丁的法理学当中。奥斯丁对法律传统作了梳理,界定了自然法(natural law)和实在法(positive law),前者是自然存在的或者上帝制定的法,而后者是人所制定的法。在此界定基础上,奥斯丁还对社会道德规则作了划分,他认为存在的实在道德包含着两类道德:一是"本然"(as it is)的道德规范,是人们对这种规范的好坏不作考量的道德;二是"应然"(as it would be)的道德规范,是人们必须考量这种规范的好坏的道德。奥斯丁认为第二类道德规范与自然法或者上帝法有着关联。参见 John Austin, *The Province of Jurisprudence Determined*, Cambridge: Cambridge University Press, 1995, p. 20。

但"实在法"及"实在道德"在奥斯丁此书之后的用法有一点改变。奥斯丁法理学旨在建立一套精确的以主权者命令为核心的法理学体系,从而把一系列非命令(command)性质的法剔除出他的法理学体系之外,再进行讨论,习惯法(customary law)便是其中的代表。奥斯丁在排除习惯法的时候解释说,习惯法属于实在法,实质上已经将"实在法"这一概念所统摄的对象与他的法理学体系中"法律"概念作了区分。参见 John Austin, *The Province of Jurisprudence Determined*, p. 34。

尽管实证法学试图区分法律和道德,但这并不适用于实在法。事实上,奥斯丁就将实在道德视作这样的一系列道德规则:据此,以习惯法为代表的实在法得以建立起来。参见 John Austin, *The Province of Jurisprudence Determined*, p. 36。

不过,奥斯丁并没有提出过批判性道德(critical morality)的概念;而哈特则进一步将实在道德和符合基本道德原则的、由理性推导且经过社会批判的批判性道德作了对立,并认为从批判性道德的角度出发,用立法的方式去强制推动实在道德是错误的。

③ H. L. A. Hart, *Law, Liberty, and Morality*, Redwood City: Stanford University Press, 1963, p. 20.

如下:

  第58条　凡怀孩子的妇女,如意图使自己流产,而非法地给自己施用药物或其他有毒物品,或非法使用任何器具或其他手段;以及其他任何人,意图促使妇女流产,而非法地施用药物或其他有毒物品,或非法使用任何器具或其他手段,在无论妇女是否怀有孩子的情况下,即属犯重罪,如被定罪,最高可判处终身拘役。①

  第59条　任何人明知其行为会被用于非法途径或意图促使妇女流产的情形下,提供药物或其他有害物品,或任何器具或物件,在无论妇女是否还怀有孩子的情况下,即属犯轻罪,如被定罪,最高可判处拘役。②

  而即便是普遍被视作代表除北爱尔兰地区以外的英国废除堕胎的堕胎法案(Abortion Act 1967),也只批准了在注册的有证书的医学从业者或有两个以上医学从业者所"真诚地"给予意见而终止的怀孕(when a pregnancy is terminated by a registered medical practitioner if two registered medical practitioners are of the opinion, formed in good faith),且限定在可能孕妇造成伤害或危险、胎儿可能有严重可能导致身体或精神不正常、或胎儿未超过24周且可能在之后的孕期造成更大危险的情形下。而相对更为保守的爱尔兰及北爱尔兰直到2018年才立法废除原先的堕胎禁令。

---

① 原文如下:Every woman, being with child, who, with intent to procure her own miscarriage, shall unlawfully administer to herself any poison or other noxious thing, or shall unlawfully use any instrument or other means whatsoever with the like intent, and whosoever, with intent to procure the miscarriage of any woman, whether she be or be not with child, shall unlawfully administer to her or cause to be taken by her any poison or other noxious thing, or shall unlawfully use any instrument or other means whatsoever with the like intent, shall be guilty of felony, and being convicted thereof shall be liable … to be kept in penal servitude for life.

② 原文如下:Whosoever shall unlawfully supply or procure any poison or other noxious thing, or any instrument or thing whatsoever, knowing that the same is intended to be unlawfully used or employed with intent to procure the miscarriage of any woman, whether she be or be not with child, shall be guilty of a misdemeanor, and being convicted thereof shall be liable … to be kept in penal servitude.

尽管在批判性道德的要求下，堕胎是应当被允许的；但在当时的英国提出禁止堕胎的法案是否一定可以被算作是恶呢？类似的事情还包括如同禁止离婚，对同性恋者进行强制电击治疗的法令等，这一系列法案的提出都可以被视作是恶吗？人们或许会对这些法案的正误、妥当与否作一些商榷，但似乎很少会把它们直接视作恶。

当然反过来也与之类似，假如破坏实在道德而不违反批判性道德的行为，似乎也不应当被视作是恶。譬如在十九世纪的英国，雪莱在牛津大学宣传无神论，王尔德发生了同性恋的行为，都违反了当时的实在道德规范，但并不违反批判性道德，我们现在也并不会将雪莱和王尔德的这些行为视作是恶。事实上不止如此，违反实在道德而不违反批判性道德的行为，至少包括道德理性主义者在内的许多人也不会认为这种行为是道德错误的。

本文在这里并不是想要将批判性道德、实在道德完全相等于荀子式的恶的理论中的公共价值及公共性原则、群居和一，事实上它们之间也有着不少的差异。譬如，相比起实在道德而言，群居和一则看上去拥有着更广的蕴涵。实在道德只指代业已存在的道德规范，而群居和一则对于社会组织完整性有着更多的要求。一些挑唆以制造争端的行为，若对某些少数群体的仇恨演讲（hatred speech），虽然可能在某些时间、某些场合下，演讲人的行为未必会被公众直接反对，也未必与旧的实在道德相违背；但因为其对社会组织潜在可能的危害性，仍可以被视作是破坏"群居和一"的行为，无论仇恨演讲是否违背了批判性道德。

但批判性道德与实在道德的区分，事实上可以让我们能更为明晰地认识到礼义法度或者说是公共价值及公共性原则所构成的一套规范，完全可能与以"群居和一"为唯一目的的规范有着不小的差异乃至发生冲突。就以《荀子》原文来看，礼义法度本身显然有着更多的致善的诉求，譬如《不苟》篇及《荣辱》篇中将是否"合乎礼义之中"定为"君子小人之分"，尽管荀子眼中齐桓公这样的"小人之杰"也可以使得齐国"贵贱长少，秩秩焉"。由此可知礼义除了具有面向整个社群的效用外，也意在帮助人们修身成仁。

三、尾论

恶的问题可以分为对恶的界定以及对恶的生成机制进行探析这两类，哲学传统上一般以对后者的讨论为主,或许认为恶产生于是对善的认识偏差,或是认为恶具有一个本质源头等。然而对于前者,或许恶在某些宗教中更为严格的定义,但就世俗背景而言,这个问题则显得十分复杂。

首先,当我们使用"恶"去描述一个对象时,这个对象似乎是并不是固定属于某一个类型。人们可以说一项行为是恶的,但也可以说某一种欲望或者某一种人格等是恶的。尽管前文曾提到一个人偷梨吃不一定是基于偷梨的欲望,其吃梨的欲望是中性的;但这并不能否认欲望也可能会有善恶之分,例如具有偷窃癖好的人可能确实会有偷梨的欲望,甚至于在偷梨的背后并没有吃梨的欲望。

另外,尽管我们可以叩问是否存在一种客观实在、无时间性的恶的真理,但就实然情况来看,恶的认识也常常与文化传统、习俗等因素有关。一个女性自主自发地婚后出轨的行为,无论在古代还是在现代都是道德错误的。但在某些特定时间点下,它会被视作一种典型的恶行;而在不同的时代背景中,这个行为尽管道德上是错误的,但却不一定会被当作恶行。

一般而言,在人们的认知中,恶似乎都属于道德错误,但道德错误却并不都是恶。或许可以从程度上区分恶和道德错误,但人们似乎很难就恶与道德错误在程度上的分界点达成一致。因此,我想荀子式的这一恶的理论,"恶即是指代一个具有完整道德能力的行为主体由于其自身对公共性价值及公共原则的心知之弊,在完全自主的前提下实际造成或倾向于造成违背'群居和一'的情形",旨在从"群居和一"的质而不是从量上对恶进行界定,对恶的描述也不必限于某一类对象,或许可以为当代对于恶的理解与界定作出一定程度上的贡献。

A Xunzian Theory of the Concept of Evil: Based on Ritual, Righteousness and "Community Life and Harmonious Unity"

Wang Yingfang

Abstract: There have been many discussions on Xunzi's theory of "human nature is bad/evil". We could see interpretations like "human nature is purely evil", "human nature is evil while artificial is good" and "human nature is naive" as the explanation of Xunzi's theory human nature. Nevertheless, few studies have paid attention to the concept of evil. What is exactly the signified of Xunzi's evil? Is the evil of human nature a consequential one? This paper explicates these issues, and, in integrating the blindness of ritual and righteousness, and the principle of "community life and harmonious unity", concludes a Xunzian theory of evil, contributing to a better understanding of the concept of evil in the daily life.

Keywords: Xunzi, the concept of evil, ritual and righteousness, blindness, "community life and harmonious unity"

【导师推荐意见】

性恶论通常是初学者对荀子哲学得到的第一印象。如果对荀子哲学做进一步研究,大家就会发现,学界对荀子人性论的理解是有分歧的。除了认为荀子持人性本恶者外,也有人认为荀子的观点是人性本身并不恶,但有向恶的倾向(不过如果认为人性本来就具有向恶的倾向,则这种观点与人性本恶说没有本质不同);还有人认为荀子是性朴论者或者人性善恶中性论者;事实上,如果我们将人性定义为将人与其他存在物相区分者,我们甚至可以认为荀子是个性善论者,因为荀子明确地说有义是人之为人的独特之处,并认为即使桀纣也无法去民之好义。但所有这些都是关于荀子人性论的讨论。关于《荀子》书中所谈到的恶,除了认为其所指为人性外,也有学者认为其所指不是人性而是人欲,即人的欲望恶;还有的学者则认为荀子既不是指人性恶也不是指人欲恶,而是指人根据其欲望而做出的行动的后果为恶。但所有这些都是关于何者为恶的问题的讨论。王瀛舫的文章独辟蹊径,探讨荀子讲的恶的意义,认为荀子的恶指的是一个具有完整道德能力的人由于其对公共性价值及公共原则的心知之弊,在完全自主的前提下造成或倾向于造成违背群居和一的情形。因此如果荀子是个性恶论者,就是荀子认为人性有造成这种情形的倾向;如果荀子是个欲恶论者,就是荀子认为人有造成这种情形的欲望;而如果荀子是个后果论者,就是荀子认为人的行动会有造成这样的情形的后果。这在我看来是这篇文章的独到之处。

当然这种观点也还有可议之处,一个是荀子是否持这样一种恶的理论,另一个是这样一种恶的理论是否是一种恰当的理论。例如,根据瀛舫的观点,恶有两个条件,一是心知之弊,一是自主。但如果一个人由于心知之弊而不知道自己的行为的性质,虽然这个行动是自主的,而且违背了群居和一,我们是否能够称其为恶呢?这里引出了另外一个问题,我们能否在不讨论荀子的恶的所指为人性、人欲和人的行动的后果的前提下去讨论荀子的恶的理论?很显然,瀛昉认为荀子所持的恶的理论实际上是一种后果论的恶的理论。假如我由于心知之弊,并不认为我的行动违背公共价值,而且也不会破坏群居和一,甚至认为我的行动符合公共价值并会促进群居和一,但其后果却是破坏了群居和一,根据这样一种恶的理论,我的行动是恶的,虽然我并没有造成这样的后果的欲望,也并没有产生这样的后果的自然倾向。

(黄勇,香港中文大学哲学系教授)

从严复《周易》批校本看严复与乾嘉学派的关系

董起帆*

[摘　要]　严复与乾嘉学派之间的思想关联一直晦暗不明。随着严复批校本《周易》的公开出版,我们可以对此进行重新考察。受高邮王氏父子的影响,严评《周易》遵循了以音训义和易卦通例等原则。但与乾嘉学者仅仅强调训诂法所不同的是,严复同时也注重经子互证和经世致用的方法。同时在宇宙论上,严复对《周易》的理解自觉融汇近代西方自然科学知识,尤其在对"专""直"和"翕""辟"等词的理解上,展现出更为广阔的理论视野。高邮王氏父子的解易方法可以概括为"诸说并列,则求其是"和"以己意逆经意",亦即注重"通"和"新"的方法,这跟严复融贯中西的思想特征有共通之处。

[关键词]　严复;乾嘉学派;周易;音训

---

* 董起帆(1991—　),男,甘肃定西人,华东师范大学哲学系博士研究生,主要研究领域为中国近现代哲学。

一、问题的提出:严复与乾嘉学派

近代以来,对严复的评价以其对西方思想的引入为主要贡献。与严复同时代的康有为认为严复是那个时代"中国西学第一者。"①作为八大译著的译者,把严复称为那个时代的"西学第一者"并不为过。也正是有了严复等启蒙思想家的努力,西方哲学与中国哲学开始大规模地交汇与争辩。但仅把严复看作西方思想的学习和转述者,似乎并不准确。如果仅把严复看作是科学与民主思想在中国传播的第一站的话,那么严复译文作品中的各种问题就被化约为译文是否忠实于原著的问题。史华兹对严复的评价就是这种逻辑的具体体现。对于严复晚年的思想转折,史华兹总结到:"如果说为赫胥黎、穆勒和孟德斯鸠的著作所加的按语里包含有对老庄的赞美;那么,对《老子》所作的评语毫不含糊地证实了严复完全信奉达尔文和斯宾塞。"②亦即,不管是早期翻译西方经典作品时还是晚期点评中国古典作品时,严复的思想根基未发生根本变化,始终以达尔文和斯宾塞的思想为宗旨。这是典型的西方思想在中国的论述,即严复的思想归根到底即为社会进化论如何"中国化"的问题。

显然,对严复的这种解读轻视了严复思想中的中国文化因素。早在晚清时代,梁启超就认为:"严复于西学、中学皆为我国第一流人物。"③表示不仅认可严复西学功底深厚,同时认为严复的中学修养也是当时一流学者。当然,不仅梁启超有类似的感想,王国维和黄遵宪等学者也都对严复中学的功底表示钦佩。在评价严复的翻译时,黄遵宪说:"《名学》一书,隽永渊雅,疑出北魏人手,古人中只有王仲任之《论衡》可以比拟,而精深博则远胜之。"④认为严复所翻译的《名学》在译词选择和文体考究上极为雅致,体现出严复深厚的国学功底。而王国维认为严复翻译过程中所创造的新词"造语之工者固多,而其不当者亦复不少。"⑤亦即虽然严复知识渊博,但在翻译过程中创造的新名词,也有所偏颇。

---

① 苏中立、涂光久主编:《百年严复——严复研究资料精选》,福州:福建人民出版社,2011年,第275页。
② 本杰明·史华兹:《寻求富强:严复与西方》,叶凤美译,南京:江苏人民出版社,1996年,第183页。
③ 苏中立、涂光久主编:《百年严复——严复研究资料选编》,第267页。
④ 苏中立、涂光久主编:《百年严复——严复研究资料选编》,第279页。
⑤ 苏中立、涂光久主编:《百年严复——严复研究资料选编》,第291页。

这是王国维从语言文字的角度对严复的批评。与之相关,大多数学者认为严复古文的修养与吴汝伦和桐城派密不可分。① 作为清代文坛上最大的散文流派,桐城派绵延不绝,尤其在晚清时经过曾国藩和吴汝伦的倡发和总结之后,在文章法则方面已经比较完备,为中西互释奠定了文法基础。而严复对桐城派文法的学习,也深刻影响到他的翻译工作。"信、达、雅"的翻译原则和"一名之立,旬月踟躇"的谨慎精神,显示出严复在译词选择上的慎重和雅致。然而他们都只注意到严复翻译过程中对译词的审定和文法的考究,而对严复译文中所体现的融汇中西的为学之方的讨论并不多见。

那么,严复翻译过程中对语言文字的训诂考究,是否完全可以归结为受桐城派的影响呢?事实未必如此。当然,对语言文字的训诂考究是桐城派的所长,然而通过对严复批校本《周易》的研究,我们可以发现,严复对语言文字的考究除了与桐城派有关之外,同时也与乾嘉学派之间有着密不可分的关联。具体而言,以往学者对严复易学思想的研究主要集中于两个方面:一是重视"天演哲学"与"易理"之间关系的阐发。② 二是重视以《周易》为中心的易学思想的中西互释特征。③ 亦即,学者们都注意到严复易学思想的中西融汇的特征。总结而言,严复在《周易》批校中使用的方法可以归纳为文字训诂、融汇中西和经世致用。那么,这种注重训诂、融通和致用的为学之方的思想源头究竟在于何处?以往学者对此并未深究。究其原因在于三点:首先严复主要以翻译家的身份出现在近代思想界,其独立书写的作品并不多见,使得学者以为严复最大的贡献仅在于转述西方思想,因而就会忽视严复与乾嘉学派之间的关联;其次,严复对中国传统思想的解读并非以阐发和建构新体系的方式出现,而是遵循古典式的"述而不作"的创作方式,使得长期以来严复与乾嘉学派之间的思想关联晦暗不明;第三,能够较好反映严复与乾嘉学派之间思想关联的经典批校本未能正式出版。因此,随着新材料的公开出版,我们可以对这一问题展开新的讨论。

随着《华东师范大学图书馆馆藏严复批校本》的出版,我们可以借此探讨严复与乾嘉学派之间的关系。据华东师大图书馆馆长胡晓明介绍,当年为配合商务印书馆的出版计划,严复的一部分藏书曾寄放在商务印书馆附设的上海东方

---

① 苏中立、涂光久主编:《百年严复——严复研究资料选编》,第188页。
② 高瑞泉:《"天演哲学"之易理意蕴发微》,《中共宁波市委党校学报》,2015年第2期。
③ 魏义霞:《严复视界中的〈周易〉》,《井冈山大学学报(社会科学版)》,2012年第5期。

图书馆内。二十世纪四十年代后期，严复四女严顼从商务印书馆取回这些古籍，与当时就读于圣约翰大学的侄女华严相商，出面把书捐给该校。圣约翰大学图书馆接收这批藏书之后，有辟专室特藏的计划。一九五二年全国院系调整，圣约翰大学图书馆的部分古籍馆藏归入华东师范大学。这次影印出版的严复批校本珍贵古籍共十一种，包括《周易》十卷、《世说新语》三卷、《述学》六卷、《原富论》存二卷、《杜工部集》二十卷、《昌黎先生集》五十六卷、《陆放翁全集》一百五十七卷、《才调集补注》十卷、《佩文诗韵》五卷、《重订昭明文选》、《全唐诗》九百卷。①

二、以音训义和注重通例的解易方法

严复批校的《周易》以王弼、韩康伯注本为底本，具体所用版本是由清光绪二年(1876年)江南书局所刻。②通过阅读我们发现，严复评校本《周易》中大量引用了王引之《经义述闻》中的相关评语，在解易方法上也大体与王引之相同。据笔者统计，严评本《周易》出现的易学家有：王引之、惠栋、蔡邕、释惠苑、王念孙、马融、虞翻、荀爽、宋衷、杜预、唐固、扬雄、刘昼、杨名时、卢文弨、郑玄、李善、高秀、孟康等。很明显这些学者大多都遵循汉学传统，可见严复对《周易》的理解主要认可汉学传统。王引之认为："大人又曰：说经者期于得经意而已，前人传注不皆合于经，则择其合经者从之，其皆不合，则以己意逆经意，而参之他经，证以成训。虽别为之说，亦无不可。"③乾嘉学派中，高邮王氏父子在治学方法和学术理念上承接戴震，不强从某种观点，注重"以己意逆经意"，亦即在经典解释上比较注重对经意的自主阐发，这与当时强调惟汉学是尊的吴学旨趣并不相同。对此张舜徽总结到："余尝考论清代学术，以为吴学最专，徽学最精，扬州之学最通，无吴、皖之专精，则清学不能盛；无扬州之通学，则清学不能大。"④"通"是建基于采合诸经基础之上的，没有"己意"的阐发就没有"通"的学术。

---

① 见〈URL = https://www.thepaper.cn/newsDetail_forward_4520842〉。
② 彭国忠、杨焄、赵厚均等释读：《华东师范大学图书馆馆藏严复批校本释读》，上海：上海人民出版社，上海书店出版社，2019年，出版说明第1页。
③ 王引之：《经义述闻(上册)》，上海：上海书店出版社，2012年，第6页。
④ 张舜徽：《清代扬州学记》，扬州：江苏广陵书社，2004年，第2页。

此外，与乾嘉其他学派强调训诂考据的方法一样，扬州学派也注重文字训诂法在解释经典上的运用。王引之认为："大人曰：训诂之指，存乎声音。字之声同声近者，经传往往假借。学者以声求义、破其假借之字而读以本字，则焕然冰释。如其假借之字而强为之解，则诘鞠为病矣。"①在解释经典上，文字训诂法尤为乾嘉学者所重视，高邮王氏父子也不例外。尤其以音训义的方法更是乾嘉学者的得力法门。在下述论述中我们将看到，受王引之的影响，在《周易》解释上，严复也十分重视音训法。

所谓音训法简而言之就是通过字的读音来辨析字的内涵的方法。在解释坤卦时，严复认为："坤，从土，从申，土位在申，古或借川字为之。"②认为"坤"字的内涵与"土"与"申"相关，"坤"是"川"的假借。而音相同或相近的两字可假借使用。严复的解释比较简略，但王引之对此的解释相对完备。"坤得借用川字者，古坤川之声并与顺相近。《说卦传》乾，健也。坤，顺也。乾与健声近，坤与顺声近……坤、顺、川声并相近，故借川为坤。"③亦即以音训的方法得出"坤""川""顺"音相近因而意相近，"坤"即为"顺"的意思。严复的解释较为简略，但依然可以看出以"川"训"坤"的意思。无独有偶，严复在解释"小畜"卦九三爻"舆说辐，夫妻反目"时，认为："'辐'当作'輹'，《左传》：'车说其輹，火焚其旗'。杜注：'輹，车下缚也。'所以輹轴说缚则不行矣，九三无应乃无所不往，故有此占。若辐则轮之半径，与义不合。"④亦即在严复看来，"辐"应该是"輹"，意思为"车下缚"，而"辐"表示"轮之半径"，与上下文之意不合。这也是以音训的方法来解易。对此，王引之认为："輹以缚轴而舆乃行，说輹则不行矣。僖十五年《左传》晋献公筮嫁伯姬于秦，遇《归妹》之《睽》，史苏占之曰，《震》之《离》亦《离》之《震》，为雷为火，为嬴败姬，车说其輹火焚其旗。杜注曰，輹，车下缚也。震为车，上六爻在《震》则无应（谓《归妹》上六），故车脱輹。《正义》曰，三亦阴爻（谓《归妹》六三），是无应也。"⑤亦即"輹"与"辐"是通假字，而"輹"的意思是"缚轴"的意思。通过对比可以发现，严复与王引之的注释大体相同，只是严复的注解

---

① 王引之：《经义述闻（上册）》，第6页。
② 彭国忠、杨焄、赵厚均等释读：《华东师范大学图书馆馆藏严复批校本释读》，第1页。
③ 王引之：《经义述闻（上册）》，第26—27页。
④ 彭国忠、杨焄、赵厚均等释读：《华东师范大学图书馆馆藏严复批校本释读》，第4页。
⑤ 王引之：《经义述闻（上册）》，第33页。

更加简洁,可以说是严复的注解是对王引之注释的概括总结。在严复的点评中,类似的现象层出不穷。

其次,严复也非常重视《周易》解释中的"通例"。所谓"通例"即整个《周易》文本中的固定内涵或者用法。在解释《需》卦卦辞"有孚,光亨,贞吉,利涉大川"时,严复认为:"'光'有二义,一训'光辉',如《观》六四'观国之光'、《未济》六五'君子之光',是。一训'广大',犹'广光亨',犹言大亨。"①亦即《周易》中所有的"光"字内涵两重:一是"光辉";二是"广大"。而王引之解释"光"时,也认为:"《易》言光者有二义。有训为光辉者,《观》六四观国之光;《未济》六五君子之光;《履·象传》;光,明也;《大畜·象传》辉光日新是也。有当训为广大者,光之为言犹广也。"②可见严复的注解与王引之的注解几乎完全相同,都重视对《周易》中"光"字内涵的一般性特征的总结。再比如,在解释"需"卦上六象传"不速之客来,敬之,终吉"时,严复认为:"王怀祖曰:《象传》无连三句不用'也'字者,吉下当有'也'。"③亦即在《周易》象传中,没有连续三句不用"也"字的句子,而王引之曰:"家大人曰:吉下当有也字。《象传》无连三句不用也字者。且入韵之字其下皆有也字。"④可以看出,严复对"敬之,终吉"的理解,几乎与王念孙、王引之父子相同。一方面显示出严复解易过程中重视卦与卦、辞与辞之间的通例,另一方面也显示出严复受高邮王氏父子影响极深。

三、严复对高邮王氏的超越

严复对王引之父子的学习并非完全照抄,而是也有自己的拣选和发挥。例如对《师》卦,"六三,师或舆尸,凶"中"舆"字的理解。严复认为:"鄙意,舆众也。尸,主也。师者,丈人之事,今乃以众主之,安得不凶,若从旧意,则舆尸足矣,何必更言凶乎?六三,以阴处阳,以柔乘刚,皆侵夺九二主权之象,较之初六,失律为尤甚。"、"《师》以九二为主爻,六五以阴柔而履阳刚之位,故犹弟子侵长子之

---

① 彭国忠、杨焄、赵厚均等释读:《华东师范大学图书馆馆藏严复批校本释读》,第2页。
② 王引之:《经义述闻(上册)》,第30页。
③ 彭国忠、杨焄、赵厚均等释读:《华东师范大学图书馆馆藏严复批校本释读》,第3页。
④ 王引之:《经义述闻(上册)》,第64页。

权,合群仪制以众主之凶之事业。"①亦即,严复看来,"舆"之意应为"众",而"尸"之意应为"主",因而"舆尸"即为"众人主之",但"师者,丈人之事",如果"众人主之",则"安得不凶"。而王引之对此的注解主要以批评虞翻旁通解释法为主。认为:"《师》六三,师或舆尸,凶。虞注曰,《同人》《离》为戈兵,为折首,故舆尸凶矣……引之谨案:此谓《师》与《同人》旁通也。案《同人》上《乾》下《离》,《师》则上《坤》下《坎》,刚柔相反,不得取象于《同人》也……虞仲翔以旁通说《易》,动辄支离,所谓大道以多歧亡羊者也。"②亦即,《师》卦与《同人》卦之间并不符合旁通的关系,而虞翻强以旁通法解释,反而使得其意越加支离。但这里王引之并没有给出更进一步的解释,而严复把"舆"解释为"众",把"尸"解释为"主",与前人解释不同,显示出严复解易过程中的自主性。

其次,在方法上严复也重视"经子互证",尤其引用老庄之学来解易,这与谨守经学正统的乾嘉学派并不相同。例如,在解释《泰》卦辞《象传》"天地交,泰;后以财成天地之道,辅相天地之宜,以左右民。"之"财成天地"时,严复认为:"《老子》,或强或羸,或载或隳。故载成即是成,犹辅相即是相也,不得以财为裁制义。"③亦即"财"是"裁"的意思,而"裁"与《老子》"或载或隳"中"载"的意思相同,意为"是"而非"裁制"。而王引之《经义述闻》中并没有类似的解释。再例如,对于《坤》卦,严复注解到:"庄生所谓依乎天理。"④而在《经义述闻》中并不见类似的解释。这与严复一贯重视老庄之学的态度也正相符合。⑤ 晚清时期经学与子学相互印证的方法一方面开阔了理解的范围,另一方面也逐渐松动了经学的统治地位,经学逐渐子学化的趋势,在严复这里也有所体现,这也是严复与乾嘉学派在治学方法上的又一不同之处。

再者,由于深受晚清学术和现实环境的影响,严复在解易上也非常注重"经世致用"的方法。例如,对于《比》卦九五爻《象传》"显比之吉,位正中也,舍逆取顺,失前禽业",严复注解到:"为比之首而用舍逆取顺显比之道,其效当至于失

---

① 彭国忠、杨焄、赵厚均等释读:《华东师范大学图书馆馆藏严复批校本释读》,第3页。
② 王引之:《经义述闻(上册)》,第31—32页。
③ 彭国忠、杨焄、赵厚均等释读:《华东师范大学图书馆馆藏严复批校本释读》,第4页。
④ 彭国忠、杨焄、赵厚均等释读:《华东师范大学图书馆馆藏严复批校本释读》,第1页。
⑤ "予生平喜读《庄子》,与其道理唯唯否否,每一开卷,有所见,则随下丹黄。"参见严复:《诗词、信札、日记、账册》,马勇主编:《严复全集》第8卷,福州:福建人民出版社,2014年,第288页。

贤,故曰:'失前禽'也。然刚而处中,虽取亲者,狭其势不可以治安,故邑人不诫而吉也。此爻,今之袁大总统实当之。"①联系实际,袁世凯背逆民意,妄自称帝,身居九五之尊而不能安定天下,其结果必然不得人心,实与比卦九五爻所处之势相似。再例如,在解释《离》卦初九"履错然,敬之,无咎"时,严复认为"此爻处变革之世,而欲有为者,所宜详玩"。② 离之初九处于将要有所进取而未盛之势,所宜慎其所履,以敬为务,方能无咎。显示出严复对《周易》的理解,与对时事的认识紧密结合。此外,在《严复日记》中有大量关于运用易数占卜预测的记载。尤其以1911年占卜为多,这一年严复与清帝国一样,都处于多灾多难的时期。在这风云变幻的关键时期,一切皆未成定数,严复对自己和帝国未来的走向心存疑虑,犹疑之间以占卜来预测未来。③

此外,尤为值得注意的是与乾嘉学派相比,严复对《周易》的解释注重中西哲学之间的互释。例如,在解释《坤》卦六二爻"直方大,不习无不利"时,严复写到:"坤之六二,正合天演之理。"④亦即在严复看来《坤》卦六二爻正好揭示了天演之理。严复翻译的《天演论》是对赫胥黎原著的意译和再创作,其所为"天演"并不完全等同于"evolution"。而所为"天演之理"是对进化论和老庄自然思想的综汇。关于"直方大,不习无不利",王弼注解到:"任其自然,而物自生;不假修营,而功自成;故不习焉,而无不利。"⑤任其自然发展而功自成的思想与老庄强调任其自然的思想如出一辙,而严复"坤之六二,正合天演之理"的解释显示出融汇老庄与进化思想的特征。同时,对于"翕""辟"的解释,也显示出严复融汇中西的特征。"其为天演界说曰:翕以合质,辟以出力,始简易而终杂糅。而《易》则曰:'坤其静也翕,其动也辟'。"⑥严复认为,斯宾塞天演学说可以概括为"翕""辟""质""力"四个基本因素,所谓翕、辟即引力和斥力,所谓质、力即物质和能量。亦即,自然界的发展过程就是是翕、辟与质、力相互作用的过程。一般而言,所谓"翕""辟"均指坤的特性。《周易·系辞传》中写道:"夫坤,其静也翕,

---

① 彭国忠、杨焄、赵厚均等释读:《华东师范大学图书馆馆藏严复批校本释读》,第3—4页。
② 彭国忠、杨焄、赵厚均等释读:《华东师范大学图书馆馆藏严复批校本释读》,第7页。
③ 参见严复:《诗词、信札、日记、账册》,第581—586页。
④ 彭国忠、杨焄、赵厚均等释读:《华东师范大学图书馆馆藏严复批校本释读》,第2页。
⑤ 王弼:《周易注(附周易略例)》,北京:中华书局,2011年,第17页。
⑥ 严复:《天演论》,马勇主编:《严复全集》第1卷,福州:福建教育出版社,2014年,第260页。

其动也辟,是以广生焉。"①对此宋衷曾解释道:"翕犹闭也。坤静不用事,闭藏微伏,应育万物矣。动而用事,则开辟群蛰,敬导沈滞矣。一翕一辟,动静不失时,而物无灾害,'是以广生'。"②简而言之,所谓"翕""辟"即为"闭合"与"开辟"的意思,天道的变化就是"坤"的"闭合"与"开辟"。而把宇宙过程理解为"闭合"与"开辟"的过程,比把自然的演变单纯归结为原子式的力的作用过程,在解释世界复杂性方面要更加适宜。

严复对"专""直"的解释也显示出类似的特征。廖名春认为:"'专'是'专确'、'专一而不他','直'是'直遂而无屈挠'。"③亦即"专"意为"专一""专确",而"直"为"直道而行""直而无屈"。廖名春通过将"直"假借为"殖"的做法,对"直"的内涵也有了新的解释,他认为:"'夫乾,其静也专','专一'指的是其'利贞'之德。'其动也直',动而滋生繁多,指的是其'元亨'之德。乾静而专一有定,动而滋生繁多,所以能'大生'。"④要而言之,在传统易学理解中"专"与"直"更多的是表达人的一种德性或者与人相关的内在精神活动。而严复用乾、动、静来解释牛顿力学定律,无形中为这种机械论的自然观增加了更多想象空间。严复在汇通中西的思想背景下,用"专"与"直"表示牛顿力学定律中的匀速运动和力的相互作用,一方面显示出中西思想可以互通的可能,另一方面也内在地揭示出中西思想之间的差异性。

四、"通"与"新"的思想品格

在消极意义上而言,受政治环境影响,乾嘉学者只注重在古籍中考证训诂,试图通过以音训义的方式来挖掘中国学术的真义,然而他们忘却了中国学术中经世致用的价值取向,这也导致晚清以降,乾嘉学术日渐衰微。相反在与西方思想相遇的过程中研究今文经学的学者表现出自觉的融汇与贯通。而就积极意义而言,高邮王氏父子的解易方法可以概括为"诸说并列,则求其是"和"以己

---

① 李鼎祚:《周易集解》,北京:中华书局,2016年,第405页。
② 李鼎祚:《周易集解》,第405页。
③ 廖名春:《〈周易·系辞传〉乾专直新释》,载郑吉雄主编:《周易经传文献新诠》,台北:台湾大学出版中心,2010年,第115页。
④ 廖名春:《〈周易·系辞传〉乾专直新释》,第122—123页。

意逆经意",亦即注重"通"和"新"的方法,这跟严复融贯中西的思想特征有共通之处。例如,严复在解释"liberty"的译词"自繇"时认为:"由、繇二字,古相通假,今此遇自繇字,皆作自繇。不作自由者,非以为古也。视其字依西文规例,本一系名,非虚乃实,写为自繇,欲略示区别而已。"①而严复所谓"由、繇二字,古相通假"极有可能来自于王引之。王引之在《经传释词》中写道:"《尔雅》曰:'繇,于也'。'繇''由''猷'古字通"②亦即在《尔雅》中"繇"即可作为虚词"于"使用(《尔雅》中"繇"也可训为"道",王引之对此所有批评)。在王引之看来,"繇"的本义应为"于"。可能受此影响,严复在解释"自繇"时认为"古相通假"和"本一系名"。用"自繇"即可表示其虚词的作用,也可表示"道"的内涵,二者结合起来则可把"自繇"等同于最高抽象名词。当然,这种解释可能缺乏更为有力的证据证明其必然性,但以严复对王引之《经义述闻》的熟悉程度来看,或可推测出严复对"自繇"的理解与王引之的解释有所关联。通过上述分析我们可以发现高邮王氏父子在解经方面所自觉运用的"求通"和"取意"的方法对严复易学思想的形成有较深的影响。同时乾嘉学派重视"求通"和"取意"的方法论指向,对我们当下思考乾嘉学派与现代西方哲学之间的关系提供了一个可选择的路径。

On the Relation Between Yan Fu and Qian-Jia School: Based on Yan Fu's Commentaries on *The Book of Changes*

Dong Qifan

Abstract: With the publication of *The Book of Changes* commented by Yan Fu, we can re-examine the relationship between Yan Fu and the Qian-Jia School. Under the influence of Wang Yinzhi, Yan Fu followed the principle of "Explain the meaning of a word by its pronunciation" and "Look for the general rules between each divinatory trigram" in commenting on *The Book of Changes*. At the same time, Yan Fu also attached importance to the methods of "mutual proof of Confucian classics" and "putting

---

① 严复:《群己权界论》,马勇主编:《严复全集》第3卷,福州:福建人民出版社,2014年,第255页。
② 王引之:《经传释词》,上海:上海古籍出版社,2014年,第14页。

the world into practice". In cosmology, Yan Fu's understanding of *The Book of Changes* integrates the knowledge of modern western natural science. In interpreting *The Book of Changes*, Wang Yinzhi mainly adopted the methods of "Coherentism" and "Innovate", and Yan Fu's ideological characteristics of merging China and the West had something in common with it.

Keywords: Yan Fu, Qian-Jia School, *The Book of Changes*

【导师推荐意见】

"从严复《周易》批校本看严复与乾嘉学派的关系"一文对严复《周易》批校本作了分疏,其着重之点在严复与乾嘉学派之间在治学方式的异同。文章比较具体地考察了严复《周易》批校本注重实证的特点,同时分析了其与乾嘉学派的渊源关系,以及严复基于近代背景,在实证与义理两个方面对乾嘉学派的超越。文章言之有物,思路清楚,有一定学术价值。

(杨国荣,华东师范大学哲学系教授)

书评

彝伦攸斁与彝伦攸叙
——评唐文明教授《彝伦攸斁——中西古今张力中的儒家思想》

李欢友[*]

[摘　要]　唐文明教授《彝伦攸斁——中西古今张力中的儒家思想》一书有十二章,主要从人伦教化和国家建构等层面对于近现代儒学史进行了刻画。在本书中,唐文明教授揭示了儒家在近现代历史上的境遇以及社会思想因儒家人伦教化逐渐失去效力而产生的变化,即"彝伦攸斁"的社会状况。但唐文明教授并没有止步于对于思想史的刻画,又同时从儒家视域出发,主张人伦的规范性重构,突出教化在国家建构上的重要性,探索了人伦教化对现代社会的意义。其力图实现的是社会状况从"彝伦攸斁"重新转向"彝伦攸叙"。正因为此种研究意图和努力,唐文明教授在本书中重新刻画了康有为,探索了儒家叙事对于近现代思想史描述的可能性,进而显示了其对于当下社会思想的关切。可以预见,唐文明教授思考将成为儒家与中西古今问题的相关研究的重要参考。

---

[*] 李欢友(1995—　),男,安徽太和人,慕尼黑大学汉学系,哲学博士,主要研究领域为中国哲学。

[关键词]　彝伦攸斁；人伦；教化；文明

　　唐文明教授于2019年出版了《彝伦攸斁——中西古今张力中的儒家思想》一书。在跋中,唐文明教授谦虚地说,此书是其"以问题为主线刻画中国现代儒学史的一个初步努力"①。但从本书内容看,唐文明教授对现代儒学史中许多纷繁而复杂的话题都有明确的回应和解释,这无疑体现了其对现代儒学史思考的深度。再者,又因为现代儒学史上所涌现的有些话题还对我们当下有效力,或者说还困扰着我们,因此,唐文明教授的这种刻画就不仅仅是一种思想史的还原,还蕴含着为当代思想问题寻求解决方案的意义。概言之,在唐先生看来,这种意义即是说,儒家文明②是批判现代性的重要思想资源,对于现代中国思想、国家理念的建构都有重要意义。这种当下关切其实也是本书的应有之义,我们从书中不断出现的强调当下意义的字眼便可看出。可以说,儒家对于当代思想问题解决的贡献,是本书纸背后的心情,也是唐文明教授思考的一个持续路向。

一

　　全书共十二章,别开生面地以十二地支来表示顺序,似乎从话语上就暗示了作者对于文化传统的坚持。基于这种坚守,唐文明教授用了"彝伦攸斁"一词来近代中国思想、社会的变迁。

　　唐文明教授在第一章中,认为中国现代性历程展现的是儒教文明与基督教文明的相遇。因为此项遭遇,儒教文明开始自觉,而在此自觉中,对于西方的认识则可被视为现代儒学史的开端。进而在此视域内,唐文明教授认为曾国藩的《讨粤匪檄》有着重要意义,而后来的中体西用说,无疑也是顺着曾氏思路开展的,并成为了儒家士大夫的共识。只不过在其中,以张之洞、康有为代表展示了不同的具体思路。具体说来,相对于张之洞,康有为主张教化改革,建立国教,

---

① 唐文明:《彝伦攸斁——中西古今张力中的儒家思想》,北京:中国社会科学出版社,2019年,第250页。
② 唐文明教授也用"儒教文明"作指代,二者分享着相同的意涵。在唐文明教授的理解中,"宗教"与"教化"有着紧密的关系,而儒家又尤其注重教化,所以"儒家"即是"儒教"。可参见《彝伦攸斁——中西古今张力中的儒家思想》第3页注释1,唐文明教授作了解释。本文中,笔者也不对二者作区分。

即是要革新教化。再者,中西这种遭遇在近代中国的一个鲜明的事件便是新文化运动。该运动的支持者,接纳了启蒙含义的民主,并把科学作为权威、作为真理的全部来看待。受此运动影响,关于中西之异的问题就被处理成了关于古今之别的看法。该运动以及后续启蒙事业的直接面向就是儒家传统,且因对这个传统的不同思路而可分为两种启蒙思想。第一种可被称为激进主义的启蒙事业,其结果便是中华人民共和国的建立。第二种是由梁启超开启的文化保守主义启蒙事业,赓续其思路的有梁漱溟、张君劢、贺麟等,不绝如缕。

这两种启蒙思想其实都标明了一种变化,即近现代儒家的思想开展,更多表现出来的是顺应革命之潮流。而且,儒家传统中的某些资源,也为革命提供了精神动力。而奠定这种儒家思想展开的基本方向的是康有为。在第二章中,唐文明教授认为康有为最著名的是结合公羊"三世说"以及《礼记·礼运》改造出的出于儒家话语的历史目的论,即天理的历史主义化;其次则是其调动心学的资源,将儒家核心概括为纯然善意的良知理论,即天理的道德主义化;第三则将儒教宗教化。关于第三点内容,唐教授与一般对于康有为的理解不同。他认为康有为虽然维护君主制,并不意味着在其思想中君主制有必然的合理性。康有为将儒家宗教化,建立孔教会,恰恰是为了将儒教去政治化。康有为的这些思想确然是先发之声,在后面的革命进程中,儒家思想的变化基本上是在康有为思想的笼罩之下。在国民党一边,孙中山"三民主义"以及后来的戴季陶的阐发,可以被看作一种"民族主义儒学",赓续着康有为思想的前两重维度。但是,他们的问题在于没有提供一个为历史所需的恰当的国家理念。而这一点,正是中国共产党所具有的历史正当性,即提供了一个"大一统的、具有很强的整合性的集权国家理念"①。在学理上,真正提出马克思主义儒学理论方案的是张申府。其以儒家人生理想为体,以罗素解析法和马克思主义辩证法为用,但实质重心却在马克思主义,是一种摄体于用。与之相近的则是张岱年和冯友兰。在这两种思潮之外,最为显著的是注重精神意义的新儒家思潮。其中,梁漱溟以一种以道德情感为基础的道德理性为思想基础,提出了一种基于儒家的社会主义主张;而熊十力及其弟子则发展了新阳明学。在熊牟一派中,儒家宗教化和道德化的思路在思想层面被结合在一起且发展到了极致。也就是说,在上世纪

---

① 唐文明:《彝伦攸斁——中西古今张力中的儒家思想》,第27页。

的历史进程中,儒家一步步历经政治、伦理退却而被逼成了理论上的道德主义和实践上的宗教形态。

但是在这一过程中,儒家并不是一味被动地进行自我整饬。它也呈现了一种新的倾向,即"通过重构儒教的人伦理念来涵纳、消化现代性的基本价值"①。围绕此观点,唐文明教授在第三章中对相关历史脉络进行了梳理。其首先就张之洞、康有为的观点作了阐述,认为"张、康二人都是基于普世价值的立场来为人伦理念进行辩护"②。具体就君臣之伦来说,除了张之洞、康有为外,对之普世价值进行辩护的还有刘咸炘、柳诒徵等。在这种梳理的基础上,唐文明教授认为,儒家人伦对主导性因素的强调,包含着支配性的因素。但这种支配性是基于客观的位分或共事关系。支配者和被支配者都被要求要尽量发展自己的美德以便于更好履行自己的义务和责任。而且,对于主导者来说,他要起到表率作用,更要维护人伦制度。③ 当然,除了君臣一伦外,儒家还重视家庭伦理,特别是父子一伦,以至于儒家文明可被理解为是"孝"的文明。在此方面,唐文明教授先后引述了曹元弼、谢幼伟的论点,探讨了"孝"(父子之伦)的重要性及其意义,标明孝的观念对我们现代社会文明仍颇有启发性。

在唐文明教授看来,儒家人伦的普世价值,或者说对现代社会的意义在于,它可以"将现代人的自由观念涵纳其中"④。在第四章中,唐文明教授就陈寅恪悼念王国维之诗文讨论了儒教人伦思想中的自由观念。其先就以往关于陈寅恪悼念诗文的研究做了分析,指出在陈文中隐含的意思是:王国维所殉之文化,即是具体的君臣之伦。接着,唐文明教授以阿克塞尔·霍耐特关于自由的分疏为基础,讨论了"消极自由"、"反思自由"和"伦理自由",指出"只有以黑格尔意义上的伦理自由观念来理解"⑤陈寅恪对王国维之死的刻画,才是最恰当的,即对于王国维而言,"只有将君臣之伦付诸实践,他的自由才能真正实现"⑥。唐文明教授以为,这种观点在陈寅恪的历史研究中也有很多展现,是陈

---

① 唐文明:《彝伦攸斁——中西古今张力中的儒家思想》,第37页。
② 唐文明:《彝伦攸斁——中西古今张力中的儒家思想》,第37页。
③ 唐文明:《彝伦攸斁——中西古今张力中的儒家思想》,第43—44页。
④ 唐文明:《彝伦攸斁——中西古今张力中的儒家思想》,第45页。
⑤ 唐文明:《彝伦攸斁——中西古今张力中的儒家思想》,第63页。
⑥ 唐文明:《彝伦攸斁——中西古今张力中的儒家思想》,第63页。

寅恪在通古今之变下的人伦关怀。而这种关怀对于我们的未来仍有着极其重要的意义。

除了在人伦教化上的意义之外,儒家传统对探索当下及今后社会主义道路的发展仍有启发意义。为了说明儒家与社会主义的亲缘关系,唐文明教授在第五章对陈焕章的《孔门理财学》做了介绍和评介。在陈焕章看来,可以将儒家看作一种社会主义。儒家的核心主张,如伦理社会、福利国家、实质平等、教育优先等,与社会主义相关主张有着很多可以沟通,乃至它们本身就相一致的地方。

那么我们现在如何理解儒家传统呢?这就涉及人的认知方式、知识结构与体系的问题。在第六章,唐文明教授论及在辛亥革命以前王国维对哲学及人文学科的分科的看法。首先主要阐述了王国维以哲学代替经学,对哲学这一学科重要性的强调。在唐文明教授看来,王国维的这一举措实际上是"欲以来自西方的形式化意义上的学科分类来重新规划、重新安置古代教化中的经典系统"①。但是这样的规划,却有可能导致对经典的粗暴肢解。接着论述的是王国维学术上的史学转向,唐教授认为这种转向是王国维对于中国古典教化精神深刻体认、信服的结果,他所要问答的是,在科学的权威已经确立无疑的新时代里以何种方式接引中国古典教化传统这一问题。② 这样从哲学再到史学的选择,王国维实现的是从本质主义向传统主义的转变。但唐文明教授并不认为这是我们理解传统的恰当方式,他认为我们应该重新重视经学的方式,以重新构建人们对传统的认知。

重建对传统的认知,主要在于传统依然可以构成我们理解现代社会的方式,比如夷夏之辨与现代中国国家建构中的正当性问题即是具体体现。这些构成了本书第七章和第八章的主要内容。唐文明教授认为理性统治的正当性应当由合理的价值与合法的程序共同构成③,而当前关于国家或统治正当性的讨论正缺乏对于统治理想这一价值维度的关注。在中国古代文教传统中,统治的正当性首先表现为治统、教统、道统三者正当性确立,是文教传统的自我确证。再者,政教正当性还涉及的是古代中国史学传统中的正统观念。二者在经过欧阳修的重新解释后进一步合流,表现为一种"大一统"、"大居正"的王道理想,以

---

① 唐文明:《彝伦攸斁——中西古今张力中的儒家思想》,第104页。
② 唐文明:《彝伦攸斁——中西古今张力中的儒家思想》,第109页。
③ 唐文明:《彝伦攸斁——中西古今张力中的儒家思想》,第114页。

夷夏之辨为其主要关切。夷夏之辨有三个层面：第一是"种族意义"，标明的是在文教思想中华夏族的形成；第二是地理意义，主要揭示的是中央与地方在王道政治构成中的关系；第三是文教意义，涉及君子小人之辨。在这三个层面中，第三重意义最为重要。但是，唐文明教授认为我们并不能就此忽视前两重层面，而夷夏之辨实际上可以理解为"一种以华夏民族客观存在为实际依托、以超越民族界限的普世文教为最高理想的民族融合理论"[1]。在夷夏之辨的视域下，唐文明教授接着先讨论了清朝帝国建构中的正当性问题。唐教授认为不论是在清朝初期面临正当性危机时还是在后来的政治实践中，夷夏之辨一直发挥着其理论功能。这种政治结构促使了今文经学的兴起。只不过今文经学是在承认清帝国的正当性的前提下进行的。在今文经学的讨论中，康有为的观点特别值得拈出。在唐文明教授看来，康氏思想可以分为两个层次：一是以《孔子改制考》《新学伪经考》为中心，核心意旨在于合理的国家建构，另一个则是以《大同书》为中心的世界主义思想，主要关注的是理想的世界秩序。这二者中，后者是康氏的出发点和归宿。然而，在以《大同书》为张本的后者中，夷夏之辨的文教意义全面失守，大一统的王道理想被置换为了天下大同的均质乌托邦，让位于与列国争强的强国理想。这种变化对于之后中国的国家建构理念具有决定性的影响。在中华民国建构的正当性中，被突出来的却是夷夏之辨中的"种族意义"这一维度。文教传统被看作是种族的历史而被纳入其中，地理意义则是在与君主立宪派的辩难中作出调整而被重新吸收。这样，富有王道理想的天下就被转化为国家，而对于中华民国来说，其建国理念则为民族-文教-国家。这种理念也正是孙中山三民主义所倡导的内容。此外，与之相应的则是中华民族这一概念的形成及其演变。也是在孙中山先生这里，此概念得到了一种独特的阐释。孙中山在过去、现在、未来的时间维度中来理解此概念。唐文明教授认为，在孙中山先生的理解中，中华民族"不是一个现成的概念，而是一个未完成的谋划，是在以民权为基础的国家认同的前提下通过境内各民族的自然融合才能结出的王道之善果"[2]，所揭橥的是孙中山先生在民权主义的时代下对于中国文教传统的复兴、重新审视。虽然说，孙中山及其后继者很大程度上接受

---

[1] 唐文明：《彝伦攸斁——中西古今张力中的儒家思想》，第124页。
[2] 唐文明：《彝伦攸斁——中西古今张力中的儒家思想》，第152页。

了康有为的思想,但与之有着一个显著的不同,即孙中山先生对于家庭、家族的意义给予了肯定。在此基础上,诸如忠孝、仁爱、信义、和平等属于"家、国、天下等多重伦理空间的道德观念被改造为民族、国家这一单一伦理空间的道德观念"①。

与之相关的是国家层次上的民族建构问题,也即中华民族的自觉。在分析费孝通观点的基础上,唐文明教授认为这种自觉可以从政治和教化两个方面考虑。在政治上,一个最适宜呈现的角度便是关于民族问题。关于这个问题,无论是民国时的君主立宪派、革命派,还是后来的执政党,以及费孝通、顾颉刚等人,都坚持民族平等这一理念。但是,唐文明教授认为仅仅坚持此一点是非常有问题的,更好的思路应该是"在强调国家主权单一性的前提下尽可能充分地尊重差异"②。但这并不意味着中华民族的自觉问题完全在政治层面就能被解答。教化层面也有着自己重要的作用。而且,教化层面的自觉还涉及政治上的重大关切。理解教化自觉与政治自觉的关系是理解现代中国国家建构和民族建构的关键。历史地看,在诸多论述中,教化维度的自觉经常被忽略。这样以来,这些论述在说明汉族何以成为历史上中华民族凝聚核心时就有很大缺陷。在唐文明教授看来,汉族成为凝聚核心的一大因缘便是具备一个强大的具有吸纳能力的教化传统——儒教。在这一层面上再来重新审视康有为的孔教论,便能发现,其观点深意实在于此。其观点是我们讨论教化自觉的一个明确的起点。质言之,儒教教化功能的再确立,仍是中国国家建构中重要的一环。

儒教教化制度的确立还有着另外的意义,即促进人伦的规范性重构。唐文明教授在第九章"儒教美德伦理传统的衰落与复兴"中便主要讨论此问题。唐教授以西方美德伦理理论,特别是麦金太尔的思想为参照,一方面指出儒家美德伦理中关于天命之性、气质之性和修养工夫理论颇契合作为美德伦理前提的人性论的三重架构;另一方面也认为儒家美德伦理同样遭遇现代性而衰落,具体说来,就是受到现代科学观念和政治民主的冲击。但现代性本身也有着弊端,即个人自由的泛滥和社会管控的趋紧。因此,人伦规范性重构便有了双向维度:一是批评旧制度中对于人格尊严的漠视;二是对于现代社会进行批判和

---

① 唐文明:《彝伦攸斁——中西古今张力中的儒家思想》,第161页。
② 唐文明:《彝伦攸斁——中西古今张力中的儒家思想》,第177页。

诊断。如此，才可能有儒家美德伦理的复兴。在第十章"儒教伦理与腐败问题"中，唐文明教授以"亲亲相隐"为例，讨论了儒教伦理的现代境遇问题。其认为很多学人，特别是持"亲亲相隐"会导致腐败的人在论述中忽视了文本的境遇和人物的身份，对文本内容进行了一种过度的抽象。在这种抽象下存在着一种观念错位，即把为官者的腐败归结为其有一个"私"的观念。而实际上，腐败的原因却是"公"的观念的不立。因此，唐文明教授认为把腐败归咎于儒家伦理是一种转嫁罪责。

  从上面所述的儒家与古今中西问题的关系来看，如何儒家文明与西方文明仍是当下最重要的话题之一。唐文明教授在最后两章评述了两位学人的研究，对该问题解答的方式进行了思考。在第十一章，唐文明教授对张祥龙先生的儒学研究作了评述。首先，唐文明教授认为张祥龙先生借助现象学，努力实现中西思想的相互诱发和激荡，超越了一般普遍主义或是命题化形式对儒家的研究，"开创了一门儒教现象学"①。再者，其特别赞赏张祥龙对于"孝"的现象学分析，即"孝"的时间性代表了人生在世最本真、最真实的体验。② 而且，唐文明教授还更进一步认为张祥龙通过"孝"来重新审视西方文明，开创了一个西学研究的新范式。第三，在唐文明教授看来，张祥龙呼吁建立儒家文化保护区、"重建儒教的中行路线"，所应对的是儒家在社会结构、精神团体上的缺失。综合这三个层面，唐文明在某种程度上和张祥龙先生分想着共同的态度："形形色色的现代性，都没有出路！只还有一部《周易》能救渡我们！"③如果说第十一章是从积极的角度来讨论方式问题，那么，第十二章则表现了对解答方式的陷阱的警惕。本章是唐文明教授在阅读余英时《论天人之际》后对比较哲学研究的反思。唐文明教授首先认为"内向超越"的提法是为现代人本主义张目，在拉平神圣性与世俗性后，最终只能导向世俗性。再者，余先生"巫文化与礼乐相表里"的观点与其所言的周公"以德行说礼"有自相矛盾的一面。此外，唐文明教授认为余英时借用"轴心时代"来说明诸子时代思想，其一大问题就是没有提出孔子的意义问题。深层次地看，这则归因于"轴心时代"这个提法并不能为中国文明在世界历史上争得一席之地，反而却是"针对中国文明的真正开端的一种异常强悍的

---

① 唐文明：《彝伦攸斁——中西古今张力中的儒家思想》，第220页。
② 唐文明教授也对孝的超越义做过揭示。参见唐文明：《仁感与孝应》，《哲学动态》，2020年第3期。
③ 唐文明：《彝伦攸斁——中西古今张力中的儒家思想》，第233页。

解构力量"。①

从这十二章的安排来看，作者在主题上层层推进，从理解近代儒学史的命题一步步扩展为一个超越时代的深层次的理论问题。可以看出，唐文明教授在论述中认为儒家或儒教文明的核心便是人伦、教化，这也是本书处理的一个关键问题。人伦是儒家学说的核心，而教化则是维护这种人伦的一种安排。在古代中国，这种教化主要表现为一种政治制度安排。不只是说政治制度的安排为人伦、教化的落实提供了具体保障，更在于人伦、教化为统治正当性提供了价值导向。因此，在古代，人伦、教化、政治在古代社会种实际上紧密地关联在一起，"发展出了一套'内教外治'的政教关系模式"②，而这样的社会政教结构的理想目标，在儒家那里便用了一个术语——"彝伦攸叙"来专门刻画。也正因为此，儒家在古代也才不仅仅被理解为一种思想学说，而是被看作是文明的代表，即儒家文明塑造着古代中国几千年的政教结构。但当中国在近代遭遇现代性时，受到西方的技术、学说、制度、思想理念等的冲击后，人伦、教化、政治三者皆受到严峻的挑战。当唐文明教授用"彝伦攸斁"来刻画近代儒学时，其用意之一就是在说明儒家思想所主张的政教结构及其理想遭到了破坏，其本身需要调整。与之相关，它也不再被视为一个主导社会治理结构、国家正当性的学说，并且受到了强烈质疑乃至摒弃。此外，我们现在依然处在这种思想效果的历史之中，现代性也对我们造成了莫大的困惑。因此，儒家如何面对现代性，则既是近代儒学史的一个主要话题，也是至今需要我们反思的问题。在此问题上，唐文明教授的看法是，儒家不仅为批判现代性提供了重要理论资源，还注定与其他对于现代性的批判不同。③

二

基于上述对于唐文明教授该专著的梳理和概括，笔者以为此书内容有三重特色。

第一是重新刻画了康有为。

---

① 唐文明：《彝伦攸斁——中西古今张力中的儒家思想》，第240页。
② 陈赟：《儒家思想与中国之道》，杭州：浙江大学出版社，2016年，第321页。
③ 唐文明：《彝伦攸斁——中西古今张力中的儒家思想》，第250页。

这重意义首先表现在对康有为思想的研究这一层面上。近年来,康有为思想重新受到了不少学者的关注。他不再被仅仅视为保皇派或资产阶级君主立宪派的代表,从而在历史发展中被定位为过去的乃至落后的一环。其思想的丰富性和深刻性得到了学者们的重视,而不再被简单地被定性为资本主义思想在近代中国发展的产物,或者说是"前现代"的儒家思想。事实上,在学者们看来,康有为思想恰恰是近现代儒学的开端,深深影响着后世思想家。如干春松教授就认为康有为是现代儒学的起点,"如果存在一个儒家的新发展的起点,那么这个起点就只能是康有为"[1]。以《大同书》为例,干春松教授即认为这是康有为作为改制者,在"将关于现在和未来的圣人之制作传达出来,以作为人类发展的指向"[2]。对于康有为思想的重要性和意义的确认,唐文明教授也有明确的论述,如其认为"现代儒家思想的基本方向,是被康有为所规定的"[3]。但相较其他学者而言,唐文明教授对于研究康有为思想还有一些独到的贡献。如其在本书中对康有为建立孔教观念进行的分析。其认为康有为的这种做法并不是复古倒退,并不是为君主制提供支撑。恰恰相反,建立孔教会、立孔教为国教正是要将儒教与君主制分离出来。而且,孔教在国家中的功能主要在教化层面,即通过孔教的确立使得教化成为中国国家建构中的一环,从而进一步保障中国或者说中华民族的生命力。这些观点为我们揭示了康有为思想的深刻性,也体现了唐文明教授对之研究的深入程度。[4] 但是,这种深入研究并没有使得唐文明教授丧失自身的立场而只仅仅服膺于康氏所说。唐文明教授对康有为的一些观点(如《大同书》中的一些思想)保持着距离。与认为康有为《大同书》提供了一个未来社会的理想秩序方案,认为康有为有世界情怀[5]不同,唐文明教授认为康有为的大同思想是其"为了接纳西方的现代观念","随意地挪用、过

---

[1] 无独有偶,与干春松教授持类似观点的还有诸多学人,如宋志明先生即认为康有为开启了近代中国哲学史的新篇章。分别参见干春松:《康有为与儒学的"新世":从儒学分期看儒学的未来发展路径》,上海:华东师范大学出版社,2015年,第176页;宋志明:《康有为与近代哲学的突破》,《燕山大学学报(哲学社会科学版)》,2020年第3期。

[2] 干春松:《康有为与儒学的"新世":从儒学分期看儒学的未来发展路径》,第161页。

[3] 唐文明:《彝伦攸斁——中西古今张力中的儒家思想》,第20页。

[4] 在这方面,唐文明教授有坚实的研究基础,对康有为孔教论做过细致的探讨。参见唐文明:《敷教在宽:康有为孔教思想申论》,北京:中国人民大学出版社,2012年。

[5] 马克锋、冯秀香:《康有为的世界情怀》,《广东社会科学》,2020第5期。

度地诠释传统儒学话语"①的结果。其对儒家文教传统只是形式上的维护,在实质上却是抛弃了这种传统。破家论和大同均质化等,这些大同思想的具体方面明确揭示了"康有为对儒学传统的根本背离"。②无疑,唐文明教授对康有为的这些批评基于其对于儒家文教传统的深深认同这一立场。而也正是从儒家文教传统的视域出发,唐文明教授才发现了康有为思想中的问题所在。③

其次,又因为康有为往往被看作是儒者,其思想可以被看作是儒家思想的自我展开,那么重新刻画康有为,便有着其重新审视近代思想史上儒家思想的地位与作用这重意义。这重意义直接表现在本书对于近现代儒学思想的梳理上面。通过唐文明教授的分析,我们发现随着近代思想史的演化,儒家并不是逐渐变为一个客观的知识体系,被放在历史的博物馆中,而是通过或显或隐地保着与其他思潮的对话,仍然发挥着自己的效用。这种效用的发挥不仅仅是因为在近代思想史上儒家学者坚守着自己的主张,或儒家思想作为对话的对象刺激着近代思想的演化,还更在于那些表面上把儒家文明视为障碍或对手的思想家在深层次上甚至也与儒家保持着关联,依然受到了儒家的影响。比如,在本书中,我们可以看到,无论是三民主义,还是后来的社会主义方案,他们作为新文化运动所开启的启蒙事业的延续,其主要面向对象就是作为传统、"迷魅"的儒家思想。而且,它们有一个重要的深层次思想来源——康有为的思想。无论是康有为的大同主义思想,还是其历史进化论的观点,都深深影响了后来的现代中国的国家建构。正是因为这种关联性,儒家思想的一些内容被输送到了后世,以一种潜在的方式参与到关于理想社会秩序的规划当中,虽然其中一些思想被修正,或者只是作为话语方式而存在。

再次,在前面两重意义的基础上,重新刻画康有为还有一重意义,即提供了认知近代思想史的新叙事方式。对于近代思想史的认知通常是通过两种叙事

---

① 唐文明:《彝伦攸斁——中西古今张力中的儒家思想》,第121页。
② 唐文明:《彝伦攸斁——中西古今张力中的儒家思想》,第134页。
③ 干春松教授通过将之与牟宗三思想进行对比,对康有为大同思想中的问题也有所指点。但唐文明教授更进一步指出,其实牟宗三也难逃"貌孔心夷"之嫌。分别参见干春松:《康有为与儒学的"新世":从儒学分期看儒学的未来发展路径》,第129—172页;唐文明:《彝伦攸斁——中西古今张力中的儒家思想》,第135页。

方式来完成，一则是民主进步叙事，另外则是阶级叙事。这两种叙事方式有一个共同的起点，即都是以新文化运动，五四运动所带来的启蒙事业为叙事的开端。这无疑看到了近代思想演化的一大因缘——遭遇西方。通过与西方的相遇，通过对现代西方的认知，近代思想开始自觉，中国也开始重新审视自身。但可以看出，这两种叙事方式的生成并不来自中国思想的内部，它们在本质上都是西方现代性叙事的伸展，是现代性对中国的一种"褫夺"。这种"褫夺"的问题必然会带来一些问题。首先就是将西方叙事奉为普遍主义的叙事模式和框架。在这种叙事下，西方被认为是一种典范或者具有更多的正当性。与之相对，中国则被看作是一种"特殊"，亟需被纳入普遍主义的叙事当中。这就意味着，中国遭遇西方是通过西方从"前现代"走向现代的进程，西方成为了近代中国走向的具体选择，西方现代性所昭示的正是中国的未来。在这种叙事话语下，中国自身的历史逻辑就不再具有话语权力的分量，而把叙事自身的这种权力优先让渡给了具有普遍主义的西方现代叙事。① 同时，因为现代性具有自来的合理性或正当性，所以对于中国历史的理解就形成了一个线性进步史观，即历史进化论。这种历史观在康有为那里已经出现，但真正具有重大效力的还是在五四运动、新文化运动之后。在这种史观中，近代中国成为现代的开端，同时也是中国所应走的正确道路，而近代之前被认为是中国"前现代"的历史，是落后的或者说是"过时的"，需要对之进行批判乃至抛弃。按照这种安排，中国与西方就成为了同一历史链条上的一环，中国在前，属于"落后"的一面，而西方在后，有着历史发展的正当性。这就把中西之异变成了古今之别。这种古今之别不仅仅意味把中西问题纳入中国历史的古今差别之中，在深层次上还把中西区别化约为了单一历史文明进程中的古今之别。由此，我们再回过头来看唐文明教授此书对于近代思想史的处理，就不难发现本书中的近代思想史叙事方式的意义了。

在本书中，唐文明教授发掘出近代启蒙事业后主要思潮与康有为思想的关系，将近代思想史上一些以往被忽视的内容呈现出来。但这并不是说，只是简答的以康有为来替换五四运动、新文化运动，将之重新确立为近代思想的开端，

---

① 对于普遍主义叙事等问题的分析可参见陈赟教授的相关论述。参见陈赟：《儒家思想与中国之道》，第358—366页。

从而将近代思想起点前移。这种发掘还有一个深层次意义,即通过儒家思想来重建近代思想史的叙事。我们姑且称此叙事为儒家叙事。儒家叙事的意义首先在于将近代思想与古代思想关联起来,近代思想的演化不是针对古代而走向与之的步步背离或者说追求"进步"。恰恰相反,近代和古代一道共同构成了中国历史自身演化逻辑。事实上,古代思想叙事是由儒家文明所主导的,所以通过儒家叙事标明,中国的历史可以通过自身的话语方式而能得到一贯性的理解。在唐文明教授的表述中,我们可以发现这种努力,比如从夷夏之辨来看国家建构的问题。其力图刻画的是近现代中国其实仍然处在儒家效果历史的笼罩当中,儒家叙事对于近代思想的叙述依旧有着不可替代的作用。在这种叙事下,古代传统并不是作为近代的对立面而成为了近代思想发展的负担,而是构成了理解近现代思想史的广阔视域。这不仅在事实上由唐文明教授所梳理的思想史细节所证明,还更在价值层面上昭示着其深远意义。通过儒家叙事,实现的不仅是中国近代思想认知方式的转换,还更在于其提供给了我们在现代性叙事之外的另一种选择。

关于中国的各种现代性叙事的诸种问题见上述,兹不再论。但在这些问题背后,我们可以发现在形成叙事时的深层次问题,即人们认知总是以一种把未来作为目的或理想归宿的方式而朝向未来。在这种朝向中,过去乃至当下难免被忽略,而同时未来作为未曾到达也难以对当下发生作用。因此,主体当下对于未来的想象成为了人们的认知的依据。即使人们在面对过去的事件,其基本立场或者说基本态度也可能是基于这种对于未来的想象。这样,这种未来性的考量因为只指向未来,不仅没有为我们当下或以后提供更多的选择可能,还忽略了主体基于过去乃至当下的选择视域,以至于面对未来的认知叙事非但没有使得我们有更好的认知,而且还限制了我们关于认知选择的想象。与之相较,在儒家叙事中,人们的认知对传统特别是儒家人伦教化保持开放。以往的历史经验成为了我们可借鉴的资源,历史传统确然对当下还具有的效力。它提供了人们的认知得以可能的地基,而不是一种虚幻的想象。经由儒家叙事,如从人伦教化、夷夏之辨等角度来看近代思想,我们看到近代思想背后的深层动机,还有其所存在的问题。比如对于康有为思想的意义而言,康有为代表的是儒家立场,但是却发展出了历史进化论的观点。那么,在儒家叙事中,其所具有的开端意义并不是一种摆脱儒家传统的断裂式的新起点,毋宁说是儒家传统发展的一个路标,标志着儒家传统在新世的变化。重新刻画康有为旨在展示儒家传统如何将现代性因素植根于自己之上。顺着这种思路,生活在康有为之后的我们仍然面临着其所要处理的问题。因此,对于仍然被现代性裹挟的我们而言,通过儒家叙事来审视近代思想的一个现实关切就是儒家如何能疗救现代性,从而为现在的我们提供更多可选择的空间。

第二是展现了一种文明论的视域。

在本书的第一章中,唐文明教授把中国与西方的遭遇概括为是"儒教文明与基督教文明的相遇"①。可以看出,其对文明问题有着自觉的意识。也正是出于与西方文明的对比的意识,唐文明教授抓住了儒家文明的核心——人伦教化。围绕着人伦教化,唐文明教授从儒家文明视域出发来审视近代思想史,发掘出了一些文本被忽略的意义,或对一些事件提出新解。如对曾国藩《讨粤匪檄》意义的发现,就属于前者。在唐文明教授看来,太平天国的思想根源来自于西方的基督教,曾氏对其的控诉主要集中在教化层面,体现了"儒门学者对西方文明的第一个重要的认识"②,也就是说,曾国藩实际上是在儒家文明的视域出发来面对基督教文明。这样,《讨粤匪檄》不仅仅是一个政治文件,而是集中体现了文明之间的冲突与回应。另外一个在文明论视域下被体察到新意义的就是对陈寅恪悼念王国维的诗文的新解读。经过唐文明教授的分析,可以看到陈寅恪在诗文中认为王国维之死其实是殉人伦。通过自身死亡将君臣之论付诸实践,王国维实现了伦理自由。不但如此,唐文明教授还发现人伦问题也是陈寅恪先生晚年一直的关注点,体察到了陈寅恪作品背后的心情,即对人伦的关切。

然而,出于文明论的视域,并不是在"论文明"。"论文明"很大程度上是认文明为静态的存在并将其作为知识的对象,力图从一个中立客观的角度来审视文明。其问题在于,作为论者,我们天然已经处于文明的形态之下,并不能超越于文明而对之进行一种整体的、客观中立的透视,也就是说,一种对于文明的中立态度其实并不可能。这种不可能就与"论文明"本身所要求的客观中立相矛盾,这也是此种范式的根本问题所在。而出于文明论的视域则不同:一方面,

---

① 唐文明:《彝伦攸斁——中西古今张力中的儒家思想》,第3页。
② 唐文明:《彝伦攸斁——中西古今张力中的儒家思想》,第3页。

它提供给人一种思考的视野,能够对历史作出更为深刻或更具有说服力的揭示①;另一方面,因为其承认着构成人存在背景的具体文明形态的意义。所以从文明的视域出发内涵的一个向度就是面对其他具体文明需要作出自我调适,乃至获得关于人类文明本身的普遍性意义。在本书中,唐文明教授并不是在就文明而论文明,而是从文明论出发为我们提供一个更高的思考视域。其表现之一即是对历史的重新揭示。对此上述已经有论述,兹不赘述。这里补充的是,唐文明教授在文明论视域下,对于儒家文明的普遍性意义的论述。这种论述首先表现在其是以儒家文明为基点,力图刻画儒家文明对于现代文明的消化。用书中原话说,即是"通过重构儒教的人伦理念来涵纳、消化现代性的基本价值"②。因为现代性问题本身就是一个现代社会共有的问题,因此儒家文明对之的消化具有超越古今、中西这些时间和不同文明形态的普遍性意义。如关于统治的正当性和国家的建构方面,唐文明教授认为合理的价值也是正当性的基础,而作为儒家文明核心的人伦教化在古代承担着这种功能,在现代也能补充这种缺乏。换言之,人伦教化够成为现代民族国家建构正当性的价值基础。再者,这种普遍意义还表现在具体文明的相互激发,从而实现对人类文明本身的意义。在第十一章对张祥龙教授"孝"的现象学分析的评述中,唐文明教授认为其研究说明了"孝在未来的儒教文明乃至人类文明中应有的重要地位"③。这种对于张祥龙教授观点的解释,标明了其认为孝意义的重新确立不仅仅是针对中国文明而言的,更是就人类文明本身而言的深刻省察。换句话说,儒家文明实现了从植根于中国人的生存经验作为具体文明的"地方性"抵达了就人类存在本身而言的"世界性"意义。此外,就张祥龙教授由孝的视域出发来规整西学而言,唐文明教授认为其不"流于比较作业中常见的东方主义或反过来的西方主义",而是"开拓了一个西学的新范式。"④这种对于张祥龙教授研究方法的自

---

① 关于"文明论"与"论文明"的差异,陈赟教授指出:"所谓'文明论'(civilizationalism)并不是'论文明',不是把文明本身作为历史哲学的对象,而是一种基于文明的视域观看、思考历史现象的方式……文明是历史研究的最小单位,毋宁说是最大视野,因为它意味着一种比个人、家族、民族、国家等等更具时间绵延上的纵深、更富空间上的广表性、更有人文化成的厚度的立体性视野。"参见陈赟:《从思辨的历史哲学、批判或分析的历史哲学到文明论的历史哲学》,《同济大学学报(社会科学版)》,2018年第4期。

② 唐文明:《彝伦攸斁——中西古今张力中的儒家思想》,第37页。
③ 唐文明:《彝伦攸斁——中西古今张力中的儒家思想》,第223页。
④ 唐文明:《彝伦攸斁——中西古今张力中的儒家思想》,第228页。

觉,无疑也是在文明论的视域下才体察出来的结果。在这种范式形成下的研究,其所实现的是不同具体文明之间的激发,通过对其他文明的提问而实现自身文明域的扩大。而且,在这种意义扩大中,其他文明并没有被肢解或被抽象地继承、理解,其本身还依然保持着存在的价值。无疑,这是进行文明对话的较好方式。

第三是强烈的当下关怀。

在本书中隐隐地有一个时间链。从第一章所刻画的近代儒学史的开端到第十一、十二章对于当代学人、著作的评介,可以看出唐文明教授思考的落脚点还是当下。这种当下有两个层面,首先是儒学如何在当下开展;再者是当下的思想问题如何获得解答。寻绎书中的表述,不难看出,作者认为,第一层面问题的解答就蕴含着对第二层面的思索。质言之,唐文明教授所追思的是在至今依然"彝伦攸斁"的社会中,重新实现"彝伦攸叙"的儒家社会理想有何意义以及如何可能的问题。

这种关怀首先体现在国家建构和统治的正当性的建立层面。在第七章关于统治正当性的讨论中,唐文明教授在讨论了夷夏之辨与国家建构的问题后,梳理了清朝、中华民国国家建构的问题。顺着这个讨论思路,接下来自然便是当今国家建构的问题。不过,唐文明教授却戛然而止,并没有述及当今。但是,这种缺位却并不代表其没有思考到这个问题。毋宁说,对于当下国家建构的思考构成了前面此种梳理的问题意识,梳理其实是为当下国家建构提供明确的参照。在第七章中,唐文明教授有言:"如果说晚清以来民族——文教——国家理念是通过对传统夷夏之辨中文教意义重于种族意义这一要点的颠倒而达到的一种现代化的话,那么,面向实际生活世界重新弘扬文教理想,重新恢复被过分地附属于民族主义立场之下的文教传统对于中国将来的社会建设就非常重要。"①可见,唐文明教授认为在民族——文教——国家的国家建构理念中,从清朝到中华民国的转化中过多地重视民族这一因素,而文教的重要性却被忽视了。这也就意味着,当下国家建构应基于前面现代国家建构的缺失,重新认知文教传统在国家建构层面的地位。而且,文教传统重新得到关注对于一个国家而言,能使得国家能够超越民族——国家的建构维度,乃至能够超越民族国家

---

① 唐文明:《彝伦攸斁——中西古今张力中的儒家思想》,第156页。

自身的范围,彰显出一种"环宇政治维度"①具体到当下中国而言,中国对于传统文化,或者说文教传统的重视,其在国家层面的一个指向就是中国应超越一个民族——国家所具有的体量,而具有超越具体民族、国家之间壁垒的广度。当然,对于这种广度的理解不能被狭隘地理解为是取消不同民族国家之间的区别,而是从高于国家正当性的层面来理解。如前面所述,这种更高的层面毋宁是一种文明论的视域。也就是说对于中国的理解,不仅仅只看到它当下的国家形态,还要意识到它是几千年中华文明的承担者。在国家建构层面,中国不能仅仅被理解为是一个民族国家,而应进一步被理解为一个文明体,是要通过民族国家的形态来承担作为一种文明的责任。这种文明的责任所昭示的广度即是一种天下关怀,超越作为一个民族国家的视域。

众所周知,中国文教传统的承担者主要是儒家文化,也因此中华文明会被刻画为儒家文明或基于儒家的礼乐文明。那么,在国家建构层面强调文教传统,内含的一个要求就是突出儒家在国家建构中的作用。这反过来对于儒家的当代复兴有着重要的意义。通过参与社会建构,儒家被纳入到社会机制之中而有了制度的保障,成为了社会的一个模块。这意味着儒家在当代社会可以不被简单地理解为是一种过去的知识体系,或是一种用来理解伦理或人际关系的方式,也不是作为精神层面意义选择的诸多备选项之一。它不是所谓的"游魂",而是的确参与到社会秩序的规整当中。这就带来了一个新的问题,儒家通过哪些方式能在国家建构中发生作用。这是唐文明教授思考的一个重点方向,其在跋中说到:"至于基于人伦观念而重构一种新的政治哲学,则是我已经准备了很久的一个研究课题……"②对此,我们拭目以待。

再者,除了国家建构之外,人伦教化在当代社会的落实,也是唐文明教授所关注的一个重要内容。现代世界是一个"世俗时代",人从以往的意义链条上脱嵌,成为了自我意义的最高来源。但这种人作为主体的独立,虽然有着个人自由,但面临着现代性问题。③ 约言之,一则关乎自我的理解。主体虽然享受着自由,但也变成了孤独的个体,人与人之间关联也逐渐演化为通过契约方式而

---

① 唐文明:《彝伦攸斁——中西古今张力中的儒家思想》,第148页。
② 唐文明:《彝伦攸斁——中西古今张力中的儒家思想》,第250页。
③ 关于世俗时代与现代人的问题,查尔斯·泰勒有专门论述。参见查尔斯·泰勒:《世俗时代》,上海:上海三联书店,2016年。

形成的外在的人际关系。这种关系的外在化进一步被认知为成为一重外在束缚,限制着个体自由。由此,个体的孤独感被加剧而形成了一种原子化的存在形态。二则涉及关于自我意义的认知。由于自我成了意义来源,那么对于意义本身来说,就不再有比主体更高的意义指向,其他因素也不再构成关于意义来源的更高层面的想象,典型如宗教,则被化约、定性为主体精神层面的构成要素,属于主体当下存在构成的一部分,而不再被认为是高于人的存在的指引。针对这些问题,唐文明教授认为儒家人伦有着独到的意义。在其看来,相对于原子化的自我,儒家主张的是"人伦中的自我"①。在这种自我构成中,夫妻、父子、朋友等伦理关系被认为是自我展开的必要环节,是自我意义的自然伸展。它们并不构成自我的限制,相反,主体在其中可以体认自我的意义。基于此种自我观念,社会就不是由单个原子化个体通过外在的连接而构成,而是一个基于人伦传统的生活共同体。那么这种人伦中的自我的根据是什么呢? 唐文明教授借用朱子的话语,认为人人皆禀有天命之性。"天命之性是儒教信仰的核心内容,是天地给予人的纯粹馈赠,也是造化的莫大恩德。"②人伦自我的人性论是基于天地造化而来的,有着本体论层面的意义。③ 此种人伦规定表明,人并不是自我意义的最终、最高来源,在人之上还有天地作为意义的赋予者。这也就意味着,主体的自我意义有着超越主体自身的一面,如此,主体自我的意义获得了另一重、更高维度的拓展。同时,这一方面意义也是在基于主体的人伦中得到展现,并不需要脱离主体。换句话说,主体通过人伦能够得到关于自身的更深层次的理解,领会自身存在的深层意义。唐文明教授以亲子关系中的"慈"、"孝"问题说明了这一点:"慈与孝作为关乎人的存在意义的根本经验,具有终极关切的意义,同时也是对于整个宇宙的终极体验,隐含着一种伦理的宇宙论(ethical cosmology):人生天地之间,当时时怀着无限感激之情,领受天地无限的慷慨赠予,亦即,领受来自天地的无限恩典。"④基于对儒家伦理的认知,唐文明教授认为面向现代社会有必要进行人伦规范性的重构。在此重构中,儒家伦理的自然有着重要意义。这也是"彝伦攸叙"社会方案的核心,即通过儒家

---

① 唐文明:《彝伦攸斁——中西古今张力中的儒家思想》,第204页。
② 唐文明:《彝伦攸斁——中西古今张力中的儒家思想》,第204页。
③ 唐文明教授对于此也有论述。参见唐文明:《仁感与孝应》,《哲学动态》,2020年第3期。
④ 唐文明:《彝伦攸斁——中西古今张力中的儒家思想》,第226页。

人伦的现代转化来重建当代社会、伦理的合理秩序。而要实现儒家人伦这种转化就不开教化制度的重建,也即是要发挥儒家在国家建构中的作用。关于这方面我们已经在上面阐述过。不过由此可见唐文明教授视野之长远,即不满足于对于社会"彝伦攸斁"状态的刻画,进一步就"彝伦攸叙"的可能性进行了多方思考。

三

在对唐文明该书的梳理阅读基础上,笔者以为还有一些可进一步讨论的空间。

首先是在近代思想史的层面。唐文明教授言此书是就对现代儒学史的刻画,但本书内容实际涉及话题颇多。在笔者看来,其已经不在局限于儒学史,而是就近现代思想史进行了阐释。因此这里的第一个问题就是如何来界定近现代儒学史。与之相关的问题是,如何看待近现代儒学史与近现代思想史的区别与关联。如第七章关于夷夏之辨与现代中国国家建构的正当性的论述。从内容来看,可以说夷夏之辨提供了一个理解现代中国国家建构的角度。但这是不是就能说明现代中国国家建构是近现代儒学史内容展开的一环呢?夷夏之辨是提供了我们理解现代国家建构的视域呢,还是说,现代国家建构是夷夏之辨问题在现代的延续?与之类似的疑问,如唐文明教授在第二章论述儒家思想与中国革命历程中,提出了民族主义儒学这一概念,用来指称孙中山的三民主义思想。但是这个概念究竟指的是儒学的民族主义形态呢,还是说,民族主义借用了儒学资源,或可以通过儒家的视域得到理解呢?从内容看,唐文明教授显然指的是前者,并论述了此概念所指与康有为思想的渊源。这就勾勒出了两者的关联,由此可以看作是儒学史的展开。但是,如果说,奠定儒家也可以为革命提供精神动力这种基本方向的是康有为,那么直接体现儒家与革命具体现实直接关联,儒学与新文化运动以及民国理念之交涉的应该是章太炎,无论是其"以国粹激励种姓"还是发扬民族主义史学,都对当时的民族主义的兴起和社会思想具有深远的影响。所以,有的学者将之定位为"传统的非传统性",认为是其"直接或间接地促发了清末民初传统的大崩溃"①。可以看出,章太炎在某种程

---

① 王汎森:《章太炎的思想——兼论其对儒学传统的冲击》,上海:上海人民出版社,2018年,第191页。

度上与康有为有着相类似的儒者角色,既立足于传统而又背离传统。但事实上,二者也发生过辩难,思想有很大的不同。在本书中,唐文明教授对此也有所刻画,即将章太炎看作是康有为的理论对手。因此,如果认为新文化运动之后的思潮与国家建构与康有为思想有渊源,并构成儒学的开展的话,那么需要处理的一个思想史问题便是如何看待康章之争,如何基于民族主义儒学的形成和国家建构的视角来看待这次思想辩难。如果认为二者并不构成儒学思想演化链条上的一环的话,那么就第二章的论旨以及思想史的演进逻辑来看,唐文明教授便需要解释,为何注重了康有为的思想影响,却没有提及在事实上影响更大的章太炎。这一思想史的细节可能需要进一步的解释。

再者就是作者就中西问题的刻画。在本书第二章中,唐文明教授认为西方文明可以概括为基督教文明,因此中西问题可以被概括为儒家文明与基督教文明的相遇。然而,在本章后半部分,唐文明教授主要刻画的是儒家文明遭遇现代性的问题。当然,考虑到现代性自基督教文明内部发生,遭遇现代性也可以被称作为遭遇基督教文明。但是,如果反过来用遭遇现代性来刻画中西问题,便有些可商量之处。一则是现代性并没构成西方文明的全部。遭遇现代性只是中西问题的一个组成部分。二则是儒家面对现代性而进行自我调适,但在西方文明内部,对之也有着深刻的批判,或者可以说是基督教文明也有着自我规整。这就表明,现代性问题不仅仅是儒家文明需要面对的对象,它也是中西文明都需要面对的问题。基于如此的视角,用遭遇现代性来描述为中西问题便有所欠缺。又因为中西文明都需要面对现代性,并且很大程度上都对之持批判态度,进而进行自我调适,所以在现代性问题上,儒家文明与基督教文明的相遇也应该内涵着两种文明有可以相沟通的地方,而这一点在本书中并没有得到刻画。

总的来说,唐文明教授在此书中展示了其关于儒家文明、中西古今问题的深刻思考。然而从跋中,我们知道唐文明教授的这种思考还在继续,正在走向相关领域的深处。这不仅体现了一位专业研究者的研究责任,还展现的是深受儒家文明浸润的中国人的担当。因此此书不仅是唐文明教授相关思考的一个路标,也是当下思想就自身方向的探索的展示。

A Review of Prof. Tang Wenmin's Monograph, *Corruption of Ethical Order: Confucian Thoughts under the Tension Between Ancient and Modern, China and West* (Yilun Youdu 彝伦攸斁)

Li Huanyou

Abstract: Professor Tang Wenming's monograph, namely, *Corruption of Ethical Order: Confucian Thoughts under the Tension between Ancient and Modern, China and West* (Yilun Youdu 彝伦攸斁), has twelve chapters. It mainly, from the perspective of the ethical relationship and state construction, describes the situation of Confucianism in the modern history of thoughts and the corruption of social, ethical order with being unaffected by Confucianism. Besides, Tang contends the reconstruction of ethical normality, emphasizes the significance of "civilized-transformation" (*jiaohua* 教化) in the state construction. His theoretical purpose is reviving the Confucian ethical and social order. Therefore, he renews the significance of Kang Youwei (康有为)'s thoughts and explores the possibility of the Confucian narrative of modern history in this book. It is foreseeable that Tang's thinking in this book will exert a great influence on this topic.

Keywords: corruption of ethical order, ethical relationship, civilized-transformation, civilization